Rüdiger Nehberg
Dem Mut ist keine Gefahr gewachsen

Zu diesem Buch

In seiner Autobiografie erzählt Rüdiger Nehberg, wie er schon als junger Mann orientalische Gastfreundschaft erfuhr und 1981 beim Marsch durch Deutschland 1000 Kilometer ohne Nahrung auskam. Wie er lernte, Ekel, Angst und die Bedenken anderer zu überwinden, Niederlagen in Siege zu verwandeln, Betrügern nicht auf den Leim zu gehen. Und wie er Zeuge schlimmster Menschenrechtsverletzungen und Erfinder aberwitziger Aktionen wurde, um Aufmerksamkeit auf die Not anderer zu lenken: etwa die drohende Ausrottung der Yanomami in Brasilien durch die Goldsucher-Mafia, der er mit Zivilcourage den Kampf ansagte. Er berichtet von der Zeit in jordanischen Gefängnissen und seinen Wüstenkarawanen, die ihn mit Muslimen vertraut machten. Von der Arbeit mit seiner Organisation TARGET e. V. und dem Islam als Partner. Von der Unterstützung durch muslimische Autoritäten in Ländern wie Mauretanien oder Äthiopien bis zur Al Azhar. Und von dem Ziel, für das er mit nie erlahmender Kreativität kämpfte: die Ächtung Weiblicher Genitalverstümmelung.

Rüdiger Nehberg (1935–2020), Deutschlands bekanntester Abenteurer, Survival-Experte und Menschenrechtsaktivist, machte seit Anfang der 1970er-Jahre immer wieder mit spektakulären Expeditionen und Survival-Aktionen Schlagzeilen. Ab den 1980ern rückte sein Engagement für die Rettung der Yanomami in den Fokus. Mit seiner Frau Annette gründete er im Jahr 2000 die Menschenrechtsorganisation TARGET e. V. Ruediger Nehberg. Ziel ist der Einsatz für die Indigenen und den Regenwald in Brasilien und für ein Ende der Weiblichen Genitalverstümmelung. Für ihr Engagement wurden sie vielfach ausgezeichnet, u. a. mit dem Bundesverdienstkreuz 1. Klasse. Von seinen Überlebensstrategien, Abenteuern und humanitärem Engagement berichtete Rüdiger Nehberg in spannenden Vorträgen und Büchern, die bei Malik und Piper vorliegen. Zuletzt erschien der SPIEGEL-Bestseller »Dem Mut ist keine Gefahr gewachsen – Ein abenteuerliches Leben«.
www.ruediger-nehberg.de
www.target-nehberg.de

RÜDIGER NEHBERG

DEM MUT IST KEINE GEFAHR GEWACHSEN

Ein abenteuerliches Leben

Mit 86 farbigen Fotos und
50 Schwarz-Weiß-Abbildungen

PIPER

Mehr über unsere Autorinnen, Autoren und Bücher:
www.piper.de

Von Rüdiger Nehberg liegen im Piper Verlag vor:

Dem Mut ist keine Gefahr gewachsen	Mit dem Baum über den Atlantik
Survival-Lexikon für die Hosentasche	Voll peinlich!
Abenteuer Urwald	Die Yanomami-Indianer
Medizin Survival	Echt verrückt!
Überleben ums Verrecken	Survival-Abenteuer vor der Haustür

Jeweils Aktuelles, auch DVDs, unter: *www.ruediger-nehberg.de*
Zum Schutz von Personen wurden manche Namen im Text geändert.

Inhalte fremder Webseiten, auf die in diesem Buch hingewiesen wird, macht sich
der Verlag nicht zu eigen und übernimmt dafür keine Haftung.

Unser Versprechen für mehr Nachhaltigkeit
• Klimaneutrales Produkt
• FSC®-zertifiziertes Papier
• Hergestellt in Europa

MIX
Papier | Fördert gute Waldnutzung
FSC® C021394

Ungekürzte Taschenbuchausgabe
ISBN 978-3-492-31503-6
1. Auflage Februar 2022
2. Auflage März 2023
© Piper Verlag GmbH, München 2022
Redaktion: Margret Trebbe-Plath, Berlin
Alle Fotos im Buch: © Annette und Rüdiger Nehberg/TARGET e. V., bis auf S.
416: Christian Müller; Zeichnung S. 137: Sebastian Jenal/Oezicomix;
Bildteil Tafel 17 unten: Frank Kramer; Tafel 18 oben links: Foodest;
Tafel 24 oben: picture alliance/dpa/Saudi Press Agency
Umschlaggestaltung: Birgit Kohlhaas, *kohlhaas-buchgestaltung.de*
Umschlagmotiv: Annette Nehberg-Weber und Rüdiger Nehberg
Satz: Eberl & Koesel Studio GmbH, Kempten
Litho: Lorenz & Zeller, Inning am Ammersee
Gedruckt bei ScandBook in Litauen
Printed in the EU

Dieses Buch widme ich
meiner Frau Annette sowie meinen Kindern Sophie und Roman.
Sie sind mir Fels in der Brandung, Partner in jeder Lebens- und
Ideenphase, Heimatufer und zukünftige Erben der Hinterlassenschaft
meines Wirkens zum Wohle von Mensch und Natur.

Und ich widme es einem ganz ungewöhnlichen Mann,
Prof. Dr. Ali Gom'a, vormaliger Großmufti Ägyptens.
Sein Mut zur Azhar-Konferenz ist beispiellos und sollte den Führern
aller Religionen ein Vorbild sein. Ich kann mich nur mit höchstem
Respekt vor ihm verneigen.
Näheres verrät dieses Buch.

Inhaltsverzeichnis

1. Vorwort

» Ohne Aufbruch kein Durchbruch. « Ulvi Gündüz

Liebe Leserinnen, liebe Leser,

mit diesem Buch möchte ich euch mitnehmen auf einen Streifzug durch mein Leben. Ich möchte diejenigen Geschichten erzählen, die bewirkt haben, dass mein Dasein so ganz anders verlaufen ist, als es ursprünglich geplant war.

Es begann 1935 in Bielefeld, zwischen Botanischem Garten und Tierpark Olderdissen, im Dunstkreis der Fabrik von Dr. Oetkers Vanilleduft. Doch der Mensch lebt nicht allein vom Wohlgeruch. Er macht nicht satt. Das weiß auch ein Vierjähriger. Inzwischen hatte ich die Trockenäpfel meiner Oma kennengelernt. Ihnen galt mein ganzes Streben. Oft schon war ich an den Händen meiner Mutter dort gewesen. Den Weg kannte ich. Irgendwo Richtung Schildesche. Heute würde ich sagen, die Distanz betrug fünf Kilometer. Für die Beine eines kleinen Knirpses waren das aber mindestens zehn und ohne Muttis ziehende Hand sogar 15. Ich verlief mich. Es wurde Abend. Ich wurde müde und verkroch mich an der Ulmenstraße unter einem Rhododendronbusch. Meine Mutter in Elternpanik, ich im Tiefschlaf. Morgens fand mich die Polizei. Mutti glücklich, doch seither stets auf der Hut.

Das währte bis zum siebzehnten Lebensjahr. Erst da gelang mir der ganz große Ausbruch. Doch zuvor, der Nachkriegszeit und dem Hunger geschuldet, ging es mit 15 Jahren ganz solide und krisenfest los als Bäcker und Konditor in Münster mit dem Ziel der Selbstständigkeit. Mit 68, so prophezeite es die Statistik meiner Lebensversicherung, würde ich den Teigschaber aus der Hand legen und meinen Beitrag leisten zur Reduzierung der Überbevölkerung und zum Wohle der Lebensversicherung.

Zum Glück dominierte nicht nur der Hunger mein Leben. Viel stärker noch als der sich wiederholende Alltag zwischen Sauerteigbottich und Ofen war die unstillbare Neugier auf die Welt, gepaart mit Abenteuerlust, der Freude am Risiko und einem Schuss Unbedarftheit und Fatalismus. Mit 17 war es dann so weit. Ohne Wissen meiner Eltern radelte ich nach Marokko mit dem vielversprechenden Ziel, Schlangenbeschwörung zu lernen. Das Fahrrad hatte ich mir aus Teilen beim Schrotthändler selbst zusammengebaut. Ein Gang, ein Gepäckträger. So, bestens ausgerüstet und mit einer Mark pro Tag in der Tasche, machte ich mich auf den Weg. 1952. Ich tauschte Torten gegen Torturen.

Meine Erwartungen wurden mehr als erfüllt. Ich erfuhr ein Stückchen Orient, erlebte eine komplett andere Kultur und die große Gastfreundschaft der Menschen. Ich war infiziert. Mehrfach trieb es mich in Richtung Nordafrika. Per Autostopp. Mit eigenen Kamelkarawanen. In Jordanien geriet ich verschuldet ins Gefängnis. Am Blauen Nil verlor ich einen Freund durch Mord. Unvergessliche, prägende Lebensstationen.

Das Thema Survival, importiert aus den USA, veränderte die Reisen. Ich versetzte mich in die Lage, allein in der Natur klarzukommen wie jedes frei lebende Tier. Ohne Ausrüstung, verfolgt, auf simulierter Flucht. Mit dem neuen Wissen konnte ich mich in den brasilianischen Regenwald wagen. Ich wurde Augenzeuge des drohenden Völkermordes an den Yanomami-Indianern durch eine Armee mafiös gesteuerter Goldsucher. Flinten gegen Pfeile. Die Verlierer standen fest. Ich entschloss mich, ihnen beizustehen. Zunächst allein, dann mit wechselnden Partnern. Augenzeuge geworden zu sein wurde zu meiner stärksten Motivation. Mein Abenteuer erhielt Sinn, das Leben

Erfüllung. Dass dieses Vorhaben fast 20 Jahre währen würde, habe ich zu Beginn nicht ahnen können.

Ich musste lernen, Geduld zu akzeptieren, Niederlagen in Siege zu verwandeln, Betrügern und Feinden nicht auf den Leim zu gehen. Irgendwann habe ich sogar meine gut gehende Konditorei verkauft. Ich lernte auch, Berater und Verbündete zu finden. Vom Polizisten, der mich das Schießen aus der Hüfte lehrte, über den Jäger, der mich in die Instinkte der Tiere einweihte, oder die Kampfschwimmer, die mir die Angst vorm Atlantik abtrainierten. Ich war beim Papst und bei der Weltbank. Mit Kreativität und meiner Freude an spektakulären Aktionen alarmierte ich so systematisch eine wachsende Öffentlichkeit und stärkte die brasilianische pro-indianische Lobby. Die Waffen meiner Möglichkeiten wurden Bücher, Filme, Vorträge und die brasilianische Verfassung. Ich wurde vom Abenteurer zum Aktivisten für Menschenrechte, zum Frontmann. Letztlich ein Kampf des David gegen Goliath. Und endlich, im Jahre 2000, erhielten die Yanomami einen akzeptablen Frieden. Die Zeit war reif für Neues, ohne das Alte im Stich zu lassen.

Genau zu dem Zeitpunkt lernte ich Annette kennen. Sie war der Deckel auf meinen kochenden Topf. Sie träumte, wie ich, vom Regenwald und der medizinischen Betreuung der Indianer. Weil die Yanomami inzwischen international bekannt waren und unter vertrauenswürdiger Beobachtung standen, wurden wir aktiv bei den Waiãpi-Indianern, einem vergleichsweise kleinen Volk. Es hatte zwar schon ein eigenes Schutzgebiet, aber keine medizinische Versorgung. Das haben wir geändert. Bis heute kümmern wir uns darum.

Doch dann geschah der totale Umbruch. Die Schandtat Weibliche Genitalverstümmelung explodierte in unser Leben. Eine neue Art von Verbrechen. Sowohl im Ausmaß wie in der Grausamkeit. Die Erfahrungen, die ich bei den Yanomami und auf den Reisen in den Orient gesammelt hatte, kamen uns auch hier zugute. Als wir hörten, dass die meisten der täglich 8000 Opfer Muslimas waren, stand die Strategie schnell fest. Wir wollten dem 5000 Jahre alten Brauch mit der Kraft und Ethik des Islam ein Ende setzen.

Als uns alle Bekannten für weltfremd erklärten, als sich keine Organisation unserer Vision anschließen konnte, gründeten wir kurz entschlossen TARGET e. V. Es war der beste Entschluss unseres Lebens. Er machte uns unabhängig von allen Bedenkenträgern. Vom ersten Moment an erlebten wir Erfolg auf Erfolg. Es kam zu Entwicklungen, die unsere Kritiker schnell verstummen ließen. Wir erreichten etwas Historisches, was niemand zuvor für möglich gehalten hatte.

Was mit TARGET e. V. wirklich geleistet wird, welche Berge, papierne und echte, schon versetzt wurden und welcher Segen und Frust und Kampf damit verbunden ist – das ist in den Jahresbriefen nachzulesen, die wir jeweils Ende November an unsere Förderer schicken und die alle auf unserer Webseite veröffentlicht sind (www.target-nehberg.de).

Ich erzähle in diesem Buch die Ereignisse aus meiner Sicht als Abenteurer, Bäcker, Aktivist und Visionär. Ich möchte unterhalten, aufrütteln, Mut machen zur Verwirklichung eigener Lebensträume und Visionen. Und, ganz wichtig, motivieren, gemeinsam mit uns und TARGET die Welt ein Stück besser zu machen. Für die Zukunft heutiger und kommender Generationen mit unseren Projekten für den Erhalt des Regenwaldes und die Gesundheit der Ureinwohner – und mit dem vehementen und unermüdlichen Einsatz gegen den größten Bürgerkrieg aller Zeiten, dem in den betroffenen Gebieten die Hälfte der Menschen, nämlich die Mädchen und Frauen, zum Opfer fallen: die genitale Verstümmelung.

Euer
Rüdiger

Rausdorf, im Frühjahr 2020

2. Der Uranfang

» Und dann ging ich zu weit.
Denn wo hätte ich sonst hingehen sollen? «

Alison Louise Kennedy

Gerade habe ich mein Fahrrad mit einem dünnen schwarzen Seil an meinem Bein gegen Diebstahl gesichert und mich todmüde ausgestreckt. Es ist stockdunkel. Neben mir in Hüfthöhe mein Dolch, griffbereit im Sand. Wellenschliff. Scharf wie ein Haigebiss. Daneben die Taschenlampe. Eine halbe Stunde lang war ich noch ohne Licht gefahren. Niemand sollte sehen, wenn ich irgendwo die staubige Straße verließ und im Gebüsch verschwand.

Ich war 17 Jahre jung. Mein Chef hatte mir zu den zwei bezahlten noch sechs Wochen unbezahlten Urlaub gegeben, wenn ich nach der Bäckerlehre bei ihm bliebe, um auch eine Konditorlehre zu beginnen. Ein Superdeal, befand ich, denn Marokko, damals noch französische Kolonie, war meine erste große Welterkundung. Mein Chef und meine Eltern ahnten nichts. Sie wähnten mich in Paris. Statt dort Französisch, will ich in Marrakesch die Kunst der Schlangenbeschwörung erlernen. Mein Freund Jean-Paul wird ihnen jede Woche eine vorgefertigte Ansichtskarte mit bunten Briefmarken schicken. Jedenfalls hat er das versprochen.

Mein Vater würde glücklich sein. Jeden Abend erinnere ich mich an seine Abschiedsworte: »Paris! Das ist sehr gut, mein Sohn, weil du so auf natürliche Weise die Weltsprache

Französisch lernst! Vor Ort lernt man sie viel besser als in der Schule.«

Da war er endlich mal meiner Meinung! Lebende Sprachen mochte ich.

Noch während der Gymnasialzeit hatte seine Devise ganz anders geklungen. Da war ihm Latein wichtig gewesen. »Es ist die Basis aller romanischen Sprachen«, argumentierte er. Und prompt erwähnte er wieder einmal sein kleines Latinum. Gesehen habe ich es nie.

»Ich möchte lieber Spanisch lernen. Das ist die mit dem Latein verwandteste Sprache, und man kann etwas damit anfangen«, begründete ich meinen zaghaften Widerspruch. Nein, es musste partout Latein sein. Und so paukte ich zeitvergeudend und dennoch vergeblich diese tote Sprache.

Der Albtraum Latein verfolgt mich übrigens heute noch. Da sitze ich wieder in meinem alten Gymnasium, das penetrant nach Bohnerwachs riecht, und soll irgendein Buchstabengewürfel ins Lateinische oder umgekehrt transportieren, was nicht einmal der Google-Übersetzer schafft. Und wie die alten Römer damals redeten! Mir taten ihre Kinder leid. Die mussten garantiert ständig Zungenschmerzen und Hunger gehabt haben, weil es lebensnahe praktische Sätze wie »Ich möchte ein Stück Brot essen« gar nicht gab. Oder die Römer waren so genügsam wie Bakterien. Oder sie mochten gar kein Brot. Und Spaghetti gab es damals ebenfalls noch nicht. Da kann ich nur in meinem Realolatein sagen: »*Tu Roma pauper*, ›Du armes Rom!‹« Mit Ach und Krach habe ich dennoch die Mittlere Reife geschafft. Was mich wirklich interessierte, habe ich später in ungezählten Kursen an den Volkshochschulen gelernt. Drei Kurse parallel. Ich avancierte zu deren bestem Kunden.

Doch jetzt bin ich auf dem Weg nach Marrakesch und schon mitten in Marokko. Ich lebe von Brot und Tomaten. Für Hotels ist kein Geld eingeplant. Deshalb das Tausend-Sterne-Hotel unter freiem Himmel zwischen Kakteen und Akazien.

Und plötzlich der Schrei! Ich muss gerade eingeschlafen sein. Wie elektrisiert fahre ich hoch. Den Dolch rausreißen, das Seil zum Fahrrad kappen und die Taschenlampe greifen – drei Reflexe verschmelzen zu einem einzigen. Ich ducke mich hinter einem höheren Grasbüschel und zittere, dass die Gräser gar nicht so schnell mitvibrieren können. Noch nie habe ich solch einen Schrei gehört. Mir ist instinktiv klar: Das kann nur ein Todesschrei sein, lang gezogen, grauenerregend. Er erstirbt mit einem Gurgeln. Dann Männerstimmen.

Ich bin Ohrenzeuge eines Mordes geworden. Er muss in Steinwurfweite hinter einer buschbewachsenen Düne geschehen sein. Das nächste Opfer bin ich, wenn sie mich entdecken. Kein Mörder toleriert Zeugen. Da kann ich noch so viel Verschwiegenheit versprechen und mein Fahrrad als Geschenk offerieren.

Im selben Moment lodern Flammen auf. Hinter der Düne wird es hell wie ein zweiter Sonnenuntergang. Ich vernehme ein Lachen. Jemand singt und schlägt dazu rhythmisch auf eine Trommel. Meine Angst schwindet schlagartig. Das ermutigt mich irgendwann, den Hügel vorsichtig hinaufzukriechen. Sofort ist mir klar, wer da um sein Leben geschrien hat. Es war ein Schaf. Der Schlächter zieht ihm gerade das Fell über die Ohren. Ein anderer Mann hilft ihm dabei. Ein weiterer wirft Holz in die Flammen. Der letzte Stein fällt mir vom Herzen. Ein völlig friedliches Bild. In einem Kessel dampft Wasser. Mir fällt ein, dass ich vorhin gar nichts gegessen habe und vor Müdigkeit gleich weggedämmert sein muss. Immerhin habe ich heute 165 Kilometer hinter mir.

Ohne weitere Überlegung, aber noch mit wackeligen Beinen richte ich mich auf, leuchte mich mit der Taschenlampe an und rufe »Salaam alaykum!«

»Wa alaykum as-salaam«, antworten sie überrascht, aber wie aus einem Mund. Die nächsten Worte verstehe ich nicht, marokkanisches Arabisch, aber ihre Handbewegung bedeutet: »Komm her! Was bist du denn für einer?«

Das lasse ich mir nicht zweimal sagen. Es sind nur 20 Schritte zu ihnen. Ich lege die rechte Hand aufs Herz, verneige mich tief und wiederhole den Gruß. Dann sage ich auf Französisch *»Je suis allemand. Je veux aller à Marrakech. Avec un vélo.«* Mein Vater hätte sich gefreut: Ich lerne Französisch vor Ort!

»Mit dem Fahrrad?«, staunen sie ungläubig.

»Ja, alles per Rad. Es liegt hinter dem Hügel.«

Zwei von ihnen kommen mit. Sie zweifeln offenbar. Ich soll es ihnen zeigen. Und so führe ich sie zu meinem einfachen Fahrrad, genauer gesagt, meiner zusammengestückelten Schrottkiste. Da war keine Schraube zu viel. Aber auch keine zu wenig. Eine Lampe mit Dynamo, ein Gepäckträger mit stabilisierten Streben und einer Gepäcktasche, eine Handbremse, ein Rücktritt, ein steinharter Ledersattel. Und mein kleiner Rucksack. Alles einfach. Genauso einfach die Gangschaltung mit dem sage und schreibe einen einzigen Gang. Auf jedes Teil meiner spärlichen Ausrüstung bin ich stolz.

Wenn die Bauern auf den Feldern mich sahen, riefen sie mich zu sich, schenkten mir Tomaten oder Zitronen. Je nachdem, was gerade reif war. Wenn ich den Bäckern erzählte, dass ich ein Kollege aus Deutschland war, gab's das Brot prompt umsonst. Meine eine deutsche Mark Reisespesen pro Tag konnte ich oft sparen. Ich kam mir richtig reich vor.

Zunächst geht meine Reise weiter nach Marrakesch, dem eigentlichen Ziel meiner Anstrengungen, der Stadt am Wüstenrand und Inbegriff des romantischen Orients. Auf dem Djemaa el-Fna, dem großen Marktplatz, will ich die Kunst der Schlangenbeschwörung erlernen. Im Prinzip weiß ich zwar, wie sie funktioniert, schließlich sind Schlangen mein Hobby. Aber ich will die Atmosphäre erleben, sie einatmen und vielleicht einmal nachahmen. Denn einer meiner Träume ist es, selbst als Schlangenbeschwörer aufzutreten und mir damit Geld nebenbei zu verdienen, um schneller selbstständig zu werden. Die Selbstständigkeit ist mein erklärtes Lebensziel. Das hat mein Vater mir vom ersten Tag der Lehre an implantiert. »Du

Mit dem Fahrrad nach Marokko

darfst keinesfalls lebenslang Angestellter bleiben.« Da hat er mich endlich mal richtig eingeschätzt.

In Marrakesch angekommen, kann ich kaum den späten Nachmittag erwarten. Dann belebt sich der Platz mit Händlern und Gauklern aller Art. Ich hocke dort, das Fahrrad auf dem Stützständer neben mir, das marokkanische und das deutsche Fähnchen hängen erschöpft im lauen, sandstaubigen Wüstenwind.

Schließlich kommt er! Er mag 60 Jahre alt sein, zerknittertes Gesicht, zerrissene Hose (heute wäre sie modern und würde viel Geld kosten), flatteriges Hemd, Sandalen aus Autoreifen. Viel verdienen kann man mit der Vorführung offensichtlich nicht, geht es mir augenblicklich durch den Kopf.

Er ruft etwas in die Menge, gebietet gestenreich Freiraum um sich herum – weil doch die Schlangen so lebensgefährlich sind – und hockt sich auf einen verschlissenen Teppich. Vor ihm ein geschlossener Korb, in der Hand eine Flöte, auf die vorne ein kindskopfgroßer Flaschenkürbis montiert ist. Sofort bleiben viele Neugierige stehen. Ich an vorderster Front.

Er beginnt, eine simple Melodie in seine dekorative Flöte zu blasen. Der Abstand zum Korb: ein Meter. Offenbar das musikalische Vorspiel, die Ouvertüre, die Erkennungsmelodie. Ich möchte ihn am liebsten auf meiner Fahrradklingel begleiten, wage es aber nicht. Ich will ihn nicht verärgern, ich brauche ihn noch. Sein Spiel zieht immer mehr Leute an. Aber niemand kommt dem Korb zu nah. Man weiß, was gleich geboten wird, und wahrt gebührenden Abstand. Neugier, Respekt, Angst.

Genauso wird der Effekt sein, wenn ich eines Tages mit derselben Darbietung in Deutschland auftrete! Natürlich nur in ausgewählten Häusern der Sonderklasse, rede ich mir aufgeregt ein. Für diesen großen Moment bin ich schließlich von Deutschland hierhergekommen. Ich bin am Ziel.

Der Alte genießt den Zuspruch. Endlich hebt er den Deckel vom Korb.

Nichts.

Er bläst einige Phon lauter.

Nichts.

Dann stößt er mit der Flöte gegen den Korb. Augenblicklich schnellt die Kobra in die Höhe. Sie zischt, spreizt ihren Nackenschild und verharrt dann bewegungslos. Diese Reaktion ist reines Imponiergehabe.

Eltern halten ihre Kinder fest. »Um Himmels willen, seid vorsichtig! Die Schlange ist tödlich«, bedeuten ihre Gesten. Das verstehe ich, ohne ihre Worte zu hören. Es ist einfach typisch. Von genau dem Effekt wird meine eigene Show leben.

Die Schlange zeigt sich unbeeindruckt. Sie züngelt nicht einmal. Er kann noch so laut spielen. Schlangen sind taub. Die Musik ist für die Leute. Schlangen »hören« mit ihren Bauchnerven. Sie reagieren auf Vibrationen. Nur wer auf leisen Sohlen durch die Natur geht, wird sie je zu sehen kriegen. Wer laut durch die Landschaft poltert, wird solche Begegnungen nicht erleben.

Der Senior und seine Flöte bewegen sich langsam zur Seite. Die Schlange folgt der Bewegung. Der Alte ist eine Gefahr für sie. Sein Kürbis an der Flöte ist sein ihr am nächsten befindliches Körperteil. Davor muss sie sich hüten. Sie fixiert den Kürbis vor ihren Augen. Dass sie nicht beißt, ist Überlebensökonomie. Sie muss sparsam mit ihrem Gift sein. Wenn sie beißt, muss der Biss sitzen und den Gegner ausschalten. Solange Kürbis und Mann sich ruhig bewegen, bleibt auch sie ruhig und folgt einfach nur genau den Bewegungen. Mann und Tier pendeln langsam von einer Seite zur anderen, vor und zurück. Das ist der ganze Trick. Sollte sie doch einmal zubeißen, bisse sie in den Kürbis.

Auf mich wirkt die Schlange müde und mager. Ihr fehlt die natürliche Spannung. Mein Gefühl wird bestätigt, als der Mann aufsteht und das Reptil mit bloßer Hand aus dem Korb angelt. Hilflos hängt sie von der Hand herunter wie ein Seil. Sie macht nicht einmal den Versuch eines Bisses. Die Leute sind dennoch beeindruckt. Wenn er sich den Zuschauern nähert, preschen sie zurück. Irgendwann lässt er das Tier in den Korb zurückgleiten und verschließt ihn mit dem Deckel.

Er fordert Spenden. Sein zehnjähriger Sohn geht mit einer Blechtasse herum. Bis zu diesem Moment war mir der Junge noch nicht aufgefallen. Ich hatte ihn für ein Zuschauerkind gehalten. Nur spärlich klimpern die Münzen. Minispenden.

Die Leute verkrümeln sich. Das nutze ich, um dem Jungen vor den Augen des Vaters eine dicke Deutsche Mark geräuschvoll in den Topf zu klackern.

Er merkt, dass ich ein anderes Interesse habe als die Menschen.

»Ich komme aus Deutschland«, verrate ich. »Ich habe dort auch Giftschlangen.« Alles in Französisch. Es wurde im Laufe meiner Reise tatsächlich immer besser.

Dass meine zwei Kreuzottern so klein sind wie zwei gekochte Makkaroni im Vergleich zu seinen Ankerseilen, verschweige ich geflissentlich. Ich darf Platz nehmen neben seinem Teppich. Die nächste Show startet erst in 15 Minuten.

»Hast du zu Hause noch mehr Kobras?«, will ich wissen.

»O ja, zwei«, antwortet er.

»Dürfte ich sie nachher mal sehen? Ich würde dir dafür fünf Deutsche Mark geben.« Das kann ich locker riskieren, weil mich ja die Bäcker aller Nationen reichlich mit Brot beschenkt haben und mein Hosentaschensparbuch somit gut gefüllt ist.

Der Mann beißt an. Es ist nicht nur das Geld, das ihn lockt. Es ist wohl auch das Exotische an mir, diesem Jüngling mit dem Fahrrad aus Deutschland. Er will mich der Familie zeigen. Touristen waren zu jenen Zeiten noch nicht erfunden. Nicht einmal die Vokabel gab es.

Endlich beendet er seine Vorstellungen. Aufgeregt folge ich ihm. Das Fahrrad muss ich schieben. Die Gassen werden immer enger. Die Häuser sind ebenerdig und umso ärmlicher, je mehr wir uns vom Djemaa el-Fna entfernen. Schließlich betreten wir einen Hinterhof. Eine der Türen führt in seine Wohnung. Sie ist bedrückend einfach. Zwei kleine Mädchen und seine Frau kommen aus einem Hinterraum. Natürlich herrscht erst einmal große Aufregung. »Wer ist das denn?«, werden sie gefragt haben, und er wird ihnen weiß der Teufel was geantwortet haben. Sein Sohn entleert die Blechtasse. Das Ergebnis wird die hungrigen Mäuler kaum stopfen, denke ich mit einem Blick darauf. Umso wertvoller sind meine fünf Deutschen Mark.

Trotz aller Lebensbescheidenheit bietet man mir den obligatorischen Tee an. In einer der Sammeltasse sehr ähnlichen Blechtasse. Waren da womöglich gestern die staubigen Münzen drin, frage ich mich im Stillen und im Hinblick auf meine Gesundheit. Aber sehr schnell ist der Durst größer als mein Verstand. Das Betörende sind die frischen Pfefferminzblätter. Pfefferminz – der Weihrauch des kleinen Radlers. Er gibt dem winzigen Raum gleich eine ganz andere Atmosphäre.

Schließlich kann ich es nicht mehr aushalten. »Wo sind denn deine anderen Schlangen?«, will ich wissen. Bis jetzt habe ich vergeblich Ausschau gehalten nach einem Terrarium.

»Ali, hol sie mal!«, muss er seinem Sohn gesagt haben, denn der barfußt sofort los und kommt mit einem Sack wieder. Er legt ihn dem Vater vor die Füße. Der Sack bewegt sich, und mir wird klar: So sieht ein marokkanisches Terrarium aus.

Geduldig öffnet der Alte im Halbdunkel des Raumes den unentwirrbaren Knoten. Den sollte er sich patentieren lassen, denke ich noch. Er ist so sicher wie ein Vorhängeschloss. Endlich hat er es geschafft und kippt den Inhalt unerwartet direkt zwischen seine und meine Füße. Ohne jede Aufregung. So als präsentiere er mir zwei Seile. Ich springe zurück. Zu Kobras sollte man einen Meter Sicherheitsabstand einhalten.

»Du brauchst keine Angst zu haben, die beißen nicht«, lacht er.

»Wieso denn das nicht?« Hat er neben dem Wunderknoten auch noch ungiftige Kobras zu bieten?

Die zwei Reptilien versuchen, in irgendeine Richtung zu entkommen. Er greift sie ohne jede Vorsicht irgendwo am Körper und zieht sie zu sich heran. Wie Kuscheltiere. Oder wie Stoffschlangen. Und tatsächlich – sie machen nicht einmal den Versuch eines Bisses. Wie vorhin auf dem Platz. »Schau her«, klärt er mich auf. »Ich habe ihnen den Mund zugenäht. Die können gar nicht beißen.«

Ich bin entsetzt. Bin ich dafür den weiten Weg von Deutschland nach Marrakesch geradelt? Da hatte ich mir meine Vorstellung auf deutschen Bühnen aber völlig anders vorgestellt. Ich wollte in einem drei mal drei Meter großen Glaskäfig mit sechs gesunden Tieren gleichzeitig auftreten, und nicht mit solchen Placebo-Kobras.

»Wie fütterst du sie denn?«, würge ich immerhin noch hervor. Kaum kriege ich meine eigenen Lippen bewegt. Gleichzeitig überlege ich, ob ich ihm die versprochenen fünf Mark überhaupt noch geben soll. Der Mann sackt die Tiere wieder ein und ersinnt geschickt einen weiteren patentverdächtigen Knoten.

»Die kriegen gar nichts zu essen. Wenn sie zu schlapp werden, töte ich sie und besorge mir neue. Die Wüste ist voll davon. Acht Wochen halten sie meistens durch.«

Ich lege ihm wortlos das Geld hin und verabschiede mich.

Das Erlebnis beschäftigt mich die ganzen nächsten Tage. Ich beschließe, bei meiner eigenen Schlangenbeschwörung den Zuschauern davon zu erzählen. Als Ziel meiner Welturaufführung mit sechs Brillenschlangen habe ich das Hansa Varieté Theater am Steindamm in Hamburg erkoren. Dort treten Akrobaten auf, Zauberer und Menschen mit Tieren, die Außergewöhnliches leisten. Theaterslogan: »Nie im Fernsehen, nur im Hansa-Theater!« Um das zu beweisen, soll dann ein beliebiger Zuschauer irgendeins der sechs Tiere auswählen. Ich werde es aus dem Korb nehmen und in ein folienbespanntes Weinglas beißen lassen. Man soll die Zähne sehen und das im Glas runterlaufende Gift. Die Musik würde ich vom Band abspielen. Ich kann ebenso wenig Flöte spielen, wie Schlangen hören können. Irgendwie ergänzen wir uns.

Kobras haben den Vorteil für den Beschwörer, dass sie auch kerngesund relativ langsam sind im Zuschlagen. Ganz anders als eine Mamba. Mit einer Mamba würde ich das Wagnis niemals eingehen. Ihr Biss ist wie ein Peitschenschlag. Nein, wie ein Blitz. Es bleibt keine Zeit zu reagieren. Und er ist augenblicklich tödlich. Aber Kobras richten sich auf. »Hallo, da bin ich. Komm mir nicht zu nah!« Das nenne ich Partnerschaft. Sie schlagen erst zu, wenn die Bedrohung ihnen zu nah kommt. Mir ist auch klar, dass man bei sechs Schlangen um einiges alarmbereiter sein muss. Doch das erhöht die Attraktion. Ich fühle mich der Anforderung gewachsen. Ich male mir schon die Schlagzeilen aus. »Einer gegen sechs Kobras!« – »Rüdiger in der Schlangengrube!« – »Das Kobra-Sinfonieorchester!« Doch es sollte etwas anders kommen als geplant.

Irgendwann hatte ich in Hamburg eine Stelle als Konditorgeselle angenommen. Jetzt war die Gelegenheit da, abends meine Kobravorstellung im Hansa-Theater zu präsentieren. Ich bat die Direktion schriftlich um ein Gespräch und erhielt prompt einen Termin beim Theaterdirektor persönlich. Geködert hatte ich ihn mit meinem Vorhaben: »… eine Darbietung mit Schlangen zu präsentieren, die man weder in seinem Theater noch im

Fernsehen je gesehen hat.«Welturaufführung gewissermaßen. Wahrscheinlich hatte er das Übliche erwartet: eine große, menschenfreundliche Boa, die sich um männerheischende Frauenkörper windet. Jedenfalls erhielt ich umgehend ein Vorstellungsgespräch.

Da saß ich nun vor ihm, einen kleinen geschlossenen Korb unterm Arm, eine Zauberflöte in der Hand und ein bezauberndes Lächeln im unteren Gesichtsteil. Er wirkte irritiert.

»Verdammt winzige Boa!«, mäkelte er zur Begrüßung und ließ den Kenner raushängen. Oder er versuchte, die Hellseher zu imitieren, wie sie manchmal bei ihm im Varieté auftraten.

Ich stellte den Korb mitten in den Raum, öffnete den Verschluss und hob den Deckel. Bewusst langsam. Um die Spannung zu erhöhen. Bevor die Kobra sich zeigte, kam aus dem Inneren des Korbes ein lautes und deutliches Zischen. Ein Geräusch wie bei einem Fahrradreifen, aus dem die Luft hörbar entweicht. Damit kannte ich mich ja schließlich aus. Zwei Sekunden später schnellte die Kobra senkrecht in die Höhe. Bestimmt 60 Zentimeter. Sie spreizte den Nackenschild, verteidigungsbereit in alle Richtungen. Aufgeregt vibrierte ihr Körper. Sie züngelte. Sie atmete tief und sichtbar ein und zischte die Luft gleich wieder aus. Welch ein Tier! Genauso hatte ich mir die Präsentation erhofft.

Der Direktor schien hellauf begeistert und tat es ihr gleich. Er schnellte vom Stuhl in die Höhe. Volle 180 Zentimeter. Ich wertete das als Ausdruck höchster Zustimmung.

»Was ist denn das? Ist das eine Kobra? Ist die giftig?«

»Ja, eine Brillenschlange aus Kalkutta, eine Kobra frisch aus dem Regenwald. Mit Giftzähnen und Giftdrüsen, unbehandelt, kerngesund. Das ist ja das Besondere.«

Da war er schon raus aus der Tür. Von draußen hörte ich ihn dann rufen.»Packen Sie die ganz schnell wieder ein. Für so was Gefährliches ist in diesem Hause kein Platz.«

Geschockt und enttäuscht, Korb und Kopf unterm Arm, verließ ich den Raum und machte einen letzten Versuch. Ich redete von sicherem Glaskäfig, sogar *sechs* Kobras gleichzeitig, dem Publikum den Trick erklären – da war ich längst von seiner Vorzimmer-Lady hinauskomplimentiert worden und stand wieder auf dem Steindamm. Mit allem hatte ich gerechnet. Nur nicht mit einer solch kompromisslosen Abfuhr.

Zum Glück ahne ich das noch nicht in Marokko. Zunächst geht es zurück zur heißen Landstraße Richtung Heimat. Dreieinhalbtausend Kilometer die Hinfahrt, dreieinhalb die Retourkutsche. Macht zusammen 7000 in 60 Tagen. Ich muss mein Tagespensum von über 120 Kilometern schaffen. Freie Tage sind in der Rechnung nicht eingeplant. Jeder freie Tag erhöht mein verbleibendes Tagespensum. Die Zeit drängt. Ich darf meinen Chef nicht enttäuschen und muss pünktlich zurück sein. Mein Gesäß ist nach wie vor wund, meine Arme sind vereitert. Sonnenbrand höchsten Grades. Ich habe mangels Erfahrung den Fehler begangen, wegen der Hitze meine Ärmel aufzukrempeln. Es ist zum Verzweifeln.

Und dann kommt der befürchtete Moment, dass ich schlappmache. Absolut groggy, hohes Fieber. Zwischen zwei Dörfern verlasse ich abends die Straße und falle erschöpft hinter einen Busch. Ich komme mir vor wie ein sterbendes Tier, das sich verkriecht. Nicht einmal die Zeit zum Anbinden meines Fahrrades ans Bein bleibt mir – da bin ich schon eingeschlafen. Plumps und weg.

»Monsieur«, vernehme ich zum wiederholten Mal eine Stimme. Zunächst halte ich sie für einen Traum. Bis ich eine Berührung verspüre. Also kein Traum.

Vor mir steht ein etwa elfjähriger Junge. Er erschreckt sich, als ich die Augen öffne, und weicht einen Schritt zurück. Um ihn herum viele Ziegen. Der junge Hirte trägt ein verschlissenes Unterhemd. Seine Hose wird von einem Seil in Position gehalten. Über seiner Schulter trägt er eine verbeulte Militärfeldflasche, Marke » Viel durchgemacht«. Er ist barfuß trotz der Dornen überall. Ich versuche ein müdes Lächeln. Zurückhaltend erwidert er es. Mir wird klar, dass ich hier nicht länger liegen bleiben kann. Bald wird es die ganze Umgebung wissen. Ich fürchte um mein Fahrrad. Schon der Junge hätte es locker entwenden können.

»Hast du Durst?«, deute ich seinen ausgestreckten Arm mit der Flasche. Das lasse ich mir nicht zweimal sagen. Das Fieber hat mich ausgetrocknet. Gierig trinke ich einen großen Schluck. Kaum ist der Mund feucht, überwiegt wieder die Skepsis. Hoffentlich hole ich mir nicht noch zusätzlich orientalischen Durchfall.

Der Junge muss weiter, den Ziegen hinterher. Ich schlafe ein. Aber nur für kurze Zeit. Diesmal sind es die Eltern des Jungen, die mich wecken. Der Junge hat sie herbeigerufen. Ob ich mit zu ihnen nach Hause kommen will, ich müsse mich doch ausruhen, ob sie einen Arzt holen sollen. Sie sind echt besorgt.

»Nein«, wiegele ich schnell ab, »ich habe kein Geld.« Ich bin mir sicher, dass Wunderdoktoren teuer sind. Was ich brauche, ist nichts als Ruhe.

»Du bist krank«, meint der Vater und befühlt meine Stirn. »Du kannst bei uns schlafen.« Die Mutter fragt gar nicht erst. Sie schnappt sich kurzerhand das Fahrrad. Der Vater packt mich und hilft mir auf die Beine. Ich weiß bis heute nicht, wie weit es war. Ich wurde mehr getragen, als ich selbst gegangen bin.

In einem sehr bescheidenen Haus aus Lehm darf ich die einzige Matratze benutzen. Die Frau deckt mich zu mit allen möglichen Decken und flößt mir heißen Pfefferminztee ein. Ich soll schwitzen. Sie gibt mir zwei Tabletten. Ich schlucke widerstandslos alles. Dann kühlt sie meine Stirn mit Wasser und einem Stück Pappe als Fächer. Ich glühe wie ein Autodach in der prallen Sonne und falle von einem Schlaf in den nächsten.

Als ich endlich wach werde, sind zwei Tage vergangen. Ich fühle mich spürbar erholt und rechne automatisch aus, um wie viele Kilometer ich nun mein Tagespensum erhöhen muss. Neben meiner Schlafstelle hockt der Mann und putzt mein Fahrrad. Als er sieht, dass ich endlich wach bin, gibt er mir Ziegenmilchbrei mit Zucker. Ungebremst rutscht der Leckerbissen in den Magen.

Das Fieber ist weg. Jetzt gewahre ich die bescheidenen Lebensverhältnisse erst richtig. Ein hinfälliger Schrank für Garderobe. Ein Tisch aus einem breiten, ungehobelten Brett, zwei Bänke. Kein fließendes Wasser, keine Toilette, kein Strom. Neben dem Haus ein Schutzwall aus Dornengestrüpp für die Ziegen. Die Matratze, auf der ich liege, ist tatsächlich die einzige. Die Familie hat auf Zeitungen geschlafen und sich mit löcherigen Decken zugedeckt. Kaum wage ich noch, den Tee zu trinken oder den Haferbrei zu essen. Sie haben ihn sich vom Munde abgespart. Ich überlege, wie ich mich revanchieren kann. Kurz entschlossen trenne ich mich von meinem Zweithemd. Mir genügt eins. Das muss bis Münster reichen. Dazu lege ich mein Zweiklingen-Taschenmesser. Ich brauche es nicht, mir genügt mein Dolch. Der mit dem Haifisch-Wellenschliff. Bis heute trage ich solche Messer. Auch von meiner einzigen Militär-Dreieck-Zeltplane kann ich mich leichten Herzens trennen. Ich habe sie erst ein einziges Mal in Frankreich verwendet, als es regnete. Jetzt haben wir August. Da wird es nicht mehr regnen. Also weg damit. Zumal es mein Gepäck um ein Kilo leichter macht. Dazu noch das Kochgeschirr. Ein großes Staunen und gehuschtes Lächeln meiner Gastgeber dankt mir. Wir tauschen Adressen aus.

Es war genau dieses kleine Erlebnis mit solch großen Menschen, das mich tief berührt und meine Liebe zu Nordafrika, den Menschen, ihrer Kultur und der Exotik des Orients begründet hat. Es war die Urkeimzelle meiner Verbundenheit mit der Wüste und nomadischer Gastfreundschaft. Und es wurde der Zündfunke für meinen ganz besonderen Lebenslauf, einen Thriller prallvoll mit Erlebnissen zwischen eigenen Karawanen und monatelangen Märschen, Krieg und Gefangenschaft, Überfällen und Mord. Das ahnte ich da natürlich nicht. Verglichen mit all dem noch viel Dramatischeren, das ich noch erleben sollte, geriet Marokko fast in Vergessenheit.

Nach genau 59 Tagen stehe ich daheim vor dem Mehrfamilienhaus meiner Eltern. Meine Tagesleistung hatte ich gesteigert, so gut es ging. Ich parke das Fahrrad und schließe es ab. Wie eh und je. Viel Gepäck ist nicht übrig geblieben. Ich kann es leicht mit einer Hand tragen. Lange habe ich überlegt, wie ich meinen Eltern den Marrakesch-Ausflug erklären soll. Hatte mein Freund Jean-Paul ihnen wirklich immer die vorgefertigten Ansichtskarten geschickt?

Die Frage erübrigt sich, denn in diesem Moment kommt der Briefträger.

»Haben Sie Post für Nehberg?«

Ja, hat er. Und darunter ist eine meiner Karten aus Paris. Mehr Zufall geht nicht. Darin schreibe ich, dass es leider regnet und ich mit dem überdachten Fährboot einen Ausflug auf der Seine gemacht habe. Ich finde, das hatte ich gut prophezeit.

Mehr Zufall geht nicht? Doch, einer geht noch. Denn genau da kommen meine Eltern vom samstäglichen Großeinkauf nach Hause. Sie sehen das staubige Rad, sie sehen meine entzündeten Arme, meine Bräune, die langen Haare, meinen klapperdürren Körper und die deutsche, französische, spanische und marokkanische Flagge am Vorderrad. Zwei links, zwei rechts.

Mein Vater kann sie alle genau zuordnen. »Warst du etwa in Marokko?«

Ich glaube, die Frage war als lockere Bemerkung, als kleiner Scherz gedacht. Als ich unumwunden Ja sage, herrscht Sprachlosigkeit. Ich komme mir vor wie ein Verräter. Aber ich bin sicher, meine Eltern hätten mir die Reise nie und nimmer erlaubt. Doch nun bin ich wieder da. Ich bin gesund und habe einen Mordshunger und mordsviele Geschichten, die erzählt werden wollen. Zum Schluss hat meine Mutter Tränen der Freude und des Stolzes in den Augen. Ihre früheren Sorgen haben sich in Respekt und Bewunderung verwandelt. Ab jetzt genieße ich Narrenfreiheit.

3. Ein Rattenschwanz von Erfolgen

»Gute Tiere, spricht der Weise,
musst du züchten, musst du kaufen.
Nur die Ratten und die Mäuse
kommen ganz von selbst gelaufen.« Wilhelm Busch

Ich bin also wieder daheim und mäste mich mit Muttis Apfel-
kuchen. Schmatzend lasse ich auch die Mühsal Revue passieren,
mit der ich jede einzelne Mark für die Radtour zusammenge-
klaubt hatte, um mir diese Traumreise erlauben zu können.
Vom Lohn war kein einziger Pfennig dabei. Wie auch? Ich
erhielt ja nur zwei Mark pro 80-Stunden-Woche. Das war normal, zweites Lehrjahr. Im ersten Lehrjahr war es sogar nur eine
einzige Mark gewesen.

Vom Lohn floss jeweils die Hälfte auf mein Bausparkonto.
Das hatte ich meinem Vater versprochen. Den Bausparvertrag
hatten wir gemeinsam abgeschlossen. Da war ich 15 und min-
derjährig. Volljährig war man damals erst mit 21.

»Die Sparkasse muss sehen, dass du regelmäßig sparen
kannst. Das schafft Vertrauen. Die Menge des Geldes ist dabei
zunächst noch unwichtig.«

Mein Reisegeld hatte ich vielmehr verdient mit dem Verkauf
von Rattenschwänzen.

Ja, richtig gelesen. Die Stadt Münster zahlte nach dem Krieg
zur Seuchenvermeidung pro Rattenschwanz eine Deutsche
Mark. Und Ratten gab es in den Trümmern der Stadt in Armeestärke. Diese Einnahmequelle hatte ich lange vor der Marokkoreise entdeckt.

Ich besaß vier Fallen. Mein Chef Theo Pohlmeyer hatte sie mir geschenkt, um eventuelle Nager-Eindringlinge in der Backstube zu eliminieren. Er war Jäger und hatte mir die Tricks verraten, mit denen man ein guter Fallensteller wird.

»Wichtig ist, immer mit Handschuhen zu arbeiten. Und stell niemals eine Falle zweimal am selben Ort auf, da, wo du bereits ein Tier gefangen hast.«

Ja, Ratten sind schlau. Das lernte ich sehr schnell. In der Backstube fing ich nur eine einzige. Die Fallen langweilten sich. Ich hörte sie stöhnen mit ihren Spiralfedern, und ich sah sie einstauben. Deshalb weitete ich mein Jagdrevier aus, denn schließlich wimmelte es in der Trümmerstadt ja von Nagern aller Art: Ratten, Mäuse, Kaninchen.

Mit 16 war ich bereits stolzer Besitzer eines Luftgewehrs und konnte im Sommer an hellen Sonntagmorgen jeweils eine bis zwei Ratten schießen. Futter, um sie anzulocken, lieferte die Restekiste in der Backstube. Sonntags deshalb, weil ich da erst um acht statt um vier Uhr anfangen musste und es im Sommer schon sehr früh hell ist. Büchsenlicht. Statt vorm Backofen hockte ich in meinem Versteck vor dem zerbombten Nachbargrundstück.

Doch das und auch die Rattenfallen-Fangstrecke stellten mich nicht zufrieden. Einmal hatte ich sogar nur eine Maus in der Falle. Egal, dachte ich, »Schwanz ist Schwanz.« Dem Zahlmeister im Gesundheitsamt erzählte ich was von einer *jungen* Ratte. Leider konnte er das eine vom anderen unterscheiden. So wie ich Mohnbrötchen von Sesambrötchen. Es war vielmehr sein überhebliches Lächeln, das mich beleidigte. Und kreativ machte. Die durch die geplante Marokkoreise genährte Sehnsucht nach der großen weiten Welt befeuerte meine Kreativität weiter. Ich konnte es kaum erwarten, die Idee in die Praxis umzusetzen.

Und das war bald getan: Ich legte eine umfangreiche Rattenzucht an! Sie sollte mir die Reisekosten sichern. Mithilfe einer selbst gebauten Lebendfalle hatte ich sehr schnell vier Rättinnen und einen Ratterich, ein fleißiges Quintett, Grundstock meiner Zucht. Im benachbarten Trümmergrundstück hatte ich einen großen Drahtkäfig installiert, drei mal drei Meter groß, aber nur anderthalb Meter hoch. Das erforderliche Baumaterial gab es nicht im Baumarkt. Der war noch nicht erfunden. Baumaterial lag zuhauf in den zerbombten Häusern. Nur einen einzigen Kollegen weihte ich in mein großes Geheimnis ein. Nicht einmal meine Eltern wussten davon. Ein Wanderratten züchtender Bäcker wäre mit ihren Hygieneansprüchen nicht kompatibel gewesen. Außerdem fürchtete ich, dass ich vereinbarungsgemäß sogar vom Nebenverdienst die Hälfte in den Bausparvertrag hätte einzahlen müssen. Oder dass Tierfreunde die Ratten befreiten. Also: topsecret!

Potenziert hatte sich mein Entschluss, als ich im Brockhaus-Lexikon las, wie vermehrungsfreudig diese munteren Eine-Mark-Münzen auf vier Beinen sind. Theoretisch kann ein Weibchen bis zu einem Dutzend Junge haben, hieß es da – sprich: zwölf Deutsche Mark! Und die Jungen sind ihrerseits bereits nach nur drei Wochen vermehrungsbereit. Man muss nur darauf achten, Männchen und Weibchen zu trennen. Sonst käme es zu Inzuchten, hatte ich gelesen. Das war für mich kein Problem. Waren die Männchen drei Wochen alt, war ihr Schwanz deutlich größer als der in schmerzlicher Erinnerung gebliebene kümmerliche Mäuseschwanz, stand ich schon wieder beim Zahlmeister des Gesundheitsamtes auf der Matte und machte ihn arm. Für die unverkäuflichen Weibchen genügten mir drei Geld zeugende Männchen.

»Du bist ja ein fleißiger junger Mann«, lobte mich der Zahlmeister. Wenn du wüsstest, dachte ich und bedankte mich mit artig angedeutetem Diener. Das war damals so üblich.

Während der Marokkofahrt wollte der besagte Kollege meines Vertrauens die Tiere pflegen. Denn aufgeben wollte ich meine Zucht nicht, auch wenn das Reisegeld längst zusammengekommen war. Fast täglich musste ich unterwegs an ihn denken und fragte mich, ob er seinen Verpflichtungen wohl gewissenhaft nachkäme und wie hoch mein Kontostand inzwischen sein würde. Immer wieder rumorte der alte Brockhaus in meinem Gehirn: Ein Rattenweibchen kann es theoretisch auf 1000 Nachkommen im Jahr bringen! Rechnerisch kam ich auf Unsummen für die Zeit meiner Lehre und sah meine Selbstständigkeit als Bäcker und Konditor in greifbarer Nähe.

Doch wie überall auf der Welt klafften Wunsch und Wirklichkeit weit auseinander. Sie sind gewissermaßen Todfeinde. Eines sonnigen Morgens – ich war gerade zurück – erschien ein Bagger und schaffte ausgerechnet die Trümmer auf dem Grundstück meines Vertrauens kurzerhand beiseite. Wo bis gestern die Geldquelle sprudelte, wurde am Abend die Abmessungsleine für das Fundament des Neubaus gespannt.

»Hier hat es vor Ratten nur so gewimmelt«, hörte ich den Baggerführer zum Bauherrn sagen. Ich wollte ihn am liebsten erwürgen. Denn hier hatte es nicht nur vor Ratten gewimmelt, sondern für meine Ohren vor Münzen geklingelt!

So viel und so wenig zu meinen ersten Erfahrungen mit Nebenverdiensten, Kreativität, der Finanzierung meiner »Weltreise« und des Geschickes Mächten, mit denen kein ewig Zaun zu flechten ist.

4. In jordanischen Gefängnissen

»Im Knast denkt mancher,
Gott sei Dank gibt's Feilchen,
die im Verborgenen blühen.« Joachim Ringelnatz

Wir sind gerade zehn Minuten auf dem Wasser, da heulen die Sirenen los. So schneidend laut, als wären sie an unserem Bug installiert. Suchscheinwerfer huschen hastig, panikartig übers dunkle Meer. Nicht nur von jordanischer Seite. Augenblicklich auch von Israel und Saudi-Arabien. Es ist die Hölle los. Uns ist klar: Man hat uns entdeckt, da bleibt kein Zweifel. Wir haben die Wachsamkeit der Soldaten unterschätzt. Dabei hatten wir extra bis halb drei Uhr nachts gewartet, wenn sie im Tiefschlaf wären. Pustekuchen.

Wir befinden uns in einem kleinen Ruderboot im Vierländereck auf dem Golf von Aqaba, Rotes Meer. Wir wollen rüber nach Bir Taba, einem kleinen Fischerhafen auf Sinai, Ägypten, geschätzte 15 Kilometer entfernt. Genau wissen wir das nicht. Unsere Karten sind mickrig. Aber bei Tage kann man den Ort drüben erahnen. Eigentlich ein Katzensprung.

Der erste Motor wird angeworfen. Dann noch einer und noch einer. Gerd ahnt es: »Die wollen bestimmt nicht zum großen Nachtangeln. Das gilt uns.«

Mit Höchstgeschwindigkeit brausen sie aus Richtung Aqaba übers Wasser. Wir hören augenblicklich auf zu rudern. Bloß keine falsche Bewegung! Die uns da fangen sollen, stehen unter Hochspannung. Ein einziger Millimeter ihrer nervösen Finger am Abzug der Maschinengewehre genügt, um uns zu durchsieben. Wir hören ihre lauten Rufe. Was sie da rufen, ist unverständlich. Aber klar ist, das heißt »Hände hoch! Keine Bewegung!«. Das haben wir längst auch ohne Aufforderung getan.

Schon sind sie ran. Es sind zwei Boote, die voll abbremsen und deren Bugwellen uns ins Wanken bringen. Die MG-Schützen verheddern sich in den Patronengurten. Wir rufen immer wieder: »*Almaani*! Deutscher!« Es wäre fatal, wenn sie uns für Israelis, ihre Todfeinde, hielten. Israel liegt in Reichweite, vielleicht 500 Meter entfernt. Theoretisch hätte auch das unser Ziel sein können. Wir müssen in ihre Boote umsteigen. Dann brausen sie mit uns zurück ins Militärcamp am Rand von Aqaba.

Erstes Verhör. Wir sind drei Deutsche: Gerd, Hans und ich. Wir haben in Hamburg die Konditoren-Meisterprüfung gemacht und uns dafür etwas Besonderes gönnen wollen: eine Trampreise ums Mittelmeer. Das ersehnte Besondere erleben wir in ebendiesem Moment.

Hier in diesem verflixten Hafen am Vierländereck von Saudi-Arabien, Jordanien, Israel und Ägypten hatten wir zwei Wochen ausgeharrt. Es ging einfach nicht mehr weiter. Kein Schiff wollte uns bis zum Suezkanal mitnehmen, weil hier nur Frachtschiffe anlegten, denen der Personentransport verboten war. Dann hatten wir bei den Fischern von Aqaba gefragt. Sie lehnten ab. Sie durften sich der Golfmitte nicht nähern. Bei der Polizei hatten wir vorgesprochen wegen einer Ausnahmegenehmigung für die Fischer. Fehlanzeige. Jordanien und Ägypten waren 1959 nicht gut aufeinander zu sprechen.

Das brachte mich dann auf die verhängnisvolle Idee, mit eigener Kraft in einem der kleinen Holzboote nach Sinai zu *rudern*. Nachts, wenn alle schliefen. Zwei Tage zuvor hatten wir aus alten Kistenbrettern Ruder improvisiert. Hans wollte den Kahn wieder zurückbringen. Er würde drüben keine Einreiseerlaubnis erhalten. Man hatte ihm am Strand vor ein paar Tagen den Pass geklaut. Er musste zurück zur deutschen Botschaft in Amman und sich ein Ersatzdokument holen.

»Ihr wolltet nach Israel! Ihr seid Spione! Ihr seid Juden!«, brüllt der Mann, der uns verhört.

Jetzt geht uns doch die Muffe. Spionage hat weltweit einen anderen Stellenwert als unbefugte Bootsbenutzung. Vor allem in einem Königreich, das sich vom Nachbarstaat in seiner Existenz bedroht fühlt.

»Nein, wir wollten nach Ägypten, nach Bir Taba«, versichern wir erneut.

Sie glauben es nicht. Sie wiederholen ihre Beschuldigungen. Wir wiederholen unsere Antworten. Wie Pingpongbälle fliegen die zwei Sätze hin und her, verschieden nur in ihrer Lautstärke.

Als die Sonne aufgeht, werden wir dem Polizeichef überstellt. Zum Glück ist er ehrlich und bestätigt, dass wir Tage zuvor um eine Genehmigung für die Überfahrt nach Ägypten gebeten haben.

Die Situation entspannt sich spürbar. Also doch keine Feinde! Das Gepäck wird durchsucht. Da ist nichts, das nach Spionage riecht. Außer meinem uralten 38er-Revolver. Er sollte unsere Sicherheit erhöhen während der folgenden Wochen, wenn es durch endlos einsame Gebiete in Libyen ging, wo man schnell zum Freiwild werden konnte. Ich hatte die funktionierende Antiquität auf dem Schwarzmarkt in Jerusalem (damals noch Jordanien) erworben, zusammen mit sechs Patronen. Gern hätte ich ein paar mehr gehabt.

»Mehr braucht man nicht«, wusste der Händler. »Wenn du mit sechs Schüssen dein Ziel nicht triffst, nützen dir auch weitere Patronen nichts. Dann bist du ein schlechter Schütze. Oder du bist tot.«

Eine überzeugende Argumentation. Sie entsprach irgendwie auch meiner Denke. Immer schon wollte ich lieber einen Revolver als eine Pistole haben. Wenn ich je schießen müsste, so meine Überzeugung, wäre es nur im äußersten Notwehrfall. Dann hat man nicht mehr die Zeit zum Entsichern und Durchladen, sondern muss ziehen und abdrücken. Eine lebensentscheidende Sekunde. Abgesehen davon ist der Revolver weniger schmutz- und reparaturanfällig als die Pistole. Jahre später, am Blauen Nil, sollte sich das noch bewähren. Sonst gäbe es dieses Buch nicht.

Interessanterweise spielt der gefundene Revolver für die Soldaten überhaupt keine Rolle. Er wird konfisziert, und damit basta. Wir werden ins Gefängnis gebracht.

1959 ist Aqaba ein beschauliches Dorf. Eine kleine Kaimauer, an der zwei Schiffe festmachen können. Ein Sandstrand mit Dattelpalmen, Korallen bis an die Meeresoberfläche, ein Militärcamp, Schützengräben und – das romantische Gefängnis, unser neues Zuhause. Kost und Logis inbegriffen. Eine vier Meter hohe quadratische Mauer aus behauenen Sandsteinen umschließt den Gefängnishof. In zwei gegenüberliegenden Ecken des Quadrats erheben sich sechseckige zweigeschossige Türme mit schmalen Schießscharten anstelle von Fenstern. Das ganze Areal misst circa 30 Meter im Quadrat.

In dem Turm neben dem Gefängnistor wohnen unsere Gastgeber, die Wachen. Das sind schlanke, hochgewachsene Beduinen, Elitesoldaten des Königs. Sie fallen auf durch ihre dekorativen langen, braunen Gewänder und das traditionelle rot-weiß karierte Kopftuch, die Kufija. Sie wird gehalten von einem schwarzen Doppelseilring, dem Agal. Vor der Brust kreuzen sich zwei Patronengurte. Ein weiterer umspannt die Taille. Auf der Schulter ein schweres Repetiergewehr aus dem letzten Weltkrieg. Sie begrüßen uns freundlich, wohl auch neugierig. Der Chef stellt sich vor. Das geht schnell, denn er heißt schlicht und einfach Ali. Keine Silbe zu viel.

Äußerlich wirkt das Anwesen gepflegt. Wäre es meine Immobilie, würde ich im Hof drei Bäume pflanzen. Aber mich fragt ja keiner. Wir werden in dem anderen Turm einquartiert. Einziger Unterschied zum Beduinenturm: Aus den Schießscharten bei uns laufen schwarze Schmutzspuren nach unten und verschandeln die freundliche Sandsteinoptik.

»Da muss man mal mit Wasser ran«, löst Gerd das Problem im Vorbeigehen. Da wissen wir noch nicht, dass man sich durch die Mauerschlitze des Nachts seiner flüssigen Notdurft entledigt.

Zu diesen markanten Sehschlitzen müssen wir hochklettern in die erste Etage. Nicht per Wendeltreppe, sondern per Leiter.

»Na«, kritisiert Hans, »die ist aber nicht für die Ewigkeit gebaut!« Hans ist Österreicher. Bei ihm muss alles solide und ewig haltbar sein. Wie die Alpen.

»Ist doch egal«, beruhige ich ihn. »So lange will ich ohnehin nicht bleiben.«

Die anderen beiden auch nicht. Einer der wiederkehrenden Momente, wo sich die Frage aufdrängt, wie das Abenteuer wohl weitergehen wird. Wie lange wird man uns hier Gastfreundschaft gewähren? Oder Asyl? Wir gehen einer ungewissen Zukunft entgegen.

Wahrscheinlich stammt die Möchtegern-Leiter aus einer Probeübung des örtlichen Kindergartens, wenn es denn je so was gegeben haben sollte. Sie ist windschief, wackelig und geräuschintensiv. Beduine Ibrahim weist uns die Matratzen an. Sie sind aus nacktem Beton. Aber wir haben Kopftücher. So liegt wenigstens der Kopf einigermaßen weich. Vor allem aber ist es hier oben heiß. Kein Windhauch zwängt sich durch die Schießscharten. Der Wind ist froh, draußen in der Freiheit zu sein und in alle Richtungen Sand aufwirbeln zu können. Wir beneiden ihn. Durch die Scharten sehen wir den verhängnisvollen Golf von Aqaba, am Horizont Bir Taba als weißen Punkt und, zum Greifen nah, unser entliehenes Boot. Sein Eigner vertäut es soeben an der Schwimmboje im Wasser. Das Meer kräuselt sich. Entweder weil es uns auslacht oder weil der Bootseigner erleichtert ausgeatmet hat.

Gleich neben Gerd liegt Abdoulkader. Er hat den besten Platz, weil der Wind, wenn überhaupt, dann aus seiner Scharte haucht. Über ihr hat er seine Kufija angebracht. Sie fängt das Windgesäusel auf und lässt es hinab über seinen Bauch streicheln. Die anderen Mithäftlinge müssen sich mit Schwitzen begnügen. So auch wir. Nur manchmal spüren wir einen Luftzug als Geste der Gastfreundschaft und Zeichen dafür, dass es noch eine andere Welt gibt. Die da draußen, die der Freiheit. Unserem erklärten Ziel.

Abdoulkader hat das Privileg, hier Gast zu sein, nicht so einfach erworben wie wir. Es hat ihn einige Anstrengung gekostet. Und seine Schwester das Leben. Und ihren Freund auch. Abdoulkader hat die beiden Unvorsichtigen in flagranti beim Schmusen in einem Zimmer ertappt und fühlte nicht nur unbändige Abscheu vor der Schwester, sondern sich auch der Familienehre verpflichtet. Er schloss die Schmuser ein. Dann begab er sich mit viel Verantwortung auf seinen Schultern und noch mehr Seelenruhe zum *suuq*, dem Markt, und erwarb ein Messer. Damit tötete er sie. Hätte er es sofort getan, im Affekt gleich nach der Entdeckung, wäre er straffrei geblieben. Nun aber muss er sich ein Jahr lang Auszeit gönnen. Im Knast zu Aqaba ist er ob der Tat der ungekrönte König. Er gibt sogar Autogramme. Alle bewundern ihn. Auch seine Familie, jedenfalls diejenigen davon, die noch leben. Für sie ist das Tatmesser eine Reliquie, die einen Platz mitten im Esszimmer erhalten hat. Alle paar Tage schickt die Familie ihm eine große Kiste leckerster Lebensmittel. Davon partizipieren auch wir. Wir erhalten jeder eine Orange.

»In Zukunft werde ich immer ein Messer am Körper tragen«, vertraut er uns an. Wahrscheinlich hat er noch mehr Schwestern. Als wir ihm sagen, dass jeder von uns während der Reise immer einen Dolch trägt, ist er ganz begeistert. »Habt ihr denn auch Schwestern?« Wofür sonst sollte man ein Messer bei sich tragen?

Die anderen Leidensgenossen können sich solcher Heldentaten nicht rühmen. Sie sind einfache Diebe. Einer hat Geld geklaut, zwei andere je einen Esel.

»Wie lange müsst ihr bleiben?«, interessiert es uns.

»Ein Jahr«, rufen alle im Chor.

»Ich zwei. Sauerei«, flucht der eine Eselklauer. Das verstehen wir nicht. Schließlich ist Esel gleich Esel.

Die anderen in der Diebesgruppe lachen sich kringelig. »Sein Esel war trächtig.«

Also hatte er zwei Esel gestohlen. Ja denn!

»Die Familie lebte vom Verkauf der Fohlen.«

Aha, arabische Justiz. Wir sollten sie noch näher kennenlernen.

»Gut, dass unser Boot nicht schwanger war«, witzelt Hans. »Dann kommen wir vielleicht mit einem Jahr davon.« Denn den betreffenden Paragrafen lernen wir heute: Für Diebstahl gibt es normalerweise ein Jahr. Und damit basta.

Sind die Beduinenwachen in Hörweite, klingen die Taten der Männer ganz anders. Alle sind sie übelsten Verleumdungen aufgesessen. Alle sind sie unschuldig inhaftiert. »Wehe den Verleumdern, wenn wir rauskommen!«

»Wenn ihr vernommen werdet, gebt bloß nichts zu!«, empfehlen sie uns einhellig. Sie überhäufen uns mit guten Ratschlägen. Jeder hält sich für den besten Anwalt.

»Blödsinn, wir sind doch auf frischer Tat ertappt worden«, übt sich Gerd in Realität. »Jeder Richter wird sich verarscht vorkommen und die Strafe erhöhen.«

Um nicht ständig an die Ungerechtigkeiten dieser Welt denken zu müssen, hocken die Männer ganztagsüber im wandernden Schatten der Hofmauern und dösen vor sich hin.

Die Enge, die unterschiedlichen Menschen, die einfache und knapp bemessene Kost erinnern mich schlagartig an meine erste Gefangenschaft. Ich war der einzige Profi unter uns dreien.

Meine erste Gefangenschaft ereignete sich nach dem Krieg in Dänemark. Die Flucht kurz vor dem Einmarsch der Russen hatte uns ins Nachbarland verschlagen. Zunächst noch als freie Menschen. Das änderte sich über Nacht im Moment der Kapitulation am 8. Mai 1945. Da fuhren dänische Militärlastwagen vor und rollten rund um unsere Schule Stacheldrahtrollen aus.

Wir waren gefangen. Es war eng, Typhus brach aus. Mein jüngster Bruder Reimar starb. Schon bald wurden wir in ein großes Lager verlegt, wo wir mit 35 000 anderen Deutschen in Pferdeställen untergebracht wurden. Wir lagen in »U 12«, unvergessen bis heute. Verglichen mit dem Nachkriegschaos, das in Deutschland herrschte, ging es uns allerdings saugut. Das Essen war in Ordnung, die Wachen zurückhaltend bis freundlich. Was es nicht gab, war Tabak. Die Männer verzweifelten. Auch mein Vater. Beide Eltern waren starke Raucher.

»Jenseits des Zaunes wächst Waldmeister im Wald. Die anderen Männer haben mit den Händen einen schmalen Graben unter dem Zaun gegraben. Das Zaunareal ist nicht vermint. Kannst du nicht nächste Nacht mit ihnen rauskrabbeln und mir Waldmeister pflücken? Wenn Kinder gefangen werden, müssen sie nichts befürchten.« So wurde ich zum Tabakbeschaffer der Familie ernannt.

Die reingeschmuggelten Pflanzen wurden am Ofen schnellgetrocknet und die ersten halb trockenen Blätter sofort geraucht – mit geschlossenen Augen und nie zuvor beobachteter Gier. Bis alle Männer nach einigen Wochen über starke Kopfschmerzen klagten. Da war der Spuk schnell vorbei. Als ich bei einer der Wachen hin und wieder eine Zigarette erbetteln konnte, wurde ich zum Lieblingssohn befördert. Selten habe ich glücklichere Eltern erlebt. Vielleicht waren das Schlüsselerlebnisse, weshalb ich selbst noch niemals geraucht habe. Ich wollte instinktiv nie abhängig werden.

Nach zwei Jahren wurden wir schließlich entlassen, weil meine Großmutter, die in Bielefeld ausgebombt worden war, uns aufnehmen konnte. Bis mein Vater in Münster wieder als Banker arbeiten konnte. Dort, in Münster, kam ich in die Bäckerlehre.

Mit Gefangenschaft, Schmuggeln, Bestechung und Flucht hatte ich also Erfahrung. Das war Alltag in unserem Lager. Vielleicht ließ sich das auch hier in Jordanien verwenden. Ich erzähle meinen beiden Freunden von den Erfahrungen.

»Hör auf!«, klagt Gerd, »ich würde wahnsinnig. Ich brauche etwas zu tun.« Dabei sitzen wir doch erst einen Tag. Wie wird das in einem Jahr aussehen? Haben wir dann einen Lagerkoller? Während der Gefangenschaft in Dänemark waren Lagerkoller an der Tagesordnung. Wird unsere Freundschaft zerbrechen? Aber er spricht Hans und mir aus der Seele. Wir brauchen etwas zu tun. Unvorstellbar, wenn diese Lethargie ein Jahr dauern sollte.

Dabei gibt es Arbeit genug. Sie lacht uns von allen Seiten an. Gerd übernimmt eigenständig das Brunnenseil. Es hängt nur noch an zwei Fasern und muss neu geflochten oder geknotet werden. Sonst reißt es, wie gerade eben wieder einmal. Dann muss jemand auf wackeligen Eisensprossen in die dunkle Tiefe. Das macht niemand gern. Da unten ist es kühl und finster. Auch die Eisensprossen sind nicht die jüngsten. Gerd macht das nichts aus. Es soll seine Haupttätigkeit werden. Wenn seine Knoten geschafft sind, holen die anderen für ihn Eimer um Eimer voll Wasser herauf, und er schrubbt den Innenhof. Ich helfe ihm.

Direktor Ali steht sprachlos daneben und bestaunt nach jeder Eimerentleerung den geheimnisvollen Knoten. Ehrfürchtig streichelt er ihn.

»Das sind zwei miteinander verbundene Prusikknoten, die Könige der Knoten«, erklärt Gerd mit Fingerfertigkeit und in Deutsch.

Was Ali am meisten beeindruckt, ist, dass sich die Knoten trotz der schweren Belastung kinderleicht wieder öffnen lassen. Er hat es sofort begriffen und beordert seine vier diensthabenden Beduinenwachen zu sich, um sein Wissen weiterzugeben. Ich überlege derweil, ob man mithilfe des Seils irgendwann über die Mauern entkommen könnte. Gerd errät meine Gedanken. »Über die Mauer ist kein Problem. Aber die Distanz zur nächsten Stadt im Norden schaffen wir niemals ohne fremde Hilfe. Alles Wüste.«

Um nicht Gerd und mich allein arbeiten zu lassen und untätig herumzustehen, entmistet Hans die kleine Küche. Sie hat

Einmaligkeitswert. Da gibt es einen kleinen Petroleumkocher auf schmutzverkrustetem Tisch vor gesprungenen Kacheln, deren Grundfarbe nicht mehr erkennbar ist. Aber er bietet die Möglichkeit, sich etwas zu kochen. Sofern man denn etwas hat. Meist ist es Tschai, Tee.

Aber offensichtlich erhält der eine oder andere Mitgefangene Zuwendungen von außen. Wie Abdoulkader. Davon künden die Abfälle in einer Ecke, ein Komposthaufen der Sonderklasse. Im ersten Moment denken wir, man habe den Kompost mit einem dunklen Tuch abgedeckt. Das täuscht. Beim Näherkommen entpuppt sich das Tuch als ein Schwarm Fliegen. Ein regelrechter Insektenzoo. Grüne Schmeißfliegen, schwarze Stubenfliegen und die kleinen Obstfliegen lassen es sich wohlergehen.

Hans stochert mit einem Stock darin herum. Er weiß offenbar, dass Kompost von Zeit zu Zeit gewendet werden muss. Zwei Mäuse stört diese Hektik. Sie entfliehen in eine Mauerspalte. Nicht fliehen können Heerscharen von Kakerlaken. Sie laufen in Panik durcheinander. Hans zertritt sie mit den Sandalen. Ich bremse ihn. Nicht aus Tierliebe.

»Lass uns ein paar einsammeln. Damit veranstalten wir Derbys!« Spontaner Gedanke, geboren aus Langeweile, die bekanntlich erfinderisch macht. Ich erprobe die Idee sogleich in der Praxis. Wie kann man mittels Strohhalm sein Renninsekt am schnellsten ins Ziel dirigieren? Die anderen Häftlinge sind begeistert. Alle wollen mitspielen. Den Kakerlaken droht ein Herzinfarkt. Egal, wir haben genug Reservespieler. Ich erhöhe den Spielanreiz. Ab jetzt kann der Coach der Siegerkakerlake den morgendlichen Teelöffel Zucker gewinnen.

Mit Gerds Wasser aus dem Brunnen rückverwandelt Hans die Küche derweil in ihre Urform. Immer wieder muss er sich wegen der mittäglichen Hitze einen Schluck des kostbaren Nasses gönnen.

»Es schmeckt wirklich vorzüglich«, strahlt er dann. »Wie Wasser aus unseren Gebirgsbächen. Man müsste es verkaufen an Beduinen. Ich hab auch schon einen Verkaufsslogan: ›Aqua ja! Aus Aqaba!‹«

Gefängnisdirektor Ali staunt immer wieder. Ihm fehlen einfach die Worte, nicht aber das Lächeln. Solche arbeitswütigen Gäste, die noch dazu immer lachen, hat er noch nie erlebt! Gerd erkennt Alis Wohlwollen sogar vom Brunnen aus, während er mal wieder Interessierten den Prusikknoten zeigt.

Der Knast blitzt wie bei seiner Neueröffnung vor irgendwelchen Jahren. Vielleicht stammt er sogar aus der Zeit, als der Engländer Lawrence von Arabien Aqaba vom Osten her erobert und von türkischer Herrschaft befreit hat mit einer Armee von Beduinensoldaten. Bunte Gestalten wie unsere Wachen. Wir sitzen in historischer Umgebung.

Weil die Kommunikation schwierig bis unmöglich ist, wollen wir Arabisch lernen. Jeder unserer Hobby-Rechtsberater will uns dabei helfen, jeder ist plötzlich auch Sprachlehrer. Als Gegenleistung sollen wir ihnen Deutsch beibringen.

»Mann, das sind ja komplett andere Wörter. Nichts davon ist mit dem Germanischen oder Romanischen verwandt«, beklage ich mich. Außerdem gibt es fast jeden Laut doppelt. Da ist das A, das wie das deutsche A klingt. Sie nennen es *Alif*. Dann gibt es das andere A, das man hinten im Rachen auswürgt, als hätte man sich verschluckt. Es heißt *A'in*. Ausländische Anfänger, die das zehnmal versucht haben, beklagen sich über Halsweh. Diese Komplikationen gibt es auch mit dem S, T, D, H, K, R. Dafür vermissen wir ein P.

Die Araber hingegen haben nur eine einzige Schwierigkeit mit dem Deutschen. Man kann ihnen leicht ein U für ein O vormachen. Das können sie nicht unterscheiden. Uhr und Ohr klingt für sie gleich.

Das nutzen wir sofort. Wir zeigen auf die Armbanduhr: »Uhr!« Dann zeigen wir auf das Ohr: »Ohr!« Sie mühen sich redlich wie wir mit den beiden A's. Aber sie kriegen's nicht hin. Wir schadfreuen uns. Als es dann doch endlich jemand schafft, bedauern wir scheinheilig.

»Nein, genau umgekehrt.« Wir zeigen auf die Uhr und behaupten: »Ooohr, mein Freund! Das hier ist Uuuhr!«, und tippen das Ohr an. Endlich sind sie so verzweifelt wie wir.

Es ist Abend. Um sechs Uhr wird's dunkel. Wir müssen nach oben in den Turm. Die Leiter wird weggezogen, die Luke zugeklappt und von unten verriegelt. Das starke Eisentor im Erdgeschoss wird abgeschlossen. Nun sind wir allein mit den Häftlingen, der Stauhitze, dem Betonboden. Wenn jetzt ein Feuer ausbräche, könnte man höchstens einen seiner Arme retten, indem man ihn in eine der Schießscharten nach draußen steckt. Aber wem nützt das? Bei dem Gedanken bekommen wir Beklemmungen. Zum Glück kann hier aber nichts brennen.

Gerd schläft neben Abdoulkader. Es ist stockdunkel. Gerade, als wir alle eingedöst sind, wälzt sich der Doppelmörder unruhig im Schlaf hin und her. Womöglich träumt er von seinen Heldentaten. Wie zufällig patscht seine Hand genau neben Gerds Unterleib. Da bleibt sie dann liegen. Gerd schiebt sie behutsam beiseite. Abdulkader entlockt das nur ein Schnarchen. Sein Traum geht weiter. Wahrscheinlich ringt er jetzt mit dem Liebhaber der Schwester. Die Folge: Die Hand, die Finger, landen erneut bei Gerd. Nach zeitlich kaum messbarer Zeitspanne beginnen die Finger, sich zu verselbstständigen. Und zielsicher finden sie zu Gerds Genital.

Gerd kriecht näher zu uns heran. »Der Typ neben mir ist hackeschwul. Ich kann nicht schlafen.« Wir drei krabbeln zusammen. Abdoulkiller rückt nach. Hans tauscht den Platz mit Gerd. Das ändert nichts an der Belästigung.

»Ich lege meinen Rucksack zwischen ihn und mich«, beschließt Hans.

Das spornt auch Abdoulkaders Fantasie an. Er strampelt im Schlaf und will den Rucksack zur Mitte unseres Turmrunds wegschieben.

»Morgen früh sagen wir ihm die Meinung«, beschließen wir. Aber wie macht man das, wenn man der Sprache nicht mächtig ist? Wie stellt man es an, Klartext zu reden mit jemandem, in dessen Kultur das Thema Homosexualität nach außen hin streng tabuisiert, aber reichlich verbreitet ist?

Wir vertrauen auf unsere Pantomime, als wir mit ihm allein im Turm sind. War es dort eben noch mucksmäuschenstill, bricht urplötzlich ein Wüstensturm der verbalen Art über uns herein. Er weiß sofort, wovon die Rede ist. Er springt auf. Er und schwul? Uns belästigt? Das sei ja wohl die größte Beleidigung seines Lebens, wir seien wohl nicht ganz dicht, man sollte uns zusammenschlagen. Zum Glück hat er sein Messer nicht dabei. Dafür hat er Schaum vorm Mund. Jähzorn – als hätte er seine Schwester vor sich.

Wir ziehen es vor, nach draußen zu gehen, bevor er noch mehr ausrastet und dafür sorgt, dass wir seiner toten Schwester Gesellschaft leisten. Immerhin haben wir nun Ruhe. Jeden Abend legen wir demonstrativ unsere drei Rucksäcke als Trennwand zwischen ihn und uns.

Nach zwei Wochen werden wir verlegt. Ein Lkw bringt uns zum Kittchen von El-Kerak. Unterwegs machen wir Rast in einer Teebude und treffen auf zwei Deutsche. Wir dürfen mit ihnen sprechen. »Könnt ihr die deutsche Botschaft benachrichtigen? Wir sitzen wegen Diebstahls und werden nach El-Kerak gebracht. Man verweigert uns jeden Kontakt.« Sie versprechen es. Wir kritzeln unsere Adressen auf ein Stück Papier. Die neue Hoffnung beflügelt uns. Mehr noch als der Tee.

»Hoffentlich halten sie Wort«, zweifelt Hans. Er misstraut jedem Fremden, seit man ihm in Aqaba den Pass geklaut hat.

Unser neues Gefängnis war früher Teil einer Kreuzritterburg. Es liegt auf einer schroffen Felswand. Das Dorf wirkt sauber. Wahrscheinlich, weil der Höhenwind die Abfälle davonbläst in die umliegenden Tiefen. Die Fenster sind mit schweren Eisenstäben vergittert. Fluchtchance durch die Fenster gleich null. Gegenüber ein ansehnlicher Garten. Irgendwo grasen zwei Kamele.

Ein sympathischer Mann stellt sich uns vor. »Abu Mohammed, Direktor!« Zur Aufnahme der Personalien bittet er uns in sein Büro. Er spricht zehn Worte Englisch. Damit bestreitet er geschickt und verständlich ganze Vorträge. Hans denkt schon wieder in Zahlen. »Der Direktor sitzt in seinem Leben bestimmt mehr hinter Gittern als wir.« Das tröstet ungemein.

Unsere neue Herberge ist vor allem romantisch. Sie besteht aus zwei Räumen, die vom kleinen Gefängnishof abgehen. Dort werden wir neugierig begutachtet von etwa zehn anderen Häftlingen. Ob sie schuldig oder nicht schuldig hier einsitzen, brauchen wir sie morgen nicht zu fragen. Die Antwort kennen wir: »Unschuldig.« Erst wenn sie uns vertrauen, packen sie aus.

Im Gegensatz zu Aqaba gibt es hier komfortable Matratzen. Sehr bald merken wir, dass wir die Unterlagen nicht allein nutzen können. Dutzende von Wanzen teilen sich das Lager mit uns. Ob wir sie töten oder nicht, sie werden nie weniger. Oben an der Decke sieht man deutlich ihre Wechsel, ihre Wanderwege. Dort marschieren sie dreist und ohne Furcht und Respekt vor uns entlang und lassen sich zielgenau herunterfallen. Schlagen wir sie tot, nehmen ihre Nachkommen sofort die frei gewordenen Plätze ein.

Wir werden zerstochen bis zum Ausrasten. Als Erschwernis kommt hinzu, dass in den Zellen während der ganzen Nacht das Licht brennen muss. Auf Nachfrage erlaubt Abu Mohammed uns, eine braune Papiertüte darüberzustülpen. Das schafft Gemütlichkeit, fast Lagerfeueratmosphäre. Aber andererseits spornt es die Wanzen an. Sie lieben die Dämmerung.

»Hast du nicht irgendeine Arbeit für uns?«, fragen wir Abu Mohammed sogleich. »Kamele putzen, den Kamelstall ausmisten?« Hauptsache, raus aus den engen Mauern.

Abu Mohammed ist entsetzt. »Wie soll ich das rechtfertigen vor meinen Vorgesetzten, wenn ich euch solche Arbeiten machen lasse? Ihr seid meine Gäste.«

»Was ist mit dem Garten? Wir könnten ihn von Unkraut befreien.« Er ist arg verwildert. Man könnte mehr daraus machen.

»Der Garten gehört Madam Officer«, erklärt er uns. Aber er will sie fragen. Gartenarbeit ist nicht so schändlich wie Kamelstallausmistung.

Madam Officer ist einverstanden. Aber mit höchster Besorgnis und geschickten Handbewegungen ermahnt er uns: *»Rose down, grass up!«* Also um Himmels willen keine Blume rausrupfen! Alle halbe Stunde taucht er auf und wiederholt: *»Grass up, rose down.«* Dabei ist von Rosen nichts zu entdecken, doch vorsichtshalber lassen wir jedes Unkraut am Leben, das den Hauch einer Blüte hat. Abu Mohammed ist zufrieden. Madam Officer schaut aus dem Fenster und winkt. Also ist sie auch zufrieden. Der Lohn: eine Sonderration Brot mit *hommos*. Und den obligatorischen Tee.

»Wann ist unser Prozess?«, horchen wir Abu Mohammed zum wiederholten Mal aus.

»Inscha'Allah bukra«, morgen, sofern Allah will. Damit kann man eigentlich jede Frage beantworten und ist kein Lügner. Aber den Spruch hören wir schon seit vier Wochen. Dann wird Abu Mohammed ehrlicher. »Ich weiß es wirklich nicht. Aber bestimmt *qariib,* bald.« So lernen wir Arabisch.

»Übrigens, heute kommt euer Pflichtverteidiger«, sagt er dann eines Tages. Was Abu Director nicht erwähnt: Er kommt als Häftling, nicht als freier Mensch. Er soll an einem Putschversuch gegen König Hussein beteiligt gewesen sein. Natürlich ist er unschuldig. Jedenfalls nach seinen eigenen juristisch klug abgewogenen Rechtsanwalt-Aussagen. Willkommen im Freundeskreis!

Immerhin spricht er ein exzellentes Englisch. Er ist Angeklagter, Selbstverteidiger und unser Pflichtverteidiger in Personalunion. Da sitzt er dann neben uns auf der Matratze, und sein erster Rat lautet: »Unbedingt alles abstreiten!«

»Wir sind in flagranti erwischt worden. Was sollen wir da abstreiten?« Mister Pflichtverteidiger beeindruckt das nicht. »Dann müssen sie den Fall ganz neu aufrollen. Dann müsst ihr

Putztag

erneut nach Aqaba, und da kriegt man vielleicht ein milderes Urteil.«

»Mein Gott, wo hat der denn Jura studiert?«, interessiert es Gerd. »In Aqaba«, weiß Hans sofort. Den Pflichtverteidiger irritiert das nicht. »Ich habe schon ganz andere Prozesse gemeistert.«

Für uns steht augenblicklich fest: Den nehmen wir auf keinen Fall. Mit seinem Eröffnungssatz hat er sich disqualifiziert. Womöglich kommen wir dann noch in den Verdacht, mit zu ihm und seinen Putschisten zu gehören. Soll er getrost seinen eigenen Prozess meistern.

Unsere Ablehnung teilen wir sofort Abu Mohammed mit und avancieren ungewollt gleich zu Sympathisanten des Königs. »Wir möchten uns selbst verteidigen!« Brühwarm leitet Abu Mohammed unsere Entscheidung an den Richter und den Staatsanwalt weiter. »Halber Freispruch«, witzelt Gerd prophetisch.

Inzwischen sitzen wir 37 Tage. Keine große Zeitspanne, wenn es um ein Jahr Haft geht, das Dieben zusteht. Wir Freunde sind uns längst einig: Wenn es mehr als ein halbes Jahr wird, hauen wir ab. Sonst bleiben wir hier. Denn mit Fluchten sind immer Risiken verbunden. Ganz abgesehen davon, dass es in einer Wüste schwer ist, sich aus dem Staub zu machen. Zwar ist Flucht laut Genfer Konvention straffrei, aber das gilt wohl nur für Soldaten, und wer kennt hier Genf? Und in der Fluchtpraxis werden dann Schäden reklamiert, die man beim Ausbruch verursacht haben soll. Und so wird man erneut verurteilt.

Schließlich ist es so weit. Morgen ist der Prozess. »Zieht euer sauberstes Hemd an«, rät Abu Mohammed uns plötzlich eindringlich. Er ist aufgeregt. Man könnte meinen, *er* wäre angeklagt und nicht wir. Unser Problem: Wir besitzen jeder nur ein Hemd, denn wir haben ja auch nur einen Körper. Tramper-Ökonomie. Unser guter Direktor weiß Rat. In seiner Verwandtschaft treibt er drei blütenweiße Hemden auf. Wir sehen perfekt durchgestylt aus.

»Der Richter ist einverstanden, dass ihr auf den Verteidiger verzichtet. Stattdessen kommt ein gewisser Rudolf Teske von der deutschen Botschaft in Amman. Der steht euch bei.« So lernen wir eine halbe Stunde vorm Gerichtstermin Rudolf Teske kennen. Ein sympathischer Mann. Ganz besonders zeichnet ihn aus, dass er uns keinen Vorwurf macht wegen des Diebstahls. Vielmehr schaut er sich die Haftbedingungen an. Unser Bett ist wegen des hohen Staatsbesuchs picobello hergerichtet, die Wanzen sind beerdigt.

»Ich habe eben mit dem Richter gesprochen. Wenn Sie geständig sind, will er das Strafmaß reduzieren.«

Hans wirft sofort seinen geistigen Rechner an. »Wenn er nur einen Tag unter dem Jahr bleibt, hat er sein Versprechen gehalten. Und wir sitzen noch geruhsame 364 statt 365 minus 37 abgesessene Tage. Das macht ...«

Der Prozess beginnt. Ein rundlicher Staatsanwalt wischt sich den Schweiß von der Stirn. Dabei ist es eigentlich kühl. Dann kommen der Richter und zwei Beisitzer. Die wenigen Zuschauer und Abu Mohammed springen auf. Rudolf Teske und wir auch. Respekt und Tradition wollen gewahrt bleiben. Das ist wichtig.

Wir dürfen uns wieder setzen. Zwei Polizisten flankieren die Tür. Was wir nun erleben, hat Einmaligkeitswert. Der Staatsanwalt verliest die Anklage und unser Geständnis.

»Ist das alles richtig dokumentiert worden?«, will der Richter wissen. Wir bejahen.

»Haben Sie noch etwas hinzuzufügen?«

Ja, das haben wir, und das hatten wir uns vorher gemeinsam überlegt. Ich als Verursacher des Dramas bin der Wortführer.

»Zuallererst möchte ich mich entschuldigen. Auch im Namen meiner Freunde. Wir schämen uns, das hohe Gut der Gastfreundschaft, das wir hier in Arabien erleben durften, scheinbar so missbraucht zu haben. Ich sage ›scheinbar‹, weil Hans das Boot zurückbringen wollte. Wir wollten es nicht stehlen. Wir haben es ›unbefugt benutzt‹. Man hatte ihm in Aqaba den Pass gestohlen. Man hätte ihn nicht nach Ägypten einreisen lassen. Aber für Jordanien hat er die Bestätigung des Polizeioffiziers von Aqaba erhalten, weil er den Passdiebstahl zwei Tage vor unserer Bootsbenutzung gemeldet hatte. Nach der Rückkehr von Bir Taba im ägyptischen Sinai wollte er sich bei unserer Botschaft in Amman einen Ersatzpass besorgen.«

Ich erzähle noch, was uns zu der Reise veranlasst hat. Dass mein Vater die Initialzündung zu dieser Mittelmeerumrundung geliefert hätte. »Er hat mit Rommel während des Weltkriegs in Libyen gegen die Engländer gekämpft.«

Das lasse ich via Dolmetscher ein paar Sekunden wirken. Wir wissen, dass die Jordanier die Engländer nicht mögen. Das hat historische Gründe. Wir wissen aber auch, dass der Richter in England studiert hat. Das hat uns der Möchtegern-Pflichtverteidiger gesagt. Von England war dem Richter der Tatbestand »Unbefugte Benutzung« geläufig. In Jordanien gab es diese Differenzierung nicht. Da galt unsere Tat als Diebstahl.

»Mein Vater wurde schwer verwundet. Er wäre gestorben, wenn nicht arabische Nomaden ihn gefunden, mitgeschleppt und gesund gepflegt hätten. Er hat uns immer von dieser Gastfreundschaft und Hilfsbereitschaft erzählt. Deshalb sind wir in diese Länder gekommen und finden seine Beschreibungen voll bestätigt. Umso mehr beschämt es uns, nun als Diebe hier zu stehen.« Diese Vater-Geschichte ist erfunden. Aber wie erhofft, macht sie Eindruck.

Richter und Beisitzer besprechen sich. Wir warten vor der Tür. Dann werden wir reingerufen. Der Richter beginnt mit der Urteilsbegründung. Weil die Gespräche immer über einen Dolmetscher laufen, gibt es entsprechende Verzögerungen. Uns verschafft das Zeit zum Nachdenken und Reagieren.

»Sie gestehen, in Aqaba ein Boot entwendet zu haben. Auf Diebstahl steht in Jordanien ein Jahr Gefängnis.«

Wir schauen uns an. Bums! Von wegen »weniger als ein Jahr«. Unausgesprochen sind wir uns einig: »Dann hauen wir ab.«

Inzwischen hat der Richter weitergesprochen. »Sie haben uns glaubwürdig versichert, dass Sie das Boot zurückgebracht hätten. Kraft meines Ermessensspielraums kann ich die Strafe deshalb auf ein halbes Jahr reduzieren, obwohl es den Strafbestand ›Unbefugte Benutzung‹ in Jordanien nicht gibt.«

Wir jubeln innerlich: nur ein halbes Jahr!!! Grenzwertig. Blieb die Frage: Sitzen wir das ab, oder fliehen wir?

Der Richter fährt fort: »Sie sind mit viel Hoffnung und Erwartungen in unser Land gekommen. Ich weiß von den Gefängnisdirektoren Ali in Aqaba als auch von Abu Mohammed, dass Sie sich äußerst vorbildlich benommen haben. Deshalb möchte auch ich nicht nachstehen und das Strafmaß abermals reduzieren auf zwei Monate.«

Wir fallen uns spontan um den Hals. Teske und Abu Mohammed lächeln zufrieden. Der Staatsanwalt tupft sich die Stirn. Wir bedanken uns überschwänglich. Hans weiß es schon wie-

der ganz genau: »Dann haben wir nur noch 23 Tage.« Die reißen wir auf einer Arschbacke ab.

Der Richter ist immer noch nicht fertig. »Wahrscheinlich
fragt er, ob wir die Strafe annehmen«, denkt jeder von uns.
Weit gefehlt.

»Sie wissen vielleicht, dass ein Gerichtsmonat bei uns nur
22 Tage hat. Ihre Gesamthaft beträgt demnach 44 Tage. In sieben Tagen sind Sie in Freiheit. Ich wünsche Ihnen eine gute Wei-
terreise.«

Wir sind völlig überwältigt. Wir drücken dem Richter die
Hand, danken für die außergewöhnliche Fairness. Auch beim
Staatsanwalt bedanken wir uns. Er hätte das Urteil ja anfechten
können. Daran ist gar nicht zu denken. Er braucht endlich nicht
mehr zu schwitzen.

Nur Abu Mohammed ist irgendwie von der Rolle. »Dass der
Richter euch ein faires Urteil geben würde, war mir klar. Aber
dass ihr in wenigen Tagen weiterreisen werdet, das hatte ich
nicht erwartet.«

»Abu, das ist doch toll!«, jubeln wir.

Für Abu Mohammed ist es *nicht* toll. Er ist traurig. Wir waren
seine Musterhäftlinge. »Habt ihr nicht Lust, noch ein wenig
länger zu bleiben? Ich meine freiwillig, als meine privaten
Gäste?«

»Also hier kommt ja wirklich Knaller auf Knaller«, strahlt
Gerd. Wir stecken kurz die Köpfe zusammen. Dann können
wir Abu Mohammed beglücken. »In Ordnung. Wir bleiben
gern einen Tag länger als deine privaten Gäste.« Er dankt uns
mit zwei Tränen der Rührung in den Augen.

Da dreht sich der Richter in der Tür noch einmal um. »Ach
so, beinahe hätte ich es vergessen: Grüßen Sie Ihren Herrn
Vater unbekannterweise.« Beim Stichwort »Vater« mischt sich
Teske noch mal ein. »Das hätte ich beinahe vergessen! Die deutsche Botschaft war von Ihrer Verhaftung durch zwei Welten-
bummler in Kenntnis gesetzt worden. Sie hatten denen einen
Zettel übergeben mit der Bitte, uns zu informieren. Das haben

sie getan. Daraufhin haben wir unverzüglich alles in die Wege geleitet, um Kontakt zu Ihnen und Ihren Eltern zu bekommen.«

Was Teske nicht weiß, höre ich bei meiner Heimkehr. Mein Vater geriet ob der Nachricht aus Jordanien in Vollpanik. Seine Kollegen beim Sparkassenverband hatten ihn gewarnt. »Dieben werden im Orient die Hände abgehackt!«

Das hätte für uns alle drei das Ende als Konditoren bedeutet. Daraufhin hat er sich erstmals im Leben (drei Ausrufungszeichen!!!) einen Sondertag Urlaub genommen, ist nach Godesberg zum jordanischen Botschafter gefahren und hat dort um meine Hand angehalten. Im wahrsten Sinne des Wortes.

»Der Botschafter hat mich gleich beruhigt. König Hussein habe die Strafe abgeschafft. Mir ist selten solch ein Stein vom Herzen gefallen.« Elternliebe.

Die restlichen Tage im Gefängnis sind wie Urlaub. Wir harken zum x-ten Mal den Garten von Madam Officer, ziehen das *grass up*, lassen die *rose down*, genießen den Schatten und den Tee und den Sondertag als Privatgäste bei Abu Mohammed.

Was er und ich in diesem Moment noch nicht ahnen können, geschieht vier Jahre später. Meine Hochzeitsreise mit Maggy geht nicht nach Venedig, nicht nach Paris. Sie führt uns durch die zwei Gefängnisse in Jordanien mit dem Endziel Abu Mohammed. Seine Freude ist überwältigend. Das Städtchen El-Kerak steht Kopf.

Die wichtigste Erfahrung der Haftzeit ist diese: Wir haben den hohen Wert der Freiheit erfahren dürfen und gelernt, im weiteren Leben möglichst alles zu tun, um nicht wieder hinter Gittern zu landen. Bis zum Erscheinungstag dieses Buches ist mir das gelungen.

5. Survival: Die Kunst zu überleben

»Je genauer du planst,
desto härter trifft dich das Schicksal.«

Peter Rühmkorf

Wieder eine dieser Sternstunden! Das Jahr 1963. Ich bin in den USA und höre vom Thema Survival, der hohen Kunst des Überlebens in scheinbar aussichtslosen Situationen. Vor allem auf Reisen, fernab der Zivilisation und mutterseelenallein. Survival: die Befähigung, einem unnötig vorzeitigen Tod immer noch mal ein Schnippchen zu schlagen. Survival: die Reaktivierung des verschütteten Schatzes menschlicher Urfähigkeiten, die unsere Vorfahren einmal beherrscht haben, als sie sich noch nicht den Luxus eines Feuerzeuges, Messers und Schlafsackes leisten konnten. Survival: die Wiederentdeckung der durch Zivilisation überflüssig gewordenen Instinkte, wie sie in jedem frei lebenden Tier noch voll ausgeprägt sind. Survival: die hohe Kunst des Überlebens ums Verrecken – ausgeraubt, auf der Flucht, seit Tagen verfolgt und womöglich noch mit nichts als einem Hemd überm Hintern und bei Arscheskälte. Aber dafür gewappnet mit Survival-Kenntnissen. Mit dem Mix aus theoretischem Wissen und neu antrainierten Erfahrungen, mit neu definierten Leistungsgrenzen. In den USA der 1960er-Jahre ist Survival längst ein fester Begriff, in Deutschland noch kein Thema. Nicht einmal bei der Bundeswehr.

Unbewusst hatte mich das Thema des sich Durchschlagens in der Natur schon immer interessiert. Man nannte es nur anders.

Da gab es Pfadfinderratschläge. Da gab es Fluchtgeschichten von Kriegsgefangenen. Und es gab schon das viel aufschlussreichere Werk der Schweizer Armee »Der totale Widerstand« von Major von Dach, das 1965 rauskam. Es simuliert den Fall, dass die Schweiz von überlegenen Feinden erobert und besetzt wird. Es lehrt den Bürger, was dennoch alles möglich ist, um dem Feind zu schaden und ihn zu vernichten. Ich habe das Buch förmlich gefressen: Wie fertigt man Behelfswaffen? Wie besticht man Menschen? Wie läuft ein Verhör ab? Wie verschafft man sich ein Alibi? Wie entkommt man aus der Gefangenschaft? Wie übersteht man Gehirnwäsche? Wie sichert man sich gegen das Abhören?

Seit 1963 bin ich verheiratet mit Maggy. 1965 machen wir uns selbstständig in Hamburg. Zunächst mit fünf Mitarbeitern. Doch schon bald sind es 50. Ich bremse ab. Das reicht. Ich will nicht Millionär werden, sondern mir noch einen Rest Freiheit bewahren. Damit ich auch als Selbstständiger auf das Reisen nicht verzichten muss, habe ich die Mitarbeiter so ausgesucht, dass sie den Laden ein paar Wochen auch ohne mich schmeißen können, ohne dass er pleitegeht.

Das Thema Survival geht mir nicht mehr aus dem Kopf. Schließlich »importiere« ich es nach Deutschland. Als Erstes bereichere ich meine Backstube um eine Kletterwand. Dann stürze ich mich in Mittelstrecken-Dauerläufe. Maximal 20 Kilometer. Mit Gepäck. Ich finde außerhalb Hamburgs ein Waldgebiet mit kostenlosem Sauerstoff und dem Ozon der Meere Ostsee und Nordsee. Dazu einen kleinen See in dem Winzlingsort Rausdorf, Kreis Stormarn, Schleswig-Holstein. Da kann ich nach den Trainingsläufen baden. Im Winter darf ich mir Löcher ins Eis hacken und von Loch zu Loch tauchen. Grundstückseigentümer Karl Walther findet mein Training interessant und will mich auf diese Weise unterstützen. Er ist Bäcker von Beruf wie ich und hatte in der »Rausdorfer Mühle« viele Jahrzehnte seine Bäckerei. Das verbindet uns. Wenn wir nach dem Training bei einer Tasse Kaffee zusammensitzen, ist das wie eine kleine

Innungsversammlung. Inzwischen ist die Mühle verfallen. Er wohnt nebenan in einem gepflegten Haus.

Und dann kaufe ich die Mühle eines Tages, zusammen mit fünf Hektar Land, Erlensumpf, Bach und See – ein Paradies. Mein Leben sollte eine ganz neue Qualität bekommen. Ich baue das verfallene Gebäude von Grund auf neu, bestücke den See und die Teiche mit zehn schwimmenden Inseln, um den Wasservögeln zusätzliche sichere Nistgelegenheiten zu bieten und mir selbst bei jedem Blick auf den See mehr Lebensfreude. Die Inseln kreiere ich selbst: imprägnierte Holzflächen von etwa zwei Quadratmeter Größe. Als Auftrieb dient Styrodur. Von außen unsichtbar, unverrottbar. Sie sind verankert und passen sich dem schwankenden Wasserstand an. Der Naturbewuchs sorgt dafür, dass sie tatsächlich wie echte Inseln aussehen. Sie werden von den Wasservögeln sofort angenommen.

Hundert der insgesamt 50 000 Quadratmeter zwacke ich der Landschaft ab und gestalte sie um zu einem kleinen, aber effektiven Trainingsplatz mit Hochseil-Klettergarten, Bogenschießstand, Sumpfparcours, Feuerplatz. Der alte, zwölf Meter hohe Bäckereischornstein am Wohnhaus wird zur »RüdEiger Ostwand«, meinem Kletterschornstein.

Viele Jahre erteile ich Survival-Unterricht für Kleinstgruppen aller Altersstufen und Berufe von maximal sechs Personen. Wir lernen, mit den für Norddeutschland typischen Flintsteinen Feuer zu machen, Messer, Skalpelle und Äxte herzustellen. Im Winter bauen wir Iglus, fangen Wildschweine mit der Hand und lernen, unbekannte Pflanzen auf Genießbarkeit zu testen und Insekten als Nahrung zu nutzen. Ständig kommen mir neue Trainingsübungen in den Sinn.

Als ich merke, dass mein Angebot viele Menschen begeistert, beginne ich, Bücher darüber zu schreiben und Filme zu machen. Survival wird ab Mitte der Siebziger zum großen Thema in Deutschland. Meine Bücher avancieren zu Lehrbüchern sogar für Soldaten bei der Bundeswehr. Ich werde von Einheiten zu Vorträgen eingeladen, zeige Filme und Bilder von meinem Training. Wie ich die Wildschweine mit der Hand fange. Wie ich von Eisloch zu Eisloch tauche. Wie schluckbar Insekten und Ratten sein können. Wie ich von Steilwänden ohne Karabiner nur mittels eines Seiles abgleite. Wie ich Schlangen die verspeiste Nahrung streitig mache. Übungen, die heute bei der germanischen Army gar nicht mehr erlaubt sind, weil überbesorgte Eltern sonst gleich ihren Anwalt einschalten, damit dem behüteten Nachwuchs bloß nichts passiert. Wenn ich meine Trainings mit Filmen belege, sind mir die stehenden Ovationen der Ausbilder sicher.

Die Wildschweinnummer hatte ich bei einer meiner Touren durch Afrika gelernt. Da buddelten sich die Jäger nachmittags am Rande der Wasserlöcher ein und atmeten durch ein Schilfrohr. Geduldig und unsichtbar harrten sie aus, bis die durstigen Steppentiere zu Hunderten zur Tränke drängelten und der Durst sie jede Vorsicht vergessen ließ. Und in dem Moment, wenn es schwer wurde auf dem Kopf, griffen sie zu. Abendbrot gesichert.

Das ist spannender als jedes Lottospiel! Man weiß, man hat etwas gefangen. Man weiß aber noch nicht, was es ist. Im Glücksfall ist es eine Gazelle, eine Antilope. Im Pechfall vielleicht ein Elefant. Aber das darf den echten Survivalisten nicht irritieren! Den lässt er einfach wieder frei. Bei den Wildschweinen bin ich immer von Neuem überrascht, welch ungeheure Kraft in diesen Urtieren steckt. Selbst die halbstarken »Überläufer« ziehen einen problemlos aus dem Loch und quer durch den Matsch hinter sich her, quiekend, die Rotte in hellen Aufruhr versetzend.

Ich verschweige bei den Vorträgen auch nicht die Pannen. Zum Beispiel, wenn ich die Wildschweine an den Vorderläufen gegriffen und sie zugebissen hatten. Aus Schaden klug geworden, habe ich den Trick optimiert. Seither ist mir das nie wieder passiert. Ich habe sie gewissermaßen bundeswehrkonform gemacht. Und jeder Leser, jede Leserin könnte das ab sofort auch. Ausnahmsweise sei der Trick hier verraten. Er ist im Buchpreis inbegriffen: Ich fange nicht mehr selbst! Ich *lasse* fangen. Auf solch genialen Einfall muss man erst einmal kommen! Aber das ist Survival à la Rüdiger.

Eine weitere Verbesserung der Wildschweinnummer: Wir tauchen nicht mehr ganz unter, sondern schauen mit dem Kopf heraus. Der wird gut bedeckt mit belaubten Ästen. Um die Schweine schön griffig nah zu bekommen, streue ich rundherum Maiskörner aus. So kann man sich in seinem Loch den Braten in aller Ruhe aussuchen, ohne vom Braten gesehen zu werden. Und man kann warten, bis die Tiere einem die Hinterläufe anbieten.

Antje Burg, von Geburt Einzelkämpferin und Schülerin in einem meiner Kurse, gab die Premierenvorstellung. In ihrer Aufregung vergaß sie die Warnung und packte die Beute doch an den Vorderläufen. Das Schwein hat sich notgewehrt und zugebissen. Antje musste loslassen. Sie betrachtete ihre verdreckte, blutende Hand und meinte glücklich: »Rü!-di!-ger! Das war in meinem Leben das Aller-aller-ober-geilste!«

Unvergesslich irgendwann auch der Selbstversuch »Probewürgen mit einer Riesenschlange«. Als stolzer Besitzer eines viereinhalb Meter langen und männeroberschenkelstarken Felsenpythons entstehen solche Ideen von ganz allein. Schon oft hatte ich mich gewundert, dass manche Opfertiere der Würgeschlangen sehr schnell und andere sehr qualvoll sterben. So ergab sich die Frage, ob ich als erwachsener Mensch im besten Mannesalter eine Chance hätte, mich aus solch einem Würgegriff zu befreien.

Besagtes Reptil war ungewöhnlich aggressiv. Weil Schlangen ihre Opfer mit den Zähnen möglichst am Hals greifen, sich auf diese Weise »festhalten«, um im selben Moment den Körper nachzuziehen und die Schlingen um das Opfer zu peitschen, hatte ich meinen Hals dick mit einem Schal umwickelt. Schließlich will man sich nicht, zusätzlich zum Tod durch Erwürgen, auch noch eine Blutvergiftung durch die spitzen Zähne holen.

Es war Sommer, und es war warm. Ideale Voraussetzungen, dass das Reptil voll kampffähig ist. Ich legte es auf den Rasen hinter meinem Haus. Die Schlange zischte laut und vernehmlich. Zu Deutsch: »Lass mich in Ruhe!«

Bei ihrer Länge kann sie aus dem Stegreif mehr als anderthalb Meter vorschnellen. Das ist ein gutes Drittel ihrer Gesamtlänge. Ganz langsam überschritt ich diese ihre Toleranzgrenze. Wie ein Pfeil vom Bogen schnellte ihr Vorderleib diagonal in Richtung meines Halses. Wenn sie das *Gesicht* trifft, statt den Hals, kann ich es bei vielen Schönheitschirurgen entweder flicken oder gleich entsorgen lassen. Der Gedanke kam mir mindestens so schnell wie das Gebiss des Pythons. Instinktiv fing ich den Biss mit der Hand ab und bekam sie hinterm Kopf zu fassen. Die Wucht ihres Aufpralls warf mich zu Boden – immerhin gut 30 Kilo, per Anlauf bestimmt 50, die da als Faustschlag auf mich trafen. Noch im Fallen gelang es ihr, eine Schlinge um mich zu werfen, schnell wie ein Peitschenschlag. Ich spürte ihren Muskel wie eine starke, aber herzliche Umarmung.

»Mehr nicht?«, dachte ich noch kurz. Ich hatte erwartet, dass sie augenblicklich strammer zieht. Das tat sie nicht. Sie wartete.

Nur der Brustkorb und ein Arm waren umschlungen. Mit dem anderen wollte ich mich befreien. Dazu brauchte ich Luft. Die bekam ich nicht, weil die Schlange die Lunge blockierte. Ich musste tiefer *aus*atmen, wenn ich Luft haben wollte. Und sofort zog sie nach. Ihr Ganzkörpermuskel arbeitete wie eine Hydraulik. Nach gut anderthalb Minuten war bei mir der Ofen aus. Ich brauchte Hilfe. Vom Schwanz der Schlange her ist das Abwickeln leicht möglich. So was hatte das Tier noch nicht erlebt. Es gab nach. Ich glaube, es war deprimiert. Vielleicht musste ich mit ihm zum Psychiater.

Ich brachte den Python zurück in den Tropenraum. Erst da merkte ich, wie mein Herz völlig verrücktspielte. Es raste, als wollte es mir aus dem Mund springen. Gleichzeitig lief mir der Schweiß in Strömen vom Kopf, als stünde ich unter der Dusche.

Erst nach ungefähr 20 Minuten beruhigte sich alles und wich einem weiteren neuen Gefühl: Mir war, als hätte ich soeben eine noch nie erlebte Superglücksgefühlmassage erhalten.

Oder nehmen wir das Thema »Ekelüberwindung«. Vierzig Jahre lang wurde ich als Spinner belächelt, als es ruchbar wurde, dass ich für den Notfall gelernt und praktiziert hatte, Insekten und Gewürm zu essen. Oder Rattenfilets. Oder ein myxomatosekrankes Kaninchen. Oder die fangfrische Gazelle, die der Felsenpython am Blauen Nil ausgewürgt hatte. Ekel ist ein wichtiges Alarmsignal des Körpers. Genau wie Angst. Ich habe beide Reaktionen des Körpers immer als Verbündete betrachtet. Gäbe es sie nicht, würde man eine wahrgenommene Gefahr nicht erkennen und ihr schnell zum Opfer fallen. Aber ich habe eben auch gelernt, begründeten Ekel von unbegründetem zu trennen. Begründet wie zum Beispiel der Ekel vor Verwesendem. Unbegründet hingegen wäre der Widerwille gegen Insekten. Er ist gesellschaftlich anerzogen. Wer solche Lebensmittel ablehnt oder gar verachtet, dem mangelt es an gesunder Selbsteinschätzung, oder er war noch nie in wirklicher Not.

Vierzig lange Jahre hat es gedauert, ehe ich endgültig rehabilitiert wurde. Und dann sogar von höchst menschlicher Schlaumeierinstanz: der Weltgesundheitsbehörde. Im Jahre 2015 nach Christus hat sie endlich 2000 Insekten und Würmer zur empfehlenswerten, gesunden Zukunftsnahrung erklärt und sich als Vorreiter zur Beendigung des Welthungers einer explodierenden Menschheit feiern lassen. Dass *ich* der Urheber dieses fundamentalen Wissens bin, hat man wohlweislich verschwiegen. Hiermit sei es der Nachwelt dennoch überliefert.

Dass sich der Genuss einiger Regenwürmer in den Köpfen der Betrachter so nachhaltig einprägen würde, hatte ich mir nie vorstellen können. Dass ich belächelt wurde, hat mich nicht irritiert. Ich habe meine Überzeugung durchgehalten. Und ohne dass es geplant war, haben mir die seltenen Demonstrationen geholfen, das Thema Survival bundesweit bekannt zu machen. Meine Survival-Kurse waren überlaufen, die Bücher steigerten ihre Auflagen. Eine Ecke meiner Konditorei wurde zur Buchhandlung umfunktioniert. Mehr Bücher als Torten. Bekanntheitsgrad und Umsatz stiegen und glichen den Verlust solcher Kunden aus, die die Welt des Survival nicht kompatibel fanden mit der Welt der Hygiene eines Lebensmittelbetriebs, die mir untreu wurden und ihren Hunger lieber beim Mitbewerber stillten.

Um die Fremdgeh-Kunden doch wieder zurückzugewinnen, vergrößerte ich die Fenster der Backstube bis auf den Boden. Jeder Passant konnte nun die Welt der Hygiene mit eigenen Augen beurteilen. Letztlich brummte der Laden besser denn eh und je. Ich hatte mir ein kleines Monopol geschaffen und eine Erfahrung gewonnen, die im weiteren Lebensverlauf im Rahmen der Aktionen für Menschenrechte zu meinem Markenzeichen werden sollte: Individualität.

Doch ich erteilte nicht nur Survival-Kurse, ich nahm selbst immer wieder teil an den Trainings anderer Spezialisten. Da waren die Marineflieger in Nordholz bei Cuxhaven und die Kampfschwimmer in Eckernförde. Hier lernte ich Hilfreiches für später.

Als ich zum ersten Mal über den Atlantik will, 1987 von Senegal nach Brasilien mit einem Tretboot, stehe ich vor drei Problemen: Ich habe null Erfahrung mit Seenavigation, ich bin immer seekrank und – ich habe Angst vor Wasser. Beste Voraussetzungen also für solch ein Vorhaben. Die eigenen Schwächen zu erkennen, sich aber auch nicht zu unterschätzen ist der wichtigste Grundsatz für das Gelingen.

Die Navigation lehrt mich Kapitän und Rentner Hoppe, den ich bei einem Lehrgang zum Erwerb des Binnenschifffahrtsscheines kennengelernt habe. Nun, als mein Atlantik-Coach, versorgt er mich mit vielen wichtigen Seemannsregeln. »Sei immer angeleint. Bei Tag und Nacht. Auch bei Flaute. Die See ist unberechenbar. Und erst recht bei Sturm. Beherzige stets die Seglerregel ›Eine Hand für dich, eine Hand fürs Schiff‹. Nimm einen Ganzkörpergurt, ein Zweimeterseil und einen Karabiner mit. Damit klinkst du dich nonstop irgendwo ein. Wenn du ins Wasser fällst, ist dein Schiff weg. Denn auch ohne zu treten, wird es Fahrt machen. Alles, was aus dem Wasser schaut, wirkt wie ein Segel. Deine Hütte zum Beispiel. Es macht einen Unterschied, ob du liegst oder stehst. Wenn du stehst, bist du ein Segel.« Meine Fresse, denke ich, so viele Ratschläge in nur einem Satz. Hoppes Lehren füllen ein kleines, von ihm handgeschriebenes Büchlein, das er mir vorm Start schenkt. Ich würde es unterwegs immer wieder zur Hand nehmen. Dann war es, als stünde er neben mir.

Natürlich lehrt er mich auch den Umgang mit Karte, Kompass und dem Sextanten. (Damals gab es noch keine Navigationsautomaten wie GPS.) Ich muss die Sonne anpeilen und den Winkel errechnen zwischen ihr, mir und dem Horizont. Dazu die möglichst sekundengenaue Uhrzeit. Egal, wie sehr das Schifflein schaukelt. Aber es ist machbar. Trotz meiner chronischen Seekrankheit. Ich muss nur die Pausen nutzen, die zwischen den Magen-Salti entstehen.

»Schon als Baby hast du dich immer übergeben, wenn ich dich zu heftig in der Wiege geschaukelt habe.« So meine Mutter dereinst. Und prompt kam dann wieder die andere Geschichte aufs Tablett. Stets im Doppelpack.

»Du warst schon immer ein unruhiger Geist. Eigentlich solltest du im Juni auf die Welt kommen. Aber dann wurde es dir zu eng in mir. Du hast nur noch gestrampelt – und dann warst du da. Im Mai.« Für mich eigentlich kein Drama. Nur für meine Mutter. Denn jetzt hatte ich das Sternzeichen Stier statt Zwilling. Und weil ich sehr bald merkte, dass sie ihr Leben immer wieder nach dem Horoskop ausrichtete und ihre Wahrsagungen höchstens halbe-halbe zutrafen, lernte ich schon in jungen Jahren, dass das weiter nichts als Hokuspokus und etwas für Scharlatane ist und für Leute, die nicht fähig sind, eigene Entscheidungen zu treffen.

Um die Seekrankheit in den Griff zu bekommen, hänge ich mich über Kopf am Baum auf. Ich lasse mich per Flaschenzug hochziehen, drehen und schaukeln. Seegang sechs. Mir wird schwindelig, und die Seekrankheit bleibt mir treu.

Dann probiere ich das Medikament Scopoderm. Jemand hat es mir kurz vor der Abreise zugesteckt. »Mir hat das immer geholfen«, sagte er zuversichtlich. Scopoderm ist ein Pflaster, das man auf das Gleichgewichtsorgan hinters Ohr klebt. Wie ein Hühneraugenpflaster auf die Zehen. Das Resultat: himmlische Ruhe!

Ich atme erleichtert auf. Im Übermut lache ich mit dem Meeresgott um die Wette und pinkle vor Freude gegen den Wind. Es ist eine Lust zu leben.

Doch leider nur drei Tage lang. Dann ist die Wirkung verpufft. Ich klebe ein neues Pflaster auf. Da bekomme ich Sehstörungen. Alles ist unscharf. Alles wirkt nebelig. Wahrscheinlich steht das auch auf dem Beipackzettel. Aber den kann ich jetzt nicht mehr lesen. Also reiße ich das Pflaster wieder ab – und sofort bin ich wieder seekrank.

Doch sehr bald merke ich, dass Seekrankheit auch Vorteile bietet. Man verliert jegliches Übergewicht. Und man hat ständig Fische um sich herum. Fische sind schließlich nicht dumm. Auch wenn sie nicht sprechen, hat es sich herumgeschwanzflosst. »Da ist wieder einer, der dreimal täglich füttert!« Sie verfolgen mich bis Brasilien. Für die kleinen und langsamen Fische bin ich nicht nur Futterquell, sondern auch ein Zufluchtsort. Nirgends sonst auf dem Ozean können sie sich verstecken. Bei mir unter dem Boot ist das möglich. Wir gehen eine nützliche Symbiose ein. Ich ernähre und ich schütze sie. Kleinere essen mir sogar aus der Hand.

Anfangs betrachte ich die Seekrankheit nur als mein Schicksal. Bis ich merke, dass ich das Zeug zur Weltmeisterschaft habe. Mit einigem Stolz darf ich heute vermerken, dass ich es in dieser Disziplin unangefochten zum Weltmeister gebracht habe. So viel zur Seekrankheit. Blieb meine Angst vorm Wasser.

»Da musst du versuchen, bei den Marinefliegern in Nordholz ein Training zu absolvieren. Die üben das richtige Verhalten beim Absturz ihrer Maschinen in die Nordsee! Das kann auch für dich hilfreich sein, wenn dein Tretboot doch einmal im Sturm umschlagen sollte.« Hoppe schon wieder.

1986 bewerbe ich mich bei den Marinefliegern. Und wie das Schicksal so mitmischt, ist der Kommandant ein Fan meiner Einsätze für die Yanomami. »Du kannst mitmachen. Wir betrachten das als Beitrag der Bundeswehr für die Menschenrechte der Indianer.«

Das Training beginnt mit simplen, aber wichtigen Grundübungen. Wie bleibe ich möglichst lange ohne Bewegung und Anstrengung auf dem Rücken im Wasser? Eine Übung für den Fall, dass Rettung auf sich warten lässt. Oder: Wie zaubert man sich unter seinen Overall oder das Oberhemd eine dicke Luftblase, damit man senkrecht lange und ohne Muskelkraft im Wasser stehend treiben kann?

Schließlich die Steigerung: »Absturz in die Nordsee!« Mit vier Piloten nimmt man Platz in einem Cockpit. Es hängt in der gut gewärmten Halle. Man gurtet sich an. Dann wird die Apparatur mechanisch ins Wasser gekracht: der »Absturz«. Das Cockpit wird in verschiedene Richtungen gedreht. Man hängt über Kopf. Das Wasser dröhnt durch die Bullaugen ins Cockpit. Und erst wenn alles voll ist mit Wasser, darf man sich ausklinken und wieder auftauchen.

Beim ersten Mal, für jemanden wie mich, eine Horrorübung. Aber unter guter Anleitung wird das von Mal zu Mal weniger beängstigend. Doch dann geschieht es, dass einer der Kameraden *nicht* wieder auftaucht. Wir anderen hängen längst aufatmend am Beckenrand und atmen für den armen Kerl mindestens zwanzigmal mit. Die Rettungsschwimmer greifen unverständlicherweise nicht ein.

Da endlich quetscht er sich aus seinem Bullauge, schwimmt in aller Seelenruhe noch drei Runden unter Wasser um das Cockpit. Man kann das gut beobachten. Das Wasser ist kristallklar. Mir stockt der Atem. Als er nach über vier Minuten endlich auftaucht, hat er noch immer keine Atemnot.

Ich sage zu den anderen: »Wer ist das denn?« Sie schauen unter seinen Helm, schlagen sich mit der flachen Hand an die Stirn und meinen: »Hätten wir uns ja eigentlich denken können. Das ist der Willy. Das ist ein Kampfschwimmer. Die sind alle so.« Da habe ich mich sofort bei den Kampfschwimmern in Eckernförde gemeldet. Auch von dort eine Zusage.

Ich betrete ihr Gebäude. Und wer oder was begrüßt mich dort als Erster? Nicht der Kommandant. Nein! Es ist ihr Wahlspruch. Groß und unübersehbar. Wie ein Brandzeichen fürs Leben: »Lerne leiden, ohne zu klagen!«

Innerlich macht mein Herz einen Salto. »Auch noch witzig«, denke ich. »Das wird ein tolles Training.« Ich habe mich zu früh gefreut. Was mir blüht, ahne ich nicht. Es gab noch kein Internet, wo ich die Torturen vorher hätte googeln können.

Sie führen mich wortlos, aber absichtlich vorbei an der Gedenktafel für die Kameraden, die es nicht überlebt haben. Es sind acht an der Zahl. Zum Glück ist die Tafel derer, die es überlebt haben, deutlich größer. Das macht Hoffnung. Die erstirbt jedoch in dem Moment, als ich die Schwimmhalle betrete. Drei Männer umringen mich. In den Händen kurze Seile. Der eine fesselt die Arme auf dem Rücken, der andere bindet die Füße zusammen.

»Schön stramm!«, höre ich ihn murmeln, »Aufnahmeprüfung!« Ich bin erst anderthalb Minuten in der Halle und höre schon meinen Herzschlag.

Da packt mich der dritte und wirft mich in das fünf Meter tiefe Wasser. Mir bleibt nicht einmal Zeit, »Mein Gott!« zu rufen. Im Sturz sehe ich das lachende Gesicht des Bademeisters. »Möge seine Seele in der Hölle schmoren …«, will ich noch denken. Nicht einmal diese Zeit bleibt mir. Dann bin ich unter Wasser und mache alles falsch, was man als jemand, der Angst hat vor Wasser, in solch einem Panikmoment falsch machen kann. Ich zapple, rotiere, verausgabe mich. Ich brauche

Luft, zerre an den Seilen. Vielleicht lösen sie sich ja im Wasser. Natürlich tun sie das nicht. Der Trick ist ein anderer.

Dann schlucke ich Wasser. Davon ist plötzlich mehr als reichlich um mich herum vorhanden. Vielleicht bin ich hirnmäßig schon so weit weggetreten, dass ich denke, Wasser bestünde neben Stickstoff auch aus Sauerstoff – das habe ich mal auf der Penne gelernt – und der Trick sei der, dass man Wasser über die Lunge trinken muss. Aber die sekundenschnelle Erfahrung: Was ich da in Physik gelernt habe, stimmt nicht. Wasser besteht ausschließlich aus Wasser. Endlich spüre ich kräftige Arme, die mich an die Oberfläche holen.

Die anderen Schwimmer lachen verstohlen. »Das war ja eine kurze Darbietung«, greinen sie. Bestimmt haben sie es länger da unten ausgehalten. Aber sie vergessen den Unterschied: Sie sind Wasserratten. Ich nicht. Sie sind jung, kräftig und haben das Leben noch vor sich. Ich nicht. Ich bin da schon 47, meine Elastizität ist geringer als die ihre, und ich habe soeben dem Wassertod ins Auge geschaut.

Sie müssen mir eine sehr lange Pause gewähren, denn immer noch habe ich Wasser in der Lunge, im Magen, den Därmen und sonst wo. Und ich habe Dauerhusten. Dann erst erklären sie den Trick! Nach dem Eintauchen ins Wasser muss man ruhig bleiben und darf nicht unnötig zappeln. Das kostet Luft. Aber während man wieder nach oben treibt, muss man versuchen, in die Rückenlage zu kommen. Das ist schwer, wenn man kein Gliedmaß frei hat. Und dann, in der Rückenlage, kann man noch eine rettende Bewegung machen: Man muss die Unterschenkel rauf- und runterbewegen. Wie eine Fischschwanzflosse. So bleibt man an der Oberfläche.

Das war nur eine von ungezählten Übungen. Eine schlimmer als die andere. Aber sie haben meine Ängste vorm Wasser in völlig neue Bahnen gelenkt. Es wurde mein Partner. Als ich dann schließlich mit dem Tretboot von Senegal über den Atlantik nach Brasilien fuhr, war es, als hätte der Ozean Balken bekommen. Ich bin also in Wirklichkeit rübermarschiert.

»Überleben ums Verrecken« von Josef Pretterer

Lieber Josef Pretterer,

ich danke Dir für dieses unvergleichliche Denkmal!

Du bist ein wirklicher Experte auf dem Gebiet des »Überlebens ums Verrecken«. Ich habe viel von Dir gelernt.

Herzlich von Deinem

Rüdiger

6. Der Mord am Blauen Nil

»Die Nacht, in der das Fürchten wohnt,
hat auch die Sterne und den Mond.«

Mascha Kaléko

Mittlerweile brummt die Konditorei. Der Tagesablauf wird zur Routine. Mir fehlt die Aufregung. Da fällt mir das Buch »Alone on the Blue Nile« in die Finger. Der Schweizer Kuno Steuben berichtet, wie er versucht hat, mit einem Floß aus Baumstämmen als Erster den Strom in Äthiopien zu befahren. Irgendwann musste er fliehen. Einheimische hatten ihn mit einem Speer in der Schulter verletzt. Er konnte sich retten.

Das Buch begeistert mich wie keines zuvor. Es offenbart mir ein Stück Urafrika. Tausend Kilometer Wildwasser vom Tanasee bis zum Sudan. Ein Strom voll mit Krokodilen, am Ufer Tsetsefliegen und Malariamücken und manchmal Menschen, die Fremde grundsätzlich als unerwünscht, als Feinde betrachten. Steubens Buch wird zur Herausforderung, zu meiner ersten großen und neuartigen Reiseanleitung. Vielleicht schaffe ja *ich* es! Das Risiko, auch gespeert zu werden, verdränge ich.

Insgesamt dreimal habe ich es in den Jahren darauf dann mit unterschiedlichen Begleitern probiert und später davon ausführlich in dem Doppelband »Abenteuer am Blauen Nil« erzählt.

Vor dem ersten Versuch 1970 hatte ich die deutsche Botschaft in Addis Abeba angeschrieben, um herauszufinden, ob inzwischen jemand den ganzen Fluss befahren hatte. Dann hätte ich mich gern von ihm beraten lassen.

Die Antwort war prompt erfolgt. Die deutsche Botschaft schien Arbeit zu befürchten: »Nach Rücksprache mit meinen Kollegen, auch dem Auswärtigen Amt, kann ich Ihnen nur abraten ...«, warnte man mich. Es folgte eine Liste mit zehn Fehlversuchen. Boote waren vom Wasser oder von Krokodilen zerstört worden, es hatte Streit unter den Partnern gegeben, man hatte aufgegeben wegen Entkräftung. Fünf Schweizer waren ermordet worden und Steuben, wie gesagt, mit dem Speer verletzt.

Eine bessere Gebrauchsanweisung zur Vermeidung eines Misserfolges hätte ich mir kaum wünschen können. Jetzt wusste ich, worauf ich zu achten hatte. Ich kam mir vor, als hätte ich ein neues Spiel erfunden: Abenteurer-Schach. Was mache ich, wenn ... Habe ich noch eine Alternative und eine Alternative für die Alternative, wenn alles nicht funktioniert. Was ist alles *gegen* mich, und was ist *für* mich? Drei Asse im Ärmel sind besser, als alles dem Glück zu überlassen. Glück ist ein unzuverlässiger Partner. Wann gebe ich auf? Wie komme ich dann nach Hause, wenn ich alles verloren habe? Wo ist die Schmerzgrenze?

Der erste Versuch scheiterte. Wir verloren das Boot unter einem riesigen, quer im Fluss liegenden Baumstamm. Selbst verschuldet. Beim zweiten Versuch, 1972, erreichten wir den Sudan. Eine Erstbefahrung. Kameramann Michael Teichmann, der zur Dokumentation mitgekommen war, wollte unbedingt noch einmal hin. Ihm schwebte ein Film vor über die beeindruckenden aggressiven Krokodile. Wahre Prachtstücke. Also noch einmal, 1975 mit Michael und meinem Freund Andreas Scholtz.

Dritte Reise. Der Überfall geschieht unerwartet, urplötzlich. Wir sind seit einer Woche unterwegs. Es ist kurz nach sechs Uhr. Eben ist es hell geworden. Ausnahmsweise ist Michael heute als Erster aufgestanden und hat Feuer gemacht. »Steht schnell auf. Wir kriegen Besuch!«, ruft er ins Zelt. Sofort sind wir auf den Beinen. Etwa ein Dutzend Männer kommt an unserem Ufer den Fluss hinauf. Sie sind vermummt und bewaffnet. Aber das ist kein Grund zur Sorge, die Aufmachung ist hier üblich. Wir führen die Vermummung auf die morgendliche Kühle zurück. Als sie bis auf acht Meter heran sind, geht Michael ihnen lachend entgegen. Er will sie begrüßen.

»*Tenastillin!*«, höre ich ihn sagen und sehe noch, dass sie mit einer geringschätzigen Handbewegung die Antwort verweigern. Das hatten wir noch nie erlebt.

»Dann eben nicht«, sagt Michael gelassen, dreht sich um, will zurückkehren zum Feuer. Da krachen die Schüsse. Aus allen Rohren. Und in genau dieser Tausendstelsekunde registriere ich zwei Dinge: Michael wirft sich geistesgegenwärtig zu Boden, und sowohl Andreas als auch ich schießen sofort zurück. Jedem von uns ist klar: Das waren keine Warnschüsse, wie wir sie bei den früheren Fahrten immer wieder erlebt hatten. Die waren stets aus größerer Distanz gekommen. Wir hatten sie als Warnung gedeutet: »Haut ab! Ihr seid unerwünscht.« Schließlich wussten wir, dass Fremde hier unwillkommen und vogelfrei sind. Es ist das Land der Shiftas, der Räuber. Der Shifta gilt hier in seinen Stammeskreisen als ehrenhafter Repräsentant seines Berufes. Wie bei uns früher der Pirat.

Diesmal jedoch ist es die unmittelbare Nähe, aus der geschossen wird, die alles verändert. Zwei Meter bis zu Michael, acht Meter hin zu uns. Hautnah. Wir spüren den Explosionsdruck aus den Läufen. Der Schall ist anders, als ihn der Schütze selbst wahrnimmt. Wir riechen das Pulver, wir spüren die Steinsplitter der Kugeln, die in den Kies gegangen sind. Doch unsere Schüsse fallen zurück, noch ehe sie nachladen können. Das haben sie nicht erwartet. Augenblicklich fliehen sie in den nahen Wald und verstecken sich hinter den Baumstämmen. Es ist totenstill.

Dass wir uns für Revolver statt Pistolen entschieden haben, dass wir die Waffen stets unterm Hemd am Körper versteckt tragen, ist jetzt unsere Rettung. Nun zahlt es sich aus, dass bei Revolvern die zeitraubenden ein, zwei Sekunden für die Entsicherung und das erste Durchladen entfallen. Einer der entscheidenden Unterschiede zur Pistole. Abgesehen von der robusteren Funktionalität der Revolver. Zudem haben wir sämtliche Patronen mit Zaponlack gegen das Feuchtwerden geschützt. Sie funktionieren immer. Auch wenn wir oft brusttief im Wasser gestanden haben.

Hätten die Räuber Revolver bei uns vermutet, wären sie anders vorgegangen. Unsere Jagdgewehre haben sie als gefahrlos registriert. Die liegen auf dem etwas entfernteren Boot als Zeichen friedlicher Absichten. Blitzschnell holen wir sie uns. Unsere Körper sind in extremer Alarmbereitschaft. Wir pressen uns flach auf den Boden. Wie Michael. Offenbar haben wir keinen von ihnen getroffen, obwohl wir voll draufgehalten haben. Zum Glück, wie sich später herausstellt. Hätten sie einen Toten oder auch nur Verletzten vorzuweisen gehabt, hätten wir bei ihrer Ergreifung Probleme haben können, unsere Notwehrsituation glaubhaft zu machen. Sie hätten den Spieß umdrehen können.

Wir laden die Waffen nach. Patronen haben wir lose in den Taschen. Ein paarmal schießen wir mit den Gewehren auf die Baumstämme, obwohl wir niemanden sehen. Sie sollen ihre Köpfe unten halten. Die Gewehrschüsse haben eine stärkere Wirkung. Psychologisch und physikalisch. Wir verschießen Teilmantelmunition. Die kann sogar kleine Bäume fällen.

Da fallen zwei Schüsse vom hohen Canyonrand am gegenüberliegenden Ufer. Wir schießen augenblicklich mit den Gewehren zurück. Die Schützen bleiben verschwunden.

»Lass uns schnell abhauen, ehe sie sich neu formieren. Lass alles liegen, sonst schneiden sie uns noch den Weg ab.« Andreas reagiert sehr gut.

Wenn ihnen das gelänge, wäre es für uns fatal. Also nichts wie weg. Wir sind auf den Fluss angewiesen. Die Angreifer haben den Geländevorteil. Wir müssen Vorsprung erkämpfen. Der Fluss windet sich, ihr Landweg ist womöglich kürzer. Wir springen ins Boot. Die Ausrüstung lassen wir liegen.

»Michael, komm schnell, wir hauen ab.«

Michael bewegt sich nicht.

»Ich glaube, er ist tot. Er liegt die ganze Zeit schon so.« Ich habe das nicht gesehen. Meine Blickrichtung war eine andere. Richtung Täter im Wald.

»Vielleicht ist er nur verwundet. Gib mir Feuerschutz. Ich hole ihn.« Andreas schießt in den Wald. Jedes Gewehr hat sechs Schuss.

Ich krieche flach geduckt zu Michael. Ich stoße ihn an. »Komm, wir hauen ab.« Obwohl ich das noch nie zuvor erlebt habe, spüre ich sofort: Michael ist tot. Keine Elastizität im Körper. Aber ich sehe keine Wunde, kein Blut. Ich drehe ihn um — eine Sekunde im Leben, die ich nie vergessen werde. Das tödliche Geschoss hat ihn von hinten durch seine üppigen Haare hindurch in den Kopf getroffen. Kleiner Einschuss, großer Ausschuss. Dum-Dum-Geschoss. Das gesamte Gehirn liegt im Kies. Ich blicke in die leere rötliche Gehirnschale. Mich übergeben, ihm den Revolver abreißen, zurück zu Andreas und ab auf den Fluss werden eins. Wir paddeln, als würden wir Propeller betreiben. Nichts wie weg!

Während der Tat und der Flucht ergeben sich mehrere Hinweise auf die Herkunft der Täter. Nach fünf Tagen erreichen wir die einzige Straße, die über den Nil führt. Wir sind gerettet. Die deutsche Botschaft veranlasst eine Fahndung. Wir erhalten einen Hubschrauber, Soldaten und später für Landfahndung viele Polizisten. Wir stellen die Täter.

Der Schock saß tief, und wir trauerten um Michael. Und dennoch waren wir beiden Überlebenden uns schon bei der Flucht, als wir nachts im hohen Uferschilf endlich zum Luftholen kamen, einig: Aufgeben stand nicht zur Debatte. Wir würden weitermachen mit unseren Reisen. Nur vorsichtiger würden wir sein.

Und das war dann für mich auch die wichtigste Lehre vom Unglück auf dem Blauen Nil: in Zukunft noch genauer zu planen. Was kann im Reiseverlauf passieren? Bin ich auf jeden nur denkbaren Ernstfall vorbereitet? Mein Abenteurer-Schach: Welche Situation (Figur) bedroht mich? Wie kann ich ihr ausweichen? Was bedroht mich als Nächstes? Habe ich überhaupt eine Chance, oder lasse ich lieber die Finger davon? Ein guter innerer Ratgeber ist die Angst. Sie ist ein wichtiges Alarmsignal. Sie schürt die Vorsicht. Leichtsinn und Tollkühnheit enden schnell mit dem Tod. Sie sollten nie meine Wegbegleiter sein.

7. Wendepunkte

*» Wer das Risiko tilgt, zertrümmert die
Chancen. «*   Emil Baschnonga

Vier Wochen sollte sie dauern, vier Monate wurden es – unsere
Kamel-Karawane durch die Danakil-Wüste im Osten Äthiopiens. Sie ist das Land der Halbnomaden vom Volk der Afar, der
»Freien«. Wir schreiben das Jahr 1977. Es herrscht Krieg. Das
Gebiet ist militärische Sperrzone. Das Auswärtige Amt rät dringend von Reisen in diese Region ab. Sobald wir sie betreten, ist
ein Rückweg über Addis Abeba ausgeschlossen. Dann bleibt nur
der Weg über Eritrea zum Sudan. Jedem von uns ist das klar.
Jeder nimmt teil auf eigene Verantwortung. Dass wir schließlich
doch zurückgekehrt sind, geht wieder einmal auf das Konto
»Wunder«.

Allen Streithammeln voran: Äthiopien. Jahrelang hatte Äthiopien das Nachbarland Eritrea besetzt, um einen Zugang zum
Roten Meer zu haben. Als man die Menschen nicht mitreden
ließ, führte das zum Krieg. Unter den Eritreern hatten sich
zwei Widerstandsgruppen gebildet: die Eritrean Liberation
Front (ELF) und die Eritrean People's Liberation Forces
(EPLF). Anstatt sich auf den gemeinsamen Gegner zu konzentrieren, kämpften sie auch mal gegeneinander. Die politische
Grenze existierte für niemanden. Unter den Afar schlossen sich
die kampfstarken jungen Männer zur Afar Liberation Front
(ALF) zusammen, die wiederum mit der ELF kooperierte.

Zwischen allen diesen Fronten trieben außerdem marodie-
rende Banden ihr Unwesen. Man wusste nie, wer wer war. Das
wussten die Streitenden oft selbst nicht. Wenn es gerade passte,
waren sie morgen Freunde der Feinde. Oder man schoss
schnell, bevor es der andere tat. In Wüstenregionen, wo jeder
Grashalm und jeder Tropfen Wasser über Leben und Tod entscheiden kann, bleibt es nicht aus, dass auch Nachbarstämme
miteinander verfeindet sind. Im Süden, Richtung Dschibuti,
lebten die Issa, Erbfeinde der Afar. Immer wieder lieferten sich
beide Seiten Scharmützel um gestohlene Ziegen oder gar gestohlene Kamele. Ließ sich deren Brandzeichen nicht raffiniert
verändern, wurden die Tiere kurzerhand gegessen. Möglichst
schnell und inklusive Brandzeichen. Denn auf Viehdiebstahl
stand die Todesstrafe. Das waren Stammesgesetze wie eh und
je, seit Adam und Eva.

Um diese Gesetze noch zu toppen, pflegte man außerdem den
ehrbaren Beruf des Herrenschneiders. Er wurde im Grenzgebiet
zwischen den Galla und den Afar praktiziert. (Heute ist er streng
verboten und wohl tatsächlich Geschichte.) Herrenschneider
hatten nichts mit Stoffen zu tun. Sie brauchten weder Schere
noch Nadel, Faden oder Bügeleisen. Sie brauchten ein scharfes
Messer. Um heiraten zu können, musste ein junger Mann einen
Gegner töten, ihm die Genitalien abschneiden und sie dem
Schwiegervater in spe präsentieren. Dafür bekam er dessen
Tochter zur Frau. Das war das ehrbare Handwerk der Herren-
schneiderei. Scherzen konnte darüber aber nur der, bei dem der
Schneider nicht Maß genommen hatte. Auf jeden Fall war es für
einen Mann ratsam, höllisch vorsichtig zu sein, um nicht zum
Opfer dieses Gewerbes zu werden. Man mied entsprechende
Gebiete, oder man ging in Gruppen und war gut bewaffnet.

Weil Waffen unter den Afar äußerst begehrt sind, befolgen wir
den Ratschlag von Landeskennern – »Nehmt keinesfalls eine
Waffe mit. Dafür wird euch jeder Mann töten« – und haben
nur Dolche dabei.

Wir Expeditionäre sind zu dritt. Da ist Klaus Denart, späterer Gründer der Firma Globetrotter Ausrüstung, und Horst Walther, ein angehender Chemiker, der davon träumt, im Iran eine Aspirin-Fabrik aufzumachen. Während Klaus einen Fernsehfilm zustande bringen möchte, soll Horst eine alte Wassergewinnungsidee von mir in die Tat umsetzen. Dabei geht es um Zeolith, eine Chemikalie, die unglaublich gierig Wasser in ihrem Mikro-Röhrensystem aufnimmt. Diesem Bedürfnis wollen wir Rechnung tragen in der Danakil. Sie soll sich nachts mit Luftfeuchtigkeit volltrinken und ihren gespeicherten Vorrat tagsüber wieder rausrücken zum Wohle der Menschheit. Der wassergefüllte Zeolith wird in ein Glasgefäß gegeben. Das Glas wird im Brennpunkt unseres großen Parabolspiegels platziert. Er bündelt die Sonnenenergie zu Temperaturen um 150 Grad Celsius. Die hohe Temperatur lässt das gespeicherte Wasser aus dem feinen Röhrensystem der Zeolithe verdunsten. In einer Schattenzone kondensiert der Wasserdampf dann zu destilliertem Wasser. Um es für den menschlichen Körper genießbar zu machen, muss man nur etwas Sand unterrühren. Dann lösen sich genügend Mineralien und zaubern leckeres Trinkwasser. Zeolith kann sich immer wieder erneut aufladen.

Es ist genau diese Idee, die einen ranghohen Afar-Clanchief begeistert hat.

»Wasser ist wertvoller als Blut«, gibt er uns recht, als wir am Anfang unserer Reise in Gewani bei ihm vorsprechen, und gestattet uns, sein Gebiet zu durchqueren, um die Rentabilität unserer Apparatur unter Live-Bedingungen an unterschiedlichen Orten in der Wüste zu erproben.

Die Wasseridee ist unsere Eintrittskarte. Der Clanchief gibt uns zwei bewaffnete Begleiter mit. Die beiden Bodyguards sind unsere Lebensversicherung. Wir wissen, dass wir uns ihnen bedingungslos anvertrauen können. Die hehre Tradition unverbrüchlicher Gastfreundschaft der Wüstenvölker wiegt alle angedeuteten Gefahren auf.

»Sobald sie in unbekanntes Gelände kommen, werden sie euch an andere Führer übergeben«, erklärt der Clanchief. »Aber auch auf die könnt ihr euch voll verlassen.«

Die Karawanentour unterscheidet sich in vielem von der Reise auf dem Blauen Nil. Gab es auf dem Fluss Wasser in Hülle und Fülle, ist es hier in der Danakil höchster Luxus. Jeder Tropfen zählt, jeder Grashalm auch. Gab es am Nil Fisch und Fleisch ohne Ende, ist Fisch hier nicht einmal als Vokabel bekannt. Und Fleisch wird nicht erjagt, obwohl es Gazellen gibt. Man hat Ziegen. Begleiter Yunus erklärt uns das auf Arabisch. »Wenn man Wild *schießt*, kann man es nicht essen. Es muss geschächtet werden in Richtung Mekka. Einfach von Weitem abgeschossen, verblutet es in alle anderen Richtungen, nur nicht nach Mekka. Deshalb ist jedes erlegte Wild eine vergeudete Patrone, und Patronen sind knapp.« Bei Ziegen stellt sich das Problem nicht. Die hält man fest und schneidet ihnen die Kehle in der richtigen Richtung durch.

Die Karawane setzt sich in Bewegung. Horst geht voran mit einem der Männer. Klaus folgt dicht dahinter und hält Ausschau nach Filmmotiven. Ich bilde das Schlusslicht, damit nichts liegen bleibt, was die Kamele verlieren. Jeden Tag wollen wir morgens um sechs Uhr losmarschieren. Dann ist es hell und noch kühl. Ab elf Uhr ist es unerträglich heiß. Spätestens um zwölf müssen wir uns Schatten bauen und bis 15 Uhr rasten. Was sich jetzt so präzise nach deutschem Terminkalender anhört, ist unser Wunschtraum. Fast nie lässt er sich einhalten. Die Führer haben andere Vorstellungen von einem Tagesablauf. Mal brauchen sie eine Stunde, um die Kamele zu finden und zu beladen. Dann stimmt die Landkarte von Klaus angeblich nie mit ihrer Kopfkarte überein. Zwar existiert noch keine exakte offizielle Landkarte, aber wir wissen sehr wohl, dass unser Ziel im Norden liegt und nicht im Osten. Dafür benötigt man nicht einmal einen Kompass. Die Sonne ist allgegenwärtig. Die Ausreden für ihre Wegfindung sind mannigfaltig. »Im Norden gibt es kein Futter für die Kamele.« Oder »Da gibt es kein Wasser.« Ob das stimmt, können wir nicht beurteilen. Wir müssen es glauben. Wenn wir das angekündigte Gras aber nicht erreichen, weil es in der schwarzen Lava gar nicht existiert, heißt es: »Wir sind zu langsam gegangen. Morgen werden wir hinkommen.« Das tun wir auch morgen nicht. Erst Wochen später, nach immer neuen fantasiestrotzenden Begründungen, wird uns klar, dass sie verfeindete Clans umgehen oder den Weg schlichtweg nicht kennen und sich irgendwo informieren müssen. Das gibt natürlich niemand zu.

Eine große Rolle für viele Missverständnisse spielt die mangelhafte sprachliche Verständigung. Wenn überhaupt, erfolgt sie in Basis-Arabisch. Dennoch werden wir das Gefühl nicht los, dass man Zeit schinden will, denn die Bezahlung erfolgt am Ende der Reise nach Tagen. Yunus erweist sich als besonders eigenwilliger Typ. Er möchte einen Vorschuss. »In der Nähe gibt es einen Markt. Ich brauche neue Sandalen. Ihr könnt warten. Morgen bin ich zurück.« Wir trauen ihm nicht. Wenn er nicht zurückkommt, haben wir nur noch einen Begleiter. Vereinbart ist, ihn erst dann zu entlohnen, wenn er uns den neuen Führern übergibt. Die ausstehende Zahlung ist die Garantie, dass er durchhält. »Tut uns leid. Du kriegst dein Geld am Ziel«, argumentiere ich. Das entlockt ihm nur ein müdes Lächeln. Demonstrativ streichelt er sein Gewehr. »Das Geld für die bisherigen sieben Tage ist ja gar nicht mehr *dein* Geld. Es gehört mir. Du trägst es nur für mich. Aber ab sofort will ich es selbst tragen.« Und zum wiederholten Male streichelt er sein Gewehr. Klar, die beiden lieben sich. Und wieder halte ich es für besser, nachzugeben. Wie gestern, als er einen großen Umweg einschlug.

Wenn wir allabendlich eine halbkugelige Hütte erreichen, bleiben wir 50 Meter entfernt stehen und rufen laut. Niemand darf sich überrascht fühlen. Er würde sofort schießen, erklären die Führer. Wenn die Bewohner dann aber sehen, dass wir in Begleitung von Stammesleuten sind, werden wir gastlich aufgenommen. Obwohl sie unglaublich arm sind, werden wir jeden Abend verwöhnt mit frischer Ziegen- oder Kamelmilch. Ein unvergesslicher Hochgenuss. Der Milchschaum obendrauf schmeckt wie Schlagsahne. Der Konditor in mir wird wach und will gar nicht mehr nach Hause.

Manche Nomaden sind so arm, dass wir uns schämen, die Milch anzunehmen. Vor allem, wenn wir die Kinder sehen, die jeden unserer Schlucke schweigend mit den Augen verfolgen, bis er jenseits unserer Kehlköpfe die Speiseröhre runtergerieselt ist.

Wir revanchieren uns dann mit ungerösteten Kaffeebohnen und viel Zucker. Das haben wir in großen Mengen als Gastgeschenk mitgenommen. Wir wissen, dass Kaffee der größte Genuss für sie ist. Kaum hat man ihn überreicht, wird er schon von den Frauen geröstet. Bloß nichts stehen lassen für morgen! Wer weiß, ob man dann noch lebt. Manchmal brennen sie ihn so schwarz, dass er Feuer fängt. Aber das macht nichts. Die Flamme wird ausgepustet, und die Bohnen werden griesfein zu Pulver gemörsert und aufgebrüht. Es ist eine lange Zeremonie, bevor die erste Tasse die Lippen berührt. Aber der Duft und die Wartezeit gehören dazu. Sie sind der Vorgenuss. In der Wüste hat man viel Zeit. Noch mehr als Sand und Hitze.

Die Kinder verwöhnen wir mit ein paar vollgehäuften Löffeln von Maggys Müsli. Es besteht aus Haferflocken, Milchpulver, Nüssen, Rosinen, Zucker und Sesam. Dazu gibt's einen Extralöffel Zucker. Das Praktische für uns an diesem Lebensmittel ist dessen Vielseitigkeit. Man kann es in der Eile trocken essen oder kalt anrühren, und man kann es kochen. Alles zusammen ist wie ein Drei-Gänge-Menu! Wüstenluxus pur.

Unsere Führer lieben das Müsli ebenfalls. Nach Wochen jedoch, als es sichtbar zusammengeschrumpft ist, weil unsere Reise viel länger dauert als geplant, müssen wir umdenken. Sonst haben wir bald nichts mehr für uns und müssen Ziegenknochen und Dattelkerne abnagen. Kurz entschlossen zeichne ich ein lustiges Schweinchen auf den Sack, obwohl ich mir denken kann, dass niemand hier je zuvor ein Schwein gesehen hat. Als Ibrahim wieder zwei satte Kellen Müsli in seinen Becher schaufelt, kläre ich ihn auf. So ganz nebenbei.

»Ich weiß nicht, ob du das Bild hier gesehen hast?! Du bist doch Moslem. Meinetwegen kannst du gerne davon essen. Mein Müsli ist dein Müsli. Aber ich muss dir aus Verantwortung sagen, dass darin Zutaten vom Schwein enthalten sind.«

Vor Schreck muss er sich fast übergeben. Das Müsli gehört wieder mir. Bei Allah – ich schäme mich. Und Allah sieht das genauso. Seine Strafe folgt wenige Tage später. Wir überqueren die Salzflächen von Afdera. In der Gluthitze schuften Männer. Mit kleinen Beilen hacken sie große Quader aus der Salzkruste des eingetrockneten Salzsees. Die Salzvorkommen stammen aus der Zeit, als Afdera noch Rotes Meer war, bevor ein Erdbeben das Meer vom Binnenland getrennt hat. Im Jahre Wasweißichwann. Das Wasser verdunstete. Zurück blieb das Salz. Es ist das Gold und Geld dieser Region, eine Kostbarkeit. Salz ist bare Münze.

Etwa zwölf schwere Quader werden mit Seilen zu einem Bündel verknotet. Jeweils zwei solcher Salzlasten werden den Kamelen aufgebürdet. Endlose dieser Salzkarawanen ziehen dann ihres Weges, hinaus aus dem Tal der Gluthitze, 120 Meter unter dem Meeresspiegel, hinauf in die Berge zu einem Ort namens Barahle, dem größten Salzmarkt Äthiopiens.

Es sind bitterarme Menschen, die diese Arbeit ausführen. Ihr Lohn ist extrem gering. Es reicht gerade für Minirationen an Brot und dünnen Tee. Zucker ist bereits Luxus. Wenn eines der Tiere auch nur ein Bruchstück seiner Last verliert, wird das dem Verantwortlichen vom Lohn abgezogen. Salzsklaven. Am Ziel angekommen, kehren sie schon bald wieder um. Diesmal sind sie beladen mit großen Packen Heu. Es ist das Kamelfutter auf den endlosen Wegen hin und zurück, hinab in die Salzhölle, hinaus aus der Salzhölle. Alles, was sie an Kleidung besitzen, hängt diesen Männern vom Körper herab. Ihre Hände sind von der schweren Arbeit und dem Salz gezeichnet. Sie sind aufgerissen und verheilen nicht. Süßwasser zum Waschen oder Wundsalben gibt es nicht. Wasser ist zu kostbar, um sich damit zu waschen, und eine Hautcreme kann sich niemand leisten. Auch Handschuhe sind unbekannt. Manche wickeln sich Lumpenfetzen um die Hände. Und das alles bei 50 Grad in einem Gelände ohne Schatten. Kein Grashalm, kein Bäumchen gedeiht auf diesem ätzenden Untergrund. Nur blendendes Salz. Den einzigen Schatten spenden Wände aus Salzquadern, aber nur, wenn die Sonne nicht senkrecht steht. Salzarbeiter, Menschen, die nichts mehr zu verlieren haben. »Mein Gott«, stöhnt Horst, »wie kann man das nur aushalten?«

Wir wagen es, einige Fotos zu machen. Aber wir schämen uns dabei. Später in Vorträgen werden wir damit Geld verdienen, ohne uns die Hände auch nur staubig gemacht zu haben. Wieder einmal wissen wir es zu schätzen, nicht hier, sondern in einem anderen, begünstigteren Teil der Welt geboren zu sein. Momente, die mir einmal mehr das Glück bewusst machen, ausgerechnet in Nordeuropa zu leben, in all dem Wohlstand, dem gemäßigten Klima, der Demokratie, der Pressefreiheit, den Bildungsmöglichkeiten, des Friedens, des gemeinsamen Europas. Paradiesische Zustände, wie noch keiner unserer Vorfahren sie erleben durfte. Und ich verspüre die Verpflichtung, davon abzugeben an die, die unter solch erbärmlichen Umständen ihr Dasein fristen müssen. Wie diese Salzarbeiter. Das Reisen und mein Blick auf andere Lebensumstände verändern sich.

Das Salz, das hier in Afdera vom Staub der Wüste gebräunt ist, wäre bei uns gar nicht verkäuflich. Auf dem weiteren Weg in Richtung Eritrea finden wir einige solcher kleinen Salzklumpen. Unsere Begleiter sammeln sie begierig auf wie gefundenes Geld.

Die Arbeiter sprechen Afaraf und Tigrinja. Wir verstehen kein Wort. Doch die Tonlage ist anders geworden. Es wird laut geschimpft und gedroht. Und schlagartig verändert sich auch das Verhalten unserer Begleiter. Aufgeregt flehen sie uns an, das

Salzfeld unverzüglich zu verlassen. Als wir zögern, greifen sie Horst und mich unmissverständlich an unseren Baumwollgewändern und schieben uns mit Nachdruck fort, immer darauf bedacht, dass sich ihre Körper schützend zwischen uns und den Salzleuten befinden. Rücken zu uns, Gesicht zu den Bedrohern. Klaus geht in Deckung hinter einem der Kamele. Dann sehen wir den Grund ihrer plötzlichen Sorge: Ein paar der Salzleute haben Waffen in den Händen. Die Laufmündungen weisen in unsere Richtung. Es kommt zu lauten Wortwechseln. Die Führer pressen sich eng vor uns. Wie lebende Schilde. »Das sind unsere Gäste! Wenn ihr die töten wollt, müsst ihr auch uns erschießen. Aber dann werdet ihr unsere Blutrache kennenlernen!«

Eine vergleichbare Aufopferung habe ich bis heute in keiner anderen Kultur gefunden und damals erneut gelernt, dass man mit Verallgemeinerungen vorsichtig sein muss. Wenn Islamisten à la ISIS mit ihren Verbrechen die Titelseiten der Weltpresse beschlagnahmen und man versucht ist, nun alle Muslime als islamistische Verbrecher einzuordnen, und schnell vergisst, dass die meisten Muslime lieber in Frieden leben möchten. Genau wie die Christen, wenn sie sich an ihren positiven Werten wie Nächstenliebe und sozialer Verantwortung messen lassen möchten anstatt an den Verbrechen der theologischen Elite wie den Schandtaten der Hexenverbrennung, Indianerausrottung, Inquisition und Kreuzzügen. Oder der Kinderschändung bis in die Gegenwart.

Als unsere Begleiter plötzlich ihre Waffen in Richtung der Bedrohung richten, ist klar, dass es höchste Zeit zur Flucht ist. Wir greifen die unruhigen Kamele und ziehen sie hinter uns her. Sie bieten uns Schutz gegen Beschuss von hinten. Immer wieder schauen wir zurück. Unsere Begleiter hocken weiterhin auf einem Knie, Gewehr im Anschlag. Unser lebender Schutzwall. Wenn sie getötet werden, haben wir ein Problem. Dann sind wir wirklich vogelfrei. Die Salzleute werden uns verfolgen, und wir werden es kaum schaffen, einen neuen Schutzpatron zu finden. Wir müssen heute Abend in eine dieser Palmhütten eindringen, dort vor dem Mann des Hauses auf die Knie fallen und ihn um Hilfe bitten. Kein Nomade darf die Hilfe dann verweigern. Nicht einmal einem Todfeind gegenüber. Ob das stimmt, wollen wir lieber nicht testen müssen. Immerhin weckt es Hoffnung. Inzwischen sind wir am Horizont angelangt. Die Salzfläche ist Steinen gewichen. Unsere Begleiter sind aus dem Blickfeld verschwunden. Wir halten kurz inne.

»Ob sie übergelaufen sind und uns im Stich lassen?«, überlegt Horst.

»Dann hätten sie das Risiko nicht auf sich genommen, uns mit ihren Körpern zu schützen«, hoffe ich. »Sie werden sich rückwärtsgehend zurückziehen.«

Wir fühlen uns in Sicherheit. Wir einigen uns darauf zu warten. Sonst finden sie unsere Spur nicht mehr. Auf dem harten Salz und jetzt auf den Steinen ist kein Kratzer von uns auszumachen. Dennoch sind wir optimistisch. Ihnen steht noch ihr Lohn zu. Auf den werden sie niemals verzichten. Und tatsächlich tauchen irgendwann am blendend weißen Horizont zwei schwarze Punkte auf. Es sind unsere Männer Ibrahim und Abu Feisal! Glücklich fallen wir ihnen um den Hals.

Unser Geld ist knapp geworden, denn wir sind schon drei Monate unterwegs statt der geplanten vier Wochen. Eine Verbindung nach Hause gibt es nicht. Aber wir sind uns einig, dass die Männer sich eine Sonderbelohnung verdient haben. Vielleicht unsere Dolche? Oder die Plastikkanister auf den Kamelen, die Wasserbehälter? Oder die Kamele, überlegen wir. Irgendetwas werden wir schon finden. Jetzt müssen wir erst einmal weg von hier.

Dass es ein noch viel größeres Geschenk werden sollte, konnten wir da noch nicht wissen. 2015 sollte hier eine Oase der Hilfe für das Volk der Afar entstehen: die Wüstenklinik für verstümmelte Frauen und Mädchen. Doch dazu später mehr. Festzuhalten bleibt noch, dass die Afar etwas Fundamentales in meinem Leben bewirkt haben. Unauslöschlich, verpflichtend. Wir haben bei ihnen menschliche Werte erfahren wie nie zuvor oder danach.

Wieder in Sicherheit, viele Tage später, sehen wir in einem gut getarnten Lager eine auffallend sympathische junge Frau, die mehrere Ziegenhäute voller Wasser ablädt. Das sei Aisha, beantwortet einer der Offiziere unsere unausgesprochene Frage. Sie stamme aus Äthiopien. Sie habe sich ihrem Kampf angeschlossen.

Also nicht nur sympathisch, sondern auch emanzipiert. Kaum hat sie die Wassersäcke abgeladen, packt sie schwungvoll sechs leere auf die Esel und trabt mit ihnen davon. Zu irgendeiner Wasserquelle. Später lernen wir sie näher kennen. Ein Englisch sprechender Soldat hilft uns bei der Übersetzung. So erfahren wir zum ersten Mal vom Verbrechen der Weiblichen Genitalverstümmelung. Als man sie dann noch zwangsverheiraten wollte mit ausgerechnet dem jungen Mann, den sie von allen am meisten hasste, ist sie geflohen. Hier bei den Kämpfern hatte sie Hilfe gefunden. Hier war sie etwas wert.

Ihre Lebensgeschichte und weitere bedrohliche Situationen wie die auf dem Salz sind zu Kapiteln in meinem Buch »Überleben in der Wüste Danakil« geworden. Was die Tradition der Weiblichen Genitalverstümmelung betrifft, war ich damals noch zu jung, zu unerfahren, zu hilflos, um mir vorstellen zu können, dass man auch als Einzelner, Unbetroffener und noch dazu als Fremder sich dieser 5000 Jahre alten, streng tabuisierten Tradition entgegenstellen könnte mit dem Ziel und der Hoffnung, dieser Menschheitsschande den Garaus zu machen. Um das *doch* zu wagen, bedurfte es noch vieler neuer Erfahrungen. Die würde ich bei meinem 18 Jahre währenden Einsatz gegen den drohenden Völkermord an den Yanomami in Brasilien gewinnen. Mein Abenteuer erhielt Sinn.

8. Das harte Gesetz des Dschungels

»Friede ist nicht nur das Gegenteil von Krieg,
nicht nur ein Zeitraum zwischen zwei
Kriegen — Friede ist mehr. Friede ist dann,
wenn wir recht handeln und wenn zwischen
allen Menschen Gerechtigkeit herrscht.«

Sprichwort der Mohawk

Padre Casimiro schaut mich an durch seine dicken Brillengläser. Das linke ist einmal quer gebrochen und mit Leukoplast provisorisch am Gestell festgeklebt. Umständlich putzt er seine Brille. Sie bleibt wegen des Pflasters verschmiert. Schließlich steckt er sie entnervt in die Hemdtasche. Wir sind auf einem Flussschiff und fahren den Rio Negro hinab nach Manaus im Nordwesten Brasiliens. Ich war in der Gegend um Santa Isabel da Cachoeira gewesen, hatte mehrmals kurz bei Siedlern gelebt und mich von ihnen einweisen lassen in das Überleben im Regenwald. Padre Casimiro schaukelt zufällig neben mir in einer Hängematte. Er hatte mich Deutsch sprechen gehört und sich vorgestellt. Er sei aus dem Baltikum, Deutsch die wichtigste Fremdsprache an der Schule, er lebe hier seit vielen Jahren.

Ich nutze die Begegnung, um ihn auszufragen über Amazonien. So erfahre ich, dass er dem katholischen Salesianer-Orden angehört. Er arbeite in Santa Isabel am Rio Negro und habe es mit heimatlosen Indianern zu tun, die dem Alkohol verfallen seien. Ich frage ihn über die Indianer aus und erfahre zum ersten Mal von den Yanomami. Es sei das letzte existierende große

Keine Chance — Bulldozer dringen in das Yanomami-Gebiet ein

Urvolk des Kontinents. Vielleicht 12 000 Menschen. Ihr Land sei so groß wie die Schweiz. Er zeigt mit dem Arm nach links aus dem Schiff. Dort läge es und zöge sich hin bis Venezuela. Wir schreiben das Jahr 1980.

Aber auch die Yanomami seien von der Vernichtung bedroht. Es fände dort eine Invasion statt. Man könne sogar sagen ein Bürgerkrieg, ein beginnender Völkermord. Horden von Goldsuchern seien in das Land eingedrungen und machten alles nieder, was sich ihnen in den Weg stelle. »Dort stehen mit Flinten bewaffnete, arbeitslose Verzweifelte aus den Elendsvierteln Brasiliens ebenso verzweifelten nackten Menschen mit Pfeilen gegenüber. Sie können sich denken, wie das enden wird.«

Brasilien behaupte zwar, die Menschen dort seien geschützt, fährt er fort. Ein Militärgürtel sei um ihr Land gelegt, es hieß, kein *garimpeiro*, also illegaler Goldsucher, würde durchgelassen, wie es die brasilianische Verfassung vorsah. Er wisse aber von seinen Salesianer-Brüdern, dass das nicht stimme. Die Goldmafia spräche sogar von 65 000 Goldsuchern dort. Sie seien bestens organisiert, würden toleriert und unterstützt von der Politik. Allen voran den Gouverneuren der beiden Bundesländer Roraima und Amazonas. Und die hielten Nachrichten aus dem Yanomami-Land geheim. Es gäbe keine Beweise, keine Fotos davon, wie es wirklich dort aussah. »Wenn Sie einen authentischen Einblick in die Welt der Yanomami gewinnen möchten, empfehle ich Ihnen das Buch ›Yanoama‹ meines Salesianer-Bruders Ettore Biocca. Er erzählt dort die Leidensgeschichte eines Siedlermädchens, das im Alter von zwölf Jahren von den Yanomami geraubt und 25 Jahre lang gefangen gehalten wurde.«

Kaum noch höre ich zu. Mein Blut rotiert. Ich nehme mir in genau dieser Sekunde vor, mir baldmöglichst selbst einen Eindruck zu verschaffen. Dass ich das realisieren würde, dass mein Einsatz fast zwei Jahrzehnte dauern sollte, dass ich deshalb meine florierende Konditorei verkaufen und eines Tages sogar eine Menschenrechtsorganisation gründen würde, ahne ich da nicht im Entferntesten.

Als Erstes beschaffe ich mir das Buch »Yanoama« von Ettore Biocca. Im Handel ist es vergriffen. Casimiro kann mir ein portugiesisches Exemplar aus der Mission entleihen. Später erstehe ich ein deutsches antiquarisch. So erfahre ich von der beispiellosen Lebensgeschichte des Siedlermädchens Helena Valero. Ein atemloser Krimi. Jedes Wort, jede Silbe ist authentisch. Es gewährt mir einen tiefen ersten Einblick in das Leben und Denken der Indianer. »Welch ein Volk!«, staune ich auf jeder Seite. »Was für Erlebnisse!« Ich kann gar nicht mehr schlafen. »Dass es so was noch gibt!«

Was war passiert?

Mit ihren Eltern und den zwei jüngeren Geschwistern war die Familie Valero mit einem Kanu auf dem oberen Rio Dimití zum Fischen unterwegs, einem kleinen Nebenfluss des Rio Negro an der Grenze zu Venezuela. Man schrieb das Jahr 1935, mein Geburtsjahr.

Eigentlich normaler Alltag. Bis das Boot von Indianern vom Ufer aus beschossen wurde und der Vater und die zwölfjährige Helena getroffen wurden. Unter Todesangst zog sich der Vater die acht Pfeile, die in seinem Körper steckten, selbst heraus, bevor sich ihr Gift entfalten konnte. Helena traf nur ein Pfeil. Er ging durch die Bauchdecke und blieb im Oberschenkel stecken. Sie war bewegungsunfähig. Beim Rausziehen brach er — die Spitze blieb im Oberschenkel, das Pfeilende im Bauch. Gemeinsam versuchten sie zu fliehen, doch als den Vater die Kräfte verließen, versteckte er die mittlerweile bewusstlose Helena unter einem Laubhaufen, wo die Indianer sie aufspürten. Als sie wieder zu sich kam, fand sie sich an einem Feuer wieder, umringt von nackten Indianern mit hochgebundenem Penis. Dass sie noch lebte, hatte nur einen einzigen Grund: Sie war eine Frau.

Doch mit ihrer Gefangennahme begann eine Odyssee ohnegleichen, die ein Vierteljahrhundert dauern sollte. Erst 1960 gelang es ihr, zurück in die brasilianische Zivilisation zu fliehen. Ungewollt wurde Helena zur anerkanntesten Indianerkennerin ihrer Zeit, Helena, die jetzt Napanjuma genannt wurde, besaß ein ausgezeichnetes Gedächtnis. Selbst nach so vielen Jahren erinnerte sie sich an viele Details. Nicht minder bewundernswert ist ihre Sprachbegabung. Ihre Ohren nahmen jedes Geräusch, jeden noch so leisen Ton wahr. Sie hörte sogar das Kriechen der Raupen. Für mich, den Gehörgeschädigten, unvorstellbar. Schnell beherrschte sie nicht nur die Sprache ihrer Entführer, sondern auch die anderer, meist verfeindeter Dorfgemeinschaften, zwischen denen sie hin und her geschubst wurde.

Und noch etwas unterschied Helena von vielen Menschen: ihre Leidensfähigkeit. Es begann mit ihrem wochenlangen Marsch durch die Berge und den Schmerzen der schweren Pfeilschussverletzung. Es ging weiter, als ihr neues Heimatdorf von einer verfeindeten Yanomami-Gruppe überfallen wurde. Wer von den Männern nicht starb, floh. Die Frauen und Kinder wurden geraubt und als Gefangene mitgenommen. Helena wurde Augenzeugin brutalster Verbrechen. Wie ein kleiner Junge sich auf einen Baum flüchtet und heruntergeschossen wird. Oder wie eine Frau mit drei Kleinkindern sich erschöpft hinter einem Stein versteckt, entdeckt und einen Steilhang hinuntergetreten wird. Kinder, die nicht mehr gehen konnten, wurden gegen Felsen geschleudert und mit den Spitzen der Bogen erstochen. Eine Frau, die einfach davonlief, traf ein Pfeil im Rücken, mit Spitze und Widerhaken aus Affenknochen. Er war tödlich auch ohne Gift, da man ihn nicht herausziehen konnte wie die glatten Bambuspfeile.

Zu Helenas Hauptproblem wurde die Eifersucht der Frauen. Als Fremde war sie für viele Männer eine Exotin und begehrt, und so waren die meisten Frauen ihre Feinde. Sie wurde geschlagen, vergiftet, verleumdet. Als sie beim Brennholzsammeln aus dem Hinterhalt beschossen und von einem Widerhaken-Giftpfeil ins Bein getroffen wurde, gab es kein Zurück mehr ins Dorf. Ihr Irrweg begann. Sie lebte von allem, was sich greifen, sammeln und pflücken ließ, beobachtete die Affen und aß, was sie fraßen. Sie hatte Begegnungen mit großen Schlangen und Jaguaren. Keiner von ihnen behelligte sie. Man ging einander respektvoll aus dem Wege. Als sie nach sieben Monden ihre Einsamkeit und Hilflosigkeit nicht mehr aushielt, wagte sie sich in ein fremdes, bewohntes Dorf. Vorher hatte sie es umschlichen. Sie hatte die Stimmen vernommen, kannte die Sprache der Leute, hoffte auf Aufnahme. Die Bewohner waren geschockt. Sie hielten sie für ihren Geist. Ihre Haare reichten bis zum Bauch. Sie war klapperdürr. Schließlich wurde sie aufgenommen. Endlich ein warmes Feuer, endlich zu essen!

Als sie zur Frau heranwuchs, versuchten die jungen Männer des Dorfes, sie zu vergewaltigen. Das hat bei manchen Yanomami Tradition. Sie erinnert sich, dass es fast 50 waren. Helena versuchte, durchs Blätterdach des Dorfes zu fliehen. Das misslang. Sie klammerte sich an einen Pfahl, doch den gruben die Männer aus. Ohne Verwandte war sie schutzlos. Dennoch. Die Frauen eilten zu Hilfe und zerrten an der einen Seite des Mädchens, die jungen Männer an der anderen. Bis sie ohnmächtig zusammenbrach. Die Vergewaltigung war fehlgeschlagen. Man hielt sie für tot.

Zweimal wurde sie verheiratet, bekam zwei Jungen und ein

Mädchen. Dadurch genoss sie einen gewissen Schutz. Das bewahrte sie aber nicht davor, von ihren Ehemännern geschlagen zu werden. Einer brach ihr den Arm durch einen Schlag mit dem Stock. Nach über 25 Jahren floh Helena endgültig in ihre alte Heimat am Rio Negro.

Doch die brasilianische Welt war genauso enttäuschend und erbarmungslos wie die indianische. Nachdem die brasilianische Medienwelt sie abgefeiert hatte, interessierte sich niemand mehr für sie. Schließlich kam sie bei Missionar José Hawkins unter. Seine Frau stellte sie als Haushaltshilfe ein. Die Kinder erhielten einen Platz in der Schule. Später siedelte sie um nach Venezuela. Sie wurde sehr krank und starb im Jahre 2002.

Ich habe das Buch nicht *gelesen*, ich habe es *gefressen*. Noch heute ist es gespickt mit meinen Bleistiftmarkierungen. In meiner »persönlichen« Bibliothek zählt es zu den fünf Büchern, die mein Leben verändert haben. Die anderen sind: »Alone on the Blue Nile« von Kuno Steuben, »Wüstenblume« von Waris Dirie, unser Goldenes Buch und mein Buch »Überleben ums Verrecken«.

Neben dem tief berührenden Schicksal und der Lebensleistung dieser Frau war für mich die Faszination des Dschungel-Survival Antrieb, um mich auf den Weg zu den Yanomami zu machen. Ich würde tatsächlich einem Volk begegnen, das vor Hunderten von Jahren in diesen endlosen südamerikanischen Regenwald eingewandert war und ohne jedes Hilfsmittel aus unserer Welt dort lebte. Wie in der Steinzeit. Splitterfasernackt. Ohne Metall, ohne Thomapyrin, ohne Deodorant.

Genau diese Yanomami waren jetzt von der Ausrottung durch Goldsucher bedroht. Die Menschenrechtler Brasiliens sprachen sogar von Völkermord. Die Regierung wiegelte ab, verniedlichte. »Die paar Goldsucher? So was hat es immer gegeben. Seit Kolumbus.«

Die Widersprüche machten meinen Entschluss unrevidierbar. Ich würde zu den Yanomami gehen und mir einen eigenen

Eindruck verschaffen. Ich würde sehen, wer recht hat. Und ich würde lernen, nackt im Regenwald zu überleben. Motivation pur.

Als ich, zurück in Deutschland, im Familien- und Freundeskreis von Helenas Geschichte erzähle, ernte ich ausschließlich Sprachlosigkeit. Mein Einwand, dass diese menschlichen Brutalitäten in unserer Welt genauso existieren, prallt ab. Da hilft es auch nicht, auf Hexenverbrennungen, Inquisition, Atomkriege und Konzentrationslager zu verweisen. Mit meinem Traum stehe ich allein in meiner großen Backstube vor meinem kleinen Sauerteigtrog. Immerhin gluckst er freundlich infolge der Gärung. Ob das ein Lachen oder ein Staunen ist, kann ich nicht klären. Es ist mir auch egal. Ich habe mich entschieden. Zweiflern zitiere ich den Autor des Buches: »Man begeht einen schweren Irrtum, wenn man die Menschen im Urwald als primitive und bösartige ›Wilde‹ betrachtet, nur weil sie sich stark vom Typ unserer Kultur unterscheiden. Vielleicht begehen die Yanomami den gleichen Fehler, indem sie mit ihrem einzigen Wort, *nape*, den weißen Mann, den Fremden, den Bösen, den Bringer von Krankheit und Tod bezeichnen.«

Die Zweifler in meinem Familien- und Bekanntenkreis, die mich schon ermordet sahen, hätten beinahe recht behalten. Doch nicht die Indianer sollten mir zur Gefahr werden, auch nicht die Goldsucher. Und nicht die Mafiabosse. Es sollte Tatunca Nara sein, mein erster Führer. Doch bevor ich davon berichte, komme ich zu den Vorbereitungen.

9. Der Deutschlandmarsch ohne Nahrung

» Man brachte mich zur Verzweiflung,
obwohl ich da gar nicht hinwollte. «

Frei nach Erhard Blanck

Die Armada der Besserwisser-Bekannten soll nicht recht behalten. Auch Ehefrau Maggy nicht. Ich will in Brasilien etwas erleben, das niemand von ihnen je erleben wird. Ich will definitiv zu den Yanomami. Und ich will wiederkommen und ihnen davon erzählen. Und sollte Maggy recht behalten, dann wäre es mir eh egal. Dann wäre ich ja nicht mehr am Leben. Was schert einen Toten schon dessen Nachruf? Den Betroffenen aus Neugier höchstens deshalb, weil er üblicherweise stark zu seinen Gunsten übertrieben wird. Das Einzige, was mich nachdenken ließ, war meine Tochter Kirsten. Sie trat 1966 in unser Leben. Ihre Welt sollte später die des Schauspiels werden. Wir verstanden uns gut, aber wir hatten verschieden gelagerte Interessen. Als ich zu den Yanomami startete, war sie 14 Jahre alt. Ich hatte ihr Okay. Sie liebte meine Geschichten.

Aus den schlichten Überlebensgründen fällt und steht die gesicherte Wiederkehr mit der bestmöglichen Vorbereitung auf das Wagnis. Ich muss mir aller denkbarer Gefahren gegenwärtig und gegen alles gewappnet sein. Wieder einmal: mein Abenteuer-Schach, das Vorausermitteln der nächsten möglichen Ereignisse und was ich dann tun kann. Wie reagiere ich, wenn? Und was mache ich, wenn das nicht klappt? Gibt es noch weitere Asse, die ich im Ärmel haben sollte? Bestimmt! Ich muss gegen jede Bedrohung drei Asse im Ärmel haben und nicht nur eins.

Fest steht, dass ich diesmal allein gehen werde. Der Einzelgänger wirkt auf Besuchte nicht bedrohlich. Da überwiegt deren Neugier. Egal, ob sie Goldsucher sind, Indianer, Soldaten oder Siedler. Aber sie werden grundsätzlich alle misstrauisch mir gegenüber sein, manche sogar feindlich. Ich muss sie über meine Absichten informieren. Die Indianer anders als die Goldsucher. Ich muss harmlos wirken. Deshalb werde ich nur eine Badehose und Sandalen tragen. Vielleicht ein T-Shirt. So bin ich besser durchschaubar. Jeder sieht, dass ich unbewaffnet bin. Das beugt Aggressionen vor. Dennoch werde ich wieder einen Revolver mitnehmen. Man weiß ja nie. Schon wegen der Goldsucher. Aber der ist verstaut im stabilen 20-Liter-Kanister mit Weithals-Schraubverschluss. Mit Tragegurten habe ich ihn umfunktioniert zu einem Rucksack. Darin bleiben Kamera, Filme, Medikamente und Feuerzeug trocken, und er lässt sich sehr gut tragen. Vor allem wird mir der Kanister hilfreich sein, wenn ich durch die Flüsse muss. Er ist mein untergangssicheres Mini-Rettungsboot. Maggy meint, darin bliebe sogar mein Humor trocken. Den nehme ich nämlich auch noch mit. Er ist meine Geheimwaffe wie das Lächeln, jene einfachste Art, dem Gegner die Zähne zu zeigen. Die Netzhängematte binde ich obendrauf. Desgleichen die federleichte PVC-Folie, mein Regendach. In der rechten Hand habe ich ein Haumesser, am Hals die winzige Mundharmonika. So fühle ich mich perfekt ausgerüstet.

Um mich vor einer Fehlplanung des Tragekanisters zu bewahren, teste ich das Equipment bei einem 20-Kilometer-Marsch in den Wäldern um Rausdorf. Damit ich in dieser Aufmachung niemandem begegne und ihn irritiere, wähle ich Wege, wo das nicht passieren wird. Sie führen mich durch Dickicht, Sumpf, Bach und See. Ein erstes Urwaldgefühl.

Aber was ist, wenn ich doch vom Militär, das angeblich das Gebiet der Indianer gegen Eindringlinge beschützt, verhaftet werde? Oder vom sogenannten Indianerschutzdienst FUNAI?

Oder wenn die Goldsucher mir Schwierigkeiten bereiten, mich aber nicht gleich bequemerweise erschießen? Dann werde ich bestimmt jede Möglichkeit zur Flucht nutzen. So fernab der Zivilisation wird es niemand für möglich halten, dass ein europäischer Gefangener ohne jede Ausrüstung flieht. Wenn aber doch, dann würden sie von sich auf andere schließen und über die Flüsse verschwinden. Ich nicht. Denn dort würden sie mich mit ihren Booten locker einholen. Ich würde also genau entgegengesetzt fliehen. In eine Richtung, die niemand für möglich hält, weil er selbst sie nicht wagen würde, weil sie tiefer in die unergründlichen Wälder führt. Aber wie lange würde ich durchhalten ohne jedes Hilfsmittel? Ohne Nahrung. Ohne Menschenkontakt. Da können bei der Weitläufigkeit der Wälder Entfernungen zustande kommen, als ginge ich einmal durch Deutschland. Von Nord nach Süd.

Genau dieser Gedanke ist der Zündfunke! Ich werde es einfach ausprobieren. Ich nehme meine Straßenkarte und lege ein Lineal von Hamburg nach Süden. Es endet in Oberstdorf an der österreichischen Grenze. Etwa parallel zur A7. Ich will nichts essen, das anderen gehört. Also nicht stehlen oder wildern. Was ich mir erlaube, sind Insekten. Ich ignoriere die Zivilisation. Ich werde im Freien schlafen. Im Gepäck sind ein Overall, Unterhemd, Strümpfe, Turnschuhe, Mütze. Und eine Silberfolie, 55 Gramm, gegen den Regen. Im Urwald würde ich einiges von diesem Komfort nicht brauchen. Dort wäre es kuschelig warm, und es gäbe niemanden, der sich bei meinem Anblick für mich fremdschämen müsste.

Außer dem spärlichen Textil besitze ich eine rasiermesserscharfe Flintsteinscherbe. Sie ist Beil und Messer zugleich. Zudem bin ich stolzer Wiedererfinder des urgermanischen Grabstocks, einer 1-förmigen Astgabel für die Beschaffung unterirdisch hausender Nahrung, sprich Würmer. Protein der Sonderklasse, außerirdisch nahrhaft.

Wir befinden uns im Jahr 1981. Also noch weit vor der Erderwärmung. Als dieser Marsch im *Hamburger Abendblatt* angekündigt wird, taucht unerwartet ein ZDF-Team auf. Es will mich begleiten. Ich muss schnell umdenken. Wenn ich den wirklichen Grund des Marsches verrate, wird mich die Goldmafia in Brasilien erwarten und gleich aus dem Verkehr ziehen. Also gebe ich vor, eine neue Survival-Disziplin erproben zu wollen.

So gerate ich an Klaus Lucht. Klaus ist angehender Arzt. Er begleitet mich im Auftrag des ZDF. Er ist für das Drehteam der Garant dafür, dass ich nicht doch heimlich shoppen, wildern oder stehlen gehe und die Dokumentation des Marsches zum Fake wird. Nur dreimal auf dem langen Weg gibt es ein besonderes Essen. Das ist zunächst ein frisch überfahrenes Eichhörnchen, dessen Schwanz ich gleich zum Schal umfunktioniere. In einem Dorfbrunnen bitten mich zwei besitzerlose, klappermagere Forellen, sie von ihrem kläglichen Dasein zu erlösen und das meine mit ihnen etwas zu verschönern. Aus reiner Tierliebe erfülle ich ihnen den Wunsch. Und dann ist es ein myxomatosekrankes, abgemagertes Kaninchen, das unter einem parkenden Auto in einer Stadt sitzt. Sein ganzer Kopf ist vereitert: die Augen, die Nase, der Mund. Kaninchen sterben an dieser Seuche, die immer wieder auftritt und sie radikal dezimiert. Von meinem Jägerkurs weiß ich, dass die Krankheit sich nicht auf den Menschen überträgt, und aus der Ernährungskunde, dass Eiter aus weißen Blutkörperchen besteht. Also Protein pur. Die Verursacher, die Myxomatosebakterien, würden überm Feuer ihren Geist aufgeben und sich ebenfalls in Nahrung verwandeln. Klaus Lucht kann das bestätigen. Wofür sonst ist er Arzt?

Er übernachtet mit mir in den Wäldern. In den Wäldern deshalb, weil auf Feldern gleich nach Sonnenuntergang Tau fällt. Man ist im Handumdrehen pitschnass und würde erfrieren. Allerdings hat Klaus einen molligen Schlafsack, während ich mir so manches Mal sonst was abfriere. Hin und wieder muss ich nachts weiterlaufen, um nicht zu erfrieren. Wir haben Oktober. Außerdem rächt es sich, dass ich meine Schlafkuhlen nicht tief genug gescharrt und üppiger mit altem Laub gefüllt habe. Dafür ruhe ich mich dann tagsüber in der Sonne aus. Zum Glück scheint sie. Aber auch Klaus Lucht nutzt die Gelegenheit, sich mit neuen Erfahrungen zu bereichern, und leidet häufig genau wie ich.

Das TV-Team hat ein Auto, fährt bequem durch die Landschaft und lebt kuschelmuschelig im Hotel. Alles auf Spesen. Allmorgendlich schwärmt es vom tollen Wein am Abend und dem Frühstück am Morgen, sodass mein Magen zum Schlagzeug mutiert und Protest trommelt. Bis Regisseurin Christine Schmidt ein Machtwort spricht. »Seid endlich still! Seht ihr denn nicht, wie Rüdiger leidet!« Danke, Christine.

Ich lebe in erster Linie von meiner Körpersubstanz. Nur trinken muss ich. Dafür gibt es saubere Bäche oder Dorfbrunnen. Zuerst verzehrt der Körper das Fett. Davon besitze ich etwa zwei Kilo. Dann geht's ihm an die Muskulatur. Ich werde schwächer, brauche längere Pausen. Andererseits werde ich durch die Entschlackung leichter und beweglicher. Irgendwann aber geht es ans Hirn. Der Kreislauf rebelliert. Wenn ich gesessen habe und aufstehen will, schwanke ich, mir wird schwindelig, ich muss mich einen Moment lang stützen. Auch meine Reaktionsschnelle reduziert sich. Ich ermüde geistig und habe null Bock mehr auf Witze.

Die Füße sind bald voller Blasen. Ich hinke mehr, als ich gehe. In den Pausen mästen sich die Fliegen daran. Wenn es mir gelingt, sie zu schnappen, werden sie verzehrt. Aber ungleich besser schmecken die Heuschrecken. Wie Haselnüsse, knackig, fettig-süßlich. Stuhlgang kenne ich nur noch von der Vokabel her. Die Marschleistung sinkt von 50 auf 30 Kilometer pro Tag. In die Turnschuhe schneide ich Löcher und funktioniere sie so zu Sandalen um. Das schafft Durchzug. Die Füße bleiben trocken. Zerquetschter Spitzwegerich wird zur antibiotischen Salbe und beschleunigt die Heilung der Wunden.

Nach 23 Tagen in Oberstdorf angekommen und 25 Pfund Lebendgewicht leichter! Ich sehe aus wie mein eigener Leichnam. Oder wie meine Mumie. Jetzt gehöre ich zu den Menschen, die sich selbst verzehrt haben. Ich weiß, wie ich schmecke. Zuletzt hätte ich etwas mehr Pfeffer gebrauchen können.

Die wichtigsten drei Erfahrungen des Marsches aber sind diese: Nach zwei Tagen ist das anfangs quälende Hungergefühl komplett verschwunden, ich kann ruhig und gelassen meines Weges ziehen, und ich habe keinen Stuhlgang mehr. Prägende Erfahrungen für viele Zukunftsvorhaben. Die wertvollste Erfahrung aber ist das neue Wissen, dass 1000 Kilometer ohne Nahrung kein Problem darstellen.

Darüber hinaus hat der Marsch mir gezeigt, dass ich die Selbstdisziplin besitze, durchzuhalten, Erfahrung Nummer drei. Auch unter den erschwerten Umständen. Im Urwald würde ich noch viel weitere Distanzen schaffen, denn dort bräuchte der Körper keine Nahrung mehr, um sich auf 37 Grad aufzuheizen. Den Job würde die Außentemperatur übernehmen. Ich würde nur noch Nahrung für den Erhalt der Kraft und Bewegung benötigen. Und die gibt es im Urwald en masse. Allein der grandiose Insektenreichtum!

Ich weiß, wie man unbekannte Pflanzen auf Genießbarkeit testet und in welchen Lianen Trinkwasser steckt. Was braucht man also mehr? Im Falle einer realen Flucht kämen noch weitere Kräfte hinzu: die Angst und der Überlebenswille. Ich bin mir sicher, dass ich beide noch oft brauchen werde.

Den ZDF-Film über den Marsch sehen fast 30 Prozent aller Zuschauer. Wegen der vielen Konkurrenzsender wäre das heute kaum noch möglich. Er steigert meinen Bekanntheitsgrad erheblich, was sich später immer wieder als hilfreich erweisen sollte.

10. Die Morde um Tatunca Nara

*» Tote schweigen still,
Ermordete beredt. «* Waltraud Puzicha

Der Yanomami-Plan wird Realität. Ich bin in Manaus am Rio Negro gelandet. Ich hatte mehrere Deutsche und Schweizer kennengelernt, die schon lange in Brasilien wohnen und mit allem und jedem dort gut vertraut sind. Mein Hauptinteresse gilt ihrer Antwort auf meine Frage: »Wie würdet *ihr* zu den Yanomami gehen?«

Und überraschend sind alle einer Meinung: wenn irgend möglich nicht allein, sondern mit einem einheimischen Führer, und da käme nur Tatunca Nara infrage. Sie preisen ihn in höchsten Tönen. Das sei ein Häuptlingssohn, der perfekt Deutsch und mehrere Indianersprachen spreche. Sein Vater sei der Häuptling eines peruanischen Indianervolkes und seine Mutter eine deutsche katholische Nonne, die der Vater in einer Mission geraubt und zur Mutter gemacht habe!

Ich bin begeistert. Welch eine Geschichte! Fast zu gut, um wahr zu sein. Schon plane ich sie als ein Kapitel im eventuell zu schreibenden Buch über meinen Besuch bei den Yanomami. Ich ahne nicht, dass die Begegnung mit dem großen Häuptling ein eigenständiges Buch ergeben wird (»Die Morde um Tatunca Nara«, heute im Doppelband: »Abenteuer Urwald«), einen beispiellosen Krimi der Sonderklasse, abseits der Yanomami-Bücher, die ich im Laufe der nächsten Jahre schreiben würde.

So erfahre ich, dass er am Rio Negro in dem kleinen Ort Barcelos wohnt. Genau von diesem kleinen Hafenort aus will ich sowieso starten. Das passt ideal zusammen wie die Piranhas und meine dicken Zehen. Ich will dem Nebenfluss Demini nach Norden folgen, dann abzweigen in den Rio Aracá und schließlich zu Fuß in den Wald zu den Yanomami.

Und so lerne ich ihn leibhaftig kennen: Tatunca, den großen Häuptling!

»Mensch, toll«, begrüßt er mich. »Endlich mal wieder jemand mit meiner Muttersprache!« Tatunca Nara, »Die große Wasserschlange«, wirkt auf Anhieb sympathisch. Nichts ist ihm zu schwierig, zu weit, zu anstrengend. »Der Urwald ist meine Heimat. Da kenne ich mich aus wie du dich auf deinem Schreibtisch.« Den Vergleich lässt er wirken. Dann fährt er fort: »Du willst also zu den Yanomami? Kein Problem, Rüdiger. Mit denen ist mein Volk befreundet. Wir wohnen genau unter ihnen, unterirdisch. Dort existiert nämlich ein gewaltiges Tunnelsystem, eine autarke Stadt. Wir haben sogar eine eigene Stromversorgung.« Er gewährt mir immer wieder kurze Päuschen zum Staunen. Die brauche ich tatsächlich. Ich muss mich beherrschen, um ihn meine Freude nicht merken zu lassen. Sonst wird er womöglich den Preis hochschrauben. Denn Tatunca hat Verpflichtungen: Ehefrau Anita, zwei Kinder, Haus und ein Schiff. Seine Vermögensverhältnisse lässt er so nebenbei durchblicken: Typ Armer Schlucker, aber herzensgut und sozial.

»Ursprünglich stamme ich aus Peru. Ich musste meine Leute damals umsiedeln, als die peruanische Armee uns ausrotten wollte«, fährt er fort. »Auf meinen Kopf standen 1000 Goldtaler Belohnung. Da verrät dich der beste Kumpel. Wochenlang sind wir nachts durch die Wälder marschiert. Bei den Yanomami hier in Brasilien haben wir Asyl gefunden. Im Souterrain gewissermaßen, unterirdisch. Alle paar Monate besuche ich meine Leute und bringe ihnen Medikamente und andere Sachen.« Ich bin begeistert. Winnetou ist wiedergeboren!

»War schon mal jemand in deiner Stadt? Darf man dein Volk besuchen?« Ich will mehr hören.

»Nein, noch nie. Du wärest der Erste, wenn es dich interessiert.«

Oh, großer Gott des Dschungels!, denke ich mucksmäuschenverschwiegen, das ist ja blendstrahlheller Wahnsinn. Innerlich flippe ich total aus. Jetzt bloß nicht das gierige Interesse anmerken lassen, ganz cool bleiben. Dabei läuft mir vor Erregung der Schweiß den Rücken runter, fast wie ein neuer Nebenfluss des Rio Negro. Gibt es da möglicherweise neben den Yanomami tatsächlich noch ein weiteres Volk zu entdecken?

»Wir nennen uns Ugha Mongulalla«, heizt er die Spannung an. »Und die unterirdische Stadt heißt Akakor.«

Seine Geschichte versensationalisiert sich im Minutentakt. Im Geiste beginne ich bereits das Buch zu schreiben. Ein unterirdisch lebendes Volk! Wäre das schon überirdischer Wahnsinn, käme ja noch seine christenhistorisch beispiellose Zeugungsgeschichte dazu: Vater Häuptling, Indianer. Mutter Nonne, geraubt. Oh, Papst, denke ich, wenn du wüsstest!

»Um meinen Lohn brauchst du dir keine Sorgen zu machen, da werden wir uns schon einig.«

Doch dann werde ich hellhörig. Tatunca hat seinen Mitteilungsdrang nicht mehr unter Kontrolle. Oder er schätzt mich falsch ein.

»Bei meinem Volk leben auch noch 2000 Soldaten von Herrn Adolf Hitler«, sprudelt er los. »Die sind 1944 mit U-Booten den Amazonas hochgekommen. Mein Vater hat sie aufgenommen. Sie sollten Brasilien von Westen her aufrollen, wenn Herr Hitler vom Atlantik angreift.«

Ich wundere mich nebenbei, dass seine deutsche Nonnenmutter ihn ein solches Vokabular gelehrt hat. »Aufrollen, angreifen« statt »Maria und Josef, gebenedeit«? Das kann er erklären. »Solche Wörter habe ich nicht von ihr, sondern von den Soldaten übernommen. Ich bin ja auch Soldat, Soldat meines Volkes.« Stramme Soldaten, denke ich anerkennend. Immerhin schreiben wir das Jahr 1982. Der Weltkrieg endete 1945. Also wohl ein unterirdisches Altersheim.

Meine Frage zündet bei ihm sogleich neue Fantasien. »Wo wir von Krieg gegen Brasilien sprechen: Bei meinem Volk liegen Waffen von anderen Sternen. Dagegen sind Atombomben wie müde Rentnerblähungen, nämlich lauwarme Pupse.« Er unterbricht sich kurz. »Diese Formulierung habe ich übrigens auch nicht von meiner Mutter, sondern von meiner Frau Anita. Die ist Ärztin. Sie leitet das Krankenhaus hier in Barcelos.« Dann geht's weiter im Text: »Die Amerikaner haben mir schon Millionen und Abermillionen Dollar geboten, wenn ich das Gerät an sie ausliefern würde. Aber man kennt das ja: Lernen die Weißen ein unentdecktes Volk erst einmal kennen, ist es verloren. So ist es allen Völkern Amerikas gegangen. Und ich habe meinem Vater bei seinem Tode geschworen, die Waffen niemals rauszurücken. Daran halte ich mich.«

Noch viele weitere Dinge berichtet er, die unmöglich Realität sein können. Deshalb schrumpft sein »Volk« für mich längst zu einem Produkt seiner Traumwelt. Tatunca ist ein Hochstapler, ein Spinner. Kein Winnetou. Aber als Urwaldführer ist er bestimmt gut. Da schreitet mein Schutzengel ein. Tatunca kann erst in zwei Wochen, offenbart er mir. Er hat eine andere touristische Verpflichtung. Ich soll warten. Ich würde es nicht bereuen. Das will ich nicht und entscheide mich spontan für den Fischer Luis, der mich komplikationslos bis an die Peripherie des Yanomami-Territoriums bringt. Eine Fünf-Tage-Reise. Von dort muss ich allein weiter. Dem Boot sind die Wege versperrt. Zum Abschied bittet er mich, ihm unbedingt schriftlich zu bestätigen, dass er mich auf eigenen Wunsch und gesund abgeliefert hat.

Als ich auf meiner zweiten Reise später erneut mit Fischer Luis zusammenkam, wollte ich wissen, ob die Behörden ihm meinen Abschiedsbrief gegeben hatten und warum er so nachdrücklich darauf bestanden hatte. »Ich hatte Sorge, dass es mir sonst ergangen wäre wie Tatunca Nara, der mehrfach mit Leuten zu seinem angeblichen Volk wollte, die dann nie wieder aufgetaucht sind. Von zweien hat man später die Leichen gefunden.«

Jetzt war ich hellwach und wollte sofort mehr wissen. So erfuhr ich unter anderem von Herbert Wanner, 22 Jahre jung, Schweizer Forstgehilfe. Er war regelrecht in Tatunca vernarrt gewesen. Als der ihm versprach, ihn als ersten Weißen zu seinem unterirdischen Volk mitzunehmen, war er gar nicht mehr zu halten. Er besorgte ihm Waffen, schrieb begeisterte Briefe an seine Eltern und zahlte, was der Häuptling forderte.

Die ersten zwei Versuche, das Ziel zu erreichen, scheiterten, weil das Boot kenterte. Herbert flog zurück in die Schweiz, sparte erneut Geld und kam wieder. Nach dem dritten Versuch blieb er verschollen. Schließlich entdeckte eine Gruppe Schweizer Touristen bei einer Angel- und Erlebnistour auf dem Rio Aracá mit dem Fischer Luis eine Leiche.

»Kennst du den?«, fragten sie Luis, völlig aufgeregt.

»Nein, das ist keiner von uns. Wir vermissen niemanden.« In so dünn besiedelten Gebieten kennt jeder jeden. Den also kannte er nicht. »Und hier trägt auch keiner so eine komische Mütze. Wahrscheinlich ist das einer von den Goldsuchern aus den großen Städten. Vielleicht hat ihn eine Schlange gebissen.«

Gänsehaut.

Jemand nahm dem Toten die Baskenmütze ab. In der Mütze ein kleines Etikett: »Made in Switzerland«. Und daneben, mit Kugelschreiber: »H. W.«

Einer von ihnen, ein Zahnarzt, steckte die Mütze ein. Er nahm den Schädel auf, drehte ihn hin und her und diktierte seiner Frau die Zahndefekte. Auf den ersten Blick wusste er, dass es sich um europäische Zahnarzt-Arbeit handelte. »Das ist kein Brasilianer.«

Dann die Entdeckung. Hinten hatte der Schädel ein Loch!

»Das stammt von einem Schuss«, wusste Luis sofort. »Der ist von hinten erschossen worden. Das war Mord.«

Als der Arzt den Schädel weiterhin drehte und wendete, fiel ein Geschoss heraus.

»Das ist ein Flintenlaufgeschoss! Und das verschießt hier nur Tatunca Nara. Die Flinte hat er von einem Schweizer«, erklärte Luis. »Wir schießen nur mit Schrot.« Ein Flintenlaufgeschoss ist ein dickes Bleigeschoss und keine der üblichen Schrotkugeln.

Man machte Fotos und zündete Kerzen an, ein symbolisches Begräbnis für den Landsmann. Man nahm die Mütze, den Unterkiefer und das Geschoss mit in die Schweiz. Und sehr schnell war der Tod geklärt. Seit Wochen wurde Herbert Wanner vermisst. Die Schweizer Polizei hatte schon das BKA eingeschaltet. Im Gespräch mit Hauptkommissar Kurt Hartert erschienen auch andere Vorgänge in neuem Licht, wie das Verschwinden von John Reed, einem Amerikaner. Seine Leiche fand man in einer Hängematte. Die Leiche der Deutschen Christine Heuser hingegen hatte man nicht aufgespürt. Zuletzt war sie auf Tatuncas Boot gesehen worden.

Für mich kristallisierte sich im Laufe der nächsten Monate eine täglich wachsende Kriminalgeschichte heraus. Hinzu kam, dass Tatunca mich inzwischen des Mordes beschuldigte, nachdem ich ihn in meinem ersten Yanomami-Buch[1] nicht gerade positiv dargestellt hatte.

Ich beschloss, ihn zur Strecke zu bringen. Längst hatten die Ermittlungen des BKA bestätigt, was ich auch schon ermittelt hatte: Tatunca hieß Günter Hauck, stammte aus Deutschland, war gelernter Maurer und hatte seine Frau und zwei Kinder sitzen gelassen, um dann in Brasilien aufzutauchen und die Häuptlingsnummer abzuziehen.

Ich begebe mich also auf den Kriegspfad. Auf gefälschtem Briefbogen schreibe ich Tatunca an als NDR-Intendant, der einen Film realisieren möchte — Internet gab es ja schließlich noch nicht.

---

[1] »Yanomami. Überleben im Urwald«. Mitte der Achtzigerjahre gab es noch mehrere Schreibweisen für Yanomami.

»Es geht um zwei Frauen, die mit einem kleinen Flugzeug mitten im Regenwald abstürzen«, schreibe ich. »Sie sind die einzigen Überlebenden und völlig in Panik. Sie machen alles falsch, was man in solcher Notsituation falsch machen kann. Bis sie kurz vor ihrem Hungertod einem Siedler begegnen. Der zeigt ihnen, dass der Urwald einem Kenner alles bietet, was er zum Leben braucht, ein wahrer Supermarkt. Er zeigt den Frauen das Wasser in den Lianen, die Paranüsse auf den Bäumen und die Fische im flachen Fluss.« Ich, der Intendant, hätte gehört, dass er ein Urwaldkenner sei und ein Schiff besäße. »Könnten Sie den Transport übernehmen und einen Mann finden, der den Urwaldkenner spielen würde? Er sollte möglichst authentisch sein.« Prompt tappt er in die Falle.

»Wer könnte den Siedler besser spielen als ich?«, schreibt Tatunca zurück. Genau das war mein Ziel. Wolfgang Brög, mein Freund, Begleiter und Kameramann auf manchen Reisen, ist begeistert. Er soll den Film drehen. Thomas Rehlinger, ein sportlicher junger Mann, soll die Frauen beschützen, falls Tatunca ihnen auf die Schliche käme. Die »tapsigen« Frauen sind meine Ehefrau Maggy und Wolfgangs Freundin Mercedes López. Ich bleibe in Manaus, weil er sonst alles durchschauen würde.

Wolfgang arbeitet strikt nach Drehbuch. Er filmt einen Tag lang das gespielt tapsige Verhalten der beiden Frauen. Abends dann am Lagerfeuer dreht Tatunca auf. Das ist seine Stunde. Das Team erfährt, was er auch mir bereits erzählt hat. Er ist ein begnadeter Erzähler. Wolfgang will die Sprache seines Volkes testen. »Sag doch mal was in deiner Sprache!«, bittet er ihn.

Der große Häuptling zögert. Sein Wortfluss ist gebremst. »Was soll ich denn sagen? Was nutzt dir das? Es gibt ja keinen, der dir bestätigt, ob das richtig ist.«

»Egal«, beharrt Wolfgang, »sag einfach ›Guten Tag, wie geht es Ihnen?‹, damit wir den Klang deiner Sprache hören.«

Tatunca überlegt. Wittert er eine Falle? Nach langem Hin und Her brabbelt er schließlich ein paar unverständliche Laute vor sich hin, die bedeuten sollen: »Guten Tag, ich lade euch zum Essen ein.«

Am nächsten Morgen, so das Drehbuch, kommt Wolfgang zu Tode betrübt zum Morgenkaffee mit der Meldung: Das Gerät habe seine Sätze nicht aufgezeichnet. Tatunca sagt sie noch einmal – und es klingt komplett anders als am Tag davor. Als Wolfgang ihn schließlich auf den verschwundenen Schweizer anspricht, wehrt Tatunca ab: Ja, es kämen immer wieder Möchtegernabenteurer nach Barcelos, die allein zu den Yanomami zögen. »Aber die sind auf dem Kriegspfad, und jeder Weiße ist für sie ein Feind. Da kann es vorkommen, dass sie nie wieder auftauchen.« Tatunca behauptet, ihn nicht zu kennen, und verwickelt sich in immer neue Widersprüche.

Wolfgang hat genug für seinen Film. Der Film, die gesamte Recherche auf den Flüssen und bei den Hinterbliebenen der Opfer werden ein kleines Meisterwerk. Der Bayerische Rundfunk verlängert ihn von 45 auf 60 Minuten. Er wird auch in Brasilien gesendet, Tatunca verhaftet und unerklärlicherweise wieder freigelassen. Und ich schreibe mein Buch darüber.

Tatunca Nara aber fährt weiterhin mit Touristen auf dem Rio Negro spazieren, obwohl das BKA an seiner Täterschaft keinen Zweifel hatte. Er ist nicht mehr schuldfähig. Ein Arzt in Venezuela hat ihn für schizophren erklärt. Jetzt, im Rückblick, weiß ich, dass auch ich garantiert sein Opfer geworden wäre, weil ich ihm seine Geschichte nicht geglaubt habe. Mein Misstrauen hätte seine »Lebensgeschichte« als Lüge offenbart. Das war tödlich. Er hatte es dreimal bewiesen.

11. Bei den Yanomami-Indianern

»Bei Völkermord drückt man gern beide Augen zu.
Und zwar die der Opfer.« Alexander Eilers

Wie aus dem Nichts stehen sie plötzlich vor mir. Drei Yanomami. Nur vier Meter entfernt. Es ist, als hätte mich ein Faustschlag getroffen, als wäre ich in eine Radarfalle geraten. Ich habe die Männer nicht gesehen. Ihre braune Haut ist perfekt dem rostbraunen welken Laub auf dem Boden angepasst. Den Rest der Tarnung hatte das nachwachsende Grün besorgt. Ein Baumsprössling neben dem anderen. Dicht bei dicht wie ein grünes hohes Maisfeld. Dazwischen kaum Weg, kaum Steg. Den erkämpft mir die Machete. Der Kompass bestimmt die Richtung, denn die Sonne weigert sich, mir zu helfen. Sie versteckt sich über dem dichten Laubdach der hohen, gigantischen Bäume. Ich gehe im Schatten. Primärer Regenwald. Welch ein Paradies der Vielfalt!

Das letzte Tucktuck von Luis' Motor ist längst verklungen. Vor mir die unendliche Einsamkeit des brasilianischen Regenwaldes. Mein weniges Gepäck habe ich in dem besagten wasserdichten Kanister.

Monatelang hatte ich mich auf diese Situation eingeschworen. Was muss ich beachten? Wie mache ich die Indianer auf mich aufmerksam? Wie signalisiere ich ihnen, dass ich in friedlicher Absicht komme und kein Goldsucher bin? Würde ich überhaupt welche treffen? Oder wäre die ganze Reise für die Katz? Die einzige Begegnung ein Pfeil im Bauch?

Ich gehe allein, in Badehose und mit meinem Revolver im Kanister versteckt.

»Noch etwas musst du bedenken«, hatte mir Padre Casimiro mit auf den Weg gegeben. »Sie sagen: ›Wer laut kommt, ist ein Freund, wer schleicht, ist ein Feind.‹ Also geh laut, knall mit einem Knüppel gegen die Bäume.« Padre Casimiro hatte am äußersten Rand des Yanomami-Landes schon mit einigen Indianern Kontakt gehabt.

Deshalb komme ich nicht nur laut. Ich komme mit Musik. Die Mundharmonika soll sie positiv stimmen. Alle Viertelstunde spiele ich irgendein Liedchen. Längst ist das Instrument infolge der hohen Luftfeuchtigkeit verstimmt. Aber die Jaul- und Quietschtöne sind sehr gut zu hören. Vor allem sind es unbekannte Töne in diesem vielstimmigen Konzertsaal Regenwald. Sie werden die Menschen anlocken wie andernorts im Wald der Lärm der Goldsucher und Holzfäller mit ihren lauten Radios, Kettensägen und Flugzeugen.

Tja, und dann stehen sie also wirklich vor mir, die Pfeile gesenkt, ein gutes Zeichen. Dennoch erfolgt meine Reaktion wie infrarot ausgelöst. Immer wieder hatte ich mich mit autogenem Training auf diese Situation eingeschworen. »*Schereka pé ni hay ma hey!* Nicht schießen, ich bin ein Freund!« Den Satz werde ich nie vergessen, egal, wie alt ich noch werden sollte. Padre Casimiro hatte ihn mich gelehrt. Für seine wertvollen Tipps habe ich ihn von seiner grässlichen Leukoplast-geklebten, gebrochenen Brille befreit und ihm eine neue geschenkt.

Den Satz habe ich rausgesprudelt, und schon habe ich die Mundharmonika im Mund. Reaktion Nummer zwei. Zum Glück ist sie angebunden, sonst hätte ich sie vor Aufregung verschluckt. Ich blase rein und raus, rein und raus. Wie der Mundharmonikaspieler in »Spiel mir das Lied vom Tod«. Ich schlage Purzelbäume und schlage Rad. In meiner Aufregung halte ich die Baumschösslinge, die ich beim Radschlagen berühre, für Pfeiltreffer und denke tatsächlich noch, der Verwundete merkt den Schmerz erst viel später.

Ich bin außer Puste. Dann sehe ich ihre Gesichter. Sie lachen, sie sind irritiert. Sie halten mich für verrückt. »Der Alte hat wohl nicht alle Nüsse auf der Palme«, scheinen sie sich untereinander zu sagen. Ich verstehe sie ja nicht. Ich kann nur Portugiesisch. Das versuche ich. Keine Antwort.

Ich verneige mich vor ihnen. Diese Geste wirkt weltweit. Ich lächle. Sie bedeuten mir, ihnen zu folgen. Der zweite unvergessliche Moment. Es geht im Gänsemarsch eine Stunde durch das Dickicht zu ihrem Dorf. Kein Weg.

Dann stößt der Erste schrille Schreie aus. Offenbar kündigt er seinem Dorf die besondere Beute seines Jagdzuges an. »Einen Weißen gefangen«, wird das heißen, und ich betrete eine komplett andere Welt. Es ist der Moment, der mein Leben verändern wird.

Ich erblicke ein großes Rund von Baumpfählen. Dicht bei dicht sind sie in den Boden gerammt und per Lianenseile miteinander verbunden. Sie sind nur einen Meter hoch und bilden die Außenwand des Dorfes. Darauf ruht das große, runde Palmblätterdach. Es ragt schräg in die Höhe, zur Mitte des Rundes. Im Zentrum ist es offen. Wir müssen uns bücken, um durch den niedrigen Eingang zu gelangen. Und dort stehen schon alle Einwohner der Gemeinschaft und trällern wie soeben unser Führer. Später erfahre ich, dass man das nur bei willkommenen Gästen macht.

Zwischen all den Menschen tollen Hunde und ein paar erschreckte, zahme Wildtiere. Ich sehe ein Mutum (Auerhuhn), ein Pekari (Wildschwein), zwei Papageien. Ein Äffchen klammert sich angstvoll an das Bein eines Jungen. Ein anderer Affe labt sich an der Milch einer Frau.

Alle drängeln sich um mich herum. Kinder befühlen meine Haut, wundern sich über die Körperbehaarung. Sie ist ihnen fremd; Indianer haben kaum Haare am Körper. Allmählich treten auch die Männer näher. Bisher standen sie eher im Hintergrund. Sie sagen etwas, aber niemand spricht Portugiesisch.

Also behelfe ich mir mit Pantomime und Musik. Erst Tage später kommt jemand hinzu, der etwas Portugiesisch spricht. Das erleichtert mein Dasein.

Ich schlage erneut Rad und Purzelbäume. Als ich Kinder sehe, die sich gegenseitig die Läuse absuchen, reihe ich mich in die Sitzgruppe ein und helfe. Die Tiere werden gleich aufgegessen, damit sie keinen Schaden mehr anrichten. Darin kenne ich mich bekanntlich aus und tue es ihnen gleich. Ein Alter weist mir eine Stelle an für meine Hängematte. Neben mir und im ganzen großen Rund hängen die Matten der anderen. Es gibt keine Trennwände. Jeder kann jeden sehen. Keine Intimsphäre.

Gegen Nachmittag kommen schwer beladene Frauen vom Holzsammeln zurück. Schwitzende Männer setzen ihr erjagtes Wild ab. Überall glimmen Feuer, überall wird auf Rosten aus frischen Ästen gebraten oder geräuchert. Wie selbstverständlich erhalte auch ich von dem Fleisch und den Bananen. Als absoluter Leckerbissen entpuppt sich die Bananensuppe. Süßsauer wie Apfelsuppe. Ein echter Zungenverwirrer der Fünf-Sterne-Kategorie. Das genaue Gegenteil davon ist das Stück Fleisch, das ich mir nehme. Ein wahrer Fehlgriff. Es ist jedem Autoreifen glatt überlegen. Vollgummi pur. Ich kaue mit endloser Geduld darauf herum. Statt allmählich meinen Zähnen nachzugeben, geht es langsam in Verwesung über. Fleisch vom alten Affen. Ich spucke es in die Hand und vertraue es der Glut an. Die wird damit mühelos fertig. Damit die Dorfgemeinschaft mich nicht gleich wieder davonjagt, mache ich mich nützlich. Vor allem helfe ich Kranken. Und wenn es nur kühle, feuchte Auflagen auf ihre malariafiebrige Stirn sind.

Was mich schon sehr bald an ihrer Lebensweise tief beeindruckt, ist das Wunder, dass es diese Menschen geschafft haben, sich seit mehreren Tausend Jahren in diesem aggressiven Biotop zu behaupten. Ohne jegliches Hilfemittel aus unserer Welt. Sie kennen weder Textilien noch Metall. Wenn ich doch einzelne Kleidungsstücke, ein Messer, einen Topf sehe, sind sie auf verschlungenen Wegen von den Goldsuchern gekommen. Beute oder Geschenke. Sie kennen kein Geld. Sie kennen nur die Selbstherstellung aller Güter und den Tausch. Es gibt keinen Müll. Vor allem aber unterscheidet sie von uns der fehlende Drang nach Luxus und noch mehr Besitz. Auch unser Fortschrittsstreben ist ihnen fremd.

Das soll nun nicht heißen, dass ich auf »edle Wilde« gestoßen wäre à la Karl Mays Winnetou. Frauen sind nicht gleichberechtigt. Die Yanomami kennen Streit, Hass, Intrigen und Stammeskriege. Sie töten Neugeborene sofort nach der Geburt, wenn an ihnen irgendein körperlicher Defekt wahrnehmbar ist. Sie töten auch den zweitgeborenen Zwilling, er ist der schwächere. Ihre Geschichte hat sie gelehrt, dass schwache und behinderte Menschen im Regenwald keine Überlebenschance haben. Und sie wissen, dass eine Frau nur *ein* Kind durchbringt und keine zwei auf einmal. Ein Arm muss frei bleiben für Lasten, der andere ist für das Kind.

Für mich sind das Lebensweisen, über die ich mir niemals Kritik anmaßen würde. Der Regenwald hat andere Gesetze als die Wüste oder die europäische Gesellschaft. Ich komme als neutraler Beobachter, der Lebensarten vergleichen will, um sich das herauszupicken, was ihm selbst wertvoll erscheint. Bis dahin hatte ich noch nie darüber nachgedacht, dass es Völker geben könnte, die keine Schrift entwickelt haben, die weder zählen noch rechnen können. Die Zahlwörter meiner Gastgeber beschränken sich auf *eins* und *zwei*. Was darüber hinausgeht, heißt *viel*. Dennoch können sie auch etwas größere Zahlenbegriffe darstellen. Einmal will ich wissen, wie viele Tage wir marschieren bis zum Zielort.

»Viele Tage«, ist die Antwort.

»*Wie* viele denn?«, hake ich nach.

»Viele.« Also mehr als zwei.

Damit wir uns nicht stundenlang im Kreise drehen und dieselben Vokabeln wiederkäuen, kommt mir die Idee, ihnen Steinchen hinzulegen. Einen davon nehme ich beiseite und sage: »Einen Tag?«

Der Indianer berät sich mit den anderen im Gefolge. Irgendwann nicken sie. Ich lege den zweiten Stein dazu. »Noch einen Tag?« Erneute Diskussion, erneutes Nicken. Dann bitte ich sie, weitere Steine dazuzulegen, wenn es mehr Tage würden. Kurz und gut: Nach langen Beratungen liegen dort elf Steine. Ich wiederhole das Spiel am anderen Ende des Dorfrundes. Resultat: elf Steine. Und tatsächlich – wir sind elf Tage unterwegs! Des Rätsels Lösung: Sie kennen den Weg und wissen, am ersten Tag würden sie bis zum Fluss gehen, am Tag darauf zur großen Wasserschnelle. Und so weiter.

Bei einer längeren Wanderung in unbekanntes Gebiet sehe ich einen, der hinter seiner Hüftschnur ein kleines Stöckchen positioniert hat. Jeden Abend, wenn wir das Nachtlager aufschlagen, macht er mit seinem Messer eine kleine Kerbe seitlich ins Holz. Am Ziel angekommen, sind es neun Kerben. Als wir zurückkehren, macht er die Kerben auf der Gegenseite des Marschstäbchens und sieht so, rein optisch: »Jetzt ist es noch weit.«, »Jetzt haben wir die Hälfte hinter uns.«, »Jetzt sind es nur noch zwei Tage.«

Ein anderes hehres »Grundgesetz« lautet: Wer mehr hat, muss abgeben. Das bekomme ich zu spüren, als ich meine einzigen zwei stinkenden Socken gewaschen und auf eine Liane zum Trocknen aufgehängt habe. Da kommt ein Jüngling vorbei und bleibt wie angewurzelt stehen. Er schaut die Strümpfe an, dann mich. Immer wieder, hin und her. Ich muss an die Wackeldackel in deutschen Autos denken, die dort deutschhumorig die Klopapierrollen bewachen. Dann hat er es wohl geschnallt. Ich lese seine Gedanken an seinem Gesichtsausdruck ab. »Der Fremde ist nur *eine* Person und hat *zwei* Socken. Da ist eine zu viel.« Wer mehr hat, muss abgeben – und weg ist mein Strumpf. Da muss man auch nicht groß fragen. Es kostet mich viel Geduld, Überredungskunst und zuletzt ein Scheibchen Kautabak, das ich nachts aus meinem streng gehüteten Versteck außerhalb des Dorfes hole. Dann gibt er die Socke zurück. Das Nikotin ist eins meiner wertvollsten Geschenke für sie. Auch das war ein Rat von Padre Casimiro. Ich muss das Versteck ständig wechseln. Bis es eines Tages doch geplündert ist.

Wie wertvoll solch ein Zivilisationsprodukt sein kann, verdeutlicht mir bei anderer Gelegenheit die Begegnung mit einem jungen Indianer.

Er spricht etwas Portugiesisch, denn er hat in Manaus gearbeitet. Viele Indianer kennen Manaus dem Namen nach durch die Goldsucher. »Dort gibt es Angelhaken, Perlen, Stoff, Salz, Messer und Tabak in solchen Mengen, dass alle Yanomami zusammen sie nicht davontragen könnten«, erzählt er und muss seine Arme zu Hilfe nehmen, um diese Mengen darzustellen. Der junge Mann hatte sich vor vielen Wochen aufgemacht und war allein durch den Wald gegangen. Er besaß ein kleines Haumesser, eine Hängematte, ein T-Shirt und seine Penisschnur. Sie wird wie ein Gürtel um die Hüfte gebunden und der Penis dahintergesteckt. Stammesbrauch.

So erreichte er schließlich den Rio Branco. Ein kleines Schiff nahm ihn kostenlos mit nach Manaus. Ein Passagier schenkte ihm eine gebrauchte Badehose. »Ohne Hose darfst du in der Stadt nicht rumlaufen«, wird er ihm erklärt haben. In Manaus spuckte das Schiff ihn wieder aus. Er sah die Angelhaken in gewaltigen Mengen und allen Größen. »Wer mehr hat, muss teilen«, hatte er gelernt. Als er sich bedienen wollte, machte er die erste Erfahrung mit Geld. Das besaß er nicht. »Dann musst du arbeiten«, bedeuteten ihm die staunenden anderen Kunden.

Irgendjemand verschaffte ihm einen Job als Schiffsentlader. Endlose Tage schleppte der Junge Säcke mit Zement und Bündel mit Bananen. Mit anderen Arbeitern schlief er zwischen leeren Zementtüten in baufälligen Häusern und lernte von ihnen etwas Portugiesisch. Gezahlt wurde täglich, und es war menschenverachtend wenig. Aber es war Geld. Noch nie hatte er diese Kostbarkeit in den Händen gehabt. Doch es reichte gerade mal für Maniokkrümel und etwas Brot. Fische fing er selbst. Davon gab es genügend im Hafenwasser. Die Angel lieh ihm ein Kollege. Und wenn Bananen entladen wurden, schlug man sich damit den Bauch auf Vorrat voll.

Irgendwie brachte der junge Yanomami es dennoch zu Ersparnissen. Eines Tages beschloss er heimzukehren. Unbedingt musste sein Volk erfahren, wie die Welt außerhalb des Waldes aussah. Die würden staunen. Seine Ersparnisse reichten für 20 Angelhaken, eine Rolle Angelsehne, ein gebrauchtes, aber sehr scharfes Haumesser, zwei Kilo Salz, eine Riesenstange Kautabak und ein Stück duftender Seife. Allein daran zu riechen war schon unbeschreiblich beglückend. Dafür hatte sich die monatelange Reise gelohnt.

Mit diesen Gütern reich beladen, fand er ein Schiff, das den Rio Branco hinauffuhr. Dort stieg er im Irgendwo aus und stapfte ohne Karte und Kompass, ausgerüstet nur mit seinem Wissen, seiner Erinnerung und den Instinkten in Richtung Heimatdorf. Mindestens 100 Kilometer. Ich werde Zeuge seiner Ankunft im Dorf. Der Jubel ist unvorstellbar. Der Erste von ihnen, der in der Welt der Weißen gewesen war! Sie mästen ihn mit Bananensuppe. Kaum können sie erwarten, dass er seine Mitbringsel auspackt und berichtet. In großem Kreis stehen sie um ihn herum. In der ersten Reihe die alten Männer, die das Sagen haben.

Und dann liegen sie dort. Seine Schätze! Sind die Angelhaken noch alle da? Oder hat er einen verloren? Er kann ja nicht zählen, nur bis zwei wie alle hier. Er macht die Probe vor aller Augen. Vor jeden seiner zehn Zehen legt er zwei Angelhaken. Das stimmt. Keiner ist abhandengekommen. Dann präsentiert er das Salz in der Plastiktüte. Als Erstes darf jeder seinen nassen Finger hineinstecken, auch die Kinder, und die Köstlichkeit ablecken. Die Yanomami haben einen Mangel an Salz und genießen es wie wir den Zucker.

Dann reicht er den Kautabak herum. Jeder nimmt genießerisch Witterung, verdreht beglückt die Augen und schneidet ein Stück ab. Auch die Frauen. Die Yanomami kauen den Tabak. Ein kleines Stück davon, mit Holzasche gemischt, tragen sie den ganzen Tag hinter ihrer Unterlippe spazieren. Am anderen Tag wird neue Asche untergemischt.

Nun treten die Häuptlinge, die Alten, vor. Jeder nimmt sich wortlos einen Angelhaken. Dem jungen Mann bleibt ein einziger. Aber es scheint ihm nichts auszumachen. Er hat mehr, er muss teilen. Stammesgesetz. Das läuft ab ohne Streit.

Erneut wird das Salz herumgereicht. Wieder steckt jeder seinen nassen Finger hinein, und merklich wird es weniger. Abschließend darf jeder an der Seife riechen. Beim großen Manitu! Welch ein Duft! Kann man das essen, fragen die Blicke? Nein, damit geht man ins Wasser. Das tun sie unter großem Jubel. Jeder darf die Seife anfassen und sich davon etwas auf die Haut reiben. »Vorsicht, die ist glitschig! Dass sie nicht davonschwimmt!«, wird er gesagt haben, denn jeder behandelt das gute Stück demonstrativ behutsam.

Schließlich führt der Jüngling vor, was Seife noch bewirken kann, und macht sich demonstrativ die Hände schmutzig. Einen der Alten bittet er, es ihm gleichzutun. Dann waschen sie sich gleichzeitig die Hände. Der Jüngling nimmt die Seife zu Hilfe. Während der Alte sich mühen muss und es dennoch nicht ganz sauber wird, steht der Junge da und zeigt seine blitzsauberen Hände vor. Jeder darf es ihm nachtun. Es dauert nur wenige Minuten, und sie ist verbraucht.

Was dem Manaus-Wanderer letztlich verbleibt, sind sein Haumesser, die Sehne mit einem Haken, sein zerfetztes Hemd und die Hose, die er jedoch nicht trägt. Hier unter seinesgleichen genügt ihm die Penisschnur. Aber er ist der Held der Gemeinschaft, er schaukelt glücklich in seiner Hängematte und erzählt und erzählt bis in die späte Nacht. Als ich ihn bewundernd betrachte, lächelt er mich an. »*Amanhã vou volver pela Manaus!* Morgen werde ich wieder nach Manaus gehen.«

Seine Portugiesischkenntnisse will ich noch schnell nutzen, bevor er seine Hängematte schnürt und wieder losmarschiert.

»Ich möchte unbedingt mal mit auf die Jagd. Kannst du das für mich organisieren?«

Ich hatte es schon zweimal vergeblich versucht. Ich will von ihnen Dschungel-Survival lernen. Der Junge schaut mich verständnislos an.

»Geben sie dir nicht genug zu essen?«

»Doch. Ich darf mich immer an ihre Feuer setzen und mitessen. Aber es interessiert mich, wie sie Tierstimmen nachahmen, wie sie Spuren lesen, wie sie schleichen. Wir Menschen aus der Stadt haben diese Künste verlernt. Ich will sie wieder erlernen, wie du die Lebensweise der Menschen in der Stadt erlernt hast.«

Das begreift er. Er redet mit den Ältesten. Die schauen immer wieder zu mir rüber. Ich nehme wahr, dass sie mit mir ein Problem haben. Schließlich kommt er zurück. Drei Frauen begleiten ihn.

»Sie sagen, du bist zu weiß. Das sehen die Tiere von Weitem. Du musst die Farbe des Waldes annehmen.« Und prompt beginnen die Frauen, meine weiße Haut als Leinwand zu betrachten, und färben sie mit viel Gelächter von Weiß auf Rostbraun. Als Grundfarbe dient ihnen Urucú, der Samen einer intensiv roten Buschfrucht. Sie haben sie mit etwas Holzkohle dunkel getönt. Über diese Grundierung pinseln sie mit einer weich gekauten Liane und dem wasserklaren Saft der Chinipape-Blätter wirre Linien. Auch über die Beine. Ich sehe nur die feuchten Striche auf meiner Haut. Aber plötzlich, nach einigen Minuten, verfärbt sich die Wasserzeichnung. Es entsteht eine Riesentätowierung, ein Wirrwarr von Lianen. Ich schaue an mir runter, erkenne mich kaum wieder und bekomme einen Schreck. Lässt sich das wieder abwaschen? Wenn ich jetzt in den Wald ginge und mich ducken würde – ich wäre wie vom Erdboden verschluckt.

Zwei Wochen muss ich das Gemälde mit mir herumschleppen, bevor es mit dem täglichen Waschen allmählich im Fluss verschwindet.

Die Häuptlinge sind zufrieden mit meiner Tarnung, und am nächsten Tag geht es tatsächlich los. Wir sind sechs Personen und gehen im Gänsemarsch. Vor mir vier Indianer, dann ich und ein fünfjähriger Knirps als Schlusslicht. Auch er trägt schon einen Kinderbogen und Pfeile. Er soll wohl Bescheid geben, wenn ich das Marschtempo nicht durchhalte. Er nimmt seine Sache sehr ernst, drängelt mich manchmal und gibt keinen Mucks von sich.

Die anderen bedeuten mir, nicht mehr zu sprechen, niemals auf einen Ast und deshalb immer in die Fußstapfen des Vordermannes zu treten.

Ich bin ohne Waffen, ausgerüstet nur mit einem Fotoapparat in einer Plastiktüte, mit meinem Tarnnetz-Gemälde auf der Haut und brennender Neugier im Herzen. Ach so! Und drei Bananen! Kein Laut unseres Marsches ist zu vernehmen. Die Körper schlängeln sich durch das Halbdunkel des Regenwaldes. Es wird kein Haumesser benutzt. Der Vorderste entscheidet den Weg, die anderen beobachten die Umgebung. Ich habe Mühe, mit ihnen Schritt zu halten, denn anfangs gehen sie schnell, weil im weiteren Umkreis des Dorfes kein Wild mehr existiert. Erst eine Stunde entfernt setzen sie ihre Schritte behutsamer.

Jetzt imitieren sie alle paar Hundert Meter Tierstimmen. Das Gezanke der Affen, das Quieken der Pekaris, den Ruf des Mutum. Einfach perfekt. Ich bin begeistert von dieser absoluten Verschmelzung mit dem Wald. Dazu ihre vollkommenen Waffen. Die Pfeile, die Bogen. Hergestellt aus Paia-Holz, das nie an Elastizität verliert. Wie Stahl. Ohne Messer gefertigt, einzig mit den Oberkiefern der Wildschweine als Hobel. Noch heute bin ich stolzer Besitzer eines solchen Bogens und Gebisses. Vier Wochen hat der Yanomami gebraucht, ehe er das Werk vollendet hat. Es ist an Symmetrie und Spannkraft nicht zu überbieten. Die Sehne ist aus vielen Lianenfasern gezwirbelt, die Pfeile, das Curare-Gift. Wahnsinn. Unangefochtene Weltmeister des Dschungel-Survival.

Nach vier Stunden plötzlich hebt der Vordere die Hand. Er hat zwei Affen entdeckt, die sich an Paranüssen zu schaffen machen. Alle erstarren automatisch zu Baumstümpfen. Ich sehe die Schützen, die wie in Zeitlupe ihre Pfeile positionieren, und habe nur noch einen einzigen Gedanken: Das! Foto! muss! ich! haben! Die Schützen hier unten, die Affen da oben. Möglichst als Sequenz, wie die Beute, getroffen, aus dem Baum stürzt.

Das kriege ich so aber nicht in die Linse. Der Weitwinkel reicht nicht aus. Ich muss zwei, drei Schritte zurück und trete prompt auf einen Ast! Die Affen blicken runter, der eine warnt kreischend den anderen. Wahrscheinlich hat er geschrien: »Das ist der Bäcker aus Hamburg!« – und weg sind sie. Die Pfeile gehen daneben. Die Indianer sind stinkesauer. Ich brauche gar nicht zu verstehen, was sie sagen. Ihre Gesten sind deutlich genug. »Idiot! Wir haben's doch gewusst. Geh zurück zum *schabono*, dem Haus!«

Und nun stehe ich da und weiß nicht einmal, von wo wir gekommen sein könnten. Kein Weg, keine Spur. Nur Schössling an Schössling. Und ich, der Blödling.

»Ich weiß nicht, wo es nach Hause geht«, muss ich zugeben.

Der Häuptling schüttelt den Kopf. Alle schauen mich entgeistert an. Er sagt etwas, einer der Jüngeren übersetzt. Ich brauche nur Stichworte aufzufangen, dann weiß ich, was er sagen will. Und sinngemäß entnehme ich: »Mein Gott, bist du blöd. Warum wolltest du überhaupt mit uns gehen?« Und dann zählt er auf. Und jedes Mal hebt er einen Finger. Wie Ausrufungszeichen hängen sie vor meinen Augen. »Du kannst nicht schleichen!«, beginnt er. »Du kannst keine Tierstimmen nachmachen!« Ich füge Gesten und Worte zusammen und schrumple spürbar zu einem Nichts. »Du kannst nicht mit Pfeil und Bogen umgehen!« Er hat gar nicht so viele Finger, wie ich blöd bin. Für seine Begleiter kein Problem. Sie leihen ihm ihre Finger und wollen sich kaputtlachen. Indianischer Humor.

»Du kannst keine Spuren lesen, du findest den Weg nicht zum *schabono*. Schau dich doch mal um in unserem schönen

Wald! Siehst du etwa zwei Bäume, die völlig gleich sind? Dann könnte man mal etwas verwechseln.«

»Nee, die sind alle verschieden«, stammele ich schamerfüllt.

»Genau. Und jeder Baum sagt dir, wo es nach Hause geht.«

»Die Bäume sprechen *eure* Sprache. Ich verstehe sie nicht.«

Schwuppdiwupp – der nächste Finger reckt sich hoch. »Oh, er ist ja noch blöder!« Sie wollen sich ausschütten vor Freude.

Und um mich völlig fertigzumachen, sagt der Anführer zum Mini-Knirps: »Mein Sohn, bring du ihn nach Hause!« Vielleicht hat er auch gesagt: »Embryo, bring ihn nach Hause!«

»Ja, Papi«, piepst der. Und schon hat er seinen Bogen geschnappt und läuft, die Augen auf den Boden geheftet, nach irgendwo los. Ich habe Mühe, ihm zu folgen. Ich würde den geschlängelten Pfad niemals wiedererkennen. Selbst dann nicht, wenn man mir die Erkennungszeichen einzeln vor Augen führte. Vielleicht sollte ich auch nur mal meine Brille putzen. Na, wenigstens habe ich sie angebunden, damit ich sie niemals verliere.

Nach vier Stunden treffen wir im Dorf ein. »Was ist los?«, wollen alle ganz aufgeregt wissen. »Hat er sich verletzt?«

»Nein, er ist zu doof zum Schleichen. Er hat Papi die ganzen Tiere vertrieben.« Dann plumpst der Embryo erschöpft in seine Hängematte.

Die Frauen, meine Tarnnetz-Maskenbildnerinnen, kringeln sich vor Vergnügen und schlagen sich vor Begeisterung auf die Schenkel. Ich bin der lebende Beweis dafür, wie dumm der weiße Eindringling ist, wie perfekt die Indianer sind. Ich lasse ihnen die Freude. Sie haben sie verdient.

Spätabends kehren die Jäger zurück. Sie haben doch noch Beute gemacht. Ich bin beruhigt. Unvorstellbar, wenn meine Dummheit eine Hungersnot ausgelöst hätte. Obwohl sie erschöpft sind, drängt es sie, ihre Geschichte loszuwerden. Sie stellen sich in Reih und Glied auf. Wie heute früh vorm Marsch. Der Knirps springt aus seiner Hängematte und schließt sich hinten an. Dann machen sie vor, was sich ereignet hat. Betont übertrieben schleichen sie hintereinander her. Drehbuchtext, frei interpretiert: »Wir sind geschlichen wie die Nebelschwaden.« Respekt, Staunen, Erwartung in jedem Gesicht. »Und dann kam er!!!« Einer der Männer übernimmt »meine« Rolle. Genau meinen Plattfußgang imitierend, poltert er wie ein Betrunkener dahin. Klartext: »Und er tapste wie ein Tapir!«

Die Zuschauer kugeln sich vor Lachen. Aber ich schwöre ihnen Rache. Augenblicklich. Mit großer Geste bitte ich sie alle im Halbkreis hinter mich. Sie lachen. Sie ahnen, dass nun eine Rechtfertigung folgt. Ich hole meinen Revolver aus dem abgeschlossenen Rucksackkanister. Schussbereit. Fünf Meter vor mir lege ich fünf dickere Holzstücke auf einen Baumstamm am Boden. Sie sind extradick, damit ich garantiert treffe, und absichtlich nur fünf, obwohl ich sechs Patronen habe. Sollte ich in der Aufregung einmal danebenschießen, hätte ich noch einen Reserveschuss. Es sieht überzeugender aus, wenn alle Hölzer vom Stamm runterpurzeln. So viele Schüsse zu zählen wird ihnen nicht gelingen.

Mit der hier gelernten Überheblichkeit bedeute ich dem Publikum, gut aufzupassen. Und genau in diesem Moment krachen schon die Schüsse. In Combatmanier: tief geduckt, aus der Hüfte, mit beiden Armen und Augen zielend. Und treffend! Das lag nicht an mir, sondern an den großen Holzstücken. Aber unter den Indianern löst es eine Revolution aus. Sie schreien vor Staunen und Erschrecken. Sie rutschen eng zusammen und diskutieren aufgeregt und laut. Ich verstehe keine Silbe, sehe nur immer wieder ihre kurzen Blicke zu mir. Endlich flaut die Diskussion ab. Fünf alte Männer kommen auf mich zu. Ein junger Mann übersetzt. »Wo gibt es diese Waffe, die alles von allein trifft?«, wollen sie wissen.

»Das liegt nicht an der Waffe, das liegt an mir!!!«, antworte ich stolz und klopfe mir auf die Brust. Wenigstens etwas soll sich ihnen von mir ins Gedächtnis einbrennen. Nicht nur die Flops. Sie schütteln einhellig die Köpfe und diskutieren weiter nach Indianerart. Im Wald hat man Zeit.

»Das stimmt nicht!«, lautet ihr Beschluss. »Das muss an der Waffe liegen. Darin sind wir uns alle einig. Denn du bist ja zu allem zu blöd!«

Alle paar Tage, wenn unbekannte Indianer zu Besuch kommen, ergab sich sofort die Frage: »Wer ist das denn, der Fremde da?« Ich musste die Frage gar nicht verstehen. Ich brauchte nur ihr Gelächter zu hören und sehen, wie jeder stolz seine zehn Finger in die Luft reckte.

Tage später. Es kommen Besucher, Yanomami aus entfernten Dörfern. Eine Gruppe nach der anderen betritt das Dorf. Sie bringen Töpfe voller appetitlich gelber Bananensuppe mit. Manche haben kleine Flaschenkürbisse bei sich. Aus ihnen schütten sie ein grauschwarzes Pulver in die Suppe. Alle haben ihre Gesichter schwarz gefärbt, sie weinen, teils herzzerreißend. Mit großer Gier wird die Suppe verschlungen. Ich nehme am Essen teil. Ich möchte einer der ihren sein und nicht *nape*, der Fremde, der Feind. Heute nennt man das Integration.

Noch nie hatte ich solch ein Festessen erlebt. Das graue Pulver sind die Knochen ihrer Toten. Pulverisiert. Nach deren Ableben hatte man die Leichname in mehrere Lagen großer Blätter gewickelt, diese mit Lianen verschnürt und in gebotener Entfernung vom Dorf hoch oben zwischen dünne Äste in Baumkronen abgelegt, wo sich der Jaguar nicht mehr hinwagt. Schon anderntags nimmt man den Verwesungsgeruch wahr. Sehr schnell verflüssigt sich das verfaulende Fleisch und tropft zu Boden. Das Gesumme Abertausender Schmeißfliegen, das aufgeregte Piepen vieler Vögel, die sich die herabtropfenden Maden schmecken lassen, sowie der Leichengeruch signalisieren schon von Weitem die Liegeplätze.

Sobald das Fleisch sich nach einigen Tagen in Wohlgefallen aufgelöst hat, müssen mehrere junge Männer hinauf in die Bäume und die Skelette herunterholen. Sie werden im Dorf auf einen gewaltigen Holzstoß gelegt, entzündet und bleiben mehrere Stunden in den lodernden Flammen. Wenn alles runtergebrannt ist, sitzen Jung und Alt drum herum und suchen selbst die feinsten Knöchelchen aus der Asche. Sie werden mit einem Mörser zerstampft, mehrfach gesiebt, bis sich auch der letzte Splitter in grauen Staub verwandelt hat.

Padre Casimiro hat es mir später erklärt. »Sie glauben, in den Röhrenknochen des Menschen säße dessen Seele. Und die des Verstorbenen soll nicht ins böse Weltall entfleuchen können, wo sie massakriert würde von den überall gegenwärtigen bösen Geistern. Sie soll vielmehr weiterleben in den Nachkommen, die sich selbst und damit auch die Seelen der Ahnen gegen Feinde verteidigen werden. Bis sie selbst an der Reihe sind.«

Das Schlimmste für einen Yanomami sei es, irgendwo allein zu sterben und zu verwesen, unverzehrt, den Geistern ausgeliefert. Deshalb gehen sie möglichst mindestens zu zweit in die Wälder. Dass ich allein zu ihnen gekommen bin, hat mir einiges an stiller Bewunderung eingebracht. Trotz der vielen Finger, die meine Inkompetenz verdeutlichen.

Ein Portugiesisch sprechender Indianer klärt mich auf, als ich die vielen geleerten Kürbisbehälter betrachte. »Die wurden alle von Goldsuchern ermordet!«

Da komme ich zum ersten Mal, seit ich hier bin, mit der drohenden Vernichtung der Yanomami in Berührung. Der ideale Augenblick, meinen Gastgebern von meinen wahren Absichten zu erzählen. »Ich habe davon gehört, dass ihr bedroht werdet. Aber Brasilien leugnet das. Und bisher habe ich noch keine Goldsucher gesehen. Könnt ihr sie mir zeigen? Vielleicht kann ich euch Hilfe organisieren.«

Offensichtlich vertrauen sie mir. Mehrere junge Männer begleiten mich fünf Tage lang durch den Wald. Bis wir aus einem Versteck heraus von Weitem eine Landepiste sehen. Am Rand der Piste stehen Holzhäuser. Es herrscht geschäftiges Treiben. Flugzeuge und Hubschrauber landen und starten. Sie bringen Menschen und Material und fliegen gleich wieder fort. Ich wage mich nicht weiter vor.

Das sollte erst auf späteren Reisen hierher geschehen, die ich mit wechselnden Partnern unternahm. Mit Wolfgang Brög und Ulrich Krafzik als Dokumentarfilmer sowie den Kampfgefährten Daniel Grolle (Ton) und Christina Haverkamp (Allround). Gemeinsam, direkt vor Ort, wurden wir Augenzeugen all der Vorgänge, die eklatant gegen das brasilianische Grundgesetz verstießen.

Ein besonderer Clou sollte meiner Partnerin und Freundin Christina Haverkamp gelingen. Sie schaffte es, Zugang zum Tower des Flughafens von Boa Vista zu bekommen, Startplatz der 400 Buschflugzeuge. Sie bestaunte geflissentlich die »schöne Aussicht« auf die Landebahnen und spendierte den zwei Fluglotsen einen *cafezinho*.

Als die Stimmung etwas persönlicher wurde, tanzte sie mit ihnen eine Runde Lambada und ließ sich dabei fotografieren. Dass sie beim Tanzen immer genau vor der übersichtlichen Landkarte posierte, fiel nicht auf. So wurde sie stolze Besitzerin einer Landkarte, die exakt 120 Landepisten im Yanomami-Gebiet auswies. Jede einzelne wurde von Brasilien geleugnet. Das war leicht, weil Satellitenfotos damals noch nicht öffentlich zugänglich waren.

Nicht nur die vielen Mafiabosse kannten die Situation, auch jeder Politiker wusste, was dort abging. Jeder Buschpilot hatte solch ein Stück Landkarte in der Tasche. Auch das konnte Christina fotografieren. Wer wie die Goldmafia damit warb, dass 65 000 Goldsucher in ihren Diensten standen, wusste auch, wohin sie geflogen werden. Die meisten waren bewaffnet mit Flinten und Revolvern. Es herrschten die Gesetze des Wilden Westens.

Mit Hochdruckwasserpumpen wurde der gerodete Boden bis fünf Meter Tiefe aufgespült und mit Quecksilber auf Goldstaub geflöht. Die hochgiftige Chemikalie wirkt wie ein Magnet auf den Goldstaub in den Goldpfannen. Man musste sie nur mit Bunsenbrennern in die Atmosphäre verdampfen, dann blieb die goldene Ernte zurück in der Pfanne.

Die Erträge waren, verglichen mit dem Aufwand, spärlich. Dass sich das Schürfen für die Mafiabosse, die die Pisten mit ihren *pistoleiros* beherrschten, rechnete, lag an dem ausbeuterischen System. Wer erst einmal im Wald an den Pisten gelandet war, wurde zum Sklaven degradiert. Protest wurde mit dem Tod bestraft. Auch Golddiebstahl. Wer nämlich meinte, niemand habe beobachtet, wie er das gefundene Nugget schnell runterschluckte, um es irgendwo im Wald aus dem Stuhlgang herauszuwaschen, der war des Todes. Auf der Stelle, sofort, standrechtlich. Darüber entschieden nicht nur die Herren, die Mafiabosse an den Pisten. Das entschied jeder Goldsucher, der eine Waffe sein Eigen nannte. Denn auch ihm stand schließlich ein Anteil am gefundenen Gold eines Grubenteams zu. Wer also Gold stahl, bestahl auch ihn.

Ein Grubenteam bestand aus vier Personen. Einer von ihnen war der *gerente,* der verantwortliche Aufpasser und Vertraute des Bosses. Der Hauptanteil, 80 Prozent, der Funde ging an den Boss. Denn er hatte die Kosten für den Bau der Landepiste bezahlt, die Baracken gebaut, die Wasserpumpen eingeflogen. Und er musste dem Hauptboss, in diesem Fall Menschen wie dem Provinzgouverneur Jucà Filho, einen Obolus entrichten, damit er weiterhin ungestört im Wald schürfen konnte. Die verbleibenden 20 Prozent gehörten den Goldwäschern. Das waren für jeden 5 Prozent.

Wäre das Leben nicht so hart und teuer gewesen, hätte man selbst mit dem erpresserisch niedrigen *salário* zu sehr bescheidenen Ersparnissen kommen können. Doch die wurden den Schürfern schnell wieder abgenommen. Zum Beispiel des Abends, wenn die Bar öffnete. Sie gehörte dem Boss, und der Alkohol war teuer, denn der musste schließlich erst hierher transportiert werden.

Auch das Bordell unterstand dem Boss. Manchmal war der Arbeitsplatz einer Frau nicht größer als zwei Quadratmeter hinter einem Stück Plastikplane. Damit auch sie nicht reich wurde, hatte alles gepfefferte Preise. Eine Mahlzeit im Restaurant *hóspede do patrão*, »Gast des Chefs«, kostete ein Gramm Gold. Andere Währungen wurden nicht akzeptiert. Die Inflation der offiziellen Währung war unberechenbar. Nur Gold war berechenbar. Noch schlimmer dran war der, der Malaria hatte. Tabletten, die in den Städten kostenlos verteilt wurden, kosteten hier fünf Gramm.

Der Rückflug von der Piste nach Boa Vista schlug ebenfalls mit zehn Gramm zu Buche, und ob er überhaupt gewährt wurde, entschied allein der *patrão*, der Boss. Der wusste um seine Machtposition, denn kaum ein *garimpeiro* wagte den wochenlangen Heimweg zu Fuß durch den endlosen Wald, wo mordende Goldsucher von anderen Pisten oder Indianer lauerten, die sich gegen ihre Vertreibung, das Brandschatzen, die Morde zu wehren versuchten.

Hin und wieder wagten Indianer den Widerstand. Pfeile gegen Flinten. Jede Gegenwehr löste sofort unverhältnismäßige Racheaktionen aus. Man wollte Angst und Schrecken verbreiten und bewirken, dass die Indianer das Land räumten. »Komm, wir gehen Affen grillen«, hieß es, und dann wurde ein ganzes Indianerdorf abgefackelt. Wer dem Inferno zu entkommen versuchte, wurde erschossen, wer blieb, verbrannte.

Als Augenzeuge solcher Dramen stehe ich vor der Wahl, mich wegzuducken und in Hamburg weiter meine kleinen Brötchen zu backen oder mich einzumischen und wenigstens den Versuch einer Hilfe zu wagen. Zusammen mit Wolfgang Brög werde ich mich als Goldsucher unter die Goldsucher mischen. Er will mit versteckter Kamera filmen, was machbar ist, ohne als Spion entlarvt zu werden.

Mir ist klar, welche Gegner ich habe. Trotzdem bin ich voller Hoffnung. Das mag überwiegend an meiner Naivität liegen. Aber ich verspüre eine unbändige Wut und Verpflichtung. Die Verpflichtung des Augenzeugen. Sie ist stärker als der Verstand. Kein Buch, keine Erzählung hätten diese Kraft in mir jemals entfalten können. Des Risikos bin ich mir bewusst. Aber ich denke an Bertolt Brechts Devise »Wer kämpft, kann verlieren, wer nicht kämpft, hat schon verloren.«. Damit steht mein Entschluss fest: Ich will mich einsetzen. Massiv, körperlich, intellektuell. Nicht im Entferntesten kommt mir der Gedanke, dass diese Entscheidung meine weitere Zukunft komplett verändern würde. Ich mache die neue Erfahrung, dass mein Abenteuer auf einmal einen Sinn erfährt, mein Leben eine ganz andere Erfüllung. Am Backtisch würde ich das niemals erreichen können. Der ferne Tag ist damit bereits programmiert, an dem ich die Konditorei verkaufen werde. Im Moment aber noch unvorstellbar.

Ab jetzt, 1983, vergeht kein Jahr mehr ohne eine öffentlichkeitswirksame Aktion für die Yanomami. Die Medien greifen das Thema auf. Ich stehe schnell nicht mehr allein im weiten Wald, sondern ich habe Mitstreiter. Es sind vor allem meine riskanten Aktionen vor Ort in Brasilien und später auch in anderen Ländern, die ihre Wirkung auf die Menschen nicht verfehlen. Ich erhalte Geld für Zeitungsberichte, für Bücher und Vorträge. Mit den finanziellen Mitteln will ich vor allem verhindern, dass die Mitarbeiter meiner Konditorei das Gefühl haben, sie finanzierten meine »Urlaube«. Dann wären schnell Unzufriedenheit und Neid aufgekommen.

Mein steigender Bekanntheitsgrad erleichtert mir den Zugang zu kostenlosen Trainings bei der Bundeswehr und Bereitschaftspolizei oder zu Tests meiner Bootsmodelle bei Bootsbauern und Schiffsbauversuchsanstalten, um nur wenige Beispiele zu nennen. Ich bin überrascht, wie viele Fachleute es auf jedem Gebiet gibt, und sauge deren Rat gierig auf.

Mit Ulrich Krafzik und Tontechniker Daniel Grolle entsteht der erste Film, mit Wolfgang Brög folgen weitere. Christina gelingen viele filmische Kurzbeiträge. Mit ihr mische ich mich schließlich als Malariahelfer unter die Goldsucher. Ein gefälschter Ausweis, ein Aufnäher auf dem Hemd und Unmengen Malariatabletten verschaffen uns die nötige Glaubwürdigkeit. Wir können vielen Kranken helfen, denn ich habe früher einmal einen Kurs am Tropeninstitut in Hamburg belegt. Es war ein Lehrgang für Schiffsoffiziere, die keinen Arzt an Bord haben und die im Notfall mehr können müssen als ein Pflaster aufkleben. Ich lernte, Zähne zu füllen und zu ziehen, Spritzen professionell zu verabreichen, bei Geburten einen Dammschnitt durchzuführen, kleine Amputationen vorzunehmen und vieles mehr. Ernsthafte Mediziner studieren dafür jahrelang. Ich absolvierte das alles in drei Wochen, mit zusätzlichen freiwilligen Praktika in Operationssälen, der Notaufnahme, Hubschraubereinsätzen. Mein Buch »Medizin Survival« spiegelt diese Erfahrungen wider.

Vom Survival weiß ich außerdem um wirksame Betäubungen durch Alkohol oder Faustschlag. Ich kann das Schießen aus der Hüfte, das Verteidigungsschießen in letzter Notwehrsituation. Ich habe Grundkenntnisse in Italienisch, Französisch, Spanisch, Portugiesisch in Sprachkursen erworben. Vom Gefängnis in Jordanien ist ein geringes Basis-Arabisch hängen geblieben, von der Schule habe ich ein passables Englisch auf den Lebensweg mitbekommen. Meine extreme Schwerhörigkeit ist beim Erlernen von Fremdsprachen das größte Handicap. Inzwischen bin ich fast taub und höre nur noch mit Geräten. Doch die sind nicht annähernd ein Ersatz für das echte Hören. Die Behinderungen forcieren mein Improvisationstalent. Improvisation zählt ohnehin zu meinen Stärken. Man kann nicht für jedes Vorhaben die finale Lösung im Gepäck haben. Es bedarf der Pläne A, B, C und mehr, weil die meisten Versuche, eine Vision zu realisieren, scheitern. Das habe ich sehr früh und schnell gelernt. Längst halte ich mich für eine Ameise, die geduldig Sandkorn um Sandkorn beiseiteträgt und ganze Steinplatten zum Einsturz zwingt. Parallel ist eine ständige und nie versiegende Kreativität gefordert. Man muss sich unterscheiden vom gesellschaftsüblichen Trend, vom Zeitgeist. Ich weiß, dass der, der mit der Herde geht, nur den Ärschen folgen kann.

Ich orientiere mich an Lebensläufen anderer Personen, meiner Vorbilder. Vor allem solcher, die Geschichte geschrieben haben wie Nelson Mandela, Michail Gorbatschow, Martin Luther King. Männer, die dem Zeitgeist trotzten. Oder Philosophen wie Albert Einstein mit seiner Erkenntnis »Wenn eine Idee am Anfang nicht absurd klingt, gibt es keine Hoffnung für sie.«. Das Zitat hat mich mein Leben lang ermutigt, durchzuhalten, gegen den Strom zu schwimmen. Auch dann, wenn Sesselpupser, Feiglinge, Bedenkenträger, Hämisch-Lächler und andere Gegner mir Ideen als hirnverbrannt vergällen wollten. Es hat mein Selbstvertrauen gestärkt, wenn ich Häme, Spott und unsachlicher Kritik getrotzt habe. Selbstironie und Understatement sind schon immer meine Partner gewesen. Ich hege und pflege sie. Begegnungen mit anderen Völkern haben mich gelehrt, wie vorsichtig man mit Verallgemeinerungen und Vorurteilen umgehen muss. Und ich habe gelernt, dass man nie auslernt.

Da war zum Beispiel diese wiederkehrende Rede von »Nehberg, dem Würmerfresser der Nation«. Von der späteren Anerkennung dieser Tiere als Zukunftsnahrung habe ich ja schon berichtet. Kaum ein Talkmaster konnte darauf verzichten, das Thema Insektennahrung anzusprechen. »Das wollen die Leute hören«, wussten sie. »Und dann kommen wir zu deinen wirklichen Anliegen.« Was sie nicht ahnten, dass mir mein Wissen um das Thema Ekelüberwindung und unkonventionelle Nahrung die Tore zu Welten aufgestoßen hatte, wo die Kopfschüttler niemals hingelangen würden. Die Bezeichnung »Würmerfresser« war bei meinem Marsch von Hamburg nach Oberstdorf ohne Nahrung entstanden. Dabei hatte ich nur zweimal eine Handvoll davon gegessen. »Wie schmecken denn Würmer?«, wurde ich seitdem immer wieder gefragt. Dass sie ein munterer Proteinquell sind, interessierte dabei weniger. Deshalb sagte ich: »Nach Sand, nach Humus, nach Kompost. Je nachdem, woher der Wurm stammt. Wenn man ihn aus dem Misthaufen zieht und grillt, dann schmeckt er wie Kohlroulade.« Das blieb in den Gehirnen hängen. Man glaubte mir alles.

12. Von der Flut davongespült

» Wem das Wasser bis zum Halse steht,
der sollte nicht den Kopf hängen lassen. «
Volksweisheit

Irgendwann hatte ich mehr Bücher der Eigenherstellung in meinem Laden als Brötchen. Es gab ständig Neuigkeiten. Dreimal habe ich den Atlantik überquert. Nicht mit Kreuzfahrtschiffen, nicht per Flugzeug, sondern mit Fahrzeugen der Marke Eigenbau, die Schiffskonstrukteuren die Haare zu Berge stehen und Seeleuten Pickel ins Gesicht schießen ließen. Es waren ein Tretboot (1987), ein Bambusfloß (1992) und ein massiver Baumstamm: THE TREE (2000). Ihnen allen war eines gemeinsam: Sie waren unsinkbar und fast unzerstörbar. Und ich brauchte keine Sekunde Zeit zu vergeuden, um sie zu lenzen, wenn Wellen übers Deck donnerten. Sie waren alle Selbstlenzer. Welcher Ozeanriese kann das schon von sich behaupten? Keiner! Ich hab's doch gewusst. Allen Schiffen gemeinsam: Sie schauten nur zehn bis 20 Zentimeter aus dem Wasser. Das heißt, die fühlten sich im Wasser pudelwohl. Sonst wären sie nicht so tief eingetaucht.

Nicht alle Atlantikfahrten verliefen trotz starker Winde glatt und reibungslos. Dass ich noch lebe, verdanke ich einem unvorstellbaren Glück. Aber solches Glück kann nur derjenige nachempfinden, der selbst schon mal etwas riskiert hat. Jemand, der das Gefühl kennt, wenn der Zeiger auf der Gefahrenskala plötzlich von 0 auf 100 springt. Und wieder zurück. Von einer Sekunde auf die andere.

Da hatte ich bekanntlich sechs Survival-Bücher geschrieben mit den aberwitzigsten Tricks über das bestmögliche Verhalten in gefährlichen Situationen – und dann passierte mir dies! Ich bekomme immer noch eine Gänsehaut, wenn ich die Situation Revue passieren lasse. 30 Jahre lang habe ich die Blamage für mich behalten. Ich fürchtete nicht so sehr um meinen guten Ruf als Survivalist. Ich schämte mich einfach. Doch dann passierte ein Ernstfall, den ich nicht trainiert hatte. Zu meiner Rechtfertigung sei gesagt, dass ich zumindest überzeugt davon war, schnell und richtig gehandelt zu haben. Vielleicht jedoch fünf Sekunden zu schnell. Sonst wäre mir etwas aufgefallen.

Ich hatte also den Atlantik mit dem Tretboot überquert. Starthafen war Dakar in Senegal, Westafrika, gewesen. Distanz: 4000 Kilometer. Dauer der Reise: 72 Tage. Ankunft in einem kleinen Hafen in der Nähe der Stadt São José de Ribamar, südlich der Großstadt São Luís, Nordbrasilien. Ein Fischerboot hat mich in die Flussmündung gezogen und in ihrer Mitte verankert. Ehe der Kapitän abdrehte, gab er mir noch einen wichtigen Rat. »Fahr mit deinem Boot nicht an den Strand! Dort wird man dich nachts bestehlen.«

Die Distanz zu den Stränden an beiden Seiten beträgt 50 Meter. Auf den Strand gezogen wäre mein Boot verschwunden in dem Durcheinander der vielen kleinen Schifflein, auf und zwischen denen ein ständiges Kommen, Werkeln und Gehen herrscht. So sitze ich da und denke im verschwindenden Tageslicht, das Boot könnte mal eine Decksäuberung gebrauchen. Im Laufe der Reise hatten sich Fischreste, Salz und Staub zu einem hässlichen Schmierfilm vereint. Mit Seewasser war dem schwer beizukommen. Salzwasser reinigt nicht.

Wie gerufen, fängt es plötzlich heftig an zu regnen. Regen ist die falsche Vokabel. Der Himmel verdunkelt sich schlagartig. Es schüttet wie aus Eimern und stürmt. Die Leute am Strand verschwinden in den Häusern. Mein Deck wird vom Regen eingeweicht. Das muss ich nutzen. Süßwasser! Ich schnappe mir den Besen und schrubbe es. Bequemer kann ich es nicht haben. Endlich kommt wieder die weiße Deckfarbe zum Vorschein. Das erkenne ich trotz prasselnden Regens. Zuletzt nehme ich den Eimer, fülle ihn mit Flusswasser und spüle das Deck mit viel Schwung klar. Ich denke gewohnheitsmäßig, das Flusswasser müsse süß sein. Wie das aller Flüsse. Auch das ein Irrtum. Es herrscht Flut, doch das spüre ich nicht. Ich bin ja verankert.

Den Eimer stelle ich irgendwo ab, um mit einem Handtuch auch schmuddelige Ecken zu säubern. Da weht ein Windstoß den Eimer über Bord. Im hohen Bogen. Munter wackelt er davon. Während ich noch in Ruhe das Handtuch auswringe und beiseitelegen will, kriege ich mit, dass er sich ziemlich schnell entfernt. Er spielt verrückt. Schuld ist der Wind, denke ich. Ich reagiere, springe hinterher und kriege ihn zu fassen. In einer Hand halte ich den Eimer, schütte das Wasser aus, das er geschluckt hat. Mit der anderen will ich gemächlich zum Boot zurückschwimmen. Der Regen peitscht mir genau in die Augen. Ich schließe sie. Die paar Meter muss ich nicht unbedingt sehen können. Gefühlsmäßig müsste ich jetzt das Boot erreicht haben. Ich öffne die Augen und stelle fest, dass ich keinen Meter vorangekommen, sondern noch erheblich weiter abgetrieben bin. Ich blicke um mich, um abzuschätzen, warum das so ist. Liegt es daran, dass ich nur den einen Arm frei hatte?

Noch während dieser Überlegung bin ich erneut weiter weg anstatt näher zum Boot herangekommen. Schlag- und panikartig wird mir bewusst, dass ich abtreibe. Und nicht zu knapp! Das ist nicht der Wind. Das sind die soeben einsetzende Ebbe und die Flussströmung zusammen. Die Abdrift muss in diesem Moment eingesetzt haben. Sie zieht mich mit ungeheurem Sog hinaus ins Meer. Aus den Augenwinkeln sehe ich die Konturen der vielen Boote am Strand. Sie haben sich alle der Strömungssituation angepasst. Anstatt senkrecht vom Ufer zum Wasser, wie eben noch, liegen sie jetzt im spitzen Winkel zum Meer und reißen an ihren Seilen. Die Menschen sind in die Häuser geflohen wegen des Regens.

Pfeif auf den Eimer! Ich lasse ihn los und versuche, mit beiden Armen und aus Leibeskräften zum Boot zu gelangen. Selbst das bringt mich nicht näher. Ich schwimme nicht nur auf der Stelle, ich treibe noch weiter hinaus aufs nahe Meer. Diese Erkenntnis fährt mir wie ein Schock durch alle Glieder. Ich rufe um Hilfe und schwimme gleichzeitig mit aller Kraft. Jede Sekunde ist jetzt entscheidend. Mir wird klar: Ich schwimme um mein Leben. In keiner Millisekunde war mir die veränderte Strömungssituation vorher bewusst gewesen.

Ich sehe, wie schnell und weit der Eimer sich von mir entfernt hat. Gleichzeitig habe ich den Höhepunkt meiner Kräfte überschritten. Ich werde schwächer. Entsprechend schneller treibe ich hinaus. Noch immer peitscht der Regen. Ich hoffe, dass mich trotzdem jemand vom Ufer aus beobachtet und Hilfe organisiert. Aber es ist kein Mensch weit und breit zu sehen. Wenn ich mich weiter so verausgabe, ertrinke ich in wenigen Minuten.

Instinktiv kommt mir das Training bei den Kampfschwimmern in Erinnerung. Wie bleibt man an der Oberfläche, ohne Kräfte zu vergeuden? Man kann den »Toten Mann« spielen. Das heißt, sich in die Rückenlage zu bringen und mit voller Lunge waagerecht dahintreiben zu lassen. Aber mir ist klar, dass jeder Meter, den ich ins Meer hinaustreibe, die Chancen mindert, noch gefunden zu werden. Außerdem bin ich jetzt schon so entkräftet, dass meine Lunge bebt. Ich bin nicht in der Lage, die Luft lange anzuhalten. Ich hechle und muss die Arme zu Hilfe nehmen, um oben zu bleiben.

Die andere und bessere Möglichkeit, die ich gelernt hatte, um ohne Kraftvergeudung an der Oberfläche zu bleiben, ist folgende: Man zieht vorne an seinem Overall oder Hemd, bis der Kragen stramm am Nacken sitzt, krempelt ihn hoch und und bläst unter den Armen hindurch Luft hinein, bis das Rückenteil mit Luft gefüllt ist. Da nasse Textilien relativ luftdicht sind, wird das Hemd zum Ballon. Wenn der Auftrieb nachlässt, pustet man nach. So steht man bequem senkrecht im Wasser.

Bequem ist natürlich das völlig falsche Wort. Bequem ist ein solches Training in der Obhut der Ausbilder, bequem in der Halle ohne die Kraft der Gezeiten und in Griffweite der Ausstiegsleitern.

Solche Gedanken rasen durch mein Gehirn, dass sich die krummen Hirnwindungen glätten vor Angst. Denn ich habe kein Hemd an, nur eine Badehose. Mir bleibt nichts anderes übrig, als möglichst ruhig zu schwimmen. Nicht gegen die Strömung, sondern mit ihr und mit dem einzigen Ziel, nicht unterzugehen.

Da habe ich den Atlantik mit dem Tretboot geschafft und komme jetzt am Ziel um, weil ich eine gefährliche Situation nicht erkannt habe. Ich gebe mir noch einige wenige Minuten zum Überleben. Wie oft hatte ich in Interviews gesagt, ich hätte nicht den Ehrgeiz, lang und langweilig zu leben, sondern lieber kurz und knackig – mein Lieblingsspruch. Aber so kurz sollte das Leben dann doch nicht werden. Ich bin doch erst 47.

Viele Meter voraus treibt der Eimer. Zufällig erspähe ich ihn, obwohl er nur mit dem oberen Rand herausschaut und der Regen ihn meinen Blicken entziehen will. Fehlt nur, dass er genau jetzt vollends untergeht! Wir haben das gleiche Tempo. Das Tempo der Strömung. Nur der Eimer kann mir jetzt noch die Rettung bringen! Ich muss ihn einholen und das Wasser zur Hälfte ausschütten. Dann bietet er einen starken Auftrieb und erfordert von mir keine Kraft, mich daran festzuhalten. Sie ist gleich null, denn im Wasser wiege ich allenfalls zwei Kilo.

Die Idee peitscht mir neue Energie in die Muskeln. Es ist wie eine Wiederbelebung. Nach wenigen Augenblicken habe ich den Eimer eingeholt. Schwer atmend kralle ich mich daran fest. Sofort schwappt weiteres Wasser in den Eimer, und er verliert augenblicklich seinen Auftrieb. Hektisch schwenke ich ihn hin und her. Das Wasser schwappt ins Meer. Jetzt trägt er mich locker. Welch ein Glücksgefühl! »Das kleinste Schiff meines Lebens!«, durchrieselt mich diese Erfahrung.

Galgenhumor.

Die Bucht ist längst außer Sicht. Vor allem liegt das am anhaltenden Regen. Ich erhole mich spürbar, und tausend Gedanken schießen mir durch den Kopf. Ich will überleben. Aber mit dem Eimer in den Händen komme ich nur in eine Richtung voran: meerwärts. Der Eimer ist ein manövrierunfähiges Stück Treibgut. Immerhin hält er mich sicher an der Oberfläche. Ich muss ruhig werden und überlegen. Vielleicht dreht sich die Strömung weiter draußen und berührt wieder Land. Vielleicht bringt mich die Flut wieder zurück. Vielleicht liegt da eine Insel. Dann würde ich den Eimer loslassen und das verbleibende Stück schwimmen. Was aber, wenn der Strom mir gar nicht erlaubt, nahe genug an die Insel heranzukommen? Wenn er mich daran vorbeipeitscht und ich plötzlich auch den Eimer nicht mehr habe?

Zum Glück ist das Wasser sehr warm. Es gibt kein Kälteproblem. Neben dem Eimer ist das mein zweiter Vorteil. Was ist, wenn jetzt Haie auftauchen? Auch das schießt mir durch den Kopf. Am Strand hatten die Fischer mehrere davon auf Autos verladen. Einen hatte ich auf meiner Atlantiküberquerung selbst gefangen. Mehr versehentlich. Ich hatte eine Angel mit starkem Haken und Drahtseil-Vorfach ausgeworfen, weil ich eine Goldmakrele fangen wollte. Davon hatte ich seit Afrika bis zu 60 im Gefolge meines Tretbootes gehabt. Die Tiere werden bis zu 150 Zentimeter lang und sind sehr stark. Deshalb der große Haken. Aber statt einer Makrele verhakte sich ein kleiner Thunfisch an meiner Angel. Er gebärdete sich wie wild, jagte in die Tiefe und wieder nach oben, sauste unter meinem Boot hindurch, um an der anderen Seite wieder an die Oberfläche zu springen. Ich schätzte ihn auf drei Kilo. Er war mein Lieblingsfisch, weil sein Fleisch eher einem Rinderfilet ähnelt als einem Fischsteak. Als er zurückplatschte aufs Wasser, gab es eine gewaltige Welle, einen Wahnsinnsruck am fingerstarken Angelseil. Das Tretboot schaukelte heftig trotz ruhiger See. Ein Hai hatte mir den Braten weggeschnappt und den Thun so ungünstig verschluckt, dass er nun selbst am Haken hing. Nach langer

Überlegung habe ich ihn nicht einfach abgeschnitten und mit dem schweren Drahtseil im Gaumen ins Meer entlassen. Ich habe ihn erschossen und an Deck gezogen.

Solche Gedanken jagen jetzt blitzschnell durch mein Gehirn. Ich glaube heute, dass sogar mein gesamtes Leben noch einmal zeitgerafft an mir vorbeiraste.

Zum Glück blute ich nicht. Ich muss auch nicht herumzappeln. Beides würde die Aufmerksamkeit der Haie wecken. Ich bin körperlich ganz ruhig, erschöpft und hänge regungslos am Eimer. Mein Blick ist in Richtung Land gerichtet. Einzelne Lichter kann ich nicht mehr ausmachen. Was ich sehe, ist der schwache Lichtbogen über der Kleinstadt. Immerhin lässt der Regen nach.

Wie lange hält man solch eine Situation wohl aus? Wann lässt der Überlebenswille nach? Wann setzt die Resignation ein? Wann werde ich den Eimer loslassen? Wie fühlt sich Ertrinken an? Ich muss an das Bonmot denken: »Wem das Wasser bis zum Hals steht, der sollte den Kopf nicht hängen lassen.« Wer erfindet denn bloß solche blöden Sprüche? Bestimmt einer, der noch nie in einer vergleichbaren Situation war. »Jetzt ist alles im Eimer!«, finde ich volltreffermäßig passender.

Jede Minute treibt mich weiter hinaus auf den Atlantik. Die Dämmerung wird von der Nacht verdrängt. Von einer Insel keine Spur, soweit ich das aus meiner Schwimmerperspektive beurteilen kann. Ich mag gar nicht mehr zum Land hinschauen, denn der Lichtschein wird spürbar schwächer. Die Chancenlosigkeit lässt Panik aufkommen. Ob ich will oder nicht – ich treibe immer weiter hinaus aufs Meer.

Die Arme ermüden, weil es Kraft kostet, den Eimer stets so zu halten, dass kein Wasser reinschwappt. Doch Verzweiflung gebiert Ideen. Ich drehe den Eimer einfach um und lasse noch zwei Liter Luft drin. Jetzt schaut er nur noch zehn Zentimeter heraus. Das genügt, mich vorm Untergehen zu bewahren, und ich kann mich mit den Fingern am Kantenrand unter Wasser bequem halten.

Ich versuche krampfhaft, mich mit anderen Gedanken abzulenken, zu beruhigen. Hatte ich vor der Reise überhaupt mein Testament aktualisiert? Seit dem vierzehnten Lebensjahr, als ich zum ersten Mal im Besitz eines Fahrrades war, hatte ich ein Testament und es stets wieder aktualisiert. Zum Beispiel, als ich plötzlich auch Besitzer eines winzigen Zeltes wurde. Wer besaß so was schon in jenen Zeiten? In meiner Schulklasse niemand. Alles Stubenhocker. Und die Witwenanleitung? Was war mit der? Sie war meine Erfindung, um Maggy das Witwendasein zu erleichtern. Welche Versicherung müsste nun zahlen? Was waren meine Ideen zur Optimierung der Konditorei? Wem sollte sie noch ein persönliches Dankeschön von mir ausrichten?

»Lass dich nicht von Verwandten beknien und mich kostspielig beerdigen. Verbrenn mich, und streu die Asche zur Mineralienanreicherung in den Garten«, hatte ich Maggy immer empfohlen – schon wieder solch eine nachhaltigkeitsverdächtige Erfindung von mir. Mit den Wortschöpfungen »Ehegatten-Recycling« oder »Ehegatten-Kompostierung« hätte ich nicht nur Chancen, sondern sogar Anspruch darauf, Sieger im Wettstreit um das »Unwort des Jahres« zu werden.

Eine ganz andere Frage quält mich. Was wird Maggy wohl mit dem »Rüdi-Reste-Glas« machen? Das habe ich in der Witwenanleitung gar nicht erwähnt, ich Schlamper! Das Glas ist ein Ein-Liter-Behältnis, gefüllt mit 90-prozentigem Alkohol. In ihm habe ich alles aufgehoben, was fleißige Chirurgen mir je entfernt und bereitwillig überlassen hatten. Das Glas ist meine Lebensuhr. Sie zeigt mir meine Vergänglichkeit. Irgendwann wird das, was darin schwimmt, mehr ausmachen als die lebende Restsubstanz. Zu erwähnen wären diverse Zähne, ein Büschel Haare, symbolisch für die Glatze, ein Meter Krampfadern, der Blinddarm, der Samenleiter, die Mandeln, die Vorhaut. Aber irgendwas wird Maggy ja wohl noch selbst entscheiden können. Ich bin sicher, dass sie bei solch abstrusen Gedanken sogar lächeln wird.

Der rettende Eimer

Wie elektrisiert zucke ich zusammen. Ein winziger Fisch hat an meinen Füßen rumgeknabbert. Das ist das Ende, weiß ich. Die größeren Fische werden das sehen und sich den Rest, sprich *mich*, einverleiben. Hoffentlich dauert es nicht so lange. Wenn es ein Hai ist, werde ich den Schmerz kaum wahrnehmen. Bein ab, verbluten, Schock, Bewusstlosigkeit. Das wird blitzschnell geschehen.

Immer wieder schaue ich gegen den Strom in Richtung Land. Die Wolken haben sich verzogen, der Mond wagt sich hervor. Vielleicht gewahre ich doch einen Lichtstrahl.

Diese Gedanken verschwinden schlagartig, als ich Land sehe! Ein kleiner, dunkler Schatten. Treibe ich auf einen Felsen zu? Er wird größer. Er ist zum Greifen nahe. Nein, nach zwei, drei Atemzügen erkenne ich, dass es ein Schiff ist! Ein Schiff! Ich treibe nicht auf eine Insel zu, ein Schiff treibt her zu mir. Und zwar sehr schnell. Genau auf mich zu. Ein kleines, flaches

Motorschiff. Es ist schwach beleuchtet. Ich schreie aus Leibeskräften. Wenn es an mir vorbeigetuckert ist, wird sich solch eine Chance kein zweites Mal ergeben. Ich kreische wie irre. Schreckensbilder rasen durch meinen Kopf. Wie viele Schiffbrüchige in Rettungsbooten wurden von großen Schiffen *nicht* gesehen. Wie viel geringer sind dann die Chancen für einen winzigen schwimmenden Kopf? Dazu in der Dunkelheit, im Mondlicht. Trotzdem hoffe ich, jemand *müsste* mich genauso deutlich wahrnehmen wie ich ihn. Das ist natürlich nicht so. Jeder gerettete Schiffbrüchige könnte darüber Romane schreiben, Epen, Dramen. Es gibt Fälle, wo Schiffbrüchige, um sich sichtbar zu machen, wie wild mit den Händen winken – und die Leute auf dem Schiff freudig zurückwinken. Und weiterfahren.

Nur fünf Meter neben mir gleitet der schwarze Eisenrumpf vorbei. Ich schreie mir die Seele aus dem Leib.

Und das Wunder geschieht!

Da steht ein Fischer an der Reling und sieht mich! Gehört hat er mich nicht. Der Motorenlärm überdröhnt meine Schreie. Er steht dort, vom Schicksal einfach dahin gestellt. Und er reagiert wie ein Donner auf den Blitz. Wie eine Fliege, die erschlagen werden soll. Er hantiert wohl gerade an einem Netz herum und wirft es automatisch über Bord. Jedoch es verheddert sich und bleibt an der Bordkante hängen. Da ist das Schiff auch schon vorüber.

Ich weine vor Freude. Ich bin sicher, dass der Mann die Rettung veranlassen wird. Da nehme ich bereits wahr, dass der Motor gedrosselt wird. Der Rückwärtsgang wird eingelegt. Das Wasser wird aufgewühlt, und ganz langsam tuckert es rückwärts durchs eigene Heckwasser. Hoffentlich gerate ich nicht in die Heckschraube. Nein, denn inzwischen sehe ich drei Männer, die dem Steuermann mit ihren Armen den Kurs signalisieren. Hände langen von der niedrigen Deckkante zu mir herab. Ein Seil pendelt vor meinen Augen. Ich kralle mich daran fest. Das Boot verharrt. Ich werde von vier kräftigen Männerhänden hoch und aufs Deck gezogen.

Ich quelle über vor Glück und Dankbarkeit. Unfassbar. Ich umarme die Männer und werde ihnen mein ganzes Geld geben. Blitzschwur. Sie fragen, ob sie mich zurückbringen sollen nach Ribamar. Na klar. Sie wenden und fahren zurück. Sie fragen nicht nach dem Woher und Wieso. Als wäre das Leuteretten ihr täglicher Job. Ich sitze auf den rissigen Planken und erkenne das weit entfernte Land. Den Hafen kann ich noch nicht ausmachen, nur den Lichtschein über der Kleinstadt und winzige Lichter der Flachhäuser an der Küste. Mit jeder Minute werden sie deutlicher.

»O Senhor tem tido sorte. Graças a Deus!«, sagt der eine. Ja, ich habe ein verdammtes Glück gehabt. Gott sei Dank! Weder haben *sie* so was schon mal erlebt, noch werde *ich* das je wieder erleben. Davon bin ich überzeugt. Solche Zufälle geschehen einmal und nie wieder. Falls ich noch einmal über den Ozean schippern sollte, werde ich einfach keinen Eimer mehr mitnehmen. So einfach ist das. Oder ich werde ihn anbinden. Wäre das Schiff zehn Meter statt der fünf an mir vorbeigetrieben und hätte kein Mond für etwas Licht gesorgt – dann gäbe es diese Zeilen nicht. Seither glaube ich wieder an den lieben Gott und an Schutzengel.

Im Hafen herrscht im Licht der Laternen die alte Betriebsamkeit. Mein Tretboot dümpelt still im sichtbar viel schmaleren, weil abgeebbten Fluss. Niemand beachtet uns. Keiner hat mich vermisst. Wie sollte er auch, wenn ich mich nicht einmal ordentlich verabschiede?

Die Fischer lassen mich auf mein Tretboot hinüberspringen.

»Espere!«, bitte ich sie, wartet.

Ich klettere mit zitternden Beinen in meine halbkugelige Kabine, ziehe mein Geld aus dem Versteck und krieche zurück.

»Obrigado, Senhores! Aceite esta presente! Nehmen Sie dieses Geschenk!«, sage ich und hole alles heraus, was in dem Geldbeutel vorhanden ist. Es sind über 1000 Deutsche Mark. Für einen Fischer bestimmt unglaublich viel. Ich kann mir neues Geld anweisen lassen.

Die Männer schauen sich überrascht an. Das haben sie nicht erwartet. Sie sind verlegen. Dann blicken sie mich an, schütteln die Köpfe, lassen mein Boot los, treiben seewärts, werfen den Motor an. *»Não, obrigado.«* Das bringt Unglück. Wenn ein Seemann den anderen rettet, tut er das für Gott. Morgen sind wir es vielleicht selbst, die Hilfe brauchen. *»Vá com Deus, Senhor!«,* Gehen Sie mit Gott, Senhor.

Und weg sind sie. Ich schaue ihnen nach, bis die Dunkelheit ihre Positionslichter verschluckt hat. Welch eine Mitmenschlichkeit! Ich erinnere mich einer Seemannsweisheit: »Gescheit. Gescheiter. Gescheitert.« (Ernst Ferstl)

Ich weine vor Glück und Erleichterung.

13. Rettet die Yanomami!

*»Die Kraft einer Sache oder Handlung liegt in
deren Bedeutung und im Verständnis, das wir
dafür haben.«*

Indianische Weisheit

Meine Unternehmungen wurden immer mehr zu einem Mix
aus verrückt und sinnvoll. Besser als mit den skurrilen Schifflein hätte ich die Bedrohung der Yanomami nicht ins Gespräch
bringen können. Immer im Gepäck bei meinen Atlantikfahrten
hatte ich Appelle von Greenpeace und Amnesty International
an den brasilianischen Staatspräsidenten, die Yanomami so zu
schützen, wie die Verfassung des Landes es fordert. Beim Bambusfloß und dem Baum standen sie sogar auf den Segeln.

Alle Überquerungen fanden ohne Begleitfahrzeuge statt.
Alles andere wäre für mich reizlos gewesen. Immer ging es von
Afrika nach Brasilien. Zweimal Senegal, einmal Mauretanien.
Beim Tretboot und Baumstamm war ich allein. Beim Bambusfloß war Christina Haverkamp mit von der Partie. Sie war die
Kapitänin, ich der Schiffsjunge. Ich wusste von meinem alten
Ausbilder Käpt'n Hoppe, dass ein Schiff dem Untergang ge-
weiht ist, wenn *zwei* Kapitäne es führen wollen. Deshalb sind
Selbsteinschätzung und Qualifikationsanalyse die sicherste Über-
lebensgarantie. Und daran gab es nichts zu deuteln: Christina
war und ist mir in diesem Metier absolut überlegen. Sie liebt
das Wasser. Ich nur zum Waschen. Sie ist stolze Eigentümerin
eines Kapitänspatents. Ich habe nur den Binnenschifferschein.
Sie besitzt zwei Segelschiffe gleichzeitig, mit denen sie allsom-

merlich nicht nur quer durch die Ostsee kurvt. Sie nimmt es sogar bei Starkwind mit den Schären vor Schweden auf. Ich dagegen hatte meine drei Schiffe nacheinander. Wie andere ihre Autos. Heute stehen sie im Technik Museum zu Speyer.

Die Navigation mit dem Sextanten hatte mich ja Kapitän Hoppe gelehrt. Damit habe ich das Tretboot manövriert. Die folgenden Reisen waren erheblich bequemer. Da gab es schon GPS. Das Problem beim Navigieren mit dem Sextanten war nämlich meine heftige Seekrankheit. Man peilt den Unterrand der Sonne an, das Schifflein schaukelt ununterbrochen, die Sonne ist auch ständig auf Trab, wie eine hin und her schwingende blendende Kugel, nie hält sie mal still – und schwupp, hat man sich vermessen. Und, doppelschwupp, hatte ich mich schon wieder übergeben.

Dafür hatte ich bald ganze Schulen von Goldmakrelen im Schlepptau, die sich ihren Rücken unter meinen Fahrzeugen scheuerten. Einmal zählte ich 60 Stück. Jedes Tier mindestens anderthalb Meter lang. Viele blieben mir treu von Afrika bis Brasilien. Einen Drücker hatte ich neben mir, der aß sogar aus der Hand. Bis er mir die Fingerkuppe zerfetzte. Da habe ich ihn fortan ignoriert. Prompt versuchte er es an der anderen Seite. Ja, Fische sind schlau.

Unvergessen die Begegnung mit einem Manta. Groß wie eine Monsterflunder, breit wie das Tretboot. Zwei Stunden hielt er sich in meinem Kielwasser. Wäre er aus dem Wasser herausgeschnellt, hätte er mein Tretboot locker mit seinen Flossen umarmen können. Solche Momente genoss ich.

Genau da hatte ich ein Telefonat mit einer Journalistin. »Seit zwei Stunden begleitet mich ein Manta«, rief ich ihr die Nachricht freudig-aufgeregt in die Muschel.

Am anderen Ende Sendestille.

»Hallo, sind Sie noch da?«

»Ja«, kamen die Antwort und eine weitere Pause. Dann die zaghafte Frage: »Eh, ich dachte, Sie sind schon auf dem Atlantik. Wo sind Sie denn, und wo fährt er?«

Belebend waren auch die Besuche der Haie. Sie blieben aber immer nur kurz. Mal schauen, wer ist das – und dann weiter auf die langen Streifzüge.

Anders ein Hammerhai. Es war Nacht. Aufmerksam auf ihn bin ich geworden, weil ich zweimal das Gefühl hatte, ich wäre kurz mit Treibgut kollidiert. Im Licht der Lampe dann der Hai hinterm Heck. Offenbar fuhr ich ihm zu langsam. Wohl deshalb hatte er mich geschubst.

Nichtschiffer fragen oft, was man denn den ganzen Tag auf dem Meer täte. Ob das nicht langweilig sei. Da kann ich aus Überzeugung sagen, dass ich Langeweile nie verspürt habe. Beim Tretboot musste ich radeln, bei den größeren Fahrzeugen mich um Kurs und Segel kümmern. Dazu kamen Beschäftigungen wie Wartung, Angeln, Kochen, Brot Backen, Tagebuch Führen und Bücher Lesen. Und auch mal Schlafen. Ich vertraute der halb automatischen Steuerung.

Alle zwei Wochen ließ sich ein Schiff blicken. Prompt änderte es seinen Kurs. Alle wollten mich retten. Und ich musste sie enttäuschen: Rüdiger ist nicht zu retten! Kopf- und bugschüttelnd stoben sie davon. Wenn ich ihr Tempo mit meinem verglich, schien es mir, als führe ich rückwärts. Eines dieser Schiffe, eher ein Schifflein, mit dem todesverachtenden Namen *Titanic*, wirkte so vergammelt, so rostig, dass ich den Spieß umdrehte. Über die Notfrequenz, auf der jedes Schiff ständig erreichbar sein muss, rief ich es an: »Hallo, *Titanic*, ihr seht ja fürchterlich vergammelt aus. Braucht ihr Hilfe? Ich habe alles: Trinkwasser, Lebensmittel, Medikamente, Telefon, Werkzeug …« Die Antwort: Stille. Dann ein Rauschen und eine Stimme. »Habt ihr das gehört. Bei dem ist's offenbar noch schlimmer. Der redet ja schon im Delirium.« Um sich von meiner Unzurechnungsfähigkeit zu überzeugen, kamen sie auf Rufnähe heran. Das Schifflein hatte richtig Schlagseite. Die komplette Mannschaft stand steuerbords.

»Wir sind Fischer. Willst du einen Fisch haben?« Ausgerechnet Fisch! Offenbar waren das Humoristen-Kollegen.

»Davon habe ich selbst genug. Es sei denn, ihr habt ein Kilo Thunfisch!«

Und ob sie den hatten! Drei Matrosen hoben ihn in die Höhe. Ein Minimonster.

»Das ist zu viel. Den kann ich niemals allein essen. Ein Kilo genügt.«

Und so kam ich zu einem halben Thunfisch! Der war so lecker, dass ich den Rest nicht über Bord werfen konnte, das wäre Sünde, sondern in Scheiben schnitt und trocknete für die nächsten Tage. Wenn ich mir dazu etwas Besonderes gönnen wollte, bummelte ich in meinen Gemüsegarten. Der lag am Heck. Verlockend wie eine grüne Wiese. Dort, wo das Boot aus Dynamikgründen am tiefsten eintauchte, krochen seit der sechsten Reisewoche die Algen an Bord. Da müssten sie nicht mühsam hochklettern. Zu faul zum Schwimmen, ließen sie sich einfach von mir fahren, dachte ich und schnitt sie ab, hackte sie klein und kochte sie in Meereswasser. Das Resultat: Sailor's Spinatsuppe.

Natürlich ist die Reise mit Christina auf dem Bambusfloß viel unterhaltsamer. Der Mensch liebt die Geselligkeit. Wir haben Gesprächsstoff ohne Ende. Wir haben uns. Wir schmieden Pläne. Und einer übertrifft den anderen mit seinen Fantasien. Nur infolge ihrer Qualifikation als Kapitänin ist es möglich, dass wir nach der Ankunft in Brasilien beschließen können, weiterzufahren bis vors Weiße Haus. Denn es war 1992, und dort zelebrierte man »500 Jahre Kolumbus«. Große Feiern waren angesagt. Man beglückwünschte sich als tollste Demokratie der Welt. Von einer Feier zum Gedenken an die ermordete Urbevölkerung war nichts zu hören.

Und da stehen wir dann vorm Weißen Haus in Washington und hissen unser Segel:

500 Years of America,
500 Years of Genocide.

Landrights for all Indians in North and South.
Save the Yanomami and the Rainforests.

Die Reise bis nach Washington hatte viereinhalb Monate gedauert. Eine unvergessliche Zeit.

Die dritte Überquerung erfolgte dann wieder allein mit dem massiven Baumstamm. Denn im Jahre 2000 wollte auch Brasilien seinen 500. Geburtstag begehen. Es war acht Jahre nach Nordamerika von Weißen betreten worden. Auch hier kein Gedenken an diejenigen, denen man das Land mit Mord und Totschlag weggenommen hatte. Diesmal lautete mein portugiesischer Segeltext in Deutsch:

500 Jahre Brasilien,
Tausende von Jahren eingeborene Völker,
Millionen von Jahren amazonischer Regenwald.
Zeit zu handeln!
Rettet die Yanomami!
Respektiert ihre Landrechte!
Erhaltet den Regenwald!
Denn nur Vielfalt ist die Garantie für eine lebenswerte Zukunft.

Viel Text. Klar. Aber bei solch einem Hingucker von Schiff hatte jeder Betrachter Zeit. Und ohne den Text war mein Schiff als Foto nicht zu haben.

Wie üblich war der Idee zur Reise zunächst der Bau eines kleinen Modells gefolgt. Etwa 80 Zentimeter groß. Die erste Frage ergibt sich gleich, als der kleine Modellbaum vor mir im Wasser liegt. Gestalte ich das *dicke* Ende zum Bug? Also so, wie ich es bei vielen Schiffen gesehen hatte, die am schnittigen Bug eine dicke Nase haben? Oder wird es besser sein, das dünne Ende als Bug zu nehmen. Ähnlich einem Pfeil?

Um das zu testen, schneide ich mir zwei identische Bretter. Ein Ende spitz, das andere dicker. Ich lege sie parallel zueinander auf meinen Teich. Das eine mit dem Spitzbug voran, das andere umgekehrt. Mithilfe eines dritten Brettchens erhalten sie einen gleichzeitigen und gleichkräftigen Schubs. Und siehe da: Meine Erwartung war falsch. Nicht die Pfeilspitze liegt vorn, sondern der Dickbug.

Neben mir hat ein Angler das Experiment beobachtet.

»Wat shall dat dann warden?«

Ich erkläre ihm mein Problem und deute auf den Sieger.

»Waarom heb je het net mi vraagt?«

»Weil du kein Schiffsbauer bist.«

»Nee, awer ik bün Angler. Deshalb weet ik dat. Kuck der om de Fisch. De swümmen ok met den dicken Kopp voran un met den steert naar achtern.«

Na klar, leuchtet mir auf der Stelle ein. Fische sind die besten Schiffsvorlagen! So einfach also lassen sich mitunter schwierige Fragen lösen.

Nur Daniel Grolle, der Tonmann und mein Begleiter zu den Yanomami, hatte eine bessere Schiffsidee. Er ist der Erfinder des kleinsten Ein-Personen-Schiffes. Nämlich stehend in einer stabilen Plastiktüte, mit einem Liter Luft für den Auftrieb, dann am Hals gut zugebunden und mit der Strömung nach irgendwo treibend. Wäre der Sack steuerbar und patentiert – Daniel wäre reich. Die Frage von Bug und Heck ist also geklärt. Aber schon harrt das nächste Problem seiner Lösung. Der Baum dreht sich um die eigene Achse. Diesmal bedarf es nicht des Anglers Rat. Denn Fische mit Auslegern wird er kaum je gesehen haben. Kurzum: Beiderseits müssen Ausleger montiert werden. Ich entscheide mich für je ein Bündel dicker ausgeschäumter Bambusrohre. Unsinkbar.

So wird THE TREE zum Trimaran, ist kaum noch kenterbar und affenschnell. Stolz betrachte ich mein Werk bei der feierlichen Taufe durch Hamburgs Bürgermeister Henning Voscherau vorm Rathaus der Stadt Hamburg. Da kriege ich mit, wie zwei Seeleute, erkennbar an ihren blau-weiß gestreiften Schauermannshemden, das Fahrzeug bewerten. »Das ist doch kein Schiff. Ein Schiff hat einen Hohlraum.«

Der andere gibt ihm recht. Aber er hat's erfasst. »Der ist doch nur zu faul zum Lenzen.«

Die Überquerung des Atlantiks dauert mal eben 43 Tage. Ich habe es mir auf dem Meer gerade so richtig gemütlich gemacht, da krache ich schon drüben auf die Küste. Frühjahr 2000. Ein Lkw bringt mich vor den Palast des Staatspräsidenten in Brasilia, ich hisse das Segel und gebe mein aktualisiertes Bittschreiben deutscher Menschenrechtsorganisationen im Petitionsbüro ab.

»Ach, Sie schon wieder?«, lese ich in den Gesichtern der Bürodamen. Sie berufslächeln. Und ich weiß, auch dieser Brief wird gleich im Papierkorb verenden.

Und ich war bei Papst Johannes Paul II. Im Mai 1984. Der Gedanke kam mir, als ich bedachte, dass die Brasilianer überwiegend Katholiken sind. Ein Machtwort von ihm, eine Empfehlung, hätte durchaus etwas bewegen können. Also bewarb ich mich bei seiner Nuntiatur (Botschaft) in Bad Godesberg um ein solches Gespräch. Das erste Telefonat führten meine damaligen Verleger Joachim Jessen und Detlef Lerch. Am Apparat Schwester Anna-Maria (Name geändert). »Welche Formalitäten muss man dabei beachten?«, wollten sie wissen.

»Ist er Katholik?«, war ihre Gegenfrage.

»Nein. Er war evangelisch und ist ausgetreten.«

Also ein Ungläubiger. »Und der will zum Heiligen Vater?«

Das Entsetzen war hörbar. Der Sekundenzeiger schlug den Takt dazu. Sie gab Joachim Jessen ausreichend Zeit für eine Gegenargumentation.

»Schwester Anna-Maria!«, räusperte er sich. »Ist es nicht viel anerkennenswerter, wenn ein Nichtkatholik den Heiligen Vater als Oberhaupt der Katholiken um Hilfe bittet? Als Katholik *müsste* er das tun, aber ein Nichtkatholik ...? Ich finde, das kündet von höchstem Vertrauen. Von Respekt. Von Hoffnung.«

Die folgende Gedankenpause nötigte dem Sekundenzeiger entschieden weniger Takte ab. »So habe ich das allerdings noch gar nicht betrachtet. Sie haben mich überzeugt. Schicken Sie mir Ihren Antrag.«

Das tat ich. Die Antwort ließ auf sich warten. Meine Geduld protestierte. Viele Wochen zogen ins Land. Sowohl in das der Abruzzen als auch in das der Hamburg-Harburger Berge. Ich marschierte ohne das Okay von Schwester Anna-Maria los. Den Weg von Hamburg nach Oberstdorf ersparte ich mir. Den kannte ich zur Genüge von meinem 1000-Kilometer-Marsch ohne Nahrung. Ich startete in Oberstdorf, überquerte die Alpen, marschierte nach Rom. Rüdiger als Pilger. Meine regen Verleger rührten die Werbetrommel in Italien. Die Zeitungen berichteten darüber. Bad Godesberg schwieg. Als Jessen dort nachfragte, gab sich Schwester Anna-Maria erzürnt.

»Jetzt wird daraus wohl nichts mehr! Man fühlt sich in Rom genötigt. Herr Nehberg hätte die Antwort abwarten müssen.« Etwa noch ein halbes Jahr? Als Joachim mir das abends am Telefon mitteilte, war ich einen Moment irritiert. Aber schon bald hatte ich eine Alternative. »Dann werde ich über dem Petersplatz ein Seil spannen und mich in einer Hängematte darunterhängen. Und wenn der Papst während der wöchentlichen Generalaudienz die Wege zwischen den Gläubigen mit seinem Papamobil abfährt, werde ich ein Transparent runterlassen: *Rettet die Yanomami!*

Den Petersplatz meinte ich gut zu kennen. Im Fernsehen maß er bescheidene 70 mal 50 Zentimeter. Das würde ich mit meinen Bergsteigerseilen locker überspannen können. Die Verleger gaben ein Transparent in Auftrag. Ich rief Maggy an. »Komm schon mal mit dem Zug und bring meine zwei Bergsteigerseile, Karabiner und die Hängematte mit.«

Ich passierte derweil ein kleines Dorf. Am Ortsschild der Pfarrer. Ganz aufgeregt. »Sind Sie der Mann, der zum Papst will, um seine Hilfe zu erbitten für Indianer in Brasilien?«

»Ja, der bin ich.«

»Welch großartige Idee!«, geriet er außer sich. »Sagen Sie ihm ganz klar, was da los ist! Der *muss* dort helfen.« Neben dem kräftigen Händedruck ergatterte ich einen Espresso und drei Panini.

Jeden Abend weiterhin das obligatorische Telefonat mit den Verlegern. »Nein, vom Vatikan nichts Neues. Aber die deutsche Botschaft in Rom will helfen, auch wenn die Chancen als gering eingeschätzt werden.« Gut, denke ich, im schlimmsten Fall eine Ablehnung. Auch das wäre eine Aussage, die medial und politisch nutzbar wäre.

Nach drei Wochen bin ich in Rom. Der Petersplatz irritiert mich. Er ist größer als der, der im Fernsehen gezeigt wird. Selbst beide Bergsteigerseile zusammen würden nicht ausreichen, um ihn zu überspannen. Okay, ich könnte es seitwärts spannen. Aber schon wegen der vielen Polizisten muss ich die Idee begraben. Ich bin am Boden zerstört. Auf keinen Fall will ich die 1000 Kilometer umsonst gegangen sein. Ich flöhe mein Gehirn. Die Lösung ist schnell gefunden. Ich rufe Joachim Jessen an. »Dann werde ich mich unter die Heerscharen von Pilgern mischen, die keine Sondergenehmigung für ein Kurzgespräch benötigen. Die braucht man nur für die erste Reihe. Wenn der Papst dann von seinem Wagen aus zwischen den Pilgern auf abgesperrten Fahrspuren hindurchfährt, lasse ich eine kleine Leinwand mit dem Appell aufschnellen.«

Joachim findet das realitätsnah. »Besser als die Nummer mit dem Seil.«

Gerade will ich das Hotel Colors verlassen – es liegt nur zehn Gehminuten vom Vatikan entfernt –, da kommt ein Anruf der deutschen Botschaft. »Das Büro des Papstes hat nun doch zugestimmt, weil man Ihr Anliegen für sehr wichtig hält. Sie möchten sich umgehend bei Signor Dacelli im Vatikan melden.« Zehn Minuten später stehe ich auf der empfohlenen Matte.

»*Buon giorno*, Signor Nehberg. Wir haben Ihren Antrag noch einmal näher studiert und für beachtenswert und wichtig empfunden. Ihren Platz in der ersten Reihe werde ich Ihnen morgen zeigen. Wichtig ist: Fassen Sie sich kurz. Der Heilige Vater weiß Bescheid und wird Ihnen seine Antwort persönlich mitteilen.«

»In welcher Sprache soll ich mein Anliegen formulieren?«, will ich noch schnell wissen.

»Gern in Deutsch. Der Heilige Vater spricht alle gängigen Sprachen.«

Ich kaufe zwölf rote Rosen, symbolisch für geschätzte 12 000 Yanomami, und stehe pünktlich auf dem großen Platz. Ich bin nicht der Erste. Der Platz ist brechend voll mit Pilgern aus aller Welt. Sie drängeln. Es ist heiß. Signor Dacelli ist schon voll im Einsatz und weist mir meinen Platz hinter einer ein Meter hohen Bretterwand an.

Neben mir ein amerikanisches Ehepaar. Es hat einen großen Karton voller Postkarten auf der Bretter-Balustrade abgestellt. Alle sind schon vollgeschrieben. »*Many greetings from the Piazza del Vaticano. Still — minutes to the General Audience.*« Ständig schauen sie auf ihre Uhr, und entsprechend tragen sie die fehlenden Minuten bis zum großen Auftritt ein. »Noch fünf Minuten, noch vier Minuten …«

Pünktlich um elf Uhr tritt Papst Johannes Paul II. auf den Balkon.

Die Pilger brechen in Jubel aus. Transparente werden hochgehalten. »Kloster X in Y grüßt Papst Johannes Paul II.!«

Derweil wische ich mir den Schweiß von der Glatze. Ich habe keine Kopfbedeckung mit. Vergessen in der Aufregung. Fehlt nur noch, dass ich einen Hitzschlag kriege. Die zwölf Rosen verneigen sich bereits demütig.

Nachdem die überraschend kurze Ansprache vorüber ist, kommt der Papst herunter und beginnt, am Ende der hölzernen Absperrung sich den ausgesuchten Pilgern zu widmen. Parallel begleitet ihn ein Wagen, auf dem die Geschenke abgelegt werden. Vor allem sind das Blumen. Viele Sträuße werden ihm aus dem Publikum einfach zugeworfen. Dacelli und Helfer sammeln sie betont dankbar auf und reichen sie weiter. Der Wagen ist längst überfüllt.

Ich bin aufgeregt. Ich werde noch aufgeregter, als ich bemerke, dass er nicht bei jedem Pilger in der ersten Reihe stehen bleibt und ihm sein Ohr leiht. Was, wenn er einfach vorbeigeht? Ich winke Dacelli herbei. »Woher weiß der Heilige Vater, dass wir verabredet sind?«

Der Koordinator legt mir beruhigend die Hand auf den Arm. »Keine Sorge, er weiß genau Bescheid.« Das beruhigt mich nur halb, denn ich kann nicht beobachten, wann ihm jemand bedeutet, stehen zu bleiben oder nicht. Der Trubel um mich herum steigert sich, je näher er kommt. Ich entschließe mich, ganz ruhig zu bleiben und abzuwarten. Wenn mehr als die Hälfte seiner Person an mir vorbeigegangen sein sollte, werde ich ihn einfach festhalten und meinen Satz aufsagen.

Das Wunder geschieht. Er bleibt stehen und neigt sich zu mir her. Ich strecke ihm die Rosen entgegen. Sie baumeln verdurstet an ihren Stielen. Wie kleine Glocken pendeln sie hin und her. Ich schäme mich für sie, bis mir klar wird, dass sie so mehr auffallen als steife frische Rosen. Rüdigers Rosengeläut.

»Heiliger Vater, diese zwölf Rosen stehen symbolisch für 12 000 Yanomami-Indianer. Sie werden durch eine Armee von Goldsuchern ausgerottet, wenn nicht Hilfe kommt. Ich bitte Sie, Ihren ganzen Einfluss geltend zu machen, damit das Grundrecht der Indianer auf gesichertes Leben in ihrem Stammesgebiet gewährleistet wird.«

Nicht mehr, nicht weniger.

Er schaut mich an, lächelt und sagt in exzellentem Deutsch: »Ach, Sie sind das? Sie sind den weiten Weg von Deutschland zu Fuß gekommen? Wissen Sie nicht, dass es eine tägliche Eisenbahnverbindung gibt?« Ha.

»Doch, das weiß ich. Aber es ist schwer, zu Ihnen vorgelassen zu werden.«

»Nun, Sie sind nicht der Einzige. Hier treffen täglich Tausende Bitten ein. Aber ich finde Ihr Anliegen wichtig und unterstützenswert. Ich werde mein Bestes tun.«

Bei Papst Johannes Paul II.

Ich überreiche ihm die schriftliche Petition, zusammen mit den Unterstützerbriefen vieler Prominenter in Deutschland. Zum Beispiel Willy Brandt. Zum Beispiel Professor Grzimek. Signor Dacelli nimmt sie dem Papst ab und legt sie auf den Beifahrersitz des Begleitwagens.

Dem Ehepaar neben mir gewährt Paulo II. ein kurzes Kopfnicken. Dann geht er weiter. Das Ehepaar ist kurz vorm Kollaps. Die Frau hyperventiliert. Sie hatte es tatsächlich geschafft, sein Gewand zu berühren, während er mit mir sprach! Aufgeregt und mit zittriger Schrift füllen sie die übrigen zwei Kilo Karten aus.

Eine Frau hinter mir streckt dem Papst ihre kleine Tochter entgegen. Er streichelt sie und geht weiter. Die Mutter kreischt vor Dankbarkeit.

Ich kehre heim nach Hamburg. Nicht zu Fuß, sondern per Eisenbahn. Dass es da eine tägliche Verbindung gibt, weiß ich jetzt vom Papst.

Wenige Wochen später erhält der Indianerschutzdienst in Brasilien einen neuen Präsidenten. »Der steht wirklich aufseiten der Indianer«, verraten meine brasilianischen Kontakte. Das stimmt offenbar. Denn er wird schon wenige Monate später wieder entlassen. Indianerfreunde sind in der Regierung nicht tragbar.

Bevor er entlassen wird, kommt mir der Gedanke, den Papst zu bitten, genau diesem Mann zu gratulieren und ihm damit den Rücken zu stärken. Verbunden mit dem Vorschlag, ihm ganz besonders die Fürsorge für die Yanomami anzuvertrauen. Dabei beziehe ich mich auf das Versprechen, gegeben am 4. Mai 1984, und lege das Beweisfoto sowie mein erstes Yanomami-Buch bei. Resultat: keine Antwort.

Mir gehen Gedanken über Gott und die Welt durch den Kopf. Woran mag es liegen, dass mein brötchenfinanziertes Ein-Personen-Büro besser funktioniert als das kirchensteuerfinanzierte, mehrhundertköpfige des Vatikans?

Ich beklage mich in einem Brief beim Chefredakteur der Vatikan-Hauszeitung *Osservatore Romano*. Ich kenne das Blatt als sehr zuverlässig. Keine Woche später kommt schon die Antwort. Tenor: Es könne sich nur um ein Versehen handeln, man habe das Anliegen an den zuständigen Referenten weitergeleitet, ich würde in kürzester Zeit Antwort erhalten.

Die kommt tatsächlich. Diesmal aber nicht schriftlich, sondern höchstpersönlich. Ich stehe gerade an meinem Backtisch und sehe eine auffallend elegante schwarze Limousine unseren Parkplatz ansteuern. Sie hält genau vor meinem Fenster. Der Chauffeur, passend zur Limousine in edles schwarzes Tuch gehüllt, öffnet die hintere Tür, und zum Vorschein kommt als Erstes ein lila Käppi. Okay – nicht der Papst. Der trägt Weiß. Aber immerhin ein ranghoher Bediensteter desselben. Unterm Arm eine Aktenmappe. Farbe spielt keine Rolle. Sonst müsste ich mich wiederholen. Er liest den Schriftzug »Konditorei Nehberg. Es gibt schlechtere!« und lässt anklopfen. Kaum mag ich ihn hereinbitten, weil in meiner Arbeitswelt die Grundfarbe Weiß dominiert. Allerdings in mehlstaubfeinster Form. Das könnte kollidieren mit dem Schwarz des Gastes.

Er habe eine Note vom Heiligen Stuhl für·Herrn Rüdiger Nehberg zu überbringen! Tatsächlich! So hat er gesprochen. Es ist ein schmaler weißer Umschlag. Handschriftlich ist vermerkt »Herrn Rüdiger Nehberg, Hamburg-Wandsbek«, und hinten besticht mich ein Halbrelief mit den Insignien des Vatikans. Keine Briefmarke. Die Post ist zu teuer. Man hat seinen Kurier. Es ist die erste »Note« meines Lebens! Bisher waren das immer nur Briefe, Ansichtskarten, Rechnungen.

»Darf ich Ihnen eine Tasse Kaffee anbieten? Und ein Stück Kuchen?« Monsignore Kurier verneint höflich, weil offenbar gesättigt. Er sei in dringenden Kirchenangelegenheiten unterwegs und in Eile. Ich muss das hinnehmen. Damit entgeht mir die unwiederbringliche Gelegenheit, mich »Lieferant des Heiligen Stuhls« nennen zu können. Vielleicht sogar »Einziger Lieferant der Welt«. Aber – vorbei. Die Limousine entschwebt.

Aufgeregt ziehe ich mich zurück in mein Büro. Ich entflamme ein Kerzenlicht, der Situation geschuldet. Zwei Tassen Kaffee dampfen vor mir auf dem Tisch. Eine für mich, eine symbolisch für den Monsignore. Ihr Dampf kuschelt mit dem Rauch der Kerze. Feierlich erbreche ich das Kuvert. So nennt man das. Zum Vorschein kommt ein chamoisfarbenes Blatt Papier. 150-Gramm-Qualität. Trotz Hin- und Herwenden entdecke ich keinen Text. Erst bei genauerem Hinschauen lächelt mich ein Dreizeiler an: Man könne meine Ungeduld nicht verstehen, die Angelegenheit würde sachkundig von der brasilianischen Bischofskonferenz verfolgt, man danke für mein beigelegtes Buch.

Darunter die Unterschrift. Sie ist die Krönung der Schrift. Winzig klein, mehr ein kurzes Minuszeichen als ein Buchstabe, Ausdruck respektabler Sparsamkeit, Beweis ökonomischen Arbeitens. Der Mann könnte bei mir anfangen.

Monate später kann ich Bischof Dom Aldo in Boa Vista, Brasilien, dazu befragen. Er ist Mitglied der angedeuteten Bischofskonferenz. »Nein, ein derartiges Ansinnen ist nie eingetroffen.« Ich staune über mich selbst. Solche Enttäuschungen wie die des Dom Aldo deprimieren mich nur sekundenlang. Ich lerne immer mehr, sie einzukalkulieren und zu vernützlichen. Dann blockieren sie mich nicht mit Niedergeschlagenheit, sondern verwandeln die Enttäuschung sehr schnell ins Gegenteil. Sie zünden neue Kraft und Kreativität. Sogar mein Kumpan Wut setzt in mir schöpferische Kräfte frei.

Dennoch war der Besuch in Rom nicht völlig umsonst. Das *Hamburger Abendblatt* griff die Meldung auf, andere Blätter schlossen sich an. So waren die Yanomami erneut im Gespräch. Und ich komme vielleicht in den Himmel. Hoffentlich nicht ins schwarze Loch!

Zu einer ganz anderen Aktion werde ich in den Achzigerjahren beim Lesen des *Hamburger Abendblattes* inspiriert. Brasilien hatte sich bei der Weltbank um viele Millionen Dollar Entwicklungshilfe beworben. Grundstücke als Sicherheit kann ein Land der Bank dafür nicht anbieten. Sonst gehörte ihr längst die ganze Welt, einschließlich der Meere. Wohl aber kann ein Land punkten mit einer soliden demokratischen Verfassung. Und die hat Brasilien vorzuweisen. Darauf kann das Land stolz sein.

Wenige Wochen zuvor waren Wolfgang Brög und ich heimgekehrt von unserer Undercover-Reise als Goldsucher. Jetzt ist er damit beschäftigt, den Film zu schneiden. Das ZDF hat ihm bereits eine verbindliche Zusage gegeben. Spontan schicke ich einen Einschreibebrief an die Weltbank in Washington, Referat Brasilien: »Wir haben Filmmaterial, das belegt, wie Brasilien mancherorts seine Verfassung grob missachtet! Gern würden wir Ihnen den Film persönlich vorführen. Er ist im Rohschnitt fertig.« Das Wunder geschieht. Wolfgang und ich erhalten einen Termin: 1818 H Street, Washington, D.C.

Krawattenbestückt stehen wir pünktlich auf der Matte. Zwei Brasilienbeauftragte begrüßen uns und schauen sich den Film an. Ein Mann und eine Frau. Es ist besonders die Frau, die entsetzt ist. »Das ist ja tatsächlich das Gegenteil der Verfassung!«, erkennt sie. Und nach einer kurzen Pause des Nachdenkens hat sie eine brillante Idee. »Gut, dass der Film noch nicht gesendet wurde! Wenn man das alles gesehen hat, dann sollten Sie im Nachspann des Films als Erstes drei oder vier der wichtigsten Paragrafen des Indianerrechts über den Bildschirm laufen lassen.« Das lässt sich Wolfgang nicht zweimal sagen.

Aus der brasilianischen Verfassung, Artikel 234:

Die Indianer werden anerkannt in ihrer sozialen Struktur, ihren Sitten, Sprachen, Glauben und Traditionen sowie in ihren Rechten an den traditionell von ihnen bewohnten Gebieten.

Es obliegt dem Staat, diese Gebiete zu markieren, zu schützen und alle ihre Güter zu respektieren.

Den Indianern steht das ausschließliche Recht an der Nutzung der Bodenschätze und des Reichtums der Flüsse und Seen in ihren Gebieten zu.

Psychologisch verleiht der Abspann dem Film eine ganz besondere Wirkung. »Goldrausch in Amazonien« erhält die Primetime, 20 Uhr. Greenpeace darf kostenlos (!) 1000 Kopien davon in alle Welt verteilen. Er läuft mehrfach im brasilianischen Fernsehen. Jede Indianerkommune besitzt eine Kopie. Die proindianische Lobby wächst. Für die Goldmafia werden wir zu Feinden. Wir müssen vorsichtiger werden.

Das Ende der Bedrohung für die Indianer lässt dennoch weiter auf sich warten. Bis zum Sommer 2000. Da geht die Nachricht um die Welt: »Die Yanomami erhalten einen akzeptablen Frieden!« Die in der Verfassung des Landes festgeschriebenen Indianerschutzgesetze sind noch einmal aktualisiert und bekräftigt worden. Den Goldsuchern wird der Nachschub abgeriegelt. Wenn jetzt noch ein Flugzeug erwischt wird, das ins Gold fliegt, wird es beschlagnahmt. Schnell ist der Spuk beendet. Und wie hatte die Mafia noch verlauten lassen? »Man kann Völkerwanderungen wie die der Goldsucher nicht aufhalten.« Man kann.

Dieser Friede ist aber keineswegs die Folge meiner Aktionen. Sie waren lediglich ein weiterer Tropfen, der geholfen hat, das Fass zum Überlaufen zu bringen. Meine wechselnden Mitstreiter und ich waren nur diejenigen, die kontinuierlich Bildmaterial und Augenzeugenberichte für den Kampf der brasilianischen Menschenrechtler herbeigeschafft haben. Der Sieg ist vielmehr ihr Sieg.

14. Dreikampf in Australien

»Es kommt nicht darauf an, wie alt man wird,
sondern wie man alt wird.« Carl Christian Ochsenius

Die Idee begeistert mich augenblicklich. Sie stammt von Ulrich Krafzik, dem Macher des ersten Filmes über die zweite meiner Yanomami-Expeditionen.

»Kannst du dir einen Wettmarsch über 1000 Kilometer durch Australien vorstellen zwischen drei Menschen ganz unterschiedlicher Lebensprägung?«

»Hey«, sage ich, »welch blöde Frage. Na klar!« Ich spüre, dass er etwas Besonderes ausgebrütet hat.

Schnell wird er konkreter. »Ich denke an einen Hochleistungssportler, an einen Survivalisten und einen Aborigine. Jeder geht auf parallelen Routen allein durchs Outback. Abstand voneinander ein paar Kilometer. Jeder darf mitnehmen, was er für wichtig hält. Aber er darf nichts kaufen und keine fremde Hilfe annehmen. Traust du dir das zu?«

Ich traue mich. Abgesehen von der persönlichen Herausforderung ist es für mich auch eine weitere Gelegenheit, das Thema Survival jetzt im Jahr 1996 noch einmal ins Gespräch zu bringen. Das Risiko zu verdursten ist gleich null. Zwar muss man sich um sein Wasser selbst kümmern. Aber notfalls wäre da irgendwo das Kamerateam, von dem jeder der drei Teilnehmer in mehr oder weniger großer Entfernung begleitet wird. Und das kann sich keinen Toten leisten. Survivalisten-Psychologie.

Ulrich hat schnell einen TV-Partner gefunden. Er hat sogar schon einen Titel für den Marsch: »*The Human Race*«. Ein passendes Wortspiel mit dem Wort *race* für Wettrennen und Rasse.

Je näher der Termin rückt, desto nervöser werde ich. Schließlich will ich nicht aufgeben müssen. Ich beschließe, das Marschgebiet vorher zu erkunden. Gibt es genügend Wasser? Findet man genug *bush tucker*, also essbare Pflanzen? Oder muss ich wieder von der Körpersubstanz leben? Kann ich mein Trinkwasser in einem Karren hinter mir herziehen?

Ich fliege nach Perth und melde mich bei der Army. Der Survival-Ausbilder dort findet unser Vorhaben interessant. Er empfiehlt mir spezielle Bücher über australisches Busch-Survival. »Du hast Durst und suchst eine Wasserstelle? Dann beobachte die Tauben: Wenn sie abends hoch in der Luft fliegen, sind sie auf Wassersuche. Das ist aber noch kein Hinweis auf Wasser. Erst wenn sie schwer und dicht über dem Boden fliegen, dann kommen sie auf direkter Linie mit wassergefüllten Bäuchen von den Wasserstellen.«

Unser Wettlauf kann beginnen. Start ist der Wolf Creek Crater in Nordwest-Australien. Von dort sind es 600 Kilometer bis zur kleinen Hafenstadt Windham im Norden. Alles karge Buschwüste, heiß und trocken. Wir haben exakte Landkarten.

Wir sind drei Teilnehmer. Da ist der US-Amerikaner Dave. Seine Stärke ist der Ultramarathon. Mehrere Hundert davon hat er schon bestritten. Oft als Bester. Seine Schwäche: Er hat von Survival keine Ahnung. Das macht ihn nervös, und Nervosität kostet Extrarationen Wasser. Seinen Bedarf schleppt er für die ersten anderthalb Wochen im Rucksack mit sich. Das wird ihn in die Knie zwingen.

Für mich plane ich einen Tagesbedarf von zehn Litern ein. Erst nach zehn Tagen werden wir jeder auf einen Bach treffen, dem wir folgen können. Hundert Liter Wasser schleppt niemand durch eine holprige Landschaft. Deshalb meine Idee: Ich transportiere das kostbare Nass in einer schmalen, zweirädrigen Aluminiumkarre hinter mir her. Karre statt Rucksack. Wo ich durchkomme, schafft es auch die Karre. So kann ich die Wasserlast mühelos mit dem kleinen Finger managen.

Der dritte Mann im Bunde ist der Aborigine. Er soll nach Ureinwohnerart das Land durchqueren. Wie er das macht, bleibt ihm überlassen.

Leider ist er nicht pünktlich. Nach einer Stunde vergeblichen Wartens fragt der Regisseur einen alten Ureinwohner, der uns kuriose Gestalten wortlos schon eine ganze Weile beobachtet. »Weißt du, wann der junge Mann deines Volkes kommt, der bei dem Rennen mitmachen wollte?«

Der Alte guckt irritiert. »Der junge Mann? Der steht vor euch. Ich bin es, der hier mitgeht. Ich frage mich schon die ganze Zeit, wann es denn endlich losgeht.«

Die Filmfritzen denken an einen Scherz. »Du? Du willst mitgehen? Wie alt bist du denn?«

»Wie alt? Wir zählen die Jahre nicht. Man ist so alt, wie man sich fühlt. Ich fühle mich gut.«

Da beim Film alles seine Ordnung haben muss, wird sein Alter geschätzt. »Er ist 75«, entscheidet der Chef. Auf mich wirkt die Schätzung eher geschmeichelt. Von den Gesichtsfalten her ist der Mann kurz vor 100. Sie sind sein Markenzeichen.

»Wo ist denn deine Ausrüstung?« Ratlose Blicke allerseits.

»Da!«

Der Alte, er nennt sich Jack, deutet auf einen kleinen Leinenbeutel. Er ist prall gefüllt. Faltenlos. Aber mehr als zwei Liter fasst er nicht. Sonst gibt es nichts, so weit das Auge reicht. Außer einem einfachen Hemd und einer Hose am Leib.

»Damit kommt er niemals lebend durch«, wird hastig entschieden. »Wir besorgen ihm einen Rucksack. Er braucht einen Schlafsack, einen Topf, einen Kocher, und er braucht ein paar anständige Stiefel. Der Mann kann doch nicht in seinen Autoreifensandalen durch das widerliche Spinifexgras gehen.«

»Und er braucht ein großes Messer«, befindet der Zweit- oder Drittchef.

So geschieht es. Das neue Equipment verunstaltet den Mann. Er wird zur wandelnden Reklamefigur und fühlt sich spürbar unwohl. Seine Ausrüstung baumelt und klappert an ihm herum.

Es geht los. Jeder ist aufgeregt. Wir »Weißen« schwitzen. Nur der Alte bleibt trocken. Er ist an das Klima gewöhnt. Dann verabschieden wir uns und gehen getrennte Wege. Jetzt spricht nur noch die Landkarte mit uns.

Mein Wägelchen bewährt sich fantastisch. Ich komme optimal voran. Als Nahrung habe ich das bewährte Müsli der Eigenmarke dabei. Außerdem ein Feuerzeug, Angelhaken, eine Aluminiumfolie als »Matratze«.

Uli gibt mir manchmal einen vertraulichen Zwischenbericht. »Der Alte ist verschwunden. Er hat seinen Rucksack einfach weggeschmissen. Er wird vom Hubschrauber gesucht. Und Dave ist zusammengebrochen, er hatte nachts Halluzinationen, er wollte aufgeben. Sie haben ihm gesagt, er würde sich und die USA blamieren«, verrät Uli weiter. Die australischen Regisseure geraten in Panik. Mit Dave und seinem Erfolg steht und fällt der ganze Film für sie. Denn der Hauptsponsor sitzt in den USA. Der nähme den Film nicht, wenn Dave schlecht dastünde. Das erfahre ich jetzt. So nebenbei. Und ich Naivling war in der Hoffnung angetreten, dass es ein ehrlicher Dreikampf würde.

Kurze Sätze, die zumindest Abwechslung in den Marsch bringen. Sie sind mein tägliches Frühstück. Uli kann nichts ändern. Er ist selbst nur Angestellter, auch wenn die Idee zum *Human Race* von ihm stammte.

Es erübrigt sich, mich in Details zu verlieren. Es geht um das Finale. Morgen müsste ich in Windham eintreffen. Uli will mir einen Schock ersparen. »Du, sei morgen nicht enttäuscht. Der Alte sitzt seit drei Tagen auf einem Stein und wartet auf euch. Er will nicht gewinnen.« Und so ist es tatsächlich! Dave und ich kommen ungefähr zur gleichen Zeit an. Und da sitzt der alte Jack und steckt sich gerade eine Heuschrecke in den Mund.

Wir stehen wie lebende Fragezeichen vor ihm. »Ich will nicht gewinnen«, klärt er uns auf. »Worauf soll ich mir denn was einbilden? Gewinnen gegen Fremde in meinem Land? Da müsste ich mich ja schämen. Macht das unter euch aus.«

Dave und ich schauen uns an. Ohne ein Wort sind wir einer Meinung. Worauf wollen denn wir uns was einbilden, wenn der Alte verzichtet?

Die drei Regisseure sitzen zur Krisenkonferenz in einem Schatten. Schnell haben sie die Lösung. »Hört zu! Das verstößt gegen die Idee des Films. Wir brauchen einen Ersten, einen Zweiten und einen Dritten. Stellt euch hier mal in einer Linie auf. Von hier sind es noch genau sieben Kilometer bis zum Ziel. Wenn wir sagen *los!*, dann lauft ihr die letzte Strecke um die Wette.«

Dave und ich schauen uns an. Wir sollen jetzt mit dem fairen Alten um die Wette laufen? Nur damit Dave gewinnt?

»Wisst ihr was?«, schlage ich den beiden Kameraden vor. »Wir haken uns unter und gehen die sieben Kilometer in aller Ruhe *gemeinsam* ins Ziel. Ich finde, das wäre für den Film zwar ein ungeplantes, aber ein menschlich wunderbares und viel besseres Ende!«

Dave ist sofort einverstanden, Jack ist es eh egal, und die Filmfuzzies sind sauer. Sie stottern immer dieselbe Vokabel. »*Breach of contract!* Vertragsbruch!«

Aber das verfängt bei mir nicht mehr. Ich bin mittlerweile immun gegen diese Parole, denn der Verdacht, dass *sie* es sind, die den Sieger unter sich ausmachen, war immer deutlicher geworden. Ich wurde für Filmsequenzen hin- und hergeschickt, verlor Zeit. »Wir brauchen einfach noch mehr gute Bilder«, hieß es dann. Auf diese Weise ließ sich der Film in jede Richtung manipulieren.

Von all dem Gejammer unbeeindruckt, erreichen wir die Ziellinie, ein Flatterband auf der Hauptstraße von Windham. Direkt davor bleiben wir stehen. Ich deute auf den Alten und sage: »Bitteschön! Alter vor Jugend.«

Der Human Race — *gemeinsamer Zieleinlauf mit Jack*

Der Alte ist irritiert. »Nein, nein, Ausländer vor Inländer.«

Ein schöneres, ein edleres Ende hätte ich mir gar nicht vorstellen können.

Der Alte ist der Sieger. Unangefochten. Für ihn war der Marsch ein Spaziergang durch den Hausgarten. Er kannte sein Land, er war an das Klima gewöhnt. Er konnte bis spät in die Nacht marschieren, er hatte kein Gepäck. Nur für Filmdrehs hatte man ihm den wiedergefundenen Rucksack immer wieder aufgeschnallt und ihn dann mit dem Auto spazieren gefahren.

Die größte Ehre wurde dem Alten nach der Filmausstrahlung zuteil. Senator Alan Eggleston von der Regierung des Bundesstaates Westaustralien verlieh unserem Jack einen neu ins Leben gerufenen Menschenrechtspreis – einen Preis für Unbesungene Helden. Er wird seitdem jährlich verliehen an Menschen wie unseren Jack, die mit gutem Beispiel vorangehen, um das Missverhältnis zwischen Ureinwohnern und Nachsiedlern zu verbessern. Der Senator: »Er hat uns außerdem gelehrt, dass Siegen auch dann möglich ist, wenn das Alter eigentlich dagegenspricht.«

Danke, Jack, das muss ich mir merken. Schließlich bin ich Jahrgang 1935.

15. Bedrohungen durch Goldsucher

»Man muss die Zukunft als Chance begreifen,
statt sie als Bedrohung zu empfinden.«

Wolfgang Konatka

Die meisten Expeditionen zu den Yanomami habe ich mit Christina Haverkamp unternommen. Uns verbindet viel. Nicht nur die Freundschaft und der gemeinsame Kampf. Es ist das Durchhaltevermögen, die übersprudelnde Kreativität, die Fähigkeit, im Falle der Gefahr ohne Zögern auf Hab und Gut zu verzichten und der Flucht den Vorrang zu geben. Ohne alles, nur noch mit der geretteten nackten Haut. Ich habe so viel erlebt bei meinem Einsatz für die Yanomami, dass es fünf Bücher füllte.

Zum Beispiel bei dem Versuch, das Unrecht für die Öffentlichkeit festzuhalten. Ein Buschflugzeug hatte Christina und mich für je fünf Gramm Gold mitgenommen in den Wald und an der westlichsten Landepiste abgesetzt. Von dort wollten wir zur vordersten Front der Goldsucher, um neue Bilder zu machen, die die Konflikte zwischen Ureinwohnern und Eindringlingen dokumentieren.

Der Flug ist beunruhigend. Vom Urwald ist nichts zu sehen. Schwarze Regenwolken liegen wie eine undurchsichtige Wolldecke über ihm. Christina ahnt meine Gedanken. »Solange der Pilot so hoffnungsvoll am Steuer sitzt, müssen wir uns keine Sorgen machen. Er scheint solches Wetter gewöhnt zu sein.«

»Dein Wort in Gottes Ohr! Gleich streifen wir die Baumspitzen. Oder wir krachen vor einen Berg. Der Wald ist voll mit abgestürzten Maschinen. Bis zum Moment der Abstürze waren deren Insassen auch alle voller Hoffnung.«

»*Vou pousar*«, unterbricht uns der Pilot. Er will runter. Na denn. Wahrscheinlich hat der Mann Röntgenaugen. Er durchstößt die schwarze Wolkenmasse, und haargenau unter uns liegt die Landepiste! Fast im selben Moment berühren die Räder den Sand. Das war haarscharf. Die Piste ist auffallend kurz. Er muss hart bremsen. Zum Glück verläuft sie etwas bergan. Das hilft. »Das hilft auch beim Start. Dann kriege ich schneller das erforderliche Tempo«, lacht der Pilot.

Am Pistenrand warten schon zwei *garimpeiros*. Sie wollen heim. Der Pilot wuchtet unser Gepäck aus der Maschine, geht kurz pinkeln und wendet zum Start. Dann ist er fort. Wir sind allein. Weit und breit keine einzige Behausung. Solch eine Piste haben wir noch nie gesehen. Die Situation ist unheimlich. Sie wird verstärkt durch die dunklen, tief liegenden Wolken.

Wir lassen unser Gepäck stehen und schauen uns um. Es gibt drei deutlich erkennbare Wege. Der eine verlängert die Landebahn hangabwärts, der andere hangaufwärts. Der dritte geht am Ende der Landebahn rechts ab. Dort, wo wir ausgestiegen sind. Den nehmen wir. Nach 200 Metern erreichen wir einen Lagerplatz mit Resten von Feuern, leeren Dosen, Plastikmüll. Eine verfaulte Baumwollhängematte. Ein zerschossener Benzinkanister. Stark frequentiert scheint der Platz nicht zu sein. Während Christina Feuer macht, hole ich das Gepäck nach. Ein unhandlicher Sack enthält nichts als Geschenke für die Indianer. Das sind Messer, Tabak, Salz, Angelhaken, Sehnen, Medikamente. Im Grunde eine Fehlplanung, denn wir hatten an der Landepiste die üblichen Baracken erwartet mit Menschen und Helfern. Für das persönliche Hab und Gut hat jeder nur einen großen Weithalskanister, den wir mit Tragegurten zum Rucksack umfunktioniert haben. Das Feuer knistert vielversprechend und beruhigt.

»Kannst du mir mal meine Hängematte aufhängen? Ich fühle mich nicht gut. Ich habe Fieber.« Christina torkelt und stützt sich gegen einen Baum. Eben schien sie noch fit. Ein Thermometer haben wir nicht. Ich lege eine Hand gegen meine, die andere gegen ihre Stirn. Der Temperaturunterschied ist erschreckend. Sie glüht regelrecht. Christina hat Malaria, wird mir bald klar.

Als es dämmert, kommt ein Goldsucher aus dem Dickicht. »*Boa tarde!*«, grüßt er, »Guten Abend!« Wir sind beruhigt. Wir sind also nicht vollkommen allein. Das lindert die Beklommenheit. Er wird uns sagen können, wie wir zu den Goldsuchern gelangen. Mein erster Gedanke: Der sieht aus wie Arved Fuchs, Polarforscher und Freund. Christina blinzelt aus ihren müden Augen. »Du hast recht.« Ich übertrage mein Vertrauen, das ich zu Arved habe, auf den Mann. Das ist voreilig, wie sich schnell herausstellt. Mit den Augen tastet er unser Gepäck ab. Aber das ist normal. Das machen wir ja auch.

»Wir sind Malariahelfer aus Boa Vista«, erklären wir ihm. Auf unseren Hemden prangt der selbst gemachte Aufnäher mit unserem Logo: ein markantes grünes Kreuz auf gelbem Grund, angelehnt an das Logo des Internationalen Roten Kreuzes. Darauf hockt eine große Malariamücke. Ihr Stachel sticht nach unten in das Kürzel COMA. Darunter wird es erklärt: COntra MAlaria. Auf das Design bin ich heute noch stolz. Werbefirmen würden dafür ein Schweinegeld kassieren. Ich habe es umsonst gemacht. Dort im *garimpo*, dem Goldgebiet, ist es unsere Eintrittskarte und Lebensversicherung. Es weist uns als Mitarbeiter des Gesundheitsdienstes aus. Keiner hat uns bisher je nach irgendwelchen anderen Legitimationen gefragt. Auch nicht die Bosse an den Pisten.

Und auch der Mann hier nimmt das Abzeichen zur Kenntnis. »Ihr seid im Einsatz gegen Malaria?«

»*Sim*«, bestätige ich. »Und genau jetzt hat sich Christina selbst eine Malaria eingefangen. Wir sind offenbar keine überzeugenden Malariahelfer.«

Ich mache einen auf locker-flockig. Routiniert nestle ich Cloroquina-Tabletten aus dem Gepäck und flöße sie ihr mit einem Becher Wasser ein. Die Stirn kühle ich mit einem feuchten Tuch und fächle ihr Luft zu.

Es stellt sich heraus, dass »Arved Fuchs« genau denselben Weg gehen will wie wir. Zu den vorgeschobensten Goldgruben. Der Front. »Schade«, bedaure ich. »Wahrscheinlich müssen wir aber noch ein paar Tage hierbleiben. Bis Christina wieder fit ist. Sie kann in diesem Zustand unmöglich ihr Gepäck tragen.«

Der Mann erweist sich als Kumpel. »Ich habe ja nicht so viel, Christinas Gepäck kann ich übernehmen. Außerdem ist es für Christina besser, weiterzugehen, weil es dort viele Menschen und Hilfe gibt. Hier ist es zu einsam und unsicher.«

Christina ist auch am anderen Morgen nicht fit. Zwischendurch hat sie Schüttelfrost, das andere Indiz für Malaria. Und jetzt schwitzt sie wieder.

»Wenn ich einen Vorschlag machen darf, dann lassen wir den schweren Sack erst einmal hier. Den holen wir später nach«, rät »Arved«. Kurzerhand schnappt er sich den Sack, schleppt ihn hilfsbereit querab vom Lager ins dichte Gebüsch und tarnt ihn gut mit Zweigen. Dann schnallt er sich Christinas Kanister auf den Rücken, obenauf seine eigenen wenigen Utensilien, und ab geht's.

Wir gehen im Gänsemarsch. Er vorn, Christina in der Mitte, ich hinten. Es regnet Bindfäden. Der Weg ist die reinste Matschsuppe und führt zunächst wieder zur Piste. »Arved« biegt nach rechts ab in den Wald. Auch dort eine sichtbare Matschpiste. Man rutscht aus und muss ständig die Balance wahren. »Arved« legt einen strammen Schritt vor. Christina fällt gleich zurück und muss schon nach 100 Metern pausieren. Ich bleibe in ihrer Nähe.

»*Garimpeiro*, warte! Christina kann nicht so schnell«, schreie ich. »Arved« bleibt stehen, bis Christina den nächsten Versuch wagt. »Macht euch keine Sorgen. Ich gehe ein Stück voraus. Dann stelle ich das Gepäck ab, komme zurück und trage Christina. Mit so viel Gepäck so langsam zu gehen kostet unnötig

Kraft«, erklärt er seinen Eilmarsch. Schon wieder ist er weit vorn. Der Junge denkt mit. Welch ein Glück, solch einen umsichtigen und hilfsbereiten Brasilianer zu treffen!

Er entschwindet. Christina schleppt sich weiter. Bei jedem Schritt scheint der Lehm ihr die Füße festhalten zu wollen. Trotz lauten Rufens – von »Arved« kein Lebenszeichen. Er bleibt verschwunden und mit ihm Christinas Gepäck. Uns schwant nichts Gutes. Christina wird fast gesund vor Ärger. Ich will sie aufmuntern. »Vielleicht ist Ärger ja überhaupt *das* Malariamittel. Das sollte man mal wissenschaftlich auswerten. Bleib am besten jetzt hier sitzen und ruh dich aus. Ich werde im Eilschritt hinter ihm herflitzen.«

Seine Strategie ist mir wirklich ein bisschen zu viel Hilfsbereitschaft. Ich spurte los. Der Weg ist deutlich. In dem klatschnassen Lehm sind viele Spuren. Alle sehen frisch aus. Ist er hier wirklich entlanggegangen? Ich schaue genauer hin. Ja, er ist hier gegangen! In einem der tiefen Fußabdrucklöcher läuft ganz langsam, aber deutlich Wasser nach, während die anderen randvoll sind. Ich erhöhe mein Tempo. Ich rufe. Nach einer Stunde der Verfolgung sorge ich mich nicht mehr ums Gepäck, sondern um Christina. Es ist riskant, sie so hilflos warten zu lassen. Nicht jeder Goldsucher ist so nett wie »Arved«. Aber ich muss mir eingestehen: Der Junge ist ganz offensichtlich mit dem Gepäck durchgebrannt. Wir haben die Arschkarte. Ich beschließe umzukehren. Auf halber Strecke gabelt sich der Weg. Eine spitzwinklige Abzweigung in Marschrichtung. Beim Herweg habe ich sie gar nicht wahrgenommen, weil mein Blick nur nach vorn gerichtet war. Und während ich noch überlege, welchen Weg ich einschlagen muss, sehe ich Christina! Sie hockt vor einem Baum. Es ist nicht die Stelle, an der ich sie verlassen habe.

»Setz dich mal her«, sagt sie apathisch. Sie streckt ihren Arm in Richtung Dschungelgrün. »Da steht mein Kanister!« Ich bin fassungslos. »Als du nicht mehr zu sehen warst, bin ich dir ganz langsam gefolgt. Dabei sah ich diesen schmalen Pfad. Er scheint zum Lager zurückzuführen, diagonal durch das Dickicht. Und genau an dieser Stelle brauchte ich eine Pause, und was sticht mir da ins Auge? Mein Gepäck! Das Miststück hat es dort versteckt. Aber jetzt glaube ich wieder an Fügungen.«

Mehr Zufall, mehr Glück geht wirklich nicht. Ich überzeuge mich zum wiederholten Mal davon, dass mein Revolver schussbereit unterm Hemd steckt. Wir fühlen uns beobachtet. Ganz langsam gehen wir den schmalen Weg weiter, und tatsächlich kommen wir auch auf dem Spitzwinkelweg zu unserem alten Lagerplatz zurück. Aufatmen. Ich spanne als Erstes Christinas Hängematte. Sie braucht Ruhe.

»Ich wette, unser Sack mit den Medikamenten und Geschenken ist auch weg«, wahrsagt sie, und ich halte nicht dagegen, denn wir spüren beide, dass es so sein wird. Und wir behalten recht. »Arved« hat Christinas Kanister versteckt, ist auf diesem schmalen Diagonalweg zurückgeeilt, hat sich dann auch den Sack geschnappt und ihn woanders versteckt. Jetzt wird er gerade feststellen, dass der Kanister nicht mehr da ist. Uns wird auch klar, dass er uns umschleichen wird, dass er womöglich Kollegen hat und wir keine Chancen haben gegen die unsichtbare Gefahr. Christina ist nach wie vor so schwach, dass ihr Revolver sie an der Hüfte zwischen nassem Ober- und Unterhemd wundscheuert.

Wir müssen zurückfliegen. Da sind wir uns einig. Christina muss sich auskurieren, wir müssen das gestohlene Gut neu beschaffen. Dann werden wir den Einstieg an anderer Stelle probieren. Die Nacht ist dunkel. Jedes Knacken könnten »Arved« und seine Mannen sein. Den einzigen Trost bietet das glimmende Feuer. Aber es verrät uns auch.

Am nächsten Morgen verlegen wir das Lager an die Piste. Die Wolken haben sich verzogen. Immer noch kein Mensch. Gegen elf Uhr hören wir eine Maschine. Der Pilot überfliegt absichtlich flach die Piste. Wir winken wie die Wilden. Die Maschine reagiert. Sie fliegt davon. Das Unfassbare geschieht auch an den anderen beiden Tagen. Alle Flugzeuge kommen auf

Sichtweite runter, nehmen unser Winken zur Kenntnis und drehen ab.

Viel später erfahren wir, dass jede Piste einen Landecode hat. Die Goldsucher kennen ihn. Wir nicht. Sonst hätten wir den Piloten, der uns hergebracht hat, danach gefragt.

Der Code an dieser Piste sieht so aus: Der heimkehrwillige Goldsucher steht am Ende der Piste, dort, wo die Maschinen zum Stillstand kommen. Vor sich platziert er den zerschossenen Benzinkanister. In der Hand hält er seine Flinte oder einen dicken Stock. Den hebt er dreimal waagerecht in die Höhe. Wer den Code nicht kennt, könnte ein Bundespolizist sein. Die sind nie allein und könnten für Buschpiloten gefährlich werden. Da fliegt man lieber weiter. Auch wenn einem damit fünf Gramm Gold verloren gehen.

Christina ist wieder ganz gut auf dem Damm. Zum Glück. Ihre Anfälle hielten nicht lang an. Man kann's nicht leugnen: Wir sind eben gute Malariahelfer. Ehe wir noch weitere Zeit mit Warten vergeuden, beschließen wir, uns zu Fuß auf den Weg zu machen. Wir folgen der alten Regel: bergab, bis ein Bach kommt, und ihm folgen. Alle Bäche werden zu Flüssen, alle Flüsse enden im Amazonas. Und weit vorher wird man auf Siedler stoßen.

Leider ist das Wasser hier in den Quellgebieten zu kalt, um sich auf den Kanistern darin treiben zu lassen. Wir laufen. Es ist ein harter Marsch. Überall wittern wir Gefahren. Geschlaucht, aber glücklich entdecken wir nach zwei Wochen am Ufer zwei große Holzkanus. Und dann, etwas abseits vom Fluss, ein großes Blockhaus mit diversen Nebengebäuden. Das hier mitten im Wald, fernab jeder Zivilisation! Alles ist top in Schuss. Überraschung pur. In Drahtgehegen streiten sich Scharen von Hühnern um Körner, die ihnen von einem Mann hingestreut werden. Man hört Musik, eine Kreissäge kreischt ihre Melodie. Eine Kostprobe der Zivilisation.

Beim Nähertreten entpuppt sich das Anwesen als Wohnhaus mit Laden, Restaurant und Hängematten-Hotel. Davor verkündet ein unübersehbares Schild am Ufer: *FUNAI, AREA INDÍ-GENA, Proíbido a invasão*. Die Grenze des »Schutzgebietes« der Yanomami, »Zutritt verboten«. Hier endet oder beginnt es. Je nachdem, in welche Richtung man sich bewegt. Unter dem Staatsschild verrät ein schlichtes Brett *»Fazenda Ourora«*.

Eine resolute Frau hat uns entdeckt. *»Bem-vindo!«,* schreit sie und stellt die Kreischsäge ab. »Ihr habt sicher Hunger! Mögt ihr ein Omelett? Oder ein Hähnchen?« Das sprudelt sie alles in einem Satz raus, ohne uns zu kennen, ohne es abzulesen.

Bei Gott, die Frau muss eine Hellseherin sein. Oder sie ist die Star-Verkäuferin des brasilianischen Gaststättenverbandes. Wir nehmen die Einladung ohne Überlegung an. Wir sind im Paradies gelandet, und sie ist die Chefin. Das muss sie nicht sagen. Ihre Haltung spricht für sie. Sie strahlt Selbstsicherheit und Vitalität aus. Senhora Ourora kauft und verkauft Gold. Sie ist die erste Anlaufstelle für die unzählbaren *garimpeiros* im Wald. Deshalb heißt sie unter den Glückssuchern *Ourora,* die *Goldene.*

Gerade kommt wieder ein *garimpeiro* angehumpelt. »Na, hast du wieder Diamanten für mich?«, begrüßt sie ihn mit kräftigem Handschlag. Aha, sie handelt sogar mit Diamanten!

Der Mann nickt. *»Einen!* Bestimmt 25 Karat. Ich will ihn aber nicht verkaufen. Ich nehme ihn mit in die Stadt. Da kriege ich mehr.«

Sein Diamant ist noch mit Spuren von Gestein behaftet. Das bringt Gewicht, aber kein Geld. Ourora *über*bewertet offenbar das Gestein und *unter*bewertet den edelsteinernen Teil. In der Stadt kann der Goldsucher beim Entfernen des Gesteins dabei sein. Diesen Luxus kann Ourora dem Mann nicht bieten. Allerdings ist es bis Boa Vista auch sehr weit. Man fährt eine Woche mit dem Boot, bevor erste Siedlungen auftauchen. Und genauso weit ist der Rückweg. Die Kosten würden den etwaigen Gewinn gleich wieder auffressen. Ourora zittert vor Neugier, holt ihre kleine Goldwaage aus der Schublade, legt den ungesäuberten Mini-Diamanten in die eine Waagschale. Aus einem Lederbeutel zaubert sie Gewichtssteine. Einer sieht aus wie der andere. Sie erinnern mich an die Samen von Stangenbohnen. Damit wiegt sie den Winzlingsfund des Mannes in der anderen Waagschale auf.

»Das sind genau 35 Körner, also sieben Gramm, mein Freund. Aber die Hälfte deines Fundes ist nutzloser Stein. Bleiben übrig: 17 Karat, dreieinhalb Gramm. Die würde ich dir auch bezahlen, falls du lieber direkt an deinen Fundort zurückkehren willst, statt den weiten Weg nach Boa Vista auf dich zu nehmen.« Der Mann lässt sich erweichen. Wir dürfen den Stein nun sogar anfassen.

Wir möchten wissen, was das für ungewöhnliche Gewichtssteine sind. »Kennt ihr die nicht? Das sind die Samen des Johannisbrotbaumes. Jedes Korn wiegt exakt ein Karat, 200 Milligramm. Sie sind immer und alle haargenau gleich. Fünf Stück sind ein Gramm.« Wir staunen. Nachhilfeunterricht im Dschungel.

Es gibt noch viele Gründe, über Senhora Ourora zu staunen. Vor allem aber beeindrucken uns der extrem abgelegene Wohnort und ihr *restaurante*, das sogar in Boa Vista eine Attraktion wäre. Weit und breit, über mehr als 100 Kilometer hinweg, gibt es hier kein weiteres Haus. Die Frau ist eine Institution. »Hast du keine Angst, ausgeraubt zu werden?«, wollen wir wissen. Sie scheint eine lebende Goldgrube zu sein. Sie pocht auf ihren gewandähnlichen Umhang. »Ich habe immer meinen 38er Revolver am Leib. Und ich bin nicht allein. Ich habe zwei Männer, die mir bei der Arbeit helfen und mich beschützen.« Dabei deutet sie auf zwei kernige Gestalten, die gerade Baumstämme in Bretter verwandeln.

Wir sitzen am Ufer des Flusses und genießen diese unerwartete Rettung. Mit einem der Boote werden wir weiterfahren dürfen, sobald sich eine Gelegenheit ergibt. Dann endet wieder eine unwiederbringliche Abenteuerphase, und eine neue hat die Möglichkeit, sich zu entfalten. Langeweile wird es in unserem Leben nicht geben.

Oben in den Bergen muss es sehr heftig geregnet haben. Ganze Inseln aus Baumstämmen, Geäst und Schilf treiben zügig flussabwärts.

Sie erinnern mich an eine Situation, in der ich ähnlich verzweifelt im Goldgebiet war. Damals war ich allein. Dass sich die Goldsucher plötzlich anders als gewohnt verhielten, hatte mich misstrauisch gemacht. Sie mieden das direkte Gespräch, sie tuschelten miteinander, und ihre Blicke wandten sich abrupt ab, wenn sie den meinen begegneten. Aus der Baracke des Pisten-Bosses vernahm ich aufgeregte Funkgespräche und manchmal das Wort »Alemão«. In meinem Inneren löste das eine Höchstalarmstufe aus. Ich musste auf der Stelle verschwinden. Jemand musste mich wiedererkannt haben von einem der Filmbeiträge, die in Brasilien mehrfach gelaufen waren.

Es war später Nachmittag. Bald würde es dunkel werden. Im Wald sogar stockdunkel. Dann allein und quer durch den wegelosen Wald zu gehen oder dem Fluss zu folgen erschien mir zu riskant. Er würde mich nur zu anderen *garimpeiros* führen. Ich käme vom Regen in die Traufe. Nur sehr vage wusste ich, wo ich mich derzeit aufhielt. War einer der Bosse gewarnt, so wie jetzt, dann waren es auch die anderen. Ich durfte niemandem begegnen, und ich musste unverzüglich handeln. Zum Glück hatte ich mein bescheidenes Lager, wie üblich, am Rand der anderen Lager aufgebaut. Es bestand nur aus einer Hängematte und dem wasserdichten Kanister. Ich legte mich in die Hängematte mit Blick zur Piste, zur Baracke. Seitlich streiften meine Blicke zum vorüberziehenden Fluss. Schwimmend wagte ich nicht, ihm zu folgen. Die flackernden Feuer an den Ufern, die relative mondbedingte Helligkeit über dem Wasser, die Männer, die dort ihre Wäsche wuschen – sie würden mich sofort entdecken. Ihre Augen waren an die Dunkelheit gewöhnt, sie besaßen Taschenlampen, die meisten waren erfahrene nächtliche Jäger. Ein Schwimmer mit Kanister würde sofort entdeckt werden. Und wie sollte ich dann meinen Aufenthalt im nächtlichen Wasser erklären?

Da half mir der Fluss! Immer wieder trieb er verschiedenes Schwemmgut vorbei. Manches wirkte wie kleine Inseln. Zügig suchten sie sich den Weg mit der Strömung flussabwärts. »Komm mit, wir bringen dich nach Hause«, schienen sie mir zuzuflüstern.

Um 19 Uhr war es stockdunkel. Die *garimpeiros* waren mit Essenmachen und Klamottenwaschen beschäftigt. Mein Schlafplatz lag im Dunkeln. Ich knotete die Hängematte betont unaufgeregt vom Baum – für den Fall, dass mich doch jemand beobachten sollte. Das bedurfte nur eines kleinen Griffes, denn sie war mit Slipsteks befestigt. Ich wusste, dass ich bis gut 200 Meter flussaufwärts niemanden antreffen würde. Dort wartete ich am Außenrand einer sanften Kurve auf Treibgut. Es dauerte nicht lange, da zog fast mit Landkontakt eine »Insel« heran. Mühelos ließ sie sich festhalten. Meinen Kanister legte ich mittig drauf. Er versank im hohen Gras. Ich war richtig stolz auf die Idee. Tragen würde mich die Insel sicher nicht. Ich musste ins Wasser und die Insel schwimmend steuern. Mein Kopf verschwand zwischen den Ästen. Ein zufälliger Taschenlampen-Lichtstrahl würde mich nicht finden.

Ich machte gute Fahrt. Ich schätzte mein Tempo auf sieben Stundenkilometer. Höchstens eine große Anakonda konnte mir jetzt noch gefährlich werden. Aber weil ich mich nicht sonderlich zu bewegen brauchte, nur festzuhalten am Grünzeug, würde sie mich wohl kaum als nahrhafte Besonderheit der Insel wahrnehmen. Vertieft in Überlegungen, was ich tun würde, wenn das oder jenes sich ereignen sollte, trieb ich wohl gute zwei Stunden auf dem Strom im Goldgebiet. Anfangs waren da noch einzelne Feuer am Ufer zu sehen, dann blieb es dunkel. Das Wasser war so ruhig, dass ich meine Gedanken abschweifen lassen konnte. Mit solch ausgiebigen Schwimmexkursionen hatte ich meine Erfahrung. Der einzige Unterschied: Die hatten tagsüber im Sonnenlicht stattgefunden und nicht getarnt durch eine Schwimminsel, sondern sichtbar und an meinen Kanister als Auftriebshilfe geklammert. Zwei seitlich angebrachte Stöcke ermöglichten mir in den Fällen, etwas mehr Distanz zum Kanister zu halten, nicht von ihm verdeckt zu werden und so einen besseren Überblick zu bewahren. Ich legte mich auf sie wie auf eine Trage.

Kaum hatte ich damals beim ersten Mal die Strommitte erreicht, als ich begann, über Piranhas nachzudenken. Das Wasser war warm. Das war ihre Heimat. Ich wusste, dass sie nur zubeißen, wenn man blutet. Oder wenn man sich hektisch bewegt, so, als wäre man verletzt. Dann fühlen sie sich zuständig. Oder aber, wenn man etwas Rotes am Körper trägt. Sie halten es wohl für Blut und machen einen Probebiss. Und wenn man dann tatsächlich blutet, spricht sich das unter Wasser herum, und die Skelettierung geht blitzschnell vonstatten. Piranha-Teamwork.

Der Gedanke erinnerte mich an eine Frau, die ich wenige Wochen zuvor kennengelernt hatte. Ein Piranha hatte ihr beim Schwimmen das rote Korallenhalsband vom Hals gebissen. Und ein Stück Hals gleich mit. Oder wie ich von einem Boot aus meine rote Zahnbürste im Fluss abspülte und nur noch den Stiel rauszog. Mit dem Bürstenteil hatte sich ein Piranha die Zähne geputzt.

Und bei solchen Überlegungen stellte ich erschreckt fest, dass ich eine rote Badehose trug. »Jetzt bloß nicht paniken oder kraulen!«, war meine antrainierte Reaktion in diesem Moment. Ruhig, aber zitternd, steuerte ich mein Kanister-Schiff an den Strand. Ich zog die Badehose aus, verstaute sie im Kanister. Weiter ging's. Und als ich nun erneut ruhig weitertrieb, fühlte ich, dass jetzt mein Penis frei und ungeschützt, um nicht zu sagen mundgerecht, im Wasser pendelte. Zack – war ich wieder am Strand. Was tun? Mithilfe eines Seils und vieler belaubter Äste kreierte ich einen grünen Lendenschurz. Und weiter ging's. Und ich lebe noch heute. Unversehrt.

Zurück zum gegenwärtigen Goldfluss. Ziemlich durchgekühlt krieche ich nach gut zwei Stunden an Land. Ich bin in relativer Sicherheit und komme mit heiler Haut davon.

Entschieden schlimmer wird es für Christina bei anderer Gelegenheit. Wir sind erfolgreich an einer Landepiste eingetroffen. Wieder ist der COMA-Aufnäher unsere bescheidene Visitenkarte. Selbst der *patrão,* der Mafiaboss, dem die Piste unterstellt ist, freut sich. »Ihr kommt gerade recht. Hier haben wir mehrere akute Malariafälle. Die Leute fehlen dann bei der Arbeit.« Christina baut routinemäßig einen kleinen Behandlungstisch auf. Demonstrativ hängt sie sich ihr Stethoskop um den Hals. Diesmal ist auch ein Thermometer dabei. Dazu kommen ihre Erscheinung und ihre Zurückhaltung. Das alles schindet Eindruck und schafft Vertrauen. Wie selbstverständlich wird sie mit *doutora*, Frau Doktor, angeredet.

Die akuten Fälle an der Piste sind in zwei Stunden abgehakt. Dann geht die *Senhora doutora* zu den Patienten in den Wald zu deren Hängematte. Kaum zurück, stehen erneut Mengen von Goldsuchern vorm Tisch, beklagen ihr Kopfweh, den Schüttelfrost, die Schwäche und schnorren Tabletten. Sie wissen genau, wie man die Krankheit simuliert. Christina hat schnell einen Blick für wirklich Kranke und die Simulanten, denen es nur um kostenlose Tabletten geht. Die vergolden sie dann bei nächster Gelegenheit teuer, wenn jemand im Krankheitsfall nur die Wahl hat, alles Gold rauszurücken oder zu sterben.

Christinas Lösung: Nur wer akut Fieber hat, erhält Tabletten. Zwar haben wir genug, aber wir wollen ja auch möglichst lange hier verweilen. Wir möchten in den angrenzenden Wald gehen und mit Indianern sprechen. Sofern noch welche anzutreffen sind. Nach zwei Wochen ist unsere Zeit um. Wir bitten den Pistenboss um einen Rückflug. Ohne seine Zustimmung kommt hier keiner raus. Wir haben Glück. Er ist uns wohlgesonnen, wir haben ihm Arbeitskräfte fit gemacht. Doch es gibt eine Einschränkung. »Wir haben das Problem, dass der Pilot immer nur eine Person mitnehmen kann. Die Landepiste ist zu kurz. Er kriegt nicht das erforderliche Tempo für zwei Personen und deren Gepäck.« Christina lässt mir den Vorrang. Sie kommt morgen nach.

Also stehe ich anderntags am Flughafen in Boa Vista und will sie abholen. »Vor Sonnenuntergang«, hatte sie mir gestern gesagt. Es landen viele kleine Buschflugzeuge. Eins nach dem andern. Insgesamt stehen hier 400. Aus allen steigen ein bis vier Passagiere. Keiner davon ist Christina. Ich fahre zurück nach Boa Vista und gehe an der Avenida da Praça Cívico in unsere Lieblingspizzeria. Da muss was schiefgelaufen sein.

Irgendwann muss ich zur Toilette. Neben mir uriniert noch jemand. Er schaut mich so eigenartig an. Beim Händewaschen blickt er sich vorsichtig um, bevor er mir geschickt und schnell einen zusammengerollten Zettel in die noch nasse Hand steckt. Mit einer kaum wahrnehmbaren Geste bedeutet er mir zu schweigen. Dann ist er raus. Ich schließe mich in einer der Kabinen ein und entrolle den Schnipsel. Sofort erkenne ich Christinas Handschrift. Die Worte springen mir förmlich in die Augen. »Werde festgehalten. Grund: Brögs Film im TV. Alarmier die Botschaft. In fünf Tagen fliehe ich sonst zu Fuß. CH.«

Eben wollte ich noch einen *café expresso duplo* trinken. Den brauche ich nun wirklich nicht mehr. Mein Herz hämmert auch ohne Koffein. Ich flitze zu Bischof Dom Aldo. Seine katholische Kirche ist ganz in der Nähe. Ich zeige ihm den Brief.

»Gut, dass Sie kommen!«, begrüßt er mich gleich. »Gestern hat man Ihren Film im brasilianischen Fernsehen gezeigt. 15 Minuten Film, plus 15 Minuten Werbung. Morgen kommt der zweite Teil und Sonntag der dritte. Die gesamte Goldmafia ist alarmiert. Ihre Identität ist nicht mehr geheim. Jeder weiß, was Sie hier wirklich wollen und dass Ihre Tätigkeit als Malariahelfer nur zweitrangig, nur Vorwand ist. Das weiß man seit gestern ganz offensichtlich nun auch an den Pisten. Der Funkverkehr funktioniert ja. Christina ist akut gefährdet. Unterschätzen Sie das nicht. Sie sollten ihre Bitte unverzüglich befolgen und die deutsche Botschaft in Brasilia anrufen.« Damit schiebt er mir sein Telefon rüber.

Nach zwei Klingeltönen nimmt schon jemand ab. Ich erkläre die Situation. Der Botschaftsangestellte reagiert vorbildlich.

»Ich stimme mit dem Bischof überein. Wir werden sofort eine Krisensitzung einberufen und handeln. Rufen Sie mich bitte in einer Stunde wieder an.«

Ich bleibe gleich beim Bischof, weil die Telefonverbindung klar und deutlich war. Pünktlich rufe ich zurück.

»Ja, wir waren erfolgreich. Die Polícia Federal, die Bundespolizei, hat den Betreibern der Piste ein Ultimatum gestellt: Morgen steht Frau Haverkamp um 17 Uhr unversehrt in Boa Vista auf dem Flughafen. Wenn nicht, wird die Polizei sie persönlich bei den Goldsuchern abholen.«

Die Bundespolizei ist bekannt für knallhartes Handeln. Das ist auch dem Pistenboss klar: Er lässt Christina frei. Sie muss nicht einmal Gold löhnen für den Heimflug.

»Lass uns das feiern gehen«, schlägt Christina vor. Das muss sie nicht zweimal sagen. Wir gehen in unsere Pizzeria und finden einen freien Ecktisch. Wir geben uns demonstrativ locker, unaufgeregt. Denn die Pizzenschmiede ist auch Treff der Goldbosse.

Von unserem Tisch aus haben wir jetzt den besten Überblick. Viele Augenpaare fixieren uns. Es ist klar, es geht um den Film, um unsere Enttarnung. Wir bleiben dennoch locker. Die Bosse sollen nicht triumphieren. Schließlich sind wir es, die Grund haben, unsere Überlegenheit betont bescheiden, aber wie selbstverständlich zur Schau zu stellen. Immerhin wissen wir die deutsche Botschaft und die Bundpolizei hinter uns. Und die Goldbosse wissen das auch.

Endlich rückt Christina mit ihrer Geschichte raus. »Ich war gerade am Kochen, da kam einer der *pistoleiros* und forderte mich auf, sofort ins Büro des Chefs zu kommen. Ich konnte kaum noch den Topf vom Feuer nehmen. Er zerrte mich vom Feuer weg. So eilig hatte er es. Ich merkte sofort, dass da etwas im Busch war.« Der Film hatte uns verraten. Man nahm Christina die Medikamente weg. Ihr Rückflug wurde gestrichen, ihr Gepäck durchsucht, der Revolver beschlagnahmt. Den hängte sich der *patrão* stolz selbst um. Seine Trophäe. »Du bleibst hier!

Was wir mit dir machen, entscheidet sich, wenn alle Teile des Films gelaufen sind. Ab jetzt bezahlst du jede Mahlzeit. Ein Gramm pro Mahlzeit. Wenn dein Geld verbraucht ist, kannst du dir was dazuverdienen. Die Männer sind schon ganz wild.« Das musste er gar nicht erst aussprechen. Die Gesichter der Umstehenden ließen nichts Gutes ahnen. Eine bunte Palette aus Hass, Gier, Häme, Schadenfreude.

Der Pilot, der sie mitnehmen sollte, war spürbar enttäuscht. »Mit vorsichtiger Mimik gab er mir zu verstehen, dass er mir helfen würde. So schrieb ich ihm den Zettel und ließ ihn, nur von ihm bemerkt, fallen. Ich konnte nur hoffen, dass er dich finden und den Brief übergeben könnte.« Fest damit gerechnet hatte sie nicht. Schon gar nicht, dass er mich gleich am ersten Abend entdecken würde. Offenbar war er mir vom Flughafen gefolgt, direkt in die Pizzeria.

Dass es wirklich brenzlig gewesen war, bestätigte sich Monate später. Als Christina mit ihrer eigenen »Amazonen für Amazonas-Expedition« in Boa Vista auftauchte, stand ihr Auto auf einem Parkplatz im Zentrum der Stadt plötzlich in Flammen. Ehe die Feuerwehr eintraf, war selbst die letzte Schraube verglüht. Nur Christina blieb cool. Sie wertete es als Zeichen glühender Verehrung durch die Mafiabosse.

Für mich war das Projekt im Jahr 2000 beendet. Die Yanomami waren nun international bekannt und erlebten Unterstützung von vielen Seiten. Unter anderem von Christina Haverkamp.

Gemeinsam haben Christina und ich den Yanomami eine kleine Krankenstation mit integrierter Schule am Rio Marauiá gebaut. Bezahlt aus eigener Tasche. Wir entsprachen damit dem Wunsch der Ureinwohner. Denn längst haben viele Yanomami erkannt, dass sie Bildung brauchen, um gegen Zukunftsgefahren besser gewappnet zu sein. Sie wollen Portugiesisch lernen, damit sie für ihre Anliegen keinen Dolmetscher benötigen. Sie wollen rechnen lernen, damit sie über ihr begrenztes Wissen hinauskommen und nicht mehr so leicht übers Ohr gehauen werden können.

Begeistert darüber, dass die Station so gut angenommen wurde, gründete Christina einen eigenen Verein: Yanomami-Hilfe e.V. Mit den Spenden ihrer Unterstützer realisierte sie noch drei weitere, zum Teil sehr große Hilfsprojekte. Das Baumaterial lieferte der Wald. Vom termitenresistenten Baumstamm über das gesägte Brett bis hin zur vorzeigbaren Krankenstation. Ihr zur Seite Ana, gebürtige Französin, vor vielen Jahren zu den Yanomami gelangt. Sie hatte sich irgendwann entschieden, dortzubleiben. Sie spricht deren Sprache, Portugiesisch und Deutsch! Als sie Schwierigkeiten bekam wegen einer dauerhaften Aufenthaltsgenehmigung, hat sie kurzerhand einen Yanomami-Mann geheiratet. Nun ist sie Brasilianerin.

Beide Frauen sind für die Yanomami zu zuverlässigen Vertrauten geworden. Sie werden sofort Alarm schlagen, wenn erneut Goldsucher eindringen. Christina hat rivalisierende Yanomami aus Venezuela und Brasilien dazu gebracht, alte Fehden beizulegen, weil nur noch Einigkeit ihnen helfen kann, die neu verbrieften Rechte bestmöglich zu sichern. Damit sie einander im Bedrohungsfall schneller helfen können, hat sie viele Dörfer mit Funksprechgeräten ausgestattet. Denn eins ist und bleibt klar: Die Habgier der Weißen wird nie versiegen. Sie lauert an allen Grenzen des Indianerschutzgebietes. Der Friede ist immer nur ein Waffenstillstand.

Christina hatte mit ihren Aktivitäten für die Yanomami ihre Lebenserfüllung gefunden. Ich suchte nach fast 20 Jahren des Engagements eine neue Herausforderung.

16. Annette

»Die Erfahrung lehrt uns, dass die Liebe nicht
darin besteht, dass man einander ansieht,
sondern dass man gemeinsam in die gleiche
Richtung blickt.« Antoine de Saint-Exupéry

Ich lerne Annette kennen. Es geschieht bei einem Vortrag in Offenburg. Ausverkauftes Haus. Mein Projektor, also anno dazumal, ist aufgebaut. Der fünf Meter lange Büchertisch biegt sich unter seiner Last. Die ersten Zuschauer kommen. Annette fällt mir sofort auf. Nicht wegen ihrer Erscheinung, sondern weil sie mit ihrem etwa zwölfjährigen Sohn kommt, der gleich begeistert die Survival-Bücher anschaut. Eine Mutter, die ihrem Sohn zuliebe zum Vortrag kommt und sich für ihn freut. Das ist es, was ich registriere. Sie kauft ihm »Das Survival-Training«. Ich schreibe dem Jungen eine Widmung rein und erfahre so seinen Namen: Roman. Sie selbst blättert interessiert die Indianerbücher durch.

»Bis mein Sohn mich auf den Vortrag hinwies, wusste ich gar nicht, was Survival bedeutet und was Sie machen«, gesteht sie. »Dann erinnerte mich mein Bruder, dass er mir schon vor zwei Jahren Ihr Indianerbuch ›Die letzte Jagd‹ geschenkt hat, weil ich mich seit dem elften Lebensjahr für Indianer interessiere. Mein Vater hatte mir damals die Winnetou-Bände geschenkt.«

So kommen wir ins Gespräch. Aber sie ist jünger. Bestimmt eine ganze Generation jünger. Also gut 20 Jahre. Der Zuschauerandrang nimmt zu. Ich muss handeln. Ich lade sie ein zu einer Apfelschorle nach dem Vortrag. So beginnt alles. Ich erfahre, dass Roman noch eine jüngere Schwester hat. Sophie.

»Roman hat auch schon Erfahrungen mit dem Regenwald, nicht nur mit Survival«, erzählt Annette augenzwinkernd bei der Apfelschorle. »Neulich hat ihn sein Piranha gebissen, als er ihn mit der Hand füttern wollte. Ich musste ihm einen dicken Verband machen. Damit ging er dann in die Schule. Es sollte eine Klassenarbeit geschrieben werden. Roman hob seine rechte Hand mit dem dicken Verband hoch und meinte, er könne nicht mitschreiben, ihn habe ein Piranha gebissen. Die Lehrerin war empört. ›So dreist bin ich noch nie belogen worden‹, schimpfte sie und wollte schon eine Eintragung ins Klassenbuch machen. Da meldete sich die Klasse wie im Chor: ›Der hat wirklich Piranhas zu Hause!‹«

An einem der nächsten Wochenenden kommen sie in den Norden zu mir nach Rausdorf. Das wiederholt sich. Ich erfahre, dass wir beide ursprünglich über Karl May mit dem Indianerproblem in Amerika konfrontiert worden sind. Seitdem wollte sie nordamerikanischen Indianern helfen. Sie wurde schließlich Arzthelferin. Mich hat es zu den Yanomami getrieben. Wiedergutmachung nannten wir das.

Mit großem Interesse fragt sie mich aus über die Krankenstation bei den Yanomami, die Christina und ich gebaut haben. Ich spüre, dass genau solche Art Hilfe auch ihr Traum ist. War ich einer Frau mit gleicher Wellenlänge begegnet?

Um das kleine Glutnest weiter zu hüten, ein Feuer daraus zu entfachen, schenke ich ihr eine junge Boa constrictor, Abgottschlange, ungiftig. Und vor allem ist diese Art grundsätzlich freundlich. Jedenfalls Menschen gegenüber. Niemals beißen diese Schlangen, außer man hat gerade ein Kaninchen oder eine Maus angefasst und duftet wie die Nagetiere. »Mach die Augen zu. Ich habe hier ein Geschenk aus dem Urwald für dich. Streck die Hände aus.« Ich lege ihr das elegante Tier in die Hände. Sie öffnet die Augen und will sich gerade darüber freuen. »Ist die schön!«, kann sie noch sagen, als die Schlange sie blitzschnell in die Wange beißt. Einfach so, zack und zurück, als wollte sie sagen: »Komm nicht auch du noch zu uns in den Wald!« Und als wäre nichts gewesen, züngelt sie vor sich hin.

Es ist das erste Mal, dass ich das bei einer Boa constrictor erlebe. Wegen der bekannten »Menschenfreundlichkeit« dieser Gattung ist sie normalerweise das ideale Tier für Schlangentänzerinnen. Oder dient als Anfass-Tier, um Leute von ihrer Schlangenphobie zu befreien. Man kann Abgottschlangen auf den Mund küssen, und sie nehmen den Kuss hin. Aber genau diese, über meine Zukunft entscheidende, zickt. Urwald ade, denke ich. Doch nichts davon bei Annette. Das Blut läuft die Wange runter, tropft auf die Bluse. Weder lässt sie das Tier fallen, noch ist sie geschockt. Sie hält die Schlange nach wie vor ruhig in der Hand, als wäre nichts passiert.

»Das habe ich noch nie erlebt«, versuche ich die Schlange und mich zu rehabilitieren. Schließlich soll Annette den Urwald lieben lernen und nicht fürchten. Und die Boas gehören nun mal dazu. Aber mit Annettes gelassener Reaktion habe ich nicht gerechnet. Im Hinterkopf nehme ich sie vorbehaltlos auf in den Kreis der Regenwaldverehrer.

Diese Boa übrigens versuchte auch weiterhin, Annette den Regenwald zu vergrämen. Sie blieb bissig. Offenbar verhaltensgestört. Weiterhin fleißig um sich beißend, wuchs sie und wuchs. Aus 30 Zentimetern bezahnter Peitsche wurden schnell 130 Zentimeter Sägeblatt. Sie war nur mit Astgabel und Handschuhen zu manipulieren. Aber sie anfassen, ihre trockene Haut, die muskulösen Windungen spüren – das blieb unmöglich. Bevor Annette den Urwald zu fürchten begann, gaben wir das Tier zurück an den Händler.

Annette hilft mir, meinen Baumstamm herzurichten für die Atlantiküberquerung. Fast jedes zweite Wochenende kommt sie von Offenburg nach Rausdorf, begleitet von den beiden Kindern Roman und Sophie. Wie nebenbei kocht sie sagenhaft gute Essen und backt Kuchen, bei deren Anblick jeder Durchschnittskonditor beschämt und freiwillig seinen Meisterbrief zurückgeben würde.

Sie begleitet mich auch zum Start in Mauretanien im Januar 2000, als ich nach Brasilien zum 500. Jahrestag der Eroberung aufbreche. Annette will mir mit zwei Filmleuten von Brasilien aus mit einem Boot entgegenkommen, um ein paar Aufnahmen von meinem Baumstamm in den Wogen des Meeres zu machen. Unterwegs gelingt mir das nicht. Ich bin allein. Die Idee, mich einmal bei Sturm mit meinem kleinen Rettungsboot *Amiginho* (Brasilianisch für kleiner Freund) an einem langen Seil vom Baum zu entfernen und solche stürmischen Außenaufnahmen selbst zu machen, wage ich nicht. Die Kraft der Wellen ist größer als mein Mut. Normalerweise findet Mut Hilfe, sagt man. Hier nicht. Hier bin ich mutterseelenallein. Würde das 50-Meter-Bergsteigerseil reißen oder die Knotenpunkte sich aus den Verankerungen lösen, würde ich unlösbare Probleme haben, paddelnd zum Baum zurückzukehren. Und die 20 Liter Trinkwasser würden nicht allzu lange halten. Für mehr Wasser ist kein Platz. So klein ist mein *Kleiner Freund*.

Das Angenehmste auf dieser Reise sind meine zwei Satellitennavigationsgeräte. Knopfdruck und erledigt. Um wie viel schwieriger war das mit den Sextanten während der Tretbootreise! Zumal für einen wie mich, der infolge chronischer Seekrankheit und schaukelndem Schifflein zu korrekten Messungen gar nicht in der Lage war. Deshalb ging's vor allem nach der Regel »Pi mal Daumen« von Afrika nach Brasilien, Kurs immer Südwest. Brasilien war gar nicht zu verfehlen. Tagsüber gibt's die Sonne, nachts das Kreuz des Südens als Wegweiser. Außerdem kenne ich bei dieser dritten Überquerung längst alle Längen- und Breitengrade persönlich. Sogar die Fische freuen sich, wenn ich wieder auftauche. Ich höre förmlich, wie sie sich zurufen: »Er ist wieder da! Der Bäcker aus Hamburg, der dreimal täglich füttert.«

Vor meiner Ankunft in Brasilien will Annette mir also von Fortaleza aus entgegenkommen wegen der Filmaufnahmen.

Und ausgerechnet zwei Tage vor Brasilien geht auch das zweite GPS kaputt. Das andere hatte zwei Wochen zuvor seinen Geist aufgegeben. Vielleicht ist das die Rache des Meeresgottes Neptun, weil ich ihn so oft belächelt und gegen den Wind gepinkelt habe. Anders lässt sich solch Doppel-Missgeschick nicht erklären.

Jedenfalls lande ich schließlich in Fortaleza. Ein Fischerboot hatte mich die letzten paar Hundert Meter in den Hafen gezogen. Es ist schon fast Mitternacht. Die Fischer bewachen meinen Baum, und ich gehe in Annettes Pension. Ich weiß, sie ist ständig hörbereit, auch nachts, wartet auf meine Koordinaten, damit sie mir mit dem Motorboot entgegendüsen kann. Ich benutze das Telefon der Rezeption. Sie ist auch sofort am Apparat. »Wo bist du? Sag die Koordinaten, bevor die Verbindung abreißt.«

Ich kratze mit einem Geldstück am Hörer herum. Das soll Verbindungsstörungen vortäuschen. »Ich bin in der *Rua Deputado Moreira da Rocha.*«

»Nein. Wo *ich* bin, weiß ich selber. *Deine* Koordinaten!«

»Ja, mein GPS sagt, ich bin exakt Nummer 504, *Rua Deputado Moreira da Rocha,* Rezeption.« Dann lege ich auf und klopfe an ihre Tür. Ich mime den Empfangschef. Sie reißt die Tür auf. Und da stehe ich. Wir fallen uns in die Arme. Ich will sie an mich drücken. Sie zuckt zurück. Ihr Gesicht ist total sonnenverbrannt. »Das kommt von der Bootsfahrt heute auf dem Meer. Wir haben dich von morgens bis abends gesucht. Rechnerisch hättest du eintreffen müssen. Aber wir bekamen keine Verbindung mehr zu dir. Die Sonne brannte ohne jeglichen Wolkenfilter, das Wasser reflektierte die UV-Strahlen, und außerdem waren die Wellen entsetzlich hoch.«

Na, immerhin kann sie noch reden. Und so erfahre ich, dass sie und zwei Kameraleute den ganzen Tag nach meinem Segel Ausschau gehalten haben. »Die beiden waren so seekrank, dass sie weder die Kamera unterm Arm noch sich auf den Beinen halten konnten. Irgendwann wollten sie nur noch sterben. Da sind wir umgekehrt.«

Mit Annette in Brasilien

Einen Tag lang gönne ich mir etwas Ruhe nach den Wellen, genieße die Pizza bei Pizza Hut. Dann wollen wir vor den Palast des Staatspräsidenten nach Brasilia. Doch das geht nicht. Der an einem Fischerboot vertäute Baumstamm THE TREE wird belagert von Marinesoldaten. Ein gemessen an seinen vielen Goldsternen auf den Schulterklappen hochrangiger Offizier bemüht sich nach bestem Wissen und Gewissen, das Schiff zu erklären. Was er da von sich gibt, hat er wohl gestern Abend im Fernsehen gehört. »Er hat nur 43 Tage von Mauretanien bis Fortaleza gebraucht. Länge läuft. Ihr kennt das ja. Er hat es jedenfalls bewiesen. Schaut euch das Boot an! Habt ihr so was schon mal gesehen?« Einstimmige Antwort: *»Não, Senhor Oficial!«*

Tja – und nun stehe ich als Kapitän dieses Unikums vor ihnen. Ohne Schulterklappen, ohne einen einzigen Goldstern. Dennoch: Händeschütteln, Fotos, Fragen beantworten. »Hatten Sie ein Begleitboot?«, ist die häufigste Frage. »Nein, hatte ich nie«, ist meine häufigste Antwort. Ich könnte auf der Stelle bei ihnen hochrangiger Offizier werden. Drei Goldsterne. Vielleicht dreieinhalb. Dass ich einmal pro Woche doch begleitet wurde, und wenn es nur zehn Minuten waren, verschweige ich. Denn dabei handelte es sich um große Schiffe, die mich sahen und prompt ihren Kurs änderten. Neugier, Hilfsbereitschaft.

Anderntags laden wir das hölzerne Schaustück endlich auf einen Lkw und stehen zwei Tage später vorm Palast des Präsidenten. Halten dürfen wir nicht. Ein TV-Reporter von den vielen, die wir zusammengetrommelt hatten, hatte den entscheidenden Rat: »Fahrt, aber nur mit einem Stundenkilometer. Dann verstoßt ihr nicht gegen die Anweisungen.« So geschieht es. Ein gelungener Anblick, ein gutes Fotomotiv. Wie schon bei den früheren Überquerungen übergebe ich später im Petitionsbüro meinen schriftlichen Appell.

Dann rücke ich mit meiner Überraschung für Annette raus. Kaum hatte ich sie die letzten Tage für mich behalten können. »Die Yanomami werden international inzwischen so gut betreut, dass ich mir dort überflüssig vorkomme«, beginne ich langatmig. »Ich brauche was Neues.«

Und ich ahne, was in Annettes Kopf vorgeht. Seit unserem Kennenlernen hatte sie im Stillen gehofft, ihren großen Lebenswunsch realisieren zu können und mit mir zu den Yanomami zu gehen.

»Ich kenne da aber noch ein anderes Indianervolk, die Waiãpi. Sie leben im äußersten Nordosten Brasiliens. Auch diese Menschen leben noch weitgehend ursprünglich, auch sie haben jetzt ihr angestammtes Gebiet als Schutzgebiet erhalten. Es ist allerdings viel kleiner als das Volk der Yanomami. Aber ich bin sicher, dass es dir gefallen wird.«

Während die Hamburg-Süd-Reederei den Baumstamm huckepack nach Hamburg mitnimmt (»Unser Beitrag für die Indianerrechte«) und er später neben dem alten treuen Tretboot zum Schaustück im Technik Museum Speyer avanciert, fliegen wir nach Macapá im Bundesstaat Amapá zu den Waiãpi.

17. Die Karl-May-Klinik im Regenwald

*»Je schlechter die Straße,
desto schöner die Landschaft.«* Lord Hutton

Und nun ist der Moment Wirklichkeit geworden. Im Frühjahr 2000. In Macapá hören wir uns um und lernen Militino kennen, einen Mitarbeiter der Indianerbehörde FUNAI. Und wir begegnen Hosti Jose, einem Deutsch-Brasilianer. Wir erzählen beiden von meiner Arbeit bei den Yanomami, von der Krankenstation, die Christina und ich gebaut hatten. Militino hat schon von mir gehört. Er kennt Wolfgang Brögs Film »Goldrausch in Amazonien«, der ja als Video in allen Indianerkommunen vorlag. Auch die Mitarbeiter von FUNAI in Macapá hatten ihn gesehen. Das ist nun hilfreich.

Annette offenbart ihren lang gehegten Wunsch, den Indianern irgendwie hilfreich zur Seite zu stehen. Hosti verrät, dass auch er in sich schon zeitlebens den Wunsch hat, im Urwald zu leben und sich bei den Ureinwohnern nützlich zu machen. Er kennt den Wald seit seiner Jugend mit allen seinen Überraschungen und seiner Vollkommenheit. Vor allem ist er ein Allround-Handwerker. Er beherrscht alle Gewerke, die dafür nötig sind. Sehr bald haben wir das Gefühl, auf genau die zwei richtigen Personen getroffen zu sein. Was wir nicht ahnen, ist, dass hier soeben eine lebenslange Freundschaft geboren wird und sich Annettes Jugendtraum verwirklicht. Wir erhalten offiziell Zutritt zum Gebiet der Waiãpi.

Die schweren Holzbänke um die langen Tische sind proppen-
voll mit Männern, die langen Tische voll beladen mit den Waffen der Waiãpi: Keulen, Bogen, Pfeile, Haumesser. Und immer
noch drängeln vor allem junge Menschen hinzu. Wir sehen die
vielen braunen Arme und Hände, welche die dazugehörigen
Waffen festhalten. Eine Demonstration der Wehrhaftigkeit.
Verständlich, denn zu oft schon waren sie und ihre Vorfahren
von weißen Eindringlingen bedroht und getötet worden. Und
nun stehen da wieder unbekannte Fremde vor ihnen.

Die Vorstellung ist beeindruckend. Wir fühlen uns wie unmittelbar vor einem Stammeskrieg. Zumal niemand der anwesenden Krieger auch nur die Andeutung eines Lächelns zeigt.
Dazu ein gewaltiges Stimmengewirr. Dieses Ritual nennen sie
dimurupakatu, Verteidigung des Waldes, wie wir später lernen.
Häuptling Waiowai hatte die Bewohner der ganzen Umgebung
dazu eingeladen. Er wusste von Militino, dass »große Freunde
aus Deutschland« kommen, die ihnen helfen möchten bei dem
immerwährenden Kampf um ihr Stammesgebiet.

Der Ort, an dem wir uns jetzt befinden, heißt Marirí. Er liegt
tief im Regenwald, weit vom offiziellen Schutzgebietseingang
Aramirã entfernt. Man erreicht ihn in mehrstündiger Reise im
Boot flussaufwärts auf dem Fluss Yjyrojiwirí – Namen, die ich
heute noch nicht aussprechen kann.

Schließlich schlägt Hosti mit dem Griff seines Haumessers
energisch auf den Tisch. Das Stimmengewirr verebbt. Er stellt
uns vor und verbürgt sich dafür, dass wir wirklich helfen wollen. »Annette und Rüdiger möchten wissen, was ihr am meisten braucht.« Sofort hebt erneut ein riesiges Stimmengewirr
an. Die einen wollen ein Boot mit Außenborder, die anderen
lieber Flinten. »Oder beides!«, schreien zwei dazwischen.
Viele sprechen Portugiesisch.

Hosti übersetzt geduldig und gibt uns gleich einen Rat.
»Wenn ihr ein Boot spendiert, will jedes Dorf ein Boot. Sonst
gibt es Streit. Dasselbe mit den Flinten. Abgesehen davon, dass
man dann mit der FUNAI Ärger bekäme.« Diese Bedenken

äußert Hosti auch gegenüber den Männern. Sie wissen, dass er recht hat. Man kennt die eigenen Schwächen und die rechtlichen Möglichkeiten. Aber man kann's ja mal versuchen. Weiß der Teufel, wie begütert oder bescheuert die beiden Deutschen sind.

Bis wir den Begriff *posto de saúde,* Gesundheitsposten, hören! Da ist Annette schlagartig hellwach. Die Arzthelferin in ihr schlägt Purzelbäume. »Das ist etwas, das allen hilft, und es ist mein lebenslanger Traum.« Wir sagen ihnen zu, unser Bestmögliches zu tun, geben aber auch zu bedenken, dass wir noch nichts fest versprechen können, weil wir uns zunächst um die finanzielle Absicherung kümmern müssten.

Ungeachtet unserer vagen Zusage haben sich die Krieger schnell darauf verständigt, an welcher Stelle die Krankenstation gebaut werden könnte. Hosti soll unser Baumeister werden. Die FUNAI ist einverstanden.

Dass ich in Vollzeit Aktionen oder solche Reisen machen kann, hängt damit zusammen, dass ich acht Jahre zuvor, 1992, meine Konditorei verkauft hatte. Ich brauchte damals mehr Zeit für die Yanomami. Der Verkauf ergab sich mehr zufällig als geplant. Mein leitender Mitarbeiter offenbarte mir, dass er mich irgendwann verlassen würde, um sich selbstständig zu machen. So kamen wir ins Gespräch: »Was schwebt dir denn vor? Wie groß stellst du dir deine Konditorei vor?«, fragte ich. Seine Antwort: »Ich möchte klein anfangen wie du damals, drei, vier Leute und dann auch bei 50 aufhören zu wachsen.«

Mein Handwerksbetrieb bestand aus drei Reiheneigentum-Läden als Backstube mit Laden und einer besonders gut gehenden Filiale. Olaf würde problemlos einen Kredit bei der Bank erhalten. Er hatte gute Ersparnisse, er kannte mein Geschäft und wusste, worauf er sich einließ. Die Idee kam ad hoc: »Dann übernimm doch meinen Betrieb!« In einer Stunde waren wir uns handelseinig.

Maggy war mehr als überrascht. Aber sie hatte meine Interessenverlagerung beobachtet und willigte ein. Wir kamen überein, dass jeder seiner Wege geht. Noch heute treffen wir uns zu kleinen Schwatzern.

Als Annette und ich in dem turbulenten Frühjahr 2000 von den Waiãpi nach Deutschland zurückkehren, entschließen wir uns, zusammenzuleben. Annette und Familie siedeln um zu mir nach Rausdorf. Im selben Jahr gründen wir TARGET e. V., unseren Verein für Menschenrechte, und es kommt neben dem Ziel, den Indigenen mit Gesundheitsprojekten zur Seite zu stehen, und dem Erhalt des Regenwaldes zum absoluten Schwerpunkt unseres Lebens: dem Kampf gegen das Verbrechen Weibliche Genitalverstümmelung – doch dazu später mehr.

Schon zwei Jahre nach unserem ersten Besuch kehren wir zurück zu den Waiãpi. Die Finanzierung der Krankenstation ist gesichert. Wir beziehungsweise TARGET sind verantwortlich für den Bau und Erhalt des Gebäudes, Brasilien verbürgt sich für das Personal und die Medizin. Für uns hat diese zunächst nur Drei-Räume-Krankenstation eine Doppelbedeutung. Zum einen hilft sie den Waiãpi, gesund zu bleiben und sich in ihrer Urheimat wohlzufühlen. Im Fall von Krankheit und Verletzungen müssen sie nicht mehr raus in die brasilianische Lebenswelt. Denn dort besteht nicht nur die Gefahr, dass sie sich anstecken mit Erkältungen, Masern, Grippe, was für Indianer tödlich enden kann. Sie spüren in dieser anderen Welt außerhalb ihrer Landesgrenzen auch die Verachtung, die ihnen aufgrund ihrer Lebensform entgegenschlägt. Häuptling Viseny Waiãpi drückte es einmal so aus: »Es ist wie das Spucken in unser Gesicht.«

Zum anderen geht es um den Erhalt ihres Gebietes und des Regenwaldes. Denn solange die Indianer den Anspruch auf ihr Stammesgebiet wahrnehmen, darf Brasilien es ihnen eigentlich nicht wegnehmen. So steht es in der Verfassung. Und der übrigen Welt bleiben mit der Gesundheit und Heimatverbundenheit der Ureinwohner 607 000 Hektar Regenwald mit seiner Artenvielfalt und als Sauerstoffquell erhalten. Das ist fast halb so groß wie Schleswig-Holstein – unser Beitrag für Menschenrechte und Naturschutz also. Ein Stück urigsten Urwaldes, wie er im alten Alemanha seit Langem nicht mehr zu finden ist. Und das um die Jahrtausendwende, als allerorten vom sauren Waldsterben die Rede ist und dem Bundesumweltamt nur noch der Galgenhumor bleibt: »Sauer macht lustig? Unser Wald lacht sich tot!«

Die versprochene Krankenstation für die Waiãpi wird noch 2002, gerade einmal zwei Jahre nach unserem damals noch fraglichen Versprechen, eröffnet. Unser Baumeistergenie Hosti hat ein perfektes, zweckmäßiges Holzhaus geschaffen. Wir nennen es unsere »Karl-May-Klinik«, denn schließlich war es dieser alte Erzähler, der die Initialzündung bei Annette und mir ausgelöst hatte.

Die brasilianische Gesundheitsbehörde hält Wort. Sie stellt zwei Krankenschwestern und die Medikamente. Die meisten Verletzungen aller Art können gut versorgt werden. Patienten mit schwerwiegenderen Problemen müssen wohl oder übel doch in die Landeshauptstadt Macapá ausgefahren werden. Aber das macht nur noch einen Bruchteil der früheren Fälle aus.

Alle Urbewohner der Umgebung wohnen der Eröffnung bei. Sie sind mit reichlich Nahrung von ihren Feldern und aus dem Wald gekommen. Es wird getafelt und gefeiert. Wir fühlen uns akzeptiert von der Gemeinschaft, und wir sind glücklich. Es wird der Beginn einer tiefen Freundschaft mit diesem Regenwaldvolk, die Geburtsstunde eines beglückenden, nachhaltigen Projektes. Auch Roman und Sophie haben Feuer gefangen. Sie werden in der Zukunft noch zu großen Stützen unserer Arbeit. Während wir mehr den Kontakt zu den Älteren haben, finden sie problemlos Anschluss an die Jugend. Roman mit seinen Abenteuer-Piranha-Genen schließt sofort auch dicke Freundschaft mit Hosti. »Hosti weiß genauso viel über den Wald wie die Waiãpi«, urteilt er im Überschwang.

Allabendlich, bevor es dunkel wird, verschwinden beide wie zwei Verschworene in den Wald. Sie haben jeder nur eine starke

Taschenlampe dabei, eine Hängematte und ein Haumesser. Manchmal kommen sie erst morgens wieder zurück, und immer haben sie spannende Geschichten zu erzählen. Sorgen um ihre Sicherheit müssen wir uns nicht machen. Hosti ist die Überlebensgarantie. Stundenlang liegen sie in der Stockfinsternis nächtlicher Urwälder auf der Lauer, um diese gänzlich andere, die nächtliche Welt zu beobachten: die Pekaris und den Tapir, die geräuschvoll durchs Dickicht ziehen. Oder die Alligatoren und den Jaguar, die sich mucksmäuschenstill verhalten. Hosti scheint jedes Lebewesen persönlich zu kennen.

Sophie hingegen hat eine innige Freundschaft mit Inara geschlossen. Sie ist die Tochter von Häuptling Jurará und in etwa so alt wie Sophie. Die beiden gehen nicht nachts in die Wälder, sondern bei Tage, wenn Mädchen und Frauen mit großen Kiepen auf Nahrungsmittelsuche oder in die Bananen- und Maniokfelder ausschwärmen. Tagsüber besteht keine Gefahr seitens der Tiere. Man muss nur stets gut schauen, wohin man den Fuß setzt.

Die kleine Hilfsstation ist ein Start. Zehn Jahre später bauen wir eine kleine Urwaldklinik direkt am Eingang zum Waiãpi-Schutzgebiet. Dort existieren um einen ausgedehnten Platz herum schon eine Schule und das Büro der Indianerschutzbehörde FUNAI. Daneben entstehen nun Behandlungs- und Patiententrakte, ein Labor, eine kleine Apotheke und Aufenthaltsräume mit Küche für die Mitarbeiter. Für die begleitenden Patientenfamilien bauen wir eine Überdachung, unter der sie ihre Hängematten spannen und Feuer machen können.

Das Hauptgebäude wird von den Waiãpi mit traditionellen Zeichnungen bemalt. »Die wurden vor einigen Jahren sogar zum Weltkulturerbe erklärt«, verrät uns Hosti. Hosti hat es wieder einmal geschafft, ein einmalig solides Bauprojekt mitten im Regenwald zu verwirklichen. Er ist ein Goldstück. Hier im Wald hat er seine Lebensaufgabe gefunden. Zur Betreuung aller mit den beiden Stationen verbundenen Aufgaben wird er fest angestellt. Von dieser Stunde an fühlt er sich als Familienmitglied, und wir sind mit ihm über diesen Familienzuwachs glücklich.

Schließlich ist die Eröffnungsfeier mit ganz großem Bahnhof. Der Präsident der Gesundheitsbehörde ist eigens aus Brasilia angereist und lobt die Klinik als wahres Vorzeigeprojekt. Etwas Vergleichbares gäbe es bei keinem der 300 Indianervölker des Landes.

Häuptling Kumaré: »Heute ist für uns ein Traum in Erfüllung gegangen. Endlich können die Krankheiten meines Volkes hier vor Ort behandelt werden. Und wir haben eine neue Erfahrung mit fremden Menschen gewonnen: Ihr habt damals nichts fest versprochen. Ihr habt gesagt, ihr wollt euch erst um die Finanzierung bemühen. Und nun habt ihr hier nicht nur euer Versprechen eingelöst. Ihr habt es weit übertroffen.«

Häuptling Jurará bringt es auf den Punkt. »Ihr habt uns das Gefühl gegeben, dass ihr zu uns gehört. Wir möchten Sophie gern *Takiriri Waiãpi*, ›Schöner kleiner Vogel‹ nennen und Roman *Pacapacarú Waiãpi* ›Großer, über allem schwebender Vogel‹.«

Bei all den Umarmungen findet Annette sogar noch Zeit, mir etwas zuzuraunen: »Schade, dass Karl May das nicht mehr erleben kann. Ich glaube, er wäre stolz auf unsere ›Firma‹.«

Am Morgen darauf schnarrt Hostis Sprechgerät. Im Laufe seines Gesprächs höre ich plötzlich das Wort *sucurí*, Anakonda. Ich bin neugierig. »Was war da eben mit der Anakonda?«

»Jemandem im nächsten Dorf ist gestern eine Anakonda ins Fischnetz gegangen.«

Mich, den Schlangen-Fan, hält nichts mehr. In einer Stunde sind wir mit dem Auto über die Matschpiste dort. Wir fragen den einzigen Mann, der am Wegesrand steht. »Weißt du, wer hier eine Anakonda gefangen hat?«

»Ich!«

»Und wo hast du sie?«

»Da liegt sie doch!« Er deutet neben sich auf den Boden. Meine Augen hatten flüchtig nach einer muskulösen langen

Schlange Ausschau gehalten. Die gab es nicht. Ich folge nun seiner Handbewegung, und dort liegt sie! Kugelrund, wie ein gewaltiger Ball, absolut unentrinnbar verstrickt in das Nylonnetz. Sie muss einen langen, chancenlosen Kampf geführt haben. Ihre Haut ist übersät von tiefen, glatten Einschnitten durch die feinen Nylonsehnen. Fliegen haben ihre Eier in die blutenden Wunden gelegt, und schon wimmeln darin Hunderte weißer Maden. Sie purzeln runter ins Gras.

Ich bedaure gerade, zu spät gekommen zu sein, um ihr zu helfen, als Annette ganz aufgeregt sagt: »Die lebt noch! Sie hat eben ganz langsam gezüngelt!«

Ich beuge mich hinunter zu ihrem Mund, berühre sie mit dem Finger und puste sie an.

Und tatsächlich, sie züngelt noch einmal. Aber nicht wie üblich flink hin und her und vor und zurück, sondern nur einmal in Zeitlupe rein und raus. Wie ein letzter Atemzug. Dafür bin *ich* nun schlagartig umso flinker. Mit Erlaubnis des Mannes darf ich sein Netz zerschneiden. Sehne um Sehne. Annette schüttet derweil Bachwasser über die Maden. Der Körper wird sauber, aber schon bald schlüpfen neue Maden aus den übrigen Eiern in den Wunden.

Endlich haben wir sie aus den Fesseln befreit. Wir strecken sie behutsam in die Länge, damit sie wieder normal durchbluten und atmen kann. Das tut sie, aber sie bleibt erschöpft und bewegungslos liegen. Auch ein Mensch hätte sich aus den Klauen der Nylonsehnen nicht befreien können.

Hosti zaubert einen Jutesack aus seinem Auto. Wir packen sie hinein und binden ihn zu. Jetzt ist sie sicher vor weiteren vermehrungsbesessenen Fliegen. Wütend umschwirren sie uns, weil wir ihren Nachwuchs vernichten.

Als wir abends unser Lager machen und die Fliegen der Nacht gewichen sind, wäscht Annette die Schnitte noch einmal mit Wasser aus, desinfiziert sie mit Kodan und reibt jeden Schnitt einzeln mit Betaisadona ein. Das Tier hat sich wieder gut erholt.

»Mein Gott, ist der Kopf gruselig«, entfährt es Annette. »Ganz anders als der freundliche Blick meiner Abgottschlange, die du mir mal geschenkt hast.«

Irgendwie hat sie recht. Verglichen mit ihrer Schlange hat die Anakonda einen weniger eleganten Kopf, und daraus stechen ihre schwarzen, scheinbar bewegungslosen Augen hervor. Wie zwei dunkle Perlen. Wenn die Anakonda im Wasser liegt und nach Beute am Ufer Ausschau hält, braucht sie nur diese Perlen herausschauen zu lassen. Kein anvisiertes Opfer nähme das wahr. Sie fixiert es und taucht unter, ohne die geringste Welle zu verursachen. Unter Wasser nähert sie sich dann der Beute und peitscht mit dem Vorderleib aus dem Wasser heraus. Was die spitznadeligen Zähne dann einmal zu fassen kriegen, das lassen sie nicht wieder los. Die Kiefer greifen wie ein Fangeisen. Der muskulöse Schlangenleib wird peitschengleich nachgezogen und um die Beute geworfen. Da liegt er dann wie eine Stahltrosse um deren Brustkorb. Es genügt eine einzige Körperumwindung, um die Atmung zu blockieren. Dann wird die Hydraulik in Aktion gesetzt. Chancenlos für das Opfer.

Dem Indianer bezahlen wir das Netz.

»Was kostet das denn?«, hatte ich ihn gefragt. Er nennt einen Betrag in brasilianischen Reais. Umgerechnet sind das etwa fünf Euro. Die neue europäische Währung existierte damals erst zwei Wochen.

Ich zücke meinen Geldbeutel und will ihm die Reais geben.

»Hast du auch E-URO?«, fragt mich dieser Urwaldmensch mit dem Lendenschurz. Manchmal kommt man aus dem Staunen nicht heraus. Ein Ureinwohner im tiefsten Regenwald, dessen einziger Besitz ein Fischernetz, ein Haumesser, Pfeile und Bogen sind, kennt schon den Euro!

Ich gebe ihm fünf Euro. Überglücklich wedelt er mit dem Schein vor unseren Augen.

»Ich bin der erste Waiãpi, der E-URO besitzt. Da wird der Händler aber staunen, wenn ich ihm die zeige. Der ganze *mercato* wird staunen.«

Kaum kann er es noch abwarten, mit uns zwei Tage später raus aus dem Wald in die große Stadt Macapá zu fahren. Ich begleite ihn zum Netzeverkäufer. Der ist tatsächlich genauso von der Rolle. Er und die Umstehenden begutachten den Fünfeuroschein. Manche dürfen ihn sogar vorsichtig streicheln.

Schließlich gibt der Händler unserem Mann nicht nur ein, sondern gleich drei Netze in der Größe des von uns zerschnittenen. »Dieser Filou«, denke ich. »Da hat er mir einen viel zu hohen Preis für das Netz abgeluchst.«

Ich spreche ihn darauf an. »Nein«, verteidigt der sich überzeugend. »Der Händler hat gesagt, wenn ich das Netz mit E-URO bezahle, gibt er mir zwei gratis. Dann ist nämlich *er* der erste Händler von ganz Macapá, der E-URO hat.«

Die Urheberin des allgemeinen Glücks, die Anakonda, befreien wir im Hotel aus dem Sack und legen sie in die Dusche. An die Zimmertür hängen wir ein Schild: *»Hoje não limpa, por favor«,* »Heute bitte nicht sauber machen!«

Nach nur einer Woche sind die Wunden verheilt. Wir lassen die Schlange in einem Urwaldfluss frei. Mich beglückt einmal mehr Annettes Zuneigung zu den Indigenen, dem Wald und den Tieren — Kompost für unsere wachsende Seelenverwandtschaft.

Inzwischen sind Roman und Sophie im Regenwald sehr engagiert. Unter ihrer Regie wurde mit Hosti 2019 eine dritte Krankenstation tief im Dschungel gebaut. Sie stehen in ständigem Kontakt mit den Waiãpi, und wir sehen die Chancen, die dies für die Zukunft des Regenwaldes und der Indigenen birgt. Auch TARGET-Urwaldpatenschaften haben sie initiiert. Richtige Wege zur Sicherung unserer Regenwaldprojekte.

18. Dschungel-Survival

» Das Risiko ist der Preis für die Chance. «

Prof. Querulix

» Treinamento duro: Soldados de elite expostos na floresta tropical«.
So oder so ähnlich lautete die Schlagzeile auf der Titelseite der
Tageszeitung *O Diàrio*. Das war noch zu Zeiten meines Einsat-
zes für die Yanomami. Etwa 1988. Jedes einzelne Wort war mir
förmlich in die Augen gesprungen. So sehr, dass ich dem Zei-
tungsverkäufer in Manaus ein Exemplar aus der Hand riss und
ihm das Wechselgeld schenkte, das er umständlich im Labyrinth
seiner Hosentasche zu orten suchte. »Härtetraining: Elitesoldaten ausgesetzt im Regenwald«. Genauso schnell hatte ich mir
einen Platz in der Fruchtsaftbude Esquina de Sucos ergattert
und einen Mangosaft bestellt.

Und so erfuhr ich, dass eine Einheit brasilianischer Elitesoldaten vom Hubschrauber weit entfernt von jeder Zivilisation
ausgesetzt worden war und sich zu Fuß zum Standort hatte zu-
rückschlagen müssen. In Gruppen von jeweils fünf Leuten. Mit
einem Funkgerät konnten sie im Ernstfall Hilfe herbeiholen.
Aber wie sollte der eintreten, fragte ich mich? Sie besaßen ein
Messer, ein Feuerzeug und Angelhaken. Damit lässt es sich im
Urwald schön recht gemütlich machen. Wie auf der Couch
vorm Fernseher. Wenngleich auch ohne den leckeren Mangosaft.

Ich wunderte mich, dass ich den Text mit meinem Zwei-
Semester-Portugiesisch verstand. Wahrscheinlich, weil es

»mein Thema« war. So war im Bericht zu vernehmen, es wären harte Tage gewesen. Regen und Mücken ohne Ende, der Boden morastig, und dann die stete Angst vor Schlangen, dem Jaguar und Piranhas. Mehrere hatten aufgegeben. Sie wurden ausgeflogen. Die anderen waren froh gewesen, als nach fünf Tagen alles vorbei war. Fünf Tage nur und total abgesichert? Wo bleibt da die besondere Leistung, fragte ich mich schon wieder.

Und ich erinnerte mich an meinen Deutschlandmarsch 1981: 1000 Kilometer, 23 Tage, herbstliche Temperaturen, Ernährung von der eigenen Körpersubstanz. Allerdings – im Gegensatz zum Regenwald – hätte ich mich jederzeit retten, sprich: aufgeben können. Psychologisch macht das natürlich einen großen Unterschied.

Ob das alles wirklich stimmte? Oder war der Bericht übertrieben?

Ich konnte es nicht so recht glauben. Welchen Elitesoldaten würde so was wirklich schocken? Es sind doch gerade die Unwägbarkeiten eines solchen Marsches, die den Reiz des Vorhabens ausmachen. Ich wusste von meinen Aufenthalten bei den Yanomami, dass jeder von ihnen eine solche Herausforderung locker meistern würde. Auch jeder Siedler. Und nicht nur fünf Tage, sondern ein Leben lang.

Ich bestellte noch einen Espresso, und der Plan ergriff Besitz von mir, es den Soldaten nachzumachen. Es *sofort* selbst zu versuchen war nicht möglich. Ich war noch im Einsatz für die Yanomami. Da gab es Wichtigeres zu tun. Doch nun, 15 Jahre später und beim Anblick der Wälder im Waiãpigebiet, ist die Idee sofort wieder gegenwärtig.

Wir hatten unsere erste Krankenstation erweitert und feierlich an die Waiãpi übergeben. Abends am Feuer fragt Häuptling Caulbi, was sein Volk denn für *uns* tun könnte. Ich muss gar nicht erst lange überlegen. Wir schreiben das Jahr 2003, ich bin 68. Es wird Zeit, den lang gehegten Traum endlich zu realisieren.

»Ich möchte mich von einem Hubschrauber mitten im Wald aussetzen lassen. Ganz ohne Ausrüstung. Und ich möchte dann klarkommen und zurückfinden wie jeder von euch Waiãpi und wie jedes frei lebende Tier. Der Hubschrauber kann so weit fliegen, wie es sein Benzinvorrat erlaubt.«

Caulbi hält das für einen Witz.

»Du musst doch wenigstens eine Waffe, ein Messer, ein Feuerzeug mitnehmen. Und einen Begleiter. Auch wir gehen niemals allein.«

Die Überraschung der Männer wundert mich. Der stärkste (und kleinste) unter ihnen hatte vor drei Tagen noch bewiesen, dass er mal eben locker fünf Pekaris, die kleinen Wildschweine, erlegen und nach Hause tragen kann. Samt Flinte. Sieben Kilometer. Sein muskulöser Körper wirkt wie ein menschgewordener Bagger. Da kriegt jemand wie ich schon einen Muskelkater, wenn er nur an die Leistung denkt.

Auf das Feuerzeug lasse ich mich ein. Die Männer sind freudig aufgeregt. Das ist eine Idee nach ihrem Geschmack. Jeder will mir Tipps geben. Das ist auch gut, denn meine Streifzüge im Yanomami-Land sind schon eine Weile her. Es wird ein Rat abgehalten. Caulbi und seine Freunde zeigen mir, wie sie ihre Hängematten machen. Oder die Kiepen aus Palmblättern. Sophies Freundin, die kleine Inara, zeigt mir, worauf ich im Moment besonders achten muss. Sie deutet auf einen winzigen grünen Keim. Er gehört zur Nuss der Stachelpalme. Neulich sind die letzten Nüsse abgefallen. Sie wurden schnell vom Flusssand überspült. Aber inzwischen keimen sie. Sie gräbt sie mit der Hand aus. Zum Vorschein kommen die Nüsse, noch voll und ganz essbar. Inaras Rat sollte sich später als der beste herausstellen. Denn die winzigen grünen Keime hätte ich wohl kaum beachtet. Sie sind nicht größer als ein Stecknadelkopf.

Zwei Tage aktualisieren die Leute mein Wissen. Dann will ich los. Annette kommt mit. Sie soll die Fotos machen, wenn ich mich vom Hubschrauber abseile und irgendwo zwischen den Baumkronen ins dichte Grün verschwinde. Wolfgang Brög wird die Filmsequenz vom Abschied drehen. Auch Sophie ist dabei, eine günstige Gelegenheit für sie, den Regenwald aus dieser neuen Perspektive zu erleben.

Wir mieten uns einen Hubschrauber in Boa Vista und fliegen los. Und dann geht es aus der Vogelperspektive über den grünen Waldteppich hinweg gen Osten. Grüntöne in allen Schattierungen. Nur selten ein paar blühende Farbtupfer. Ganze Schwärme von blau-gelben Papageien erheben sich erschreckt aus den Baumkronen. Bäche schlängeln sich glitzernd durch das Dickicht und lassen den Boden erahnen. Sie vereinigen sich mit anderen Bächen zu Flüssen, und die werden anschwellen zum großen Strom. Über einen Mangel an Trinkwasser und sichtbaren Heimwegen werde ich mich nicht beklagen müssen. Das beruhigt meine steigende Aufregung.

»Wenn der Tank halb leer ist, musst du raus. Dann fliege ich zurück«, warnt mich der Pilot noch mal. Ja, genau, so soll es sein. Angestrengt versucht jeder, einen Landeplatz auszumachen. Ich entdecke eine baumlose Stelle, überwuchert von flachem Gebüsch. Wahrscheinlich hat ein Hochwasser die Bäume einmal davongespült.

»Landen kann ich auch dort nicht. Die Büsche sind mindestens drei bis fünf Meter hoch. Da musst du am Seil runter. Aber es sieht gut aus. Wie 'n Moospolster«, urteilt der Pilot mit dem Kennerblick des Buschpiloten.

Kein Problem. Das hatten wir vorm Start noch schnell geübt. Ein 50-Meter-Seil und einen Karabiner haben wir an Bord. Annette wird das Seil wieder mit zurücknehmen. Ich habe das Feuerzeug dabei, eine Badehose, ein T-Shirt und Sandalen. Also wie geplant: mehr Tier als Mensch. Was ich noch dabeihabe, sind eine Kamera und als Kompromiss mit Annette ein Satellitentelefon in einem wasserdichten Gummisack. Ich habe mir geschworen, es nie zu benutzen, egal, wie dreckig es mir gehen sollte, und bin heilfroh, als es nach wenigen Tagen seinen Geist aufgibt.

»Ich habe hier noch etwas«, brüllt Annette gegen den Rotor an. »Das darfst du mir nicht abschlagen. Versprichst du das?«

Ich bin in aufgeregter, adrenalingeschwängerter Stimmung und würde jetzt zu allem Ja und Amen sagen. Die Zeit drängt. Sonst fliegt der Typ zurück, und ich hocke noch im Cockpit. Er schaut schon wieder auf die Benzinanzeige.

»Nimm bitte dieses Messer mit. Auch die Indianer haben mir dringend geraten, es dir zu geben.« Und schon zieht sie aus ihrem Rucksack ein wunderschönes Haumesser hervor. »Hat Hosti dir besorgt. Ich lasse es dir runter, sobald du unten bist. Du darfst es bei der Landung nicht am bloßen Körper tragen. Es ist sauscharf.«

Ich habe in dieser Situation keine Alternative. »Okay. Aber ich habe hier auch etwas für dich.« Es ist nur ein Briefumschlag. Darin befindet sich mein aktuelles Testament.

Ich seile mich ab. Das Seil dreht sich. Ich rotiere um mich selbst und registriere im Blitztempo mehrfach das 360-Grad-Panorama.

Dann der Buschkontakt! Von wegen Moospolster! Es ist ein heimtückisches Spitzdornen-Gestrüpp! Wie Stachelbeeren. Ich schwinge und drehe immer noch am Seil. Erst nach mehrmaligem Hin und Her kommt es zum Stillstand. Die Dornen haben mich ausgebremst. Wie Tausende kleine Anker. Die Beine sind bis oben aufgerissen und bluten. Noch bin ich nicht ganz unten. Ich muss Seil nachgeben und sacke durch das Gesträuch, bis ich festen Boden unter den Füßen spüre. Das hat die Kratzer noch einmal verdoppelt. Nun sind auch die Hände in Mitleidenschaft gezogen. Feine Splitter schränken die Bewegungsfähigkeit ein.

Wenn das kein spannender Anfang ist! Aber ich habe es so gewollt. Der Rückweg ist abgeschnitten. Der Pilot hält noch Wort und lässt das Haumesser runter. Es segelt viele Meter seitwärts irgendwo in die Büsche. Schlecht angebunden. Ich wage nicht, es zu suchen. Jeder Schritt vermehrt die Wunden.

Ich nehme den Gummisack, missbrauche ihn als Handschuh und versuche, mir ganz vorsichtig tappend einen Weg in Richtung der hohen Bäume zu bahnen. Fünfzig Meter nur.

Gleich im Moment der Landung, im Moment der Kratzer, habe ich mich als Nahrungsquelle bei den Fliegen empfohlen. Sie fallen in Armeestärke über mich her, ich kann mich ihrer nicht erwehren. Schatten zu erreichen ist wichtiger. Der Hubschrauber ist längst fort. Die Sonne brennt. Schatten gibt's erst im Wald. Das letzte Wasser hatte ich mit Sophie und Annette. Unser Abschiedstrunk.

Ich erreiche den Wald. Noch immer bluten die Risse. Ich wage nicht, daran herumzuwischen. Ich muss den Fluss finden. Ich habe Durst. Das Wasser in den Lianen bleibt mir verwehrt. Ich habe kein Messer, den Zähnen trotzen sie.

Doch das Gelände neigt sich schwach, aber sichtbar. Ich folge ihm und finde den Fluss. Er ist 15 Meter breit und schlammig. In den Bergen hat es demnach geregnet. Zum Trinken ist das Wasser okay. Auch zum Schwimmen, denn es ist warm. Aber Fische kann ich mir abschminken. Ich habe keine Angelhaken. Und ein Speer nutzt mir in dem schlammigen Wasser nichts. Zumal ich mir zu seiner Herstellung keine Messerklinge schlagen kann. Die vorhandenen Steine zerfallen zu Bröseln. Das gelingt mir erst Tage später, als ich andere Steine finde.

Ich fühle mich also rundum sauwohl. Schließlich habe ich den Spruch der Kampfschwimmer »Lerne leiden, ohne zu klagen« längst zu meiner Lebensdevise erhoben. Der Start ist auf jeden Fall gelungen. Ich stehe allein im tiefen Wald. Hier werde ich heute Nacht bleiben. Jetzt muss ich mich um die Wunden kümmern.

Ich kann es kaum fassen! Deutlich sehe ich die vielen winzigen Eier, die die Fliegen da in die Kratzer gelegt haben. Nun schwimmen sie anderen Zielen entgegen. Jungen Fischlein zum Beispiel.

Was ich nicht weiß: Auch mehrere Dasselfliegen haben mich missbraucht. Sie haben, wie es ihre Art ist, die Larven (nicht Eier!) regelrecht in mich hinein*geschossen.* Deren Widerhaken verankern sich sofort. Dann fressen sie sich parasitisch – aus Fliegensicht heißt es wohl besser paradiesisch – tiefer ins

Fleisch. Das kriege ich erst am nächsten Tag zu spüren. Die Haut um die Gelege entzündet sich. Die betroffenen Stellen werden dick und hart. Wie Geschwüre. Insgesamt zähle ich zehn Schwellungen. Wenn ich daran herumdrücke, passiert nichts. Kein Eiter. Nach einigen Tagen kommen die vollgefressenen Larven vor der Verpuppung wieder zurück an die Oberfläche, fallen zu Boden und entwickeln sich dort weiter zur Fliege für den nächsten Touristen.

Neun der widerhakenbewehrten Widerlinge verabschieden sich brav, wie sie das von ihren Eltern und Vorfahren gelernt haben. Nur eine fühlt sich bei mir sauwohl. Vielleicht habe ich sie auch zerdrückt. Sie wird mir später in Hamburg von einem Chirurgen entfernt werden. Seither steht sie auf meinem Schreibtisch und schwimmt in einem Gläschen mit Formalin.

Von unseren Waiãpi höre ich später, dass es ein wirksames Mittel gegen die Larven gibt. Sie bedecken die Einstichstelle mit einer dicken Speckschwarte und fixieren sie möglichst stramm mit einer Lianenschnur. Den Larven wird damit die Luftzufuhr abgeschnitten. Sie vergessen ihr widriges Gehake und krabbeln in Panik zurück an die Hautoberfläche, hinein in den Speck. So einfach ist das.

Als Erstes suche ich einen dicken Knüppel. Er ist meine einzige »Waffe«. Damit schlage ich gegen die Bäume und funktioniere sie zu Trommeln um. Sie sollen dem Jaguar meinen Besuch verkünden. Dann kann er ausweichen, und ich vermeide, zwischen Großkatze und Junges zu geraten. Denn das mag sie nicht. Dann wird sie gefährlich. Aber normalerweise ist der Mensch nicht ihr Futtertyp.

Außer dem Jaguar gibt es nur zwei weitere Gefahren: Giftschlangen und Knochenbruch. Ich muss immer gut schauen, wohin ich meinen Fuß setze, und stapfend auftreten, damit die Schlangen die Vibrationen spüren und verschwinden. Denn auch deren Futtertyp bin ich nicht. Meine Trommelschläge richten bei ihnen wenig aus. Schließlich hören sie nichts und reagieren auf Bewegungen, die sie mit ihrem Bauch erspüren.

Der Fluss ist Kompass und Wegkarte zugleich. Ihm muss ich folgen, sofern das Ufer begehbar ist. Wenn nicht, schwimme ich. Wieder hilft die alte Regel: Alle Flüsse Nordbrasiliens fließen in den Amazonas, wenn auch nicht schnurgerade. Sie lassen sich Zeit und winden sich endlos. Aber ich habe ja Zeit. Jungle-Survival.

Als ich nach wenigen Tagen durch ein Schilffeld im Uferwasser stapfe, brechen mehrere Rohre ab und schwimmen davon. Sofort erinnere ich mich an eine Art von Schilf, aus dem die Menschen am Tanasee in Äthiopien sogar unsinkbare Boote bauen. Ich habe Glück, das funktioniert auch hier. Ich baue mir aus den Rohren ein Floß. Um die dicken Rohre zu kappen, bewährt sich die inzwischen gefundene harte Steinklinge. Drei umarmungsdicke Bündel Schilf, gebändigt mit Lianen, werden mein fahrbarer Untersatz. Damit geht es weiter! Die Strömung treibt mich. Ein langer Stock ist das Steuer. Zwar sitze ich mit dem Hintern im Wasser, aber ich muss nicht mehr gehen oder schwimmen. Das Wasser ist warm. Mich friert zu keiner Zeit.

Und prompt entdecke ich einen Nebeneffekt des Schiffes. Ein Fisch springt an Deck! Schwupp – habe ich ihn gepackt. Ein lieber Fisch!!! Grund zur Pause. Er wird sofort gebraten.

Meine Hauptnahrung werden jedoch die leckeren Nüsse der Stachelpalme. Anfangs finde ich tatsächlich die frisch keimenden Nüsse, welche die kleine Inara mir vorm Start gezeigt hatte. Dann kommt eine Flusszone, wo ich an ihrer Stelle Larven von der Größe eines Engerlings finde. Sie haben die komplette Nuss in Larvenfleisch verwandelt. Natürlich probiere ich eine. Und ich mache die Entdeckung des Jahrhunderts! Da sie komplett aus der Nuss entstanden sind, schmecken sie auch wie Nuss. Süßlich, fettig, cremig. Nusspudding in Reinkultur. Gleich nach meiner Rückkehr schreibe ich Herrn Dr. August Oetker, Bielefeld, dem Nachbarn aus Kindertagen. Sinngemäß schreibe ich etwas von »Marktlücke!« und »Chance im harten Konkurrenzkampf«. Nie ist mir eine Antwort zuteilgeworden. Na ja. Ich hake das ab als Entdeckerschicksal.

Da erblicke ich schon wieder etwas! Am Ufer nimmt eine Schlange ihr Sonnenbad. Sie mag zwei Meter lang sein. Offensichtlich eine Boa, aber eine Unterart, die ich noch nie gesehen habe. Automatisch erstarre ich auf dem Floß zu Treibgut. Bloß kein Augenkontakt. Kaum bin ich vorbeigetrieben, lege ich an und schleiche zurück. Sie will gerade wieder gemächlich ins Wasser gleiten. Ich bekomme sie noch am Schwanz zu fassen. Sie will mich beißen. Um dem Biss zu entgehen, wirble ich sie über meinem Kopf herum wie eine Steinschleuder. Und was macht das brave Tier? Es kommt seiner Aufgabe als Schleuder nach und speit mir zwei Fische aus. Leider ist der eine schon bis auf die Gräten verdaut. Aber der andere ist fangfrisch! Er gehört mir und wird damit zum zweiten und letzten Fisch meiner Reise.

Viel aufregender aber bleibt für mich die Entdeckung der vermuteten neuen Tierart. Ich vermesse und fotografiere sie von allen Seiten. Einen Namen für sie habe ich auch schnell gefunden: Boa ruedigensis. Erst Monate nach meiner Heimkehr muss ich mir von Herpetologen sagen lassen, dass mir da jemand nur wenige Jahre zuvorgekommen ist. Das Schlangeninstitut Butantan in São Paulo bestimmt sie als Hydrodynastes bicinctus, eine Boa.

Nach drei Wochen treffe ich wieder auf Menschen. Es sind Indianer in einem größeren Dorf. Damit ist mein Ziel erreicht. Mit einem Holzkanu fahren mich zwei Jungen noch etwas flussabwärts. Dort lassen sie mich raus. Ich stehe an einer Straße. Der uralte Traum ist realisiert.

Für mich, den damals 68-Jährigen, war der Dschungeltrip die vielleicht letzte Survival-Herausforderung – ein kleines, überschaubares Erlebnis, mit dem ich mir noch einmal hatte beweisen wollen, dass ich in der Wildnis auch ohne Hilfsmittel funktioniere. Gleichzeitig war es eine willkommene kurze Unterbrechung und sorgte dafür, meinen Bekanntheitsgrad hochzuhalten. Jetzt lagen vor uns die großen Aufgaben, denen wir uns mit TARGET verschrieben hatten.

19. Das Verbrechen Weibliche Genitalverstümmelung

»Der Weg zwischen Achtung und Ächtung ist nur zwei Pünktchen lang.« Walter Ludin

Das blanke Entsetzen lässt mich aus dem Albtraum hochfahren. Ich bin schweißgebadet, das Herz rast. Noch im Sitzen schlage ich wie wild um mich. Ich will das kleine Mädchen verteidigen, das soeben vor meinen Augen genital verstümmelt wird. Aber ich habe keine Chance. Im Traum nicht und damals nicht, als Annette und ich mehrfach Augenzeugen dieser Tragödien wurden. Der Grund: Männer sind zugegen, bewaffnet mit Maschinenpistolen, unberechenbar. Vielleicht der Vater oder nahe Verwandte. Denn eigentlich ist ihre Gegenwart völlig unüblich. Verstümmelung ist Frauensache. Doch wir sind Fremde, und denen darf man nie trauen.

Ich brauche jedes Mal lange, um in die Wirklichkeit zurückzufinden. Die Träume sind realistisch. Sie sind grauenhaft. Sie katapultieren mich zurück in die Vergangenheit. Die Szenen machen mir jedes Mal bewusst, dass noch viel Arbeit vor uns liegt. Im Stillen hatten wir den Opfern geschworen, nicht eher Ruhe zu geben, bis der Brauch weltweit beendet ist. An dieser Vision arbeiten wir jeden Tag, jede Nacht. Seit dem Jahr 2000. Die Chancen für einen angemessenen Optimismus stehen gut. Wir wissen um das Verbrechen, wir haben eine Idee und wollen dem Brauch entgegentreten. Nichts zu tun würde uns zu Mittätern degradieren.

Wir wussten also, was uns erwartete. Wir waren vorbereitet. Sonst hätten wir das kaum durchgestanden. Dabei musste *ich* nur die misstrauischen Männer im Auge behalten, Annette musste die Kamera führen. Ruhig. Die Filmszenen sollten unsere überzeugendste Waffe werden, mit der wir die Entscheidungsträger zur Umstimmung zwingen wollten. Was damals an Filmmaterial bei Agenturen verfügbar war, konnte man nicht verwenden. Es wurde der Dimension des Verbrechens nicht gerecht, es brachte sie nicht unmissverständlich genug zum Ausdruck. Wir waren gezwungen, eigene Dokumente zu beschaffen. Ob wir wollten oder nicht. Ich wusste aus der Yanomami-Zeit, wie entscheidend solches Beweismaterial ist.

Es ist früher Morgen, Morgen-Grauen. Die Sonne wird sich gleich über den Horizont erheben. In wenigen Augenblicken wird man einen schwarzen von einem weißen Faden unterscheiden können – die Zeit für das frühmorgendliche Al-Fadschr-Gebet. Das junge einheimische Ehepaar, das uns und unsere Minikarawane von zwei Kamelen hierher geführt hatte, betet. Nicht nebeneinander, sondern jeder für sich.

Unser Lager liegt unmittelbar neben einer kleinen Lehmhütte abseits vom Dorf am Rande der Danakil-Wüste in Ostäthiopien. Hier fände heute *Die Sache* statt. *Die Sache* – welch eine verharmlosende, verlogene Bezeichnung für das, was hier geschehen wird! Aber man habe dafür keine andere Bezeichnung, sagt man uns, weil man darüber eigentlich gar nicht sprechen dürfe. Ein absolutes Tabuthema. Und was es nicht gibt, brauche schließlich auch keine Vokabel.

Im Haus ist alles vorbereitet. Wir gelten als »Ehrengäste«, denn man ist stolz auf diese ererbte Tradition. Zwischen der Mutter und zwei Tanten hüpft die kleine Jamila. Sie mag sieben Jahre alt sein. Sie weiß nicht, was ihr droht. Man hat sie belogen, wie man alle diese Mädchen belügt. Heute würde auch sie endlich eine Frau werden, hat man ihr gesagt, und anschließend dürfe sie mit niemandem darüber reden. Großes Ehrengeheimnis! Sonst würde ihr liebster Mensch sterben. Meist ist das die

Mutter. Wer will schon, dass sie stirbt? Also schweigt man wie ein Grab.

Jamila freut sich. Erstmals im Leben durfte sie sich gestern Abend satt essen. Es gab sogar Süßigkeiten und ein neues Kleidchen. Sie kann nicht ahnen, dass es vor allem einen Zweck hat: Es soll die Blutung stoppen. Ihre Blutung.

Dann kommt die Verstümmlerin, eine alte Frau. Wir beobachten ihre Vorbereitungen. Sie hockt neben einer Aluminiumschale und verrührt mit der Hand Wasser und saure Milch. Auf dem Schüsselrand tummeln sich Fliegen. Eine zweite Aluminiumschale liegt umgedreht daneben. Auf ihr das Operationsinstrumentarium. Werkzeuge, die einen schaudern lassen: eine kleine, rostig-schartige Eisenklinge – das »Skalpell«. Daneben eine Stopfnadel mit langem Faden. Ein entrindetes dünnes Stöckchen. Auf dem Boden ein langes Seil aus Stoffstreifen.

Als die Alte den Faden in die dicke Stopfnadel fädelt, merken wir deutlich, dass sie eine Brille benötigt. Die hat sie nicht. Sie hält die Nadel und den Faden unmittelbar vor ihre Augen. Schließlich hilft ihr die Mutter. Die Alte wird also im Ungefähren operieren. Steriles Arbeiten, Kenntnis von Anatomie, Betäubung, Erbarmen – alles Fremdworte.

Die Hütte ist staubig. Um ihren Sinn für Sauberkeit zu demonstrieren, fegt die Alte den Schmutz mit einem Palmblattbesen zusammen. Die Staubpartikelchen schweben im Sonnenstrahl, der jetzt durch die Fensteröffnung ein wenig Helligkeit in das Dunkel der Hütte bringt. Die Tür wird verschlossen.

WARNUNG! DIE NÄCHSTEN ZEILEN SIND SCHWER ZUMUTBAR!

Jamila hat Platz genommen auf einer abgenutzten Matratze. Als sie die Alte mit den Geräten hantieren sieht, als sie bemerkt, dass ihre Mutter die Heiterkeit nicht länger spielen kann, als ihre zwei Tanten miteinander tuscheln und immer wieder zu ihr herüberblicken, da weiten sich ihre Augen. Furcht überkommt sie.

Man bedeutet dem Mädchen, sich auf den Boden zu legen. Die Mutter grätscht ihrer Tochter die Beine. Die Tanten nehmen darauf Platz. Niemand mag dem Kind in die Augen schauen. Die Mutter bemächtigt sich der Arme, zieht sie hinter dem Kopf des Mädchens zusammen und hält sie fest. Die Tanten halten ihm den Mund zu. Die Schreie sollen erstickt werden. Jamila liegt jetzt wie im Schraubstock. Die Alte kann ihr Werk beginnen.

Dann dieser entsetzliche, chancenlose Schrei — und unsere Hilflosigkeit. Die Hände der Tanten verfehlen ihre Wirkung. Vorsichtshalber hat Annette die Kamera auf ein kleines Stativ gesetzt. Sie könnte sie nicht mehr stillhalten.

Es bleibt nicht bei dem einen Schrei. Das Kind schreit sich die Seele aus dem Leib, als die Alte die Stopfnadel längs durch eine Schamlippe hindurchschiebt. Ohne Betäubung, ohne Kenntnis von Anatomie oder sterilem Arbeiten, ohne erkennbare Emotion, ohne jedes Mitleid. Sie greift die Nadel an der Öse und hebt die Schamlippe hoch. Dann schneidet sie sie mit ihrem rostigen, schartigen »Skalpell« ab. Blut spritzt. Pulsierendes Blut. Hätte die Nadel nicht einen Faden, man würde sie nicht mehr wiederfinden.

Das Mädchen bekommt vor Schmerz und Schreien kaum mehr Luft. Der Brustkorb bebt. Schon erfolgt die Amputation der zweiten Schamlippe und schließlich die der Klitoris. Der Schrei verstummt. Eine gnädige Ohnmacht hat sich des Mädchens erbarmt. Eine Tasse der verschmutzten Milch schafft zwei Sekunden Durchblick auf die grauenhafte Wunde. Jamilas neues Kleidchen wird auf die Blutung gedrückt.

Um die Scheidenwundränder nun zusammenwachsen zu lassen, die Scheide zu verschließen, werden die Schenkel mit dem Stoffseil straff umwickelt und an den Knien verknotet. Damit nicht alles zusammenwächst, hat man das kleine Stöckchen hineingesteckt — die letzte Öffnung, die dem Mädchen bleiben wird. Klein wie ein Reiskorn. Bei Bedarf muss es jedes Mal herausgezogen und zurückgesteckt werden. Klar, dass solch eine Wunde nur schwer verheilen kann. Wenn sich keine weiteren Komplikationen ergeben, dauert das Urinieren in Zukunft eine halbe Stunde. Wenn die Mädchen ihre Regel kriegen, quälen sie sich bis zu zwei Wochen, ehe das Blut abgeflossen ist.

Von den Füßen bis zum Unterleib fest verschnürt, immer noch bewusstlos, wird das Kind wieder auf die Matratze gelegt. Ein bis vorhin fröhliches, gesundes Mädchen ist nun zerstört an Körper und Seele, beraubt seiner Würde und des Urvertrauens in die Erwachsenen. Es wird lebenslang unter den Folgen zu leiden haben. Laut internationaler Menschenrechtsorganisationen (WHO, UNICEF) stirbt bei dieser, der brutalsten, der pharaonischen Form der Verstümmelung, ein Drittel der Opfer. Durch Verbluten, Schock, Infektionen oder Folgeleiden bei Empfängnis und Geburt.

Doch das ist noch nicht alles, was die pharaonische Verstümmelung ausmacht! Wenn Jamila zu den Überlebenden gehört, wartet neue Folter auf sie. Irgendwann muss sie heiraten. Meist sind die Mädchen jung. Zwölf Jahre. Der oft ebenfalls noch junge Ehemann muss sie wieder öffnen. Nie zuvor hat er eine unbekleidete Frau gesehen. Er ist aufgeregt. Seine Onkel haben ihn mit guten Ratschlägen vollgepumpt. »Das ist kein Problem. Reib deinen Penis gut mit Öl ein und stoß hart zu. Meist reißt die Narbe dann wieder auf. Und wenn nicht, auch kein Problem, lieber Bruder. Dann musst du sie mit deinem Messer aufschneiden.«

Eine der Tanten hat mittlerweile Kaffeebohnen geröstet und einen Kaffee gebrüht. Die Verstümmlerin erhält ihren Obolus. Wir suchen das Weite.

Was hier beschrieben wurde, ist der Anfang eines langen Leidensweges. Anderntags machen wir halt in einer kleinen Bäckerei. Während wir noch kurz warten müssen, bis der nächste Schub Brot aus dem Ofen genommen werden kann, beobachten wir zwei Mädchen, die ebenfalls warten. Eines plappert munter drauflos, ohne Luft zu holen. Die andere sagt keinen Ton. Sie sitzt nur still da, hat feuchte Augen und knautscht ein Tuch in ihrem Schoß. Dadurch fällt sie uns auf. Wir sprechen sie an. Aber sie reagiert nicht. Später erfahren wir ihren Namen, Amina. Sie war verstümmelt worden und hatte danach drei lange Monate nicht gesprochen, vor Schock der Welt jedes Wort verweigert.

Wir fragen nach dem Haus der Verstümmlerin. Wir wollen sie befragen, zum Beispiel, ob ihr noch nie ein Kind bei der Prozedur gestorben ist. Schließlich betreibt sie den »Beruf« bereits seit Jahrzehnten. Sie muss gar nicht erst überlegen. Nein, Allah sei Dank, noch nie sei das passiert! Wir haken nach, um ihr eine Brücke zu bauen. Vielleicht später? Tage danach? Ja, das sei vorgekommen. Aber das sei nicht ihre Schuld, sondern die der Mädchen. Oder die der Familien. Vielleicht hätten die Kleine oder die Eltern eines ihrer Tagesgebete vergessen. Vor Allah könne man nichts verbergen, ER sähe alles. ER sei gepriesen!

Wir fragen auch nach dem Warum, nach dem Sinn und Nutzen des Brauches. Ja, hören wir dann, ohne *Die Sache* würden die Mädchen triebhaft. Sie könnten nicht treu sein und würden deshalb niemals einen Mann abbekommen. Wer will schon eine Fremdgeherin? Die Beschneiderin veredle die Mädchen, mache sie verheiratbar. Da wird uns klar, warum ihr Beruf so geachtet ist. Die Frau leistet nach ihrem Verständnis verantwortungsbewusst Sozialarbeit. Alle sprechen mit Ehrfurcht von ihr. »Und außerdem steht es im Koran!«, weiß sie. »Das *muss* man tun. Sonst begehen die Eltern eine Sünde.«

Ich will wissen, wo genau das im Heiligen Buch steht. Das sei kein Problem, erklärt eine und kramt aus ihrem Ziegenhautbeutel ein staubiges Bündel loser Seiten. Niemals hat das etwas mit dem Koran zu tun, allenfalls mit dessen Missachtung. Den Staub wischt sie mit der Hand kurz ab und beginnt zu lesen. Was ich da höre, soll Arabisch sein. Weil ich etwas Arabisch kann, bleibe ich misstrauisch und schaue ihr über die Schulter.

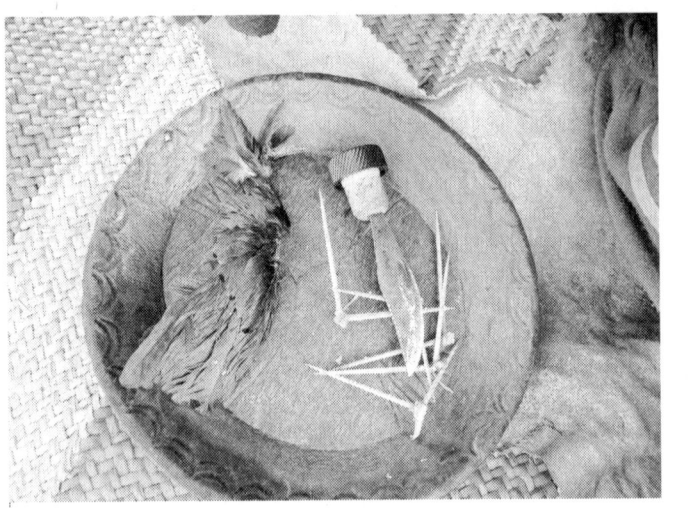

Werkzeuge einer Verstümmlerin

Und was sehe ich? Sie hält die Seiten auf dem Kopf! Sie kann gar nicht lesen. Ich weise sie darauf hin, wende die Blätter. Das irritiert sie keine Sekunde. Sie zitiert munter weiter. Aus welcher Erinnerung auch immer.

Ein Gebot, Mädchen zu verstümmeln, gibt es in der Heiligen Schrift nicht. Vielmehr bekennt jeder Gläubige fünfmal täglich im Gebet, wie einmalig, wie unfehlbar, wie perfekt Allah und seine Schöpfung sind. Aber ganz offensichtlich glauben die Eltern und Verstümmlerinnen nicht, was sie beten. Mit der Verstümmelung der Mädchen unterstellen sie Allah, bei der Schaffung der Frau – immerhin 50 wichtige Prozent der Menschheit – gepfuscht zu haben. Das Verbrechen dennoch dem Koran in die Schuhe zu schieben ist für uns eine Höchstform von Missachtung der Schöpfung, eine Beleidigung des Schöpfers.

20. TARGET e. V.: Unabhängig. Visionär. Respektvoll. Pragmatisch

»Einfach kann jeder.« Annette

Wie kommen ein ehemaliger selbstständiger Konditor mit florierendem Geschäft in Hamburg-Wandsbek und eine gelernte Arzthelferin aus Offenburg dazu, sich mit einem solchen Thema zu befassen? Zumal mit der Vision – oder Illusion? –, eine Tradition zu beenden, die seit geschätzten 5000 Jahren praktiziert und religiös gerechtfertigt oder zumindest toleriert wird?

Man muss schon entweder ein Spinner, größenwahnsinnig oder weltfremd sein. Oder alles zusammen. Das Vokabular hören wir oft. Auch wenn die Unterstellungen stets mit einem Lächeln abgemildert werden. Doch was die anderen sagen, ist uns egal. Naivität ist bestimmt nicht der Grund. Als wir unseren Kampf gegen die Weibliche Genitalverstümmelung beginnen, kann ich auf 20 Jahre Engagement gegen den drohenden Völkermord an den Yanomami in Brasilien verweisen. Auch da schien es vollkommen illusorisch, auf Erfolg zu hoffen. Schließlich hatte ich nicht zu unterschätzende Kräfte gegen mich. Das waren die Regierung und die Goldmafia mit ihrer Armee von 65 000 illegalen Goldsuchern, teilweise bettelarmen Menschen, die selbst ums nackte Überleben kämpften, die nichts zu verlieren hatten, wenn sie mich beiseiteräumten, weil ich mich ihnen in den Weg stellte.

In den langen Jahren hatte ich durch unendliche Fehlschläge gelernt, wie man seine Erfolgschancen dennoch bestmöglich erhöhen kann, um seine Vision Wirklichkeit werden zu lassen. Die wichtigste Voraussetzung war damals wie heute die ungeheure Wucht der persönlichen Konfrontation mit dem Verbrechen. Die daraus resultierende tiefe innere Betroffenheit und die Verpflichtung, der sich ein Augenzeuge stellen sollte, sind nicht zu übertreffende Motivationen. Immer schon war mir klar: Wer sich als Augenzeuge wegduckt, ist ein Mittäter. Von einer Tragödie »nur« aus dem Buch, der Zeitung oder dem Fernsehen erfahren zu haben ist auf Dauer meist zu wenig. Solche Betroffenheit reicht nur kurzfristig. Schnell wird jedes Ereignis von anderen überlagert. Schließlich gibt es sie zu Tausenden. Hinzu kommt, dass jeder Mensch seine eigenen Probleme hat. Er ist abhängig von seinem Beruf, der Familie, seinen körperlichen und geistigen Fähigkeiten und der Ausprägung seiner sozialen Verantwortung. Niemand kann sich um alles kümmern. Verzettelung ist der Tod eines jeden Vorhabens. Man muss selektieren und die Kraft auf ein Ziel fokussieren.

Und dennoch wird man bei jedem Vorhaben immer Menschen gegen sich haben, wie hehr ein Ziel auch sein mag. Yin und Yang. Häme, Beleidigungen, Fakes, Internetangriffe, Morddrohungen – alles ist möglich. Regierungsparlamente sind das beste Beispiel. Wie oft ist eine einzige Stimme unter sehr vielen entscheidend! Das muss man wissen und einplanen. Dann trifft einen die Enttäuschung nicht so wuchtig.

Außerdem bedarf ein nicht alltägliches Vorhaben großer Ausdauer. Niederlagen dürfen nicht zur Entmutigung verleiten. Man muss sie einplanen und erforderlichenfalls als wichtige Lehre betrachten, mit der man die fehlgeschlagene Strategie optimieren wird. Eigentlich müsste man seinen Widersachern sogar Dank sagen.

Last, not least spielt die Kreativität eine große Rolle. Aktionen zu starten, die bereits hundertfach von anderen zelebriert wurden, ist öde, zeugt von mangelnder Kreativität und mindert die Bedeutung des Projektes. Nur Einmaliges kann mit medialer Wahrnehmung rechnen, dessen Bekanntheitsgrad mehren und damit auch die Durchsetzungskraft stärken. Meine Aktionen für die Yanomami hatten 20 (!) Jahre gedauert. Erst dann war die pro-indianische Lobby stark genug geworden, um einen akzeptablen Frieden für dieses große Regenwaldvolk durchzusetzen. Erst danach war ich frei für Neues. Oder ich hätte zurückgemusst in die Backstube. Dann wäre ich schnell am heißen Ofen vertrocknet.

Nun also war das Thema Weibliche Genitalverstümmelung (englisch: *Female Genital Mutilation*, FGM) in mein Bewusstsein gerückt. Ganz neu war es für mich allerdings nicht. Schon mit meiner Kamelkarawane durch die Danakil-Wüste 1977 war ich ja der jungen Nomadenfrau Aisha begegnet. Damals war ich zu jung gewesen, um mir auch nur im Entferntesten vorstellen zu können, mich mit dieser Tradition anzulegen. Aber Aishas Leidensweg war mir immer im Gedächtnis geblieben. Jetzt fühlte ich mich der Herausforderung, gegen das Verbrechen anzugehen, gewachsen.

Ich erzähle Annette von meiner Idee und der Generalstrategie, dieses Wagnis mit dem Islam als Partner zu realisieren. Islam, weil die allermeisten Opfer muslimischen Glaubens sind. Ohne lange zu überlegen, sagt sie: »Lass es uns angehen! Über die Religion erreichen wir die Menschen in ihren Herzen, denn da beginnt Veränderung.«

Wir sind entschlossen, die Entscheidungsträger davon zu überzeugen, den Brauch zur Sünde zu erklären. Zum Beispiel die Imame in den Moscheen. Wenn das gelingen sollte, würden die anderen Religionen bestimmt nachziehen, und der Spuk wäre vorbei. So einfach ist das. Wir, die Visionäre, Ende 1999. Mit welchen Entscheidungsträgern wir tatsächlich noch zu tun haben würden, hätten wir nicht im Traum zu hoffen gewagt.

Wir machen uns schlau über den aktuellen Stand der Dinge. So erfahren wir bei der WHO zum Beispiel, dass der Brauch täglich weltweit geschätzte 8000 Opfer fordert. Etwa 80 Prozent davon seien Muslimas. Die übrigen Christinnen und Andersgläubige. Verbreitet ist das Verbrechen in 35 Ländern. Das sind die Gebiete der zentralen und südlichen Sahara, Ägypten, Jemen, Indonesien, Malaysia und bei den Kurden im Irak. Schiiten, zum Beispiel im Iran, verstümmeln angeblich nicht. Und längst nicht alle Sunniten haben die Tradition übernommen. Die Türkei, der Vordere Orient, die maghrebinischen Staaten sind davon ausgenommen. Sogar in Saudi-Arabien, dem Ursprungsland des Islam, wird FGM nicht praktiziert. Mittlerweile hat die einsetzende Völkerwanderung jedoch zur Folge, dass die Frauenschändung auch in der »westlichen« Welt angekommen ist. Religion, Tradition und fehlende Bildung trotzen unseren Staatsgesetzen, dem menschlichen Gefühl und dem Verstand. Sie widersprechen der Natur, Kinder zu schützen.

Erste Gedankengänge zwingen sich auf. Ob man über den Papst und Patriarchen der koptisch-christlichen Religion eher zum Erfolg käme? Schließlich verstümmeln auch sie in Ägypten und Äthiopien. Doch es überwiegen meine positiven Erfahrungen mit dem Islam. Vielleicht kann ich auf diese Weise meine alte Dankesschuld abtragen, die ich infolge der Erlebnisse in vergangenen Zeiten in Marokko, Jordanien, Libyen und meiner Karawane durch die Danakil-Wüste in mir trage. Ich bin erfüllt von dieser Idee. Aber mir ist auch schnell klar, dass das Geld kosten wird. Annette hat dieselben Gedanken. Wir müssen eine Menschenrechtsorganisation finden, die uns die bürokratische Arbeit abnimmt und die Kosten deckt, wenn wir zu den Entscheidungsträgern fliegen, um mit ihnen zu sprechen. Vereinsarbeit war nie mein Ding. Ich bin Aktivist, ich bin Frontsoldat. Besondere Hoffnung macht uns, dass im Ursprungsland des Islam nicht verstümmelt wird. Vielleicht macht der saudische König mit und erklärt den Brauch von Mekka aus für Muslime zur Sünde.

Unsere Hirne brodeln. Ich trete einer Organisation bei, die sich die Frauenrechte auf ihre Fahnen geschrieben hat. Auch das

Ende der Weiblichen Genitalverstümmelung. Die Vorsitzende freut sich über meinen Beitritt. Ich wäre der erste Mann unter den fast 2000 Mitfrauen. Ich bin irritiert über das Vokabular »Mitfrauen«. Und sie ist irritiert von unseren Plänen. Sie bezweifelt die Erfolgschancen. Sie fürchtet, fanatische Glaubensverfechter könnten uns Probleme bereiten. »Denk an Salman Rushdie!«, warnt sie. Ich denke gehorsam an Salman Rushdie, kann ihre Sorge aber nicht teilen. Sie kennt offenbar nur das Böse. Das kenne ich zwar auch, aber zum Glück habe ich auch das viele Gute erfahren. Ich habe differenzieren gelernt. Es sorgt für das Gleichgewicht. Darauf baue ich.

Die Vorsitzende berät sich mit ihren Mitfrauen. Einstimmiges Resultat: »Der Islam ist gar nicht dialogfähig.« Ein klarer Standpunkt. Aber nicht meiner. Mir wird bewusst, dass ich auf die falschen Partner gesetzt habe. Ich annulliere augenblicklich meine Mitgliedschaft. Die geschilderte Erfahrung steht stellvertretend für noch andere Mitbewerber mit ähnlichen Ansichten.

Meine Kompromisslosigkeit mag überheblich klingen, suggeriert sie doch, nur ich, nur wir würden alles richtig, die anderen alles falsch machen. Von solcher Fehlerlosigkeit sind wir weit entfernt. Jeder noch so kleine Beitrag, jeder Versuch ist hilfreich.

Das Heer der Zweifler bleibt zunächst weiterhin groß. Logisch. Neues ist bekanntlich des Alten Feind. Aber wir lassen uns nicht beirren. Wir konsultieren Freunde unseres Vertrauens. Zum Beispiel bei Amnesty International. Dort erleben wir ein ganz anderes Echo. Man bestätigt uns die Beispiellosigkeit unserer Strategie und rät zur Gründung eines eigenen Vereins.

Der selbstlose Rat macht uns sprachlos. Ein solcher Gedanke wäre uns nie und nimmer gekommen. Wir hatten damit gerechnet, dass man uns für Amnesty rekrutieren würde. Als Aktivisten. Weit gefehlt. Nein, wissen sie, in Großorganisationen würden wir untergehen. Jede geplante Aktion müsse schriftlich formuliert und dem Vorstand in Bonn zur Prüfung vorgelegt werden. Würde sie genehmigt, würde sie weitergeleitet nach London zur Zentrale. Das könne Monate dauern. Solches Prozedere sei zeitraubend, aber unumgänglich. So seien die Vereinsstrukturen. Man fürchte zu Recht, dass ich diese Geduld nicht aufbringen würde, weil ich mehr der Typ des Einzelkämpfers sei. Und da helfe nur der eigene Verein.

Vorsichtshalber konsultieren wir auch Gerhard Wallmeyer, Urgestein, Fundraiser und Vereinsfachmann bei Greenpeace in Hamburg. Wir brauchen eine Zweitmeinung. Die hat er genauso spontan und neutral wie die Amnesty-Leute. Auch er rät zum eigenen Verein und sagt uns sogar seine Unterstützung zu. Von seinem Wissen können wir nur profitieren.

Dieser Moment ist die Urstunde unseres komplett neuen Lebensabschnitts. Dass er gegensätzlicher werden würde zu allem, was bisher unser Leben bestimmte, können wir zwar erahnen, aber *wie* gegensätzlich, wird uns erst im Laufe der folgenden Monate und Jahre klar.

Unser Ziel steht also fest. Es ist die Beendigung der Weiblichen Genitalverstümmelung mit den Werten und der Kraft des Islam. Und zwar ausschließlich. Also keine Männerbeschneidung, keine Polygamie. Nichts anderes. Ebenso wenig werden wir parallel bei den Kopten und Andersgläubigen vorstellig werden. Das brächte uns in den Verdacht, missionieren zu wollen. Wir haben uns entschieden für die Welt des Orients. Wir werden Akteure in der Heimat der Geschichten aus »Tausendundeine Nacht«.

Ähnlich den Darstellern dieses morgenländischen Klassikers der Weltliteratur erleben auch wir eine Fülle von Tragödien, Komödien, Anekdoten und Verwunderlichem. Es gibt Liebesgeschichten, Beispiele von Gottesanmaßung, Intrigen, religiöse Verbohrtheit und Beweise menschlicher Größe.

Wir haben aber noch das zweite Anliegen, nämlich den Erhalt des Regenwaldes, 20 Jahre meine Zweitheimat, und den Indigenen zur Seite zu stehen, zum Beispiel mit Krankenstationen. Voller Tatendrang begeben wir uns zu einem Notar für Vereinsrecht. Er spürt unseren Drang und fühlt sich bemüßigt, die Eile in geordnete Bahnen zu lenken, denn er soll unseren neu zu gründenden Verein ins Vereinsregister des Amtsgerichts Ahrensburg eintragen und die Gemeinnützigkeit beim Finanzamt genehmigen lassen. »Üblicherweise kann das bis zu einem Jahr dauern. Das Gericht ist randvoll mit Arbeit. Sie glauben gar nicht, wie viele Menschen einen gemeinnützigen Verein gründen wollen.«

Tja, und nun auch noch wir. Wir stellen uns darauf ein, fangen aber inoffiziell schon mal an. Da meldet er sich erneut. Hatten wir noch was vergessen? Nein, hatten wir nicht. Der zuständige Sachbearbeiter sei so beeindruckt gewesen von unserer Vereinsidee, dass er den Antrag gar nicht erst beiseitegelegt, sondern sofort genehmigt habe.

Wenn das kein gutes Omen ist! Unsere Karawane der Hoffnung kann beginnen. Raus aus Rausdorf, hinaus in die Welt bis hin zur letzten Hütte der Verstümmelungsländer, um die Mädchen zu schützen.

Wir gründen unser TARGET mit Freunden und Familie. Ein verlässliches Team und Hintermannschaft für unsere Vorhaben. Im Herbst 2000 treffen wir uns bei uns in Rausdorf und besprechen die Grundsätze des Wirkens. Die ethischen Richtlinien. Einer von ihnen hatte den Vereinsnamen ins Spiel gebracht: TARGET e. V. (engl. Ziel) Ruediger Nehberg. Das Ziel, für das man kämpfen wird unter allen Umständen. Aber auch das Ziel, das man mit Diplomatie erreichen möchte. TARGET synonym für zielstrebig und pragmatisch. Nicht kleckern, sondern klotzen. Für lange Diskussionen und große Umwege fehlt mir längst die Zeit. Mein Leben hat den Zenit überschritten. Mein Name dazu und in Englisch fürs internationale Parkett. Jeder kann mitmachen, auch mit kleinen Beträgen. Wir brauchen einen großen Fördererkreis und damit eine starke Hinterfrau-/ mannschaft, um bei den Entscheidern mehr Gehör zu finden. Unser Grundsatz lautet, mit den Geldern wirtschaftlich umzugehen, nicht über unsere Verhältnisse zu leben und womöglich Schulden zu machen. Und wir sind uns einig, dass jeder Förderer jederzeit wieder austreten kann. Es gibt keine »klein gedruckten« Kündigungsfristen. Wir wollen unseren Unterstützerkreis mit unserer Arbeit an uns binden und nicht mit juristischer Korinthenzählerei. Es wird einstimmig entschieden, dass ich als sogenannter »Erster Vorsitzender« fungiere, als Chairman. Hauptmanagerin aber wird Annette. Sie ist »Zweite Vorsitzende«. Es kann losgehen.

Wir schreiben Joschka Fischer an, damals Bundesaußenminister der Bundesrepublik Deutschland. Er sichert uns seine Unterstützung zu und empfiehlt einen Mitarbeiter im Auswärtigen Amt, der unsere ersten Briefe an hochgestellte Persönlichkeiten optimieren soll. Wir lernen, wer eine Eminenz ist und wer eine Exzellenz, wer eine Majestät und wer eine Königliche Hoheit. »Eine falsche Anrede, und Ihr Brief endet im Papierkorb. Und beginnen Sie Ihre Schreiben immer mit ›Im Namen Allahs, des Gnädigen und Barmherzigen‹, und grüßen Sie mit *Salaam alaykum*, Friede sei mit Ihnen. Auch wenn das ein Gruß eigentlich nur unter Muslimen ist.«

Nun gut. Das habe ich immer schon so gehalten. Und wenn ich deshalb gefragt werde, ob ich konvertiert sei, pflege ich mit dem islamischen Glaubensbekenntnis zu antworten: »Ich bekenne, dass es nur einen einzigen Gott gibt!« Dieses Glaubensfundament aller Muslime von nur einem einzigen und einzigartigen Schöpfer kommt meinem Verständnis vom Universum entschieden näher als das Familiendrama um Gott, den Heiligen Geist und die Jungfrauengeburt des Gottessohnes. Söhne und Töchter des Schöpfers sind wir schließlich alle. Bei ganz hartnäckigen muslimischen Nachfragern werde *ich* zum Inquisitor: »Ich verstehe deine Frage wohl nicht richtig. Wie könnte ich einen anderen Gott haben als du, wenn es doch nur einen einzigen Schöpfer gibt?«

Da muss ich also nicht lügen. Die Unendlich- und Unfassbarkeit des Universums sowie die Fassbarkeit des Zusammenwirkens allen Seins sind so unbegreiflich für mich, dass ich immer schon an nur eine einzige Urschöpfungskraft geglaubt habe, jenseits meines Vorstellungsvermögens, egal, wie man sie nennt. Eine Kraft, die mich ungefragt in die Welt gesetzt hat und die mich irgendwann dann wieder recycelt, um Platz und Kompost für Neues zu schaffen; eine Macht, die mit unserer Logik nicht zu fassen ist, weil nichts aus nichts entstehen kann. Physik, Mittlere Reife. Das einzig Unbegreifliche für mich ist, warum dieser geniale Schöpfer sich das Problem Erde und Menschheit an die Hacken gehängt hat. Aber das werde ich ihn fragen, wenn er mich zu sich ruft, sofern ich es bis dahin – altersbedingt – nicht vergessen habe. Man kann ja nicht an alles denken. Vorsichtshalber habe ich es mir deshalb schon im letzten Hemd notiert, jenem, das bekanntlich keine Taschen für Notizzettel hat. Ich habe die Frage ganz unten im Saum eingenäht.

Was allen Religionen gemein, mir suspekt ist und mich zur Zurückhaltung bewogen hat, ist deren Alleingeltungsanspruch. Egal ob Christen, Muslime, Juden und Sonstgläubige. Wer sich mit ihren unterschiedlichen Gottestheorien nicht solidarisiert, glaubt das Falsche und muss missioniert und sonst mit Verachtung oder gar dem Tod bestraft werden. Man predigt Liebe und Frieden und scheut nicht zurück vor Intrigen, Mord und Totschlag. Mich wundert das umso mehr, als noch niemand Gott je gesehen, geschweige denn gesprochen hat.

Dass Er dem Menschen eine Vorrangstellung zugebilligt und ihn mit Verstand gesegnet hat, stößt bei Konservativen dann an Grenzen, sobald Dogmen durch neue wissenschaftliche Erkenntnisse überholt sind und revidiert werden müssten. Aber immerhin gibt es das Zustandekommen der Ökumene, wo zerstrittene Christen sich in Annäherungsversuchen üben. Und es gibt die alljährliche Hadsch nach Mekka, wo muslimische Gegner die Waffen ruhen lassen, um gemeinsam zum einzigen Gott zu beten. Mekka als heiliger Ort und die Hadsch als Chance, um verfeindete Gläubige zusammenzuführen. Für das von allen

Religionen beschworene Jüngste Gericht bin ich gewappnet. Ich glaube, dass ich sozial verträglich gelebt habe.

Zurück zur Urstunde des Vereins und unserem ersten Kontakt mit einer muslimischen Organisation, dem Zentralrat der Muslime in Deutschland. Wir möchten ein 15-minütiges Gespräch mit dem Vorsitzenden Dr. Nadeem Elyas erbitten.

»Puh«, stöhnt es da vom anderen Ende der Leitung von einer Weisungsbefugten. »Grundsätzlich ja, aber da muss ich mal schauen, wann er einen freien Termin hat.«

Wir vernehmen Papierrascheln. Es suggeriert viel Arbeit und Termine in Hülle und Fülle. Doch dann Entwarnung. »Passt es Ihnen in vier Monaten, am 7. April?«

Haben wir uns verhört? »In vier Monaten? Es ist sehr dringend. Am liebsten morgen. Wir kommen überallhin. Auch ins Ausland. Wir brauchen nur eine Viertelstunde.«

Jetzt vernehmen wir gedämpftes arabisches Vokabular. Dann die Antwort.

»Passt es Ihnen morgen um 10:45 Uhr in der Lobby des Kölner Hauptbahnhofs?« Und ob das passt! Na klar. *Alhamdullilah!* Gott sei Dank!

Wie vereinbart, stehen wir pünktlich auf der Matte. Der gebürtige Saudi ist für uns nicht nur wichtig als Vorsitzender. Er ist promovierter Arzt. Wir sind sicher, dass er ausreichende Kenntnis vom Thema Verstümmelung hat.

Um die kostbaren 15 Minuten sekundengetreu einzuhalten, gönnen wir uns nur ein kurzes *Salaam alaykum* und *Shukran,* danke, für den Termin und kommen gleich zur Sache. Tenor: Wir bitten ihn um seine Einschätzung unserer Idee, die Verstümmelung mit dem Islam als Partner zu beenden.

Er muss gar nicht lange überlegen. »Eine großartige Idee. Der Brauch hat nichts mit dem Koran zu tun. Sie werden überall auf offene Ohren stoßen.«

Er schreibt uns einen ersten Arbeitstext des Inhalts, dass FGM vom Koran nicht gefordert wird, und benennt erste Persönlichkeiten, die uns weiterhelfen würden.

Erste Reisen

Rast in Marrakesch, Rüdiger in landesüblicher Kleidung

Rüdigers Mutter muss seinen Drang nach draußen drosseln

Gefängniswärter Abu Mohammed

Gefängnis in Aqaba

Gemeinsam im Gefängnishof: links Gerd Siebenhüner, daneben Rüdiger

Bäcker und Survival

Rüdigers Lehrlingsjob

Die erste Kobra wird beflötet

Zubereitung von Ratten

Arctic Survival

Wildschweinfang mit der Hand

Köder aus Eigenblut

Essbare Tarnung

Kampfschwimmer: gefesselt ins Wasser

Probewürgen mit Python

Blauer Nil

Im krokodilsicheren Boot

Der Abend vor Michaels (rechts) Ermordung

Zwei der gefangenen Täter

Rüdiger und Python mit Beute

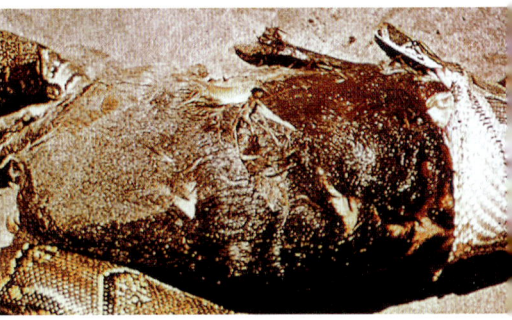

Der Python beim Auswürgen der Gazelle

Zeichnung vom Überfall und der Ermordung Michaels

Tatunca Nara

Tatunca Nara mit
Opfer Herbert
Wanner (rechts)

Auffindung von
Herbert Wanners
Schädel

In der Wüste Danakil

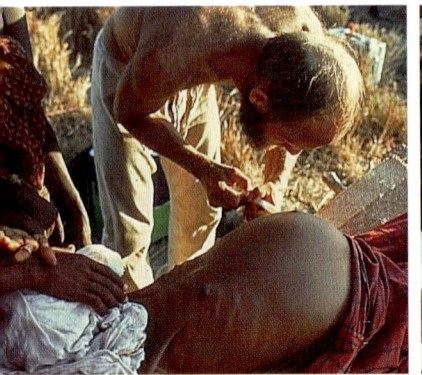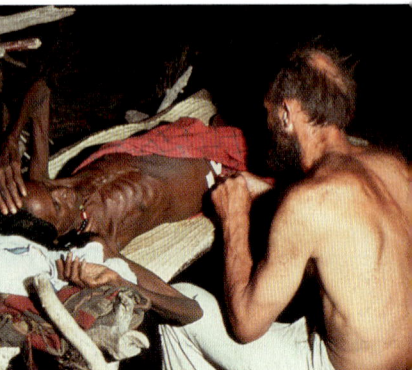

Kurze Linderung für die an Leberzirrhose erkrankte Patientin vor und nach dem Eingriff

Im Vulkangebiet

Islamische
Gastfreund-
schaft

Im Kriegsgebiet Eritrea/Äthiopien

Namenloses Kriegsopfer

Karawanenführer
Rüdiger

Aus dem Salzschlamm
gerettetes Kamel

Bei den Yanomami

Jaguare hautnah

Anzeige im *Hamburger Abendblatt* 1969

Yanomami-Männer

Der Justizminister Brasiliens mit David Kopenawa im abgefackelten Yanomami-Dorf

Körperbemalung für einen Jagdstreifzug

Totenfest

Kleine Krankenhilfe

Goldsucher im Yanomami-Land

Konfrontation: Yanomami-Dorf mit erstem Goldsucherzelt (Pfeil)

Eine von 120 illegalen Landepisten

Rüdiger undercover als Goldsucher

Mit Hochdruckwasserstrahl auf Goldsuche

Der Urwald-marsch

Abseilmoment

Floß aus Schilfrohr

Zerkratzter Unterschenkel

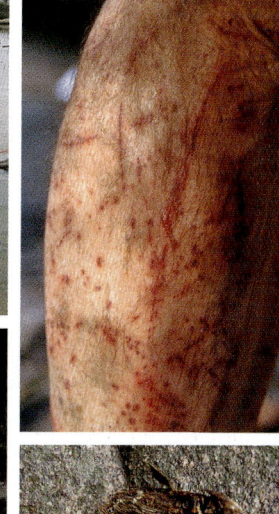

Madennahrung

Neuentdeckung?

Auf dem Atlantik

Immer angeleint

Heck unter Wasser

Floßküche: Fisch und Algengemüse

Nehbergsche Fischfütterung

Mit dem Tretboot,
1987

Mit dem
Bambusfloß, 1992

Mit THE TREE,
2000

Bei den Waiãpi

Traditionelle Hütten im Amazonasregenwald

Hosti mit Häuptling Ceremeté

Die kleine Urwaldklinik

Sophie und Roman mit
Silvia Nobre Waiãpi (Mitte)

Stammesversammlung

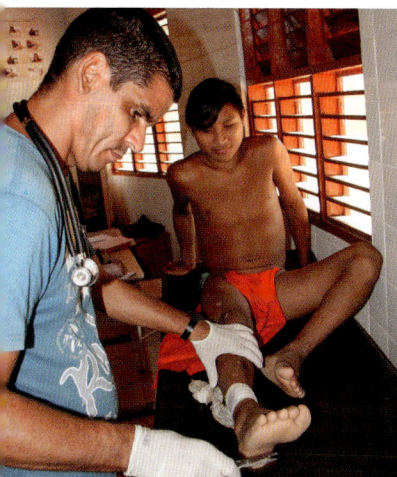

Behandlung im Regenwald

Glücklich über
die Medizinpro-
jekte im Urwald:
Annette mit
Mutter, Kind und
Krankenpfleger

Intakter Urwald
bietet Nahrung in
Fülle

Einsatz gegen FGM /
Weibliche Genitalverstümmelung

Opfer mit Verstümmlerin

Ohnmächtig vor Schmerz

Mancherorts werden schon
Babys verstümmelt

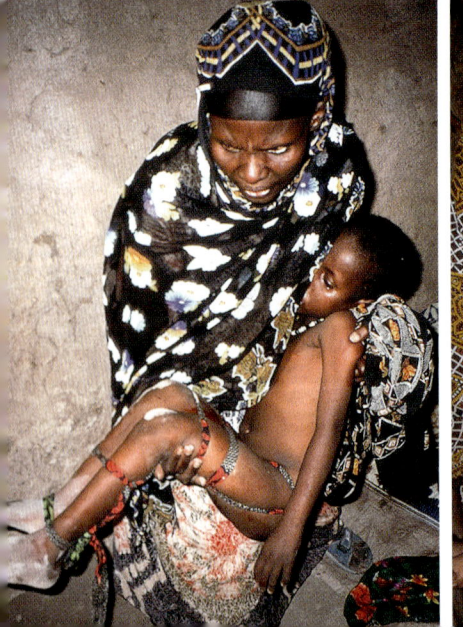

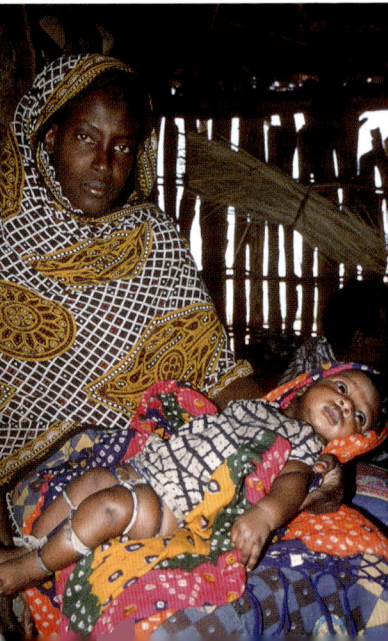

Stammeskonferenz bei den
Afar, TARGETs erster Erfolg

Widersacher

Annette und Rüdiger Nehberg

Das Goldene Buch

Die Azhar in Kairo

TARGETs Transparent zwischen den Minaretten der Centrum-Moschee in Hamburg

Das Goldene Buch für Dschibuti

Begrüßung der
Konferenzteilnehmer

Unterzeichnung der Fatwa
durch Großmufti Ali Gom'a

Das Goldene Buch: Grundlage
für den Schutz der Mädchen

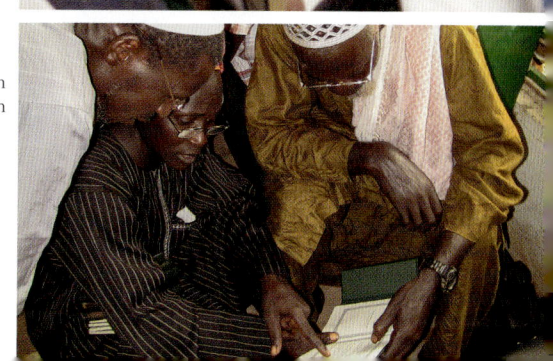

Diskussion zum Goldenen
Buch

Unterwegs mit dem Goldenen Buch

In der Wüste Danakil

In Guinea-Bissau

Ein ganzer Container Bücher für Äthiopien

Karawane der Hoffnung in Mauretanien

Unterwegs

Rüdiger erklärt die Botschaft auf der Fahne

Beim Großmufti Hamden Ould Tah (links)

Medizinische Hilfe

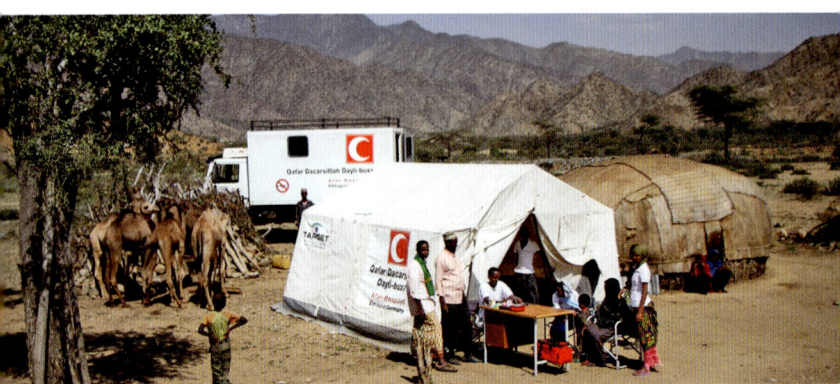

TARGETs Fahrende Krankenstation

Baustelle: mühsam durch Felsengrund   Mittagessen für die Patientinnen

Sichere Geburten trotz Genitalverstümmelung der Mütter

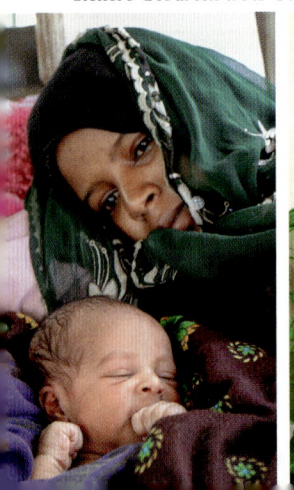

TARGETs
Gynäkologie-
und Geburts-
hilfeklinik in
der Danakil

Äthiopische
Mitarbeiter und
deutsche Ärzte
im gemeinsa-
men Einsatz

Das junge
Bauteam,
im Uhrzeiger-
sinn von unten:
Katja Käßner,
Lars Brehm,
Bernhard
Eisner,
Roman Weber,
Jan Klatt,
Dennis Risse

Vision Mekka – für die Mädchen Afrikas

Kronprinz und König von Saudi-Arabien

Zwischen den Minaretten von Mekka: TARGETs Transparent, schon einmal als Montage

Für die Mädchen Afrikas — Annette und Rüdiger Nehberg

Welch belebender Start! Statt 15 Minuten haben wir nur fünf gebraucht. Bleiben noch zehn, um einen Tee zu genießen.

Euphorisch treten wir die Rückfahrt an. »Wenn das wirklich so positiv weiterlaufen sollte, wie Elyas prophezeit, dann sollte man führende Muslime, die sich uns anschließen, in irgendeiner Weise ehren, ihnen unseren Dank ausdrücken für die Offenheit, das Vertrauen, die Unterstützung, aber auch für ihre Zivilcourage. Das wird vielleicht auch andere motivieren mitzumachen«, fällt mir ein.

»Was hältst du von einer Allianz der Unterstützer?«, rotiert es in Annettes Kopf. »Einem Freundeskreis gewissermaßen, einem Bündnis derer, die kraft ihres Einflusses unserer Idee zum Durchbruch verhelfen? Ich denke an etwas, das sie würdigt, ohne uns verpflichtet zu sein, ohne große Feierlichkeiten. Aber vielleicht in Form einer Urkunde oder einer dekorativen Medaille?«

Wir sind noch nicht in Hamburg, in Rausdorf, da ist auch schon eine Bezeichnung für die Idee gefunden: *Pro-Islamische Allianz gegen Weibliche Genitalverstümmelung, kurz PIA.*

Beim Zwischenhalt in Münster muss ich natürlich automatisch an meine Bäckerlehre denken, an meinen ersten »richtigen« Urlaub, als ich 1952 ohne Wissen meiner Eltern mit 17 und voller Abenteuerdrang mit dem Fahrrad nach Marokko geradelt war. Wie mich die Familie des jungen Ziegenhirten in ihrem bescheidenen Zuhause gesund gepflegt hatte. Bedingungslos trotz größter Armut. Ich weiß heute, dass dieses Erlebnis der Zündfunke für meinen besonderen Lebenslauf war, ein ungeahnter Beginn, der sich nun mit TARGET e. V. und unseren Visionen fortsetzte.

Mit TARGETs Zielen schwimmen wir gegen den Zeitgeist. Um ans Ziel zu gelangen, wird man oft nach der Motivation und der Schwimmweste gefragt. »Wie könnt ihr nur mit dem Islam gemeinsame Sache machen?«

Begründungsübergreifend sind es meine guten Erfahrungen, die ich mit Muslimen gemacht habe. Davon habe ich in den

TARGETs PIA-Medaille

Anfangskapiteln schon erzählt. Terroristen, die mit monströsen Verbrechen die Schlagzeilen der Medien erobern und schnell zur Verallgemeinerung verleiten, können meine Erfahrungen nicht erschüttern. Ließe ich das zu, dürfte ich auch keinem Christen mehr trauen. Da wären deren Kreuzzüge, die Inquisition, die Hexenverbrennung, die Ungleichheit von Mann und Frau und die Indianerausrottung. Ich erwähnte das bereits an anderer Stelle. Dabei vergisst man schnell, die von vielen gelebten Werte wie Nächstenliebe und soziale Verantwortung zu würdigen. Aber bevor es zu unserer heutigen laizistischen Lebensform kam, sind in den zwei Jahrtausenden ungezählte Millionen Menschen geschändet und ermordet worden.

Auf mich wirkt das Beharren auf Gesetzen, die vor vielen Jahrhunderten zeitgemäß waren, heute für die Betroffenen lebensbedrohlich. Sie vergessen offenbar, dass unser aller Schöpfer Seinen Lebewesen im Allgemeinen und dem Menschen im Besonderen die Genialität in die Gene gepackt hat, sich geänderten Herausforderungen anzupassen, wenn altes Wissen überholt ist. Mehr denn je ist heute Kooperation statt Dogmentreue gefragt, eine Zusammenarbeit über alle politischen, religiösen, ideologischen und kulturellen Grenzen hinweg. Überbevölkerung, Völkerwanderungen und die Klimaveränderung sind nur drei der globalen Bedrohungen. Die Zeit drängt. Ich bin sicher, wenn wir nicht schnell handeln, dass Katastrophen uns die Entscheidungen, die Welt vorm Untergang zu bewahren, abnehmen werden.

21. Ab an die Front!

»Das Restrisiko adelt das Wagnis.«
Rüdiger Nehberg

Wir haben die Filmdokumente und wollen damit bei Sultan Ali Mirah Hanfary vorstellig werden. Er ist das religiöse Oberhaupt der etwa 1,8 Millionen Afar, die in Äthiopien, aber auch in Dschibuti und Eritrea beheimatet sind. Ich kenne ihn nur vom Hörensagen. Als ich 1977 sein Territorium, die Danakil-Wüste, durchquerte, lebte er im Exil in Saudi-Arabien. Von dort unterstützte er den Freiheitskampf der Afar Liberation Front gegen das kommunistische Terrorregime des Staatschefs Mengistu von Äthiopien. Jetzt lebt er in Addis Abeba. Von seinem Volk in der Danakil, damals überwiegend Nomaden, sind die meisten sesshaft geworden.

Es ist nicht schwer, sein Domizil ausfindig zu machen. Ein Taxifahrer kennt es und bringt uns hin. Tags zuvor haben wir telefonisch um einen Termin gebeten. Die Reaktion seines Englisch sprechenden Sekretärs hat uns überrascht.

»Passt es Ihnen morgen früh um zehn Uhr? In welcher Sprache möchten Sie sich mit ihm unterhalten? In Deutsch? Dann besorge ich einen Übersetzer.«

Und nun stehen wir vor seiner Residenz in der Innenstadt. Sie liegt am Ende einer Sackgasse. Eine hohe Mauer und ein starkes Eisentor schirmen ihn ab von der Umgebung. Man hat uns kommen gesehen. Das Tor schwenkt auf und gibt den Blick frei auf Blumenbeete und Säulenzypressen. Der Sekretär bittet uns, die mit grünem Kunstrasenteppich belegten Stufen hinaufzugehen. Wir ziehen die Schuhe aus, stellen sie vor der Tür ab und steigen bestrumpften Fußes um auf einen schweren Orientteppich. Der dämpft unsere Stimmen, verschluckt die Schritte. Annette bedeckt ihr Haar dezent mit einem leichten Tuch. Der Sekretär öffnet die Tür. Hinter einem schweren Holzschreibtisch erhebt sich der Sultan von seinem goldfarbenen Thron. Er lächelt und bewillkommt uns beide mit festem Händedruck. Er trägt eine weiße Dschellabiyah, das ägyptische Ganzkörpergewand, darüber eine schwarze Anzugjacke mit weißem Schal. Eine flache weiße Kopfbedeckung und ein schlohweißer Backenbart rahmen sein freundliches Gesicht ein. Er ist eine beeindruckende Persönlichkeit.

Wir nehmen Platz in den Sesseln um einen flachen Glastisch. Statt wie bei uns zu Hause, wo dem Gast Blumen entgegenlächeln, ist es hier eine Schale voll mit unvergleichlichen Datteln. Dazu gibt es Tee. Seit der Durchquerung »seiner« Danakil-Wüste bin ich Dattelfan. Lange waren sie damals unsere wichtigste Nahrung. Meist klumpig und sogar stark mineralienhaltig vom vielen Wüstensand. Doch diese Sultan-Datteln sind die Krönung. Groß, sauber, fleischig und edel lächeln sie uns an. Marke Selbstschlucker. Annette nennt sie sogleich »Ali-Mirah-Datteln« – und für den Rest des Lebens lassen wir alle anderen Datteln dafür liegen.

Als Gastgeschenk überreichen wir ihm eine Hardcover-Originalausgabe meines Danakil-Buches, und durch die alten Fotos entwickelt sich sogleich ein Gespräch. Er lässt sich meine Tausendundeine-Nacht-Geschichten erzählen, die sich 1977 in seinem Afar-Land zutrugen – mit seinen Landsleuten als echten Helden.

»Ich kenne keinen meiner Landsleute, der jemals das ganze Land durchwandert hätte. Auch ich selbst nicht. Respekt!«

»Wir sind auch jetzt wieder einen weiten Weg gekommen. Wir möchten Sie um Hilfe bitten.«

Wir vertrauen darauf, dass ein gläubiger Nomade einem Gast, der ihn um Hilfe ersucht, keine Bitte abschlagen wird. Ich erzähle ihm vom Thema Verstümmelung, dass wir Augenzeugen geworden sind und fragen, ob wir ihm die Bilder zeigen dürfen. Wir dürfen. Er schaut sie sich sehr lange an, bleibt sprachlos und wird blass. »Das geschieht mit *meinen* Mädchen?«, fragt er schließlich leise.

Wir nicken. »Ja. Ausnahmslos mit allen.«

Der Sultan gesteht, dergleichen weder jemals gesehen noch davon erfahren zu haben. Er hört sich unsere Vision an, den Brauch zu verbieten, ihn als Sünde zu brandmarken.

Dann sagt er den unvergesslichen Satz: »Ich erlaube Ihnen, eine Stammeskonferenz einzuberufen. Ich werde sämtliche 60 Clanführer anweisen teilzunehmen, um über das Ende der Tradition zu diskutieren. Das muss ein Ende haben.«

Er würde die wichtigsten Geistlichen seines Volkes anweisen, das Schweigegebot aufzuheben und mit gutem Beispiel voranzugehen. Um die Einladungen bräuchten wir uns nicht zu kümmern. Das erledige er auf die traditionelle Weise.

Uns verschlägt dieses Vertrauen die Sprache. Fast verschlucken wir uns an einer Dattel! Lange Überzeugungsarbeit hatten wir erwartet. Da sagt der Mann: »Legen Sie los!« Sultan Ali Mirah ist unser erster Entscheidungsträger, bei dem die Bilder das Umdenken bewirken.

Man könnte denken, das hätte man auch von Deutschland aus telefonisch vereinbaren können. Genau das hätte man nicht. In der arabischen, in der islamischen Welt zählt die persönliche Begegnung auf Augenhöhe, der feste Händedruck oder die Hand auf dem Herzen, das gegebene Wort. Es kommt einem Vertrag gleich. Die Afar verfügten zu jener Zeit gerade erst wenige Jahrzehnte über eine Schrift für ihre Sprache. Einige gebildete Männer hätten hin- und herüberlegt, mit welchem Alphabet sie die Afar-Sprache zu Papier bringen sollten, verrät uns der Dolmetscher. Wegen des Glaubens bot sich das Arabische an. Da war man jedoch der Meinung, das fände international zu wenig

Zu Besuch bei Sultan Ali Mirah Hanfari

Beachtung. Man bliebe zu sehr verhaftet in der Wüste. Alternativ wurde die amharische Silbenschrift in Betracht gezogen. Die jedoch könne man nur in Äthiopien und Eritrea lesen. So einigte man sich schließlich auf die sogenannten lateinischen Buchstaben.

Wir sind von dem Erlebnis bei Sultan Ali Mirah so begeistert, dass wir genauso spontan sein möchten. Wir haben es uns leise zugeflüstert. Wir fragen ihn, ob er uns wegen des großen Vertrauens zu uns und seiner unglaublichen Kooperation die Freude und Ehre bereiten möchte, als erster Mensch Mitglied in unserer jungen Pro-Islamischen Allianz für das Ende der Weiblichen Genitalverstümmelung zu werden.

Er studiert interessiert den Text des Dokuments.

»Wahrlich, WIR haben den Menschen in schönstem Ebenmaß erschaffen.« (Sure 95, Vers 4). Deshalb ist Frauenbeschneidung eine reine Verstümmelung, ein ernsthafter Schaden für die Gesundheit, sogar eine Anmaßung gegen Allah und schwerstmögliche Sünde. Wer auch immer den Koran nach eigenem Gutdünken für seine Ziele interpretiert, diskriminiert die Weltreligion Islam.

Ali Mirah nickt den Text ab und unterschreibt ihn. Er ist damit der erste Ehrenverbündete in dieser Allianz. Annette hält das im Film fest. Wir kehren heim und planen die Konferenz. So viel Vertrauen, so viel Erfolg nach nur einem Jahr unserer Gründung! Wir stehen stark unter Strom. Hochspannung pur.

Dann geschieht Wochen später etwas, das man Fügung nennen mag. Quatsch, denn eigentlich ist ja alles Fügung. Nennen wir es also Glück, bevorzugte Fügung, Schicksal. Ich habe einen Vortrag in Osnabrück. Vom Büchertisch aus erblicke ich einen dunkelhäutigen Mann an der Kasse. »Könnte Äthiopier sein«, denke ich und gehe gleich hin, um ihn persönlich zu begrüßen.

»Du bist Äthiopier«, lasse ich den Ethnologen raushängen.

»Ich bin sogar ein Afar!«, optimiert er meine Feststellung.

»Dann kommst du umsonst rein! Du bist mein Ehrengast, denn ich war über vier Monate lang auch Ehrengast bei deinem Volk.«

»Ich weiß. Deshalb bin ich ja hier.« Er zückt mein Danakil-Buch aus der Jackentasche. »Darin sind zwei Fehler!«

Ach du Scheiße, denke ich. Ein Fehlergucker. Diese Typen trifft man häufiger. Feststehende Redewendung: »Das Buch finde ich toll, *aber* ...« Und dann folgt ein deutschlehrerhafter Vortrag unterschiedlichster Länge über ein fehlendes Komma und zu viele Adjektive. Man will den Literaten, den Spezialisten auf irgendeinem Fachgebiet raushängen lassen. Rhabarber-Gelaber. Geklaute Lebenszeit.

Dieser Literat hier stellt sich mir dann vor. Sein Name sei Ali Mekla. Er spricht ein supergutes Deutsch. Später ergibt sich, dass er außerdem locker Englisch, Arabisch, Amharisch, Tigrinya und seine Heimatsprache Afaraf spricht. Ein Sprachgenie. Ich komme mir dann immer so unwissend vor, dass ich es kaum laut sagen mag. In Alis Sprache, dem Afaraf, kenne ich nur ein einziges Wort: *Mannai*, »Wie geht's?«. Wir hatten uns damals bei unserer Expedition durch sein Land mit einem Grundvokabular Arabisch beholfen. Aber mit dem *Mannai* konnte man Gespräche von geschlagenen zehn Minuten bestreiten. So meine ich als Nichtsprachler mich jedenfalls zu erinnern. Ritual: »Wie geht's?« Antwort: »Wie geht's (selbst)?« Rückantwort: »Wie geht's (dir wirklich)?« Und das setzt sich endlos fort. »Wie geht's (der Familie)?«, »Wie geht's (dem Clan), (den Kamelen), (dem bösen Nachbarn) …« Es gibt ja so viel, dessen Wohl- oder Schlechtergehen einen interessiert. Wie es allen tatsächlich geht, offenbart sich erst im weiteren Gesprächsverlauf. Erst dann sind die Zahnschmerzen an der Reihe, der Durchfall des Kamels, die Anzahl der neugeborenen Zicklein. Und erst dann, nach zehn Minuten solchen Begrüßungspingpongs, kommt man wirklich zur Sache, während schon längst der Tee serviert wird.

Hinterher sitze ich mit Ali im Foyer des Veranstaltungssaales. Er ist während des Krieges 1977 als 14-Jähriger über Dschibuti und Saudi-Arabien nach Deutschland gekommen. Ich lade ihn zu einem Getränk ein, gespannt auf die Fehler. Die beanstandeten Seiten hat er bereits aufgeschlagen.

»Hier schreibst du, die Afar-Ehemänner müssten die Scheide ihrer Ehefrauen in der Hochzeitsnacht aufschneiden.«

»Ja, wenn sie es mit dem eingefetteten Penis nicht schaffen.«

»Davon habe ich noch nie etwas gehört.« Klar, wenn man mit 14 geflüchtet ist, denke ich.

»Punkt zwei: Du schreibst, Männer, die heiraten möchten, müssten einem Gegner die Genitalien abschneiden und sie dem Schwiegervater in spe präsentieren. Erst dann bekämen sie dessen Tochter zur Frau.«

Ob ich wohl verrückt wäre.

Ich kann nur erwidern, dass ich auf unseren Reisen mehrfach davon gehört hatte, und bitte Ali, sich beim nächsten Heimaturlaub noch einmal genauer umzuhören. Das Ergebnis: Er muss mir recht geben. Er weiß sogar von einem Mann, dem sie alles abgeschnitten haben und der es dennoch überlebt hat. Ich soll ihn sogar kennenlernen.

Natürlich kommen wir auch auf seinen Sultan Ali Mirah und die vereinbarte Clanführerkonferenz zu sprechen. Er ist begeistert und bietet sich spontan als Übersetzer und Vertrauter für beide Seiten an. Er habe in seiner Heimat beste Kontakte zu allen Seiten. Dafür gäbe ihm sein Chef in Osnabrück garantiert vier Wochen unbezahlten Urlaub.

So lernen wir Ali kennen.

22. Die Wüstenkonferenz

»Du musst den Brunnen graben,
bevor du Durst hast.«   Chinesisches Sprichwort

Es ist heiß in Assayta, der kleinen Stadt im Süden des Afargebietes. Wir tricksen uns von Schatten zu Schatten, produzieren Schweiß ohne Ende und spenden ihn den gierigen Handtüchern. Die würden sonst glatt verdursten und auseinanderfallen.

Morgen um zehn Uhr soll die Stammesführerkonferenz stattfinden, TARGETs erste Wüstenkonferenz für den Schutz der Mädchen vor FGM. Sultan Ali Mirah hat uns sein Grundstück zur Verfügung gestellt. Wir wollen es schon mal inspizieren, nach Schatten Ausschau halten, nach der Möglichkeit, Getränke zu lagern für die Gäste.

Als wir den Awash-Fluss überqueren wollen, gebietet uns ein Afar brüsk Halt. Was er sagt, verstehen wir nicht, aber seine Geste ist unmissverständlich. Statt vieler Worte spricht sein Gewehr: »Keinen Schritt weiter!«

»Haus von Ali Mirah«, sagen wir und weisen in die Richtung von dessen Anwesen. Der Mann weicht keinen Schritt von der Stelle. Am jenseitigen Ufer des Awash gilt das alte Gesetz der Vogelfreiheit für den, der ohne einheimische Begleiter ist. Seit unserer Danakil-Durchquerung 1977 hat sich hier nichts geändert. Dreißig Meter entfernt, am anderen Ufer, dort, wo die Kleinstadt beginnt, könnten wir uns ungestört bewegen.

Im richtigen Moment kommt Ali Mekla nachgelaufen. Ihm macht die Hitze nichts aus. Er schwitzt keinen Tropfen. Er überblickt sofort den Grund unserer Schwierigkeiten, dass uns eben ein einheimischer Begleiter fehlt. Ein heftiger Wortwechsel, und der Bewaffnete macht den Weg augenblicklich frei.

Ali Mirah hat hier eine »Sommerresidenz«. Ein schöner Flachbau mit vielen Zimmern und drum herum zahlreichen Schatten spendenden Bäumen. Ein Wächter öffnet die Tür und lässt uns eintreten. Wir müssen nichts erklären. Er weiß genau Bescheid. Es gibt reichlich Platz, um Getränke zu lagern. Einen Kühlschrank gibt es nicht, geschweige denn einen Kühl*raum*. Denn wir brauchen Platz für große Mengen. Für Ali kein Problem. »Die stapeln wir hier, decken sie mit mehreren Lagen nasser Decken zu und schaffen Durchzug.« Decken gibt es in großer Zahl.

Morgen ist die Konferenz. Wir sind seit sechs Uhr auf und machen uns heute schon Sorgen, denn wir haben noch keinen einzigen der erwarteten Sheikhs gesehen. Unser kleines Hotel ist leer. Ein zweites gibt es nicht. Es müsste doch überfüllt sein. Aber wir sind die einzigen fünf Gäste. Wir, das sind Annette, Ali, Kameramann Jens, Filmemacherin Heike Mundzeck und ich. Nur im Gastraum sitzen noch zehn Tee schlürfende Menschen. Ali beruhigt uns. »Die sind alle schon da. Einige haben einen weiten Weg hinter sich. Aber keiner von denen schläft im Hotel. Jeder hat irgendwo Verwandte. Die wären beleidigt, wenn sie woanders übernachten würden.«

Jens stört das offenbar weniger. Er wird nach Arbeitstagen und nicht nach erfolgter Konferenz bezahlt. Er hat sich ein traditionelles Gericht bestellt. Die Serviererin bringt ihm vorab auf einem Teller die dazugehörigen *indschera*-Brotfladen. Sie haben eine graue Farbe, sind dünn und elastisch. Jens denkt, das seien Erfrischungstücher. Gerade will er sich mit einem das Gesicht abtupfen, als er noch rechtzeitig am Nachbartisch sieht, dass es ein Lebensmittel ist, von dem sich die Gäste kleine Stücke abreißen, um damit ihr Tellergericht zu greifen und zu essen.

Was unsere Aufgeregtheit etwas abmildert, ist der wunderschöne Ausblick vom Hotel. Es liegt auf einer senkrechten Felswand. Aus 20 Meter Höhe schaut man hinunter auf den Awash-Fluss und von Palmen beschattete Gärten. In den Bäumen und durchs Hotel toben Meerkatzen und klauen, was das Zeug hält, wie bei uns angeblich die Raben. Man muss höllisch aufpassen. Wir verkriechen uns unter den Moskitonetzen unserer Betten auf dem Flachdach der Herberge und fiebern dem nächsten Tag entgegen. Lange liegen wir wach. Vom Fluss ruft ein einsames Nilpferd.

Und dann ist er da! Der 31. Januar 2002. Um acht Uhr bringt uns ein Landrover zum Versammlungsplatz der Wüstenkonferenz. Immer noch kein Mensch weit und breit. Außer uns natürlich und dem Nachtwächter. Die Getränke sind ordnungsgemäß geliefert und mit feuchten Tüchern bedeckt worden. Sie frieren still vor sich hin.

»Da kommt ein Pick-up voller Menschen!« Annette hat ihn zuerst erblickt und steckt uns an mit ihrer Aufregung. Aber die Menschen sind ausschließlich Frauen. Sie winken und fahren vorbei. Wir trösten uns mit windgekühlter Fanta.

»Jetzt kommen sie wirklich!« Ali deutet ungestüm zur einzigen Brücke, die in weiter Ferne den Awash überquert. Und tatsächlich. Mehrere Landrover, Mitsubishis, Toyotas und VW-Busse, alle bis zum Anschlag voll beladen, kommen in gewaltiger Staubwolke angeholpert. Es ist, als hätten sie alle irgendwo gewartet, um uns gemeinsam zu überfallen.

»Das ist Darassa Moussa«, stellt Ali einen der Männer vor. »Er gehört dem Obersten Islamischen Rat Äthiopiens an.«

»Salaam alaykum«, begrüßen wir ihn. Er hat einen kräftigen Händedruck und lächelt übers ganze Gesicht. Seine Augen leuchten und beweisen, dass das Lächeln ehrlich ist.

»Wa alaykum as-salaam«, antwortet er. Die weiteren Worte sagt er in Afaraf. Sie gelten Ali. »Das ist unser bester Mitstreiter«, raunt er uns zu. »Ich soll euch sagen, dass er schon seit vielen Jahren gegen den Brauch kämpft. Länger als ihr!«Warum das so ist, hören wir später.

»Da ist auch wieder der Pick-up mit den Frauen!«, unterbricht uns Annette. Tatsächlich. Eine nach der anderen springt von der Ladefläche. Mehr, als rein physikalisch draufgepasst hätten. Außer, man hätte sie gestapelt. Und immer noch springt eine ab. Andere zwängen sich aus der Führerkabine. Wir können es schon bald nicht mehr fassen: Statt der 58 Clanführer drängeln sich rund 600 Gäste um den großen, Schatten spendenden Baum!

Ali strahlt. »Ich hab's euch doch gesagt! Noch nie in der Geschichte unseres Volkes hat es so etwas gegeben. Das lässt sich keiner entgehen. Der Sultan hat alle Entscheidungsträger angewiesen, das Thema offen zu besprechen und das Ende zu beschließen. Er hat das Sprechverbot aufgehoben. Bisher war das Thema strengstens tabuisiert. Deshalb auch die vielen Frauen.«

Ali übernimmt die Moderation. Jens filmt aus jeder Perspektive. Der Schweiß läuft ihm aus der Hose. Bevor er als Trockenfleisch umkippt, füllt er den Verlust mit Wasser wieder auf.

Ali hat einen Toyota in die Stadt zurückgeschickt. Der Fahrer soll noch schnell Unmengen Fanta nachholen. Die Stimmung der Gäste ist aufgeregt. Spürbarer Tenor: »Wir dürfen über *Die Sache* sprechen!«

Ich verneige mich tief und stelle uns Deutsche den Gästen vor. Ali übersetzt simultan.

»Vor 25 Jahren habe ich mit zwei Freunden und vier Kamelen eure Wüste durchquert. Von Dschibuti über Äthiopien und Eritrea bis in den Sudan.« Das lasse ich kurz wirken. Kaum einer von ihnen wird etwas Vergleichbares gemacht haben. Ich spreche in kurzen Sätzen, damit Ali es wörtlich wiedergeben kann.

»Damals herrschte hier Krieg. Äthiopien unter Staatschef Mengistu gegen Eritrea. Wir wurden mehrfach überfallen und ausgeraubt. Zweimal sollten wir erschossen werden von marodierenden Banden. Die zwei Begleiter, zwei eurer Väter, die ein

Sheikh uns zu unserer Sicherheit mitgegeben hat, haben sich blitzschnell mit ihren Körpern als lebende Schilde vor uns gestellt. ›Wenn ihr unsere Gäste töten wollt, müsst ihr durch uns hindurchschießen. Dann werdet ihr unsere Blutrache kennenlernen.‹ Eine solche bedingungslose, fast heilige Gastfreundschaft habe ich in keinem anderen Land der Welt erlebt. Seitdem schulde ich eurem Volk Dank. Heute sind wir gekommen, um diesen Dank einzulösen.« Ich spüre sofort, dass das genau der richtige Einstieg war. Alle reden aufgeregt durcheinander. Sie sind stolz auf ihre Tugend. Ich spüre Respekt, sie bewundern mich, weil ich deshalb zu ihnen gekommen bin, um mich nach so vielen Jahren zu bedanken.

»Ich habe gehört, was ihr euren Mädchen antut. Ich habe auch gehört, dass sehr viele dabei sterben. Und ihr begründet *Die Sache* falsch mit dem Koran. Ihr glaubt, Allah habe sie befohlen. Im Koran steht kein Wort davon. Ganz im Gegenteil, dort steht: *Allah hat den Menschen in höchster Vollendung erschaffen.* So steht es in Sure 95, Vers 4.«

Ich zitiere diese Sure und bewirke Erstaunen ob meiner Kenntnis. Bestimmt haben einige dennoch ihre Zweifel an meinen Worten. Ich bin ein Ausländer, und Fremden misstraut man. Man kennt sie als Besserwisser, als Missionare, als Eroberer. Bis ihr hochgeachteter Sheikh Darassa Moussa bestätigt, dass es so tatsächlich geschrieben steht. Unmissverständlich liest er es aus dem Koran vor.

Ich lege nach.

»Fünfmal täglich im Gebet preisen wir Allahs Größe, Seine Perfektion, Seine Unfehlbarkeit. Warum sollte Er dann bei der Schaffung der Frau einen Fehler begangen haben? Bei 50 Prozent der Menschheit? Wer Mädchen verstümmelt, maßt sich an, schlauer zu sein als Allah, unser aller Schöpfer. Ihr glaubt auch«, fahre ich nach kurzer Verschnaufpause fort, »dass *alle* Frauen dieser Erde das ertragen müssen. Das stimmt nicht. Es sind nur die Frauen aus 35 von 200 Ländern. Annette zum Beispiel ist nicht verstümmelt.«

Das ist der Moment, wo auch Annette sich vorstellt. Sie wendet sich an die Frauen. »In fast allen Ländern der Welt freuen sich die Frauen auf die Hochzeitsnacht. Und hier habe ich erfahren, dass ihr genau vor dem Tag eine große Angst empfindet wegen der Schmerzen, die man euch zufügen wird.«

Alle hängen an ihrem Mund. Dass eine Frau so öffentlich über *Die Sache* spricht, sind sie nicht gewöhnt. »Ihr denkt, dass man das mit Frauen tun muss, damit sie treu bleiben. Eure Männer denken, dass eine Unbeschnittene sich jedem Mann an den Hals wirft. Ich bin unbeschnitten und dennoch treu. Treue ist vor allem ein Zeichen von großer Harmonie zwischen Mann und Frau.« Aha, denke ich im Stillen. Galt das den Frauen oder mir?

Sie erzählt von ihrer Tochter Sophie, die auch nicht beschnitten ist. Ebenso wenig wie alle ihre Freundinnen und alle anderen Europäerinnen. »Das wollte ich euch sagen. Wir möchten, dass es euch Frauen gut geht, dass eure Töchter gesund und schmerzfrei leben.«

Ali klatscht spontan. Zwei junge Frauen fallen ein. Erschrocken über sich selbst, halten sie sofort wieder inne. Dennoch: Welch ein beglückendes Gefühl! Gerade ist ein Damm gebrochen.

Sheikh Darassa meldet sich wieder zu Wort. »Das Tabu des Schweigens muss beendet werden. Der Brauch schadet unseren Frauen und unserem Volk. Lasst uns eure Meinung hören!«

Sofort ergreift eine Frau das Mikrofon. Man merkt ihr an, wie sehr sie das Thema erregt. »Meine Tochter konnte seit *Der Sache* nie wieder laufen. Sie musste auf allen vieren über den Boden kriechen. Monatelang. Irgendwann hat sie den Schmerz nicht mehr ausgehalten und sich mit der Maschinenpistole ihres Vaters erschossen. Nach außen haben wir es immer als einen Unfall dargestellt. Aber das ist die Wahrheit.«

Andere Frauen fühlen sich ermutigt. Sie erzählen von Töchtern, die sich erhängt oder verbrannt haben. Die Männer sitzen plötzlich mucksmäuschenstill, als wäre der Strom für die Tonanlage ausgefallen. Einer neben mir knabbert betroffen an seinen Fingernägeln. Viele hören das alles zum ersten Mal. Sie hatten die Todesfälle nicht mit *Der Sache* in Verbindung gebracht.

Prompt melden sich auch Zweifler. »Moment mal!«, ereifert sich einer. »Wir haben ja nicht nur den Heiligen Koran. Es gibt auch die Heiligen Hadithe. Und dort habe ich gelesen, dass der Prophet, Allah schenke ihm sein Wohlwollen, persönlich die Beschneidung der Mädchen angeordnet hat.«

Jetzt geht Sheikh Darassa auf die Barrikaden. »Mein Bruder, reg dich nicht auf. Das steht dort wirklich geschrieben. Aber du weißt doch als gebildeter Mann, dass die Hadithe erst viele Jahre nach dem Tod des Propheten aufgeschrieben wurden. Da wurde viel gelogen. Und dies ist ganz klar solch ein unwahrer, ein sogenannter schwacher Hadith, den man nicht als die Worte des Propheten, Allah möge ihn segnen, bewerten darf.« Dass er den Zweifler einen »gebildeten Mann« genannt hat, mildert dessen Aggression deutlich. Darassa fährt fort. »Das kann der Prophet, Allahs Segen ruhe auf ihm, gar nicht gesagt haben. Denn wir wissen, dass er seinen eigenen Töchtern das nicht angetan hat. Und noch heute wird der Brauch in seinem Geburtsland Saudi-Arabien *nicht* praktiziert! Das ist doch der sicherste Beweis, dass dein zitierter Hadith schwach ist.«

Die Frauen sitzen still da. Sie können es nicht fassen, wie offen und strittig das Thema diskutiert wird. Ihre Köpfe schwenken hin und her zwischen den Rednern. Was haben sie da gerade gehört? In Saudi-Arabien wird nicht verstümmelt? Der Zweifler gibt nach. Doch als Ali Mekla und ich ihm beim Lunch begegnen, regt er sich erneut auf.

»Ist der, den du mitgebracht hast, überhaupt Moslem?«, will er von Ali Mekla mit einem abfälligen Blick auf mich wissen.

Ali Mekla kennt meine Standardantwort auf solche Fragen und wiederholt sie. »Ich verstehe die Frage wohl nicht richtig. Sonst müsste ich dich fragen, ob *du* selbst überhaupt Moslem bist! Oder willst du mit der Frage sagen, Rüdiger könnte einen anderen Gott haben als du?«

Mutig berichtet die Afar-Frau von den Qualen aufgrund der erlittenen FGM

So wird auf der Versammlung lebhaft weiter diskutiert. Offen per Megafon oder vertraut in kleinen Gruppen. Am nächsten Tag die Abstimmung. Sie wird in Annettes und meinem Leben zum allergrößten Tag. Größer als sämtliche Geburtstage und Weihnachten zusammen. Keine Gegenstimme mehr, keine Enthaltung. Tenor: »FGM ist ab sofort verboten!« Wir schreiben den 1. Februar 2002. Wir ahnen nicht, dass dieses Ereignis noch weit, weit übertroffen werden wird. Doch davon später.

Ich rutsche näher zu Sheikh Darassa hin. »Kann man nicht auch gleich eine Strafe festlegen?« Irgendwie bin ich immer für Nägel mit Köpfen. Wenn schon, denn schon. Der weise Sheikh legt mir beruhigend die Hand auf den Arm. »Das ist nicht ratsam. Das würde sie überfordern. Seit vielen Tausend Jahren war es rechtens, was sie getan haben. Es war Sünde, es *nicht* zu tun. Nun hören sie, dass ab jetzt das Gegenteil gilt. Jetzt ist es Sünde, *wenn* sie ihre Mädchen verstümmeln. Über Strafe können wir in ein paar Jahren dann immer noch reden.« Ich drossle meine Adrenalinzufuhr.

Zusammen mit seinen Kollegen formuliert er das neue Gesetz. Als es unterschrieben wird, kommt Beifall auf. Vor allem von den Frauen. Sie stürmen auf Annette ein und scheinen sie fast zu erdrücken. Viele weinen. Wir auch.

Dazu muss man wissen, dass bei diesen Völkern einzig das Stammesgesetz gilt. Mehr als Landesgesetze oder wohlwollende UN-Empfehlungen. Manche von ihnen wüssten nicht einmal, wer oder was die UNO ist. Sind das Männchen? Weibchen? Segen? Katastrophe?

»Welch ein Erfolg! Welch ein Tag!«, flüstert Annette mir zwischen zwei Erdrückungsversuchen zu.

Als etwas Ruhe einkehrt, nimmt Annette die Gelegenheit wahr, die Frauen zu befragen. Manche sind überraschend offen. Obwohl Ali als Mann den Übersetzer macht. Das aufgehobene Tabu lockert ihre Zungen.

»Erinnerst du dich noch an den Tag deiner Beschneidung?«

Das Wort *circumcision*, Beschneidung, auszusprechen fällt uns immer schwer. Es verniedlicht das Verbrechen. Im Deutschen denkt man beim Wort Beschneidung eher an die *Veredelung* von Bäumen. Doch hier wird nicht veredelt, hier wird zerstört. Deshalb lautet der internationale Terminus für das Verbrechen auch zu Recht *mutilation*, Verstümmelung. Im Gespräch mit Betroffenen verbietet sich dieses Wort. Wer will schon als »verstümmelt« bezeichnet werden? Dann sagen wir *circumcision*.

Und natürlich erinnert sich jede befragte Frau haargenau an den Tag ihrer Schändung und Entwürdigung. Eine verrät: »Wir waren damals drei Mädchen im Schulalter. Zwei haben es nicht überlebt.«

»Wie war es, als deine eigene Tochter beschnitten wurde?«

»Das war grauenhaft. Ich habe das Mädchen der Großmutter gegeben und bin in die Wüste gerannt. Dort habe ich die ganze Zeit zu Allah gebetet, er möge mein Mädchen leben lassen.«

»Deine Tochter ist nun im Heiratsalter. Wie hast du sie auf die Menstruation und die Hochzeitsnacht vorbereitet?«

»Gar nicht. Sie muss selbst merken, was gut und nicht gut ist. Wir dürfen über solche Dinge nicht sprechen.«

»Und was tut ihr gegen die Beschwerden während der Menstruation? Wenn zum Beispiel das Menstruationsblut nicht abfließen kann.«

»Da helfen sich die Mädchen gegenseitig. Sie graben sich bis zum Nabel in den heißen Sand ein. Der Druck des Sandes lindert den Schmerz und hilft, dass das Blut leichter abfließt. Wenn nicht, hüpft eine Freundin auf dem Sand, um den Druck zu erhöhen.«

Ali hat in weiser Voraussicht eine Folkloregruppe von Afartänzern bestellt. Spontan wird gesungen, geklatscht, getanzt. Ein toller Abschluss. Ohne ihn wäre die gesamte Konferenz sicher anders verlaufen. Am liebsten hätte Annette auch Sheikh Darassa umarmt. Aber dann hätte ihr vermutlich niemand mehr ihre Treue geglaubt.

Schließlich bittet Ali alle geladenen Gäste zur Abrechnung. Es war vereinbart, jedem ein Tagesgeld zu geben und die Reisekosten zu erstatten. Manche hatten eine zweitägige Anreise. Für den Fall des positiven Abschlusses der Konferenz wollten wir jedem stimmberechtigten Clanführer eine vergoldete Armbanduhr schenken. Auf ihr die sogenannten arabischen Ziffern und die besagte Sure 95, Vers 4.

Hundert hatten wir machen lassen, 60 für Clanchiefs und weitere für unerwartete besondere Gäste. Und davon gibt es plötzlich viele: Gesundheitsbeauftragte aus der Afar-Hauptstadt Samara, Frauenbeauftragte, Behördenmitarbeiter aus Addis Abeba – irgendwann gehen uns die Uhren aus. Es gibt Streit. Schließlich fühlt sich jeder wichtig. »Warum kriegt der 'ne Uhr und ich nicht?« Die Schlichtung überlassen wir Ali.

»Diejenigen, die keine Uhr bekommen haben, reden die Uhren jetzt schlecht«, erklärt er uns. »Sie monieren, man dürfe mit Koranversen am Körper oder im Gewand nicht zur Toilette gehen. Also seien die Uhren völlig wertlos.«

»Ehrlich? Und was hast du ihnen erwidert?«

»Sie sollen sie während der Notdurftverrichtung abnehmen und abseits in den Busch legen. Und wer dennoch diese Meinung vertritt, könne sie gern zurückgeben.«

Keine einzige Uhr kommt zurück.

23. Die Fahrende Krankenstation

» Trost für Traditionalisten:
Das Neue kann der Anfang
einer langen Tradition werden. « Walter Ludin

Wir sind zurück in dem wunderschön gelegenen kleinen Hotel auf der hohen Felswand mit dem grunzenden Nilpferd unten im Schilf am Awash-Fluss. Wir hören es immer nur, zu sehen bekommen wir es nie. Typisch Nachtschwärmer. Dort oben sitzen wir nun alle zusammen und können noch gar nicht ganz begreifen, was heute geschehen ist. Da bestehen wir mit TARGET sage und schreibe zwei Jahre und haben bereits diesen großen Erfolg errungen! Freude, Glück und etwas Stolz überwältigen uns. Was werden wohl die Bedenkenträger in Old Germany dazu sagen? Wir haben allen das Gegenteil bewiesen. Genau wie wir es erhofft hatten. Heike Mundzecks Film wird davon Zeugnis ablegen.

Unserem abendlichen Brainstorming sind alle Schleusen geöffnet. »Wir werden die Wüste umgraben«, meint der eine. »Wir werden sie wässern mit den Tränen der Opfermädchen«, meint der oder die andere. Bis die Idee von der Fahrenden Krankenstation geboren ist. Damit könnten wir den Frauen und Mädchen vor Ort helfen und weiter Aufklärung betreiben. Kaum noch können wir schlafen.

Am nächsten Morgen beim Kaffee klingelt Sheik Darassas Telefon. Er klappt es auf, und ich sehe das Bild eines wunderschönen Mädchens.

»Hast du eine Freundin?«, wage ich ein Scherzchen.

Er schaut mich verwirrt an. So, als hätte er meine Frage wohl nicht verstanden. »Das ist meine Tochter!«

Dann rückt er mit einer dramatischen Geschichte raus. Zwei Tage hatte seine Frau vergeblich versucht, das Mädchen auf die Welt zu bringen. Längst war sie völlig kraftlos. Sie hatte sich die Seele aus dem Leib geschrien. Kein Pressen der Mutter, kein Nachhelfen der vielen Nachbarinnen hatten etwas bewirkt. Man fühlte nur den Haarschopf des Kindes, aber es wollte partout nicht auf die Welt kommen. Die Scheidenöffnung war infolge der Verstümmelung zu eng, vernarbt und völlig unelastisch. Die Narben gaben nicht nach. Auch ein Schnitt, von Laien durchgeführt, führte nicht zum Ziel.

Sheikh Darassa ist jener Moment immer noch sehr gegenwärtig. Man merkt es ihm an. Er war seiner Frau nicht von der Seite gewichen. Es ging um Leben und Tod. Sowohl für das Kind als auch für die Mutter.

»Da kam eine Frau mit einer Fahrradspeiche. Sie hatte ein Ende zu einem U gebogen und versuchte, am Kopf vorbei unter einen Arm zu gelangen und es so herauszuziehen. Sie wollten zumindest das Leben meiner Frau retten.«

Dabei passierte das Unglück! Ein Teil vom Haarschopf des Kindes wurde von der Speiche abgerissen. »Das war der Moment, wo ich wohl nicht mehr zurechnungsfähig und in der Lage war, zu helfen. Ich behinderte die Frauen bei ihrer Arbeit. Da drückten sie mir den Haarschopf in die Hand und sagten, ich solle schon mal rausgehen und den Schopf beerdigen. Gerade hatte ich damit begonnen, da hörte ich den Urschrei meines Mädchens! Es war doch noch zur Welt gekommen, und es lebte lautstark und lebensbejahend. Ich war der glücklichste Mann der Welt. Die Wunde hat sich bald geschlossen, und dem Mädchen wuchsen wieder Haare.«

Ein anderes und besonders schönes Erlebnis hatten wir am Tag nach unserer Wüstenkonferenz. Eine junge Frau kommt zu Annette. Sie wird begleitet von zwei anderen Frauen. Sie umarmt sie und will sie gar nicht mehr loslassen. Die Tränen kullern ihr aufs Gewand. Sie lässt sich von einer ihrer Begleiterinnen das übergeben, was die auf dem Arm gehalten hatte. Es ist in ein Handtuch eingewickelt. Wir verstehen sie nicht. Immer wieder deutet sie auf das Handtuch. Wahrscheinlich will sie uns ein frisches Brot schenken. Das haben wir schon öfter erlebt. Mir Bäcker läuft sofort das Wasser im Mund zusammen. Vorsichtig zupft sie am Handtuch herum. Sie macht es richtig geheimnisvoll. Doch zum Vorschein kommt kein Brot. Wir sehen ein ganz frisch geborenes Baby!

Zufällig kommt auch Ali zu uns und kann übersetzen. »Das ist meine Tochter«, erklärt die Frau tränenerstickt. »Ich habe sie gestern Abend geboren. Sie ist das erste Afar-Mädchen, das nicht mehr verstümmelt wird. Schaut es euch an. Du bist ihre zweite Mutter. Sie heißt Anna.« Annette nimmt das Kind in die Arme – Gänsehaut in der heißen Wüste und unvergessliche Momente.

Der nächste folgt auf dem Fuße. »Draußen vorm Hotel wartet eine Abordnung von Clanchiefs. Ihr sollt mal rauskommen.« Kameramann Jens hat sie entdeckt. Wir tun wie geheißen. Da stehen fünf ehrwürdige Honoratioren in der Sonnenglut. Andächtig aufgereiht. Ihnen voran unser guter Sheikh Darassa Moussa. Er überreicht uns ein Dokument. Ali übersetzt es. Es ist ein Dokument des Dankes des Obersten Rates für Islamische Angelegenheiten. Dank dafür, dass wir dieses Thema angesprochen haben. Man sei stolz auf den gemeinsamen Erfolg. Wir umarmen einander. Es wird ein berührender Abschied.

Annette und ich sind von allem, was uns hier widerfahren ist, so überwältigt, dass wir überlegen, wie wir diese kostbare Saat zu einer alles überragenden Pflanze entwickeln. Wir werden eine Fahrende Krankenstation in dieses Gebiet schicken.

Zurück in Deutschland, treiben wir die Idee voran. Von DaimlerChrysler-Managern, denen ich bei einem Vortrag davon berichte, bekommt TARGET spontan einen gebrauchten, aber topüberholten Unimog! Zusätzlich erwerben wir einen Toyota.

Doch dann stoßen wir überraschend auf behördliche Schwierigkeiten. Probleme hier, Hindernisse dort und fehlende weitere Unterlagen woanders. Es ist geradezu grotesk. Letzten Endes spüren wir, dass jeder, der eine wie auch immer geartete Entscheiderposition bekleidet, bestochen werden will. Aber dazu sind wir unter keinen Umständen bereit. Es ist zum einen unsere Grundeinstellung und zum anderen einer der wichtigen Ratschläge, die uns Karlheinz Böhm mit auf den Weg gegeben hat. Der Gründer von »Menschen für Menschen« hatte uns in Rausdorf besucht und uns zum Erfolg unserer Arbeit gratuliert. Er drückte seinen Respekt aus, weil wir uns ins Afargebiet gewagt hatten. Das hätten andere Organisationen bisher gemieden. Die Afar seien vielen suspekt, weil sie als kriegerisch gälten und Muslime seien. Er selbst hatte sich auf die Arbeit bei den christlichen Kopten beschränkt.

Böhm wurde für uns ein Quell der Informationen. Er hatte uns ausdrücklich auf die Gefahr von Bestechungen hingewiesen. Alle korrumpierbaren Behördenmitarbeiter würden sich untereinander kennen. Hätten sie ein Opfer gefunden, spräche sich das in Windeseile unter den »Kollegen« herum. Dann liefe nichts mehr ohne Schwarzgeld, die Forderungen würden sich ins Unermessliche steigern. »Es bleibt einem nichts, als langen Atem zu demonstrieren und alle denkbaren Beziehungen wahrzunehmen, um solche Erpresser zu umgehen. Für Strafanzeigen wegen Bestechlichkeit fehlt es stets an Beweisen. Die dreisten Forderungen kommen immer unter vier Augen.«

Schließlich können wir eine verantwortliche Ärztin suchen und finden: Stephanie. Zwei Jahre sind vergangen seit der Wüstenkonferenz. 2004 ist unsere Fahrende Krankenstation endlich unterwegs im Nordosten der Danakil. Über steinige Schotterstraßen hinweg ins Outback des Landes, wohin sich normalerweise kaum ein Auto verirrt. Regionen, in denen die Menschen von ihren Ziegen leben und wir Fremden uns fragen, wovon die Ziegen sich im nackten Gestein überhaupt ernähren. Es ist oft kein Grashalm zu sehen. Eine trostlose Landschaft. Armut pur. Mit der Flexibilität der Station wollen wir auch abseits vorhandener Schotterstraßen wirken können. Wir wollen aber nicht nur helfen, sondern auch herausfinden, was den Frauen hier angetan wird.

Stephanie bewährt sich schnell als eine Seele von Medizinerin. Sie blüht richtig auf bei ihrer Tätigkeit. Es bringt sie nicht im Geringsten aus der Ruhe, als sie am ersten Tag 100 Patientinnen erwarten. Ihr ist klar, dass sie nur etwa 30 von ihnen pro Tag behandeln kann. Denn bei jeder nimmt sie sich unendlich viel Zeit. Jede einzelne ist für sie eine Privatpatientin. Ein deutscher Kassenarzt würde bei so viel Gründlichkeit sehr bald seine Insolvenz verkünden müssen.

Um die Frauen nicht viele Tage vergeblich warten zu lassen, schreibt sie Nummernkärtchen und lässt ihnen deren Bedeutung klarmachen und voraussagen, wann sie ungefähr an der Reihe sind. Doch keine einzige geht nach Hause. Jeden Tag finden sie sich erneut ein und bringen weitere Nachbarinnen mit. Wo sonst kann man so ungestört quatschen?

»Steffi, ich würde wahnsinnig«, gestehe ich ihr. Auch mir gegenüber zeigt sie Geduld.

»Das musst du verstehen, Rüdiger. Es ist bestimmt das erste Mal im Leben dieser Frauen, dass sich eine Ärztin so intensiv um sie kümmert. Sie fassen Vertrauen. Unter keinen Umständen wollen sie diese neue Chance verpassen. Vor allem lasse ich mir auch deshalb Zeit, weil ich ja mit eigenen Augen sehe, wie übel viele von ihnen zugerichtet sind infolge der Verstümmelung. Ich frage mich manchmal, wie man mit den Leiden leben und seiner Tätigkeit nachgehen kann. Bei mancher ist jeder Schritt eine Qual.«

Annette, gelernte Arzthelferin, begleitet Steffis Einsatztruppe manchmal für ein paar Tage, um hinter die Kulissen zu schauen.

Als ein wachsendes Problem mit den Patientinnen stellt sich sehr schnell das Simulantentum heraus. Wenn ein wirklich Kranker seine Medikamente bekam, zog er glücklich von dannen und berichtete davon stolz im Dorf. »Und das hat nichts gekostet!«

Das löste Begehrlichkeiten aus. Solch schöne, bunte Tabletten wollte dann jeder haben. Wie bekam man die?

»Was hat die Ärztin dich denn gefragt? Und was hast du dann gesagt? Und was hat sie dann gesagt?« Endlos-Verhöre.

Und prompt belagern uns anderntags sämtliche Freundinnen und Verwandten und haben alle die gleichen Symptome, die gleichen Klagen, die gleichen schmerzverzerrten Gesichter, die gleichen Handbewegungen, mit denen sie ihre Leiden theatralisch vortragen.

Annette kann die fachlichen Abläufe gut beurteilen und Anregungen geben. Natürlich erlebt auch sie die Simulanten. Die Ärztin erklärt es ihr: »Man lernt schnell die guten von den schlechten Früchten zu trennen. Je mehr Polemik, desto gesünder ist der Patient. Wirklich Kranke müssen gar nicht viel reden. Ihre Körper sprechen mit mir, und die Untersuchung bestätigt schnell die Vermutungen.«

Und Krankenschwester Muna, zuständig für Kompromisse, macht noch klar, wie wichtig es sei, dem Patienten dennoch wenigstens eine Vitamintablette, ein Placebo zu geben. Sonst wäre man ein schlechter Arzt. Wir sind *gute* Ärzte.

Immer wieder halten wir Versammlungen in den Dörfern in der Danakil-Wüste ab, um den Menschen vom Beschluss der Clanführer auf unserer Wüstenkonferenz zu erzählen. Bei einer davon will eine junge Frau den anwesenden Männern von den Folgen ihrer eigenen Verstümmelung berichten und unter welchen Schwierigkeiten sie ihre Tochter geboren hat. Von Ali Mekla wissen wir, dass sie sich geschworen hat, ihrer Tochter diese Leiden zu ersparen. Und das noch *vor* dem Afar-Stammesbeschluss, ganz aus innerer Überzeugung. Dazu gehört sehr viel

Die Fahrende Krankenstation ist da!

Selbstbewusstsein und Mut in einer Gesellschaft, die absolut stammes- und familienbezogen lebt. Zum Glück steht ihr Ehemann aus Überzeugung hinter ihr. Denn auch er war Zeuge der entsetzlichen Geburt, auch er wird nie das Glück erfahren, mit seiner Frau zu einem für beide glücklichen sexuellen Erlebnis zu finden.

»Unsere größte Sorge ist es, dass unsere beiden Großmütter anderer Meinung sind. ›Das war immer schon so, deshalb muss das so bleiben‹, argumentieren sie. Es bedarf nur eines einzigen, eines winzigen Momentes der Unachtsamkeit, und schon werden sie die Gelegenheit wahrnehmen, die Operation durchzuführen. Deshalb lassen wir unsere Tochter niemals aus den Augen. Niemals! Einer von uns ist immer in Sichtweite. Die Kleine schläft in unserem Bett zwischen uns. Im Dorf werden wir von vielen gemieden.«

Je näher der Moment rückt, wo sie das der gesamten Versammlung erzählen will, desto unruhiger wird sie. Ich sitze neben ihr und spüre das zunehmende Zittern. Auf der anderen Seite sitzt Ebadi, unsere zweite couragierte einheimische Krankenschwester.

Dann ist die Frau an der Reihe. Aller Augen sind auf sie gerichtet, denn wir haben sie und ihr Anliegen angekündigt. Da

251

zieht sie ihr Kopftuch vors Gesicht und wirft sich hemmungslos schluchzend Ebadi an die Brust. Keiner soll die Tränen und die Verzweiflung sehen. Kein Wort verlässt ihre Lippen.

Nun steht Ebadi auf. Allein das ist schon ungewöhnlich. Da wagt es eine Frau, ungefragt und offen über das Tabuthema zu sprechen! Jeder spürt ihre zu allem fähige Entschlossenheit. Niemand wird sie aufhalten können. Das wird jedem klar, der Ebadi beobachtet. Die anderen haben alle im Sitzen gesprochen.

Ebadi, eine intellektuelle Afar, übernimmt die Rede der verzweifelten Frau. Sie weiß, wie man sprechen muss, sie weiß, worum es geht. Denn auch sie leidet unter all diesen Schmerzen. Seit Langem bemühen sie und ihr Mann sich, ein Kind zu bekommen. Ihre Öffnung, um es zu empfangen, sei kleiner als ein Reiskorn. Zum Glück habe sie einen Mann, der mit der erforderlichen Geduld gesegnet ist.

Es herrscht atemlose Stille im großen Rund. Nur die verdammten Fliegen lassen jeden Respekt vermissen und laben sich am Schweiß.

Ebadi legt los wie ein Sandsturm! Aller Augen sind auf sie gerichtet. Sie braucht kein Mikrofon. Sie ist Mikrofon und Lautsprecher in Person. Solch ein Beben, solch ein Donnerwetter hat noch niemand erlebt. Auch wir nicht. Zumal in der Öffentlichkeit. Aber niemand wagt, ihr zu widersprechen, denn neben uns sitzt auch Sheikh Darassa Moussa und nickt ihr Mut zu. Ali Mekla kann gar nicht so schnell für uns übersetzen, obwohl er ein Simultangenie ist.

Uns hat das Schicksal der verzagten Mutter sehr beeindruckt. Wir stellen uns vor, wie es sein muss, wenn man jahraus, jahrein, Tag und Nacht und selbst im Schlaf damit rechnen muss, dass ein einziger Moment der Unaufmerksamkeit alle Fürsorge zunichtemachen würde.

Als wir eines Tages mit dem Toyota eine staubige Straße entlangfahren, deutet Ali zur Seite und sagt: »Da wohnt übrigens die Frau, die neulich nicht reden konnte.«

Es ist eine der üblichen halbkugeligen Hütten, gebaut aus Ästen, Blättern und Gräsern. Die kleine Behausung liegt abgesondert vom Dorf. Und davor, im Schatten einer lichten Akazie, sitzt sie. Neben ihr die vierjährige Tochter. Sie spielen miteinander. Ali geht kurz hin, um Hallo zu sagen.

Im Verlauf des kurzen Gesprächs hatten sie Ali erklärt, dass sie ihr Haus bewusst neu und außerhalb der Dorfgemeinschaft gebaut hätten. »So haben wir unsere Tochter besser unter Kontrolle. Am liebsten möchten wir ganz wegziehen, weil viele Nachbarn uns meiden. Aber wir wissen nicht, wohin wir gehen sollen.« Was jenseits der Stammesgrenze auf sie wartet, können sie sich gar nicht vorstellen. Sie waren nie auf einer Schule. Sie wissen nur, dass hinter den Grenzen andere Völker leben, mit anderen Sprachen und Gewohnheiten. Viele sind Feinde. Wovon sollten sie dort leben? Hier haben sie immerhin ihre Ziegen. Damit kann man nicht einfach in anderer Leute Gebiete ziehen. Die brauchen selbst jeden Grashalm.

Solche Schicksale erfahren wir täglich. Nehmen wir noch Sina. Sie mag 18 sein. Eines Nachts steht sie vor dem Eisentor zu der Behausung, die der Bürgermeister unserer Fahrenden Krankenstation zugewiesen hat. Mit einem Stein hat sie dagegengeklopft. Als Krankenschwester Muna mit der Taschenlampe heraustritt, weicht sie weit zurück.

»Ich habe Hunger«, sagt sie kaum hörbar. Das ist ungewöhnlich. Hier ist Betteln unbekannt. Zumal mitten in der Nacht. Muna bittet sie ins Haus. Doch vor der Tür bleibt sie stehen. Muna spürt sofort den Grund für die Zurückhaltung. Die Fremde hat eine Fistula. Das riecht extrem unangenehm, wahrnehmbar auf viele Meter. Wie eine Mischung aus Stuhlgang und Verwesung. Als Folge der gewaltsamen Scheidenöffnung in der Hochzeitsnacht. Ihr Mann hatte das Messer genommen, weil er es mit dem Penis nicht geschafft hat. In der beiderseitigen Aufregung und Angst sowie dem Schmerz und dem unwillkürlichen Aufbäumen der Frau ist es passiert, dass der Stich bis zum

Dickdarm durchgedrungen ist. Die Folge: Der Stuhl ist nicht mehr kontrollierbar und kommt aus der Scheide.

Ihr Ehemann reagierte wie viele seiner Artgenossen. Nicht *er* war schuld, sondern das Mädchen. »Warum hast du dich auch so aufgebäumt?!« Die Folge für das Mädchen: Der Mann verlässt sie noch in derselben Stunde. Eine Scheidung bedarf nur weniger Worte, und sie ist vollzogen. Dazu benötigt niemand einen Richter, Zeugen genügen.

Sina war nun allein. Im Dorf war sie Ortsgespräch. Die Männer lächelten vielsagend, die Frauen warfen ihr Blicke oder Worte des Verständnisses und Mitgefühls zu. Richtig nähern mochte sich ihr niemand mehr. Sie war eine Gemiedene, die unangenehm roch.

Immerhin hielt die eigene Familie zu ihr. Sie baute ihr eine einfache, sehr kleine Unterkunft weit genug entfernt vom Dorf am Ortsrand. Niemand würde sich dort belästigt fühlen. Nur ihre Mutter kam täglich, um ihr das karge Essen zu bringen. Vor drei Tagen habe die Mutter dann von unserer Fahrenden Krankenstation erfahren. Das seien ausländische Ärzte. Vielleicht könnten sie ihr helfen. Sie steckte ihrer Tochter ein paar Münzen zu, und das Mädchen brach auf.

Sina nahm den nächstmöglichen Bus. Sie hatte das Ticket noch nicht bezahlt, als der Fahrer sie schon aufforderte, den Bus sofort wieder zu verlassen. Er mochte sich und den Fahrgästen die Ausdünstung nicht zumuten.

Da stand sie einsam und verlassen am Straßenrand. Der Bus entschwand in einer Staubwolke. Sina war klar, dass es ihr beim nächsten Bus nicht besser ergehen würde. Und der käme ohnehin erst morgen. Sie beschloss, zu Fuß zu gehen. Als junge, unbegleitete Frau hatte sie aber damit schon das nächste Problem am Hals. Ihr Weg würde sie durch völlig unbewohntes Gebiet führen. Vielleicht betrachtete sie dort jemand als Freiwild. Tauchte einmal ein Wagen auf, versteckte sie sich bestmöglich. Ihre einzige Chance gegen männliche Übergriffe waren der penetrante Geruch und der Schutz nächtlicher Dunkelheit.

Tauchten Siedlungen auf, umging sie sie. Ausruhen konnte sie tagsüber. Das wenige Brot, das die Mutter ihr mitgegeben hatte, war längst verzehrt. Wer hätte auch mit solch beschwerlichem Weg gerechnet. Doch nun war sie hier.

Sie lässt sich überreden, hereinzukommen. Krankenschwester Muna bietet ihr heißen Tee, Brot und eine Dusche an, gibt ihr Seife und legt anschließend eine Bandage vor den Ausfluss. Wie eine Windel. Erstmals seit langer Zeit kann sich Sina ungehindert unterhalten. Sie blüht förmlich auf.

Am nächsten Tag würde man gemeinsam nach Mekele, die Hauptstadt der Tigray-Provinz, in die Fistula-Klinik fahren. Wir kennen sie. Sie wird von Australierinnen geführt. Dort würde man ihr sicher helfen. Sina kann ihr Glück kaum fassen. Muna selbst begleitet sie, weil Sina noch nie in einer Großstadt war.

Die Operation gelingt. Und der erste Besucher, der plötzlich den Saal betritt, ist ihr geschiedener Ehemann. Für Sina ein Schock, denn noch nie hat sie sich so verraten gefühlt wie bei dessen spontaner Scheidung. Sie beantwortet nicht einmal seinen Gruß.

Doch der zweite Schock folgt auf dem Fuße. Sie solle sich keine Sorgen machen, stottert er. Wenn sie nach Hause käme, werde er sie wieder heiraten. Das sei doch selbstverständlich. Muna denkt, sie habe sich verhört, und weicht Sina nicht von der Seite. Die junge Frau bebt am ganzen Körper. Sie lehnt das Ansinnen rundherum ab und verweigert ihm jedes weitere Wort. Der Mann beginnt zu toben. Muna veranlasst, dass er des Hauses verwiesen wird.

Unter diesen Umständen ist auch klar, dass Sina nie wieder in ihr Dorf zurückkehren wird. Muna vermittelt ihr eine Stellung im Haushalt bei einem befreundeten Ehepaar in Mekele, wo auch TARGET ein Büro hat. Hier werden die behördlichen Notwendigkeiten und Abrechnungen geregelt, hier übernachten die an- und abreisenden Mitarbeiter. Und: In Mekele gibt es besagte Fistula- und eine staatliche Klinik, die mit uns kooperieren.

Unvergessen auch mein erster Besuch in der Fistula-Klinik. Muna und ich betreten das große Krankenzimmer. Dreißig Betten stehen hier, und aus jedem schaut ein junger Mädchenkopf, fürsorglich umhüllt von schneeweißer Bettwäsche. Mehrere Krankenschwestern sitzen auf den Bettkanten und halten Händchen. Samira, die wir besuchen wollen, ist die einzige Erwachsene. Sie hockt gleich nahe der Tür auf ihrem Bett und ruft uns schon beim Eintreten zu. »Muna, Muna, es stinkt nicht mehr, es stinkt nicht mehr!« Sie umarmt Muna, weint herzergreifend und lässt sie gar nicht mehr los. Ich wundere mich über ihre Kraft, denn die Frau ist nur noch Haut und Knochen. Heißhungrig und glücklich beißt sie in eine Banane. »Ich kann wieder essen, was ich mag, und das bleibt in mir drin. Ich muss nur noch ganz selten auf die Toilette. Wie früher.«

Den Grund für die ungewöhnliche Begeisterung erklärt mir Muna auf dem Heimweg: »Samira hat ein ganz besonderes Schicksal erfahren. Sie war 17, als sie ihren Mann heiratete. Der war gerade ein Jahr älter. Auch er musste seine junge Frau mit dem Messer öffnen, auch er verursachte den Durchstich. Aber anders als bei Sina hielt Samiras Mann treu zu seiner jungen Frau. Er baute für sie beide die traditionelle halbkugelige Mattenhütte weit außerhalb des Dorfes. Für ihn stand es nie zur Debatte, sich von seiner Liebe zu trennen. Doch nie konnten sie Freunde einladen. Und wenn, dann setzte sich ihr Mann mit ihnen unter einen entfernten Baum. Samira konnte an solchen Gesprächen niemals teilnehmen. Sie bereitete die Speisen zu, ihr Mann nahm sie an der Tür entgegen und servierte sie den Gästen. Aber das empfand sie nie als schlimm. Auch gesunde Frauen sind selten beim Essen dabei. Sie halten sich im Hintergrund. Das Besondere am Fall Samira aber ist, dass ihr Mann nicht nur ein paar Monate, sondern sage und schreibe 25 Jahre treu zu ihr gehalten hat! Bis TARGETs Fahrende Krankenstation auch durch ihr abgelegenes Gebiet kam, von ihrem Leiden erfuhr und sie mitgenommen hat in die Fistula-Klinik.« Muna musste nicht einmal Luft holen zwischendurch. So sehr hat sie dieses positiv verlaufene Schicksal in seinen Bann gezogen.

Ganz anders wieder dieses Schicksal. Inmitten der 30 Patientinnen in der Fistula-Klinik sitzt ein junges Mädchen auf einem Stuhl und erzählt. Es mag zwölf Jahre alt sein, ist aber schwer einzuschätzen. Es ist auffallend schlank. Seine Augen, die Mimik, die Hände – alles nutzt es, die Geschichte lebendiger zu machen. Aller Mädchen Augen sind auf die Erzählerin gerichtet. Bei den meisten hatten die Krankenschwestern die Kopfteile hochgestellt, damit sie besser zuhören und zusehen konnten. Wir können kein Sterbenswörtchen verstehen und genießen einfach die große Darbietung. Schwester Jane nimmt uns beiseite.

»Das ist Aliya. Das Mädchen hat ein menschenverachtendes Schicksal hinter sich. Man mag das gar nicht glauben, wenn man sie dort vor Leben sprühen sieht. Entdeckt wurde sie von einer europäischen Touristin, die in einem Dorf ihre Bananenschale in ein Müllloch warf. Die Schale landete irgendwo inmitten des Abfalls. Und genau dort lag Aliya. Reglos. Nur die Füße bewegten sich leicht. Es standen Menschen in der Nähe. Aber niemanden interessierte das. Das Mädchen – wie ein Stück Müll. Die Frau stieg sofort in die Grube, um ihm zu helfen. Sie glaubte, Aliya sei hineingestürzt und unglücklich hingefallen. Da gewahrte sie zwischen den Beinen die Blutung. Und den typischen penetranten Geruch einer Fistula-Verletzung. Die Touristin brachte das Mädchen zu uns in die Klinik. Wir haben es operiert. Als die Genesung Fortschritte machte, ergab es sich, dass Aliya ganz tolle Geschichten erzählen konnte. Die anderen Mädchen hingen wie gebannt an ihren Lippen.«

Weil die Mitarbeiterinnen von dem skandalösen Verhalten der Familie des Mädchens derart betroffen waren, stand für sie fest, dass sie es niemals dahin zurückschicken würden. Und so kam die Idee auf, sie als Geschichtenerzählerin fest einzustellen. Vormittags bekam sie Schulunterricht, und nachmittags war Märchenstunde. Die Kleine besaß ein großes Repertoire.

Das inspirierte andere Mädchen, auch Märchen zu erzählen. Und so wurde der Geschichtenschatz von Aliya immer umfangreicher. Heute bedaure ich, die Geschichten nicht aufgeschrieben zu haben.

Auf ganz andere Weise schrecklich ist der Fall der zwölfjährigen Asifa. Zu Deutsch: Sturm. Längst war ihr jede Neigung zu irgendeiner Form »stürmischen« Lebens vergangen. In den Wochen nach der Verstümmelung hatte sie nur noch Schmerzen und keine Medizin. Das Gefühl, dringend zur Toilette zu müssen, beherrschte das Mädchen bei Tag und Nacht. Der Blasendruck raubte ihr den Schlaf. Ihr Leib schien platzen zu wollen. Jegliches Bedürfnis nach Trinkwasser war ihr vergangen. Sie befeuchtete nur noch die Lippen und den Mund und wagte schon längst nicht mehr, hemmungslos zu trinken.

Wenn sie sich doch einmal aufraffte, um ein paar Schritte zu gehen, dann war es, als rolle ein schwerer Stein in ihrer Blase herum. Jeder Schritt gab ihr das Gefühl, eine Wunde aufzureißen, auf rohem Fleisch zu gehen. Zu allem Übel gesellte sich Fieber dazu. Die Fieberhitze beschleunigte das Vertrocknen.

Es ist schließlich ihre Mutter, die dem Leiden ein Ende bereiten will. Sie trommelt vier Männer aus der Familie zusammen, um die Tochter in die Uni-Klinik nach Addis Abeba zu bringen. Vielleicht kann man ihr dort helfen. Die Männer müssen extrem vorsichtig gehen, um jede Schwankung zu vermeiden. Wenn ein Auto sie mitnimmt, wird Asifa vorsichtig auf die Rückbank gelegt.

Im Krankenhaus wird Asifa geröntgt. Was der zuständige Gynäkologe dort erblickt, veranlasst ihn zu einer sofortigen Operation. Vollnarkose und Öffnung. Zum Vorschein kommt eine Kugel, größer als ein Tennisball, hart wie ein Kiesel. Purer Urinstein. Nur mit dem Hammer lässt er sich zerschlagen. In dem TV-Film »Karawane der Hoffnung«, den »Galileo« über unsere Arbeit gedreht hat, ist der zertrümmerte Stein zu sehen.

Er hatte dem Mädchen den ganzen Unterleib von innen wundgerieben.

Asifa – nur *ein* weiteres Schicksal unter unzählbaren anderen. Jemand führt uns irgendwo irgendwann in die Hütte einer jungen Frau. Sie hat einen kleinen Säugling im Arm. Seine Beine sind eng mit einem Seil aus zerrissenen Stoffbahnen umwickelt. Das heißt, es ist ein Mädchen, und die Mutter hat es verstümmeln lassen.

»Warum?«, wollen wir zum x-ten Mal von betroffenen Eltern oder Verstümmlerinnen wissen.

Es stellt sich heraus, dass das Häuflein Mensch erst vier Wochen alt ist. Es schläft. Die Stirn ist ungewöhnlich heiß. Es hat Fieber.

»Ich möchte ihr ersparen, was mir widerfahren ist. Ich werde den schlimmsten Horrortag meines Lebens niemals vergessen.«

»Und wenn sie stirbt?«, hakt Annette nach. Bei solch kleinen Geschöpfen genügt der Verlust eines halben Liters Blut – und sie sind tot.

»Sterben kann sie auch, wenn sie später beschnitten wird. Wir waren damals sieben Freundinnen. Zwei davon sind gestorben.« Aber wenn ihr Mädchen es überlebe, dann würde es später keinerlei Erinnerung an diesen Moment haben. Es würde seine Schmerzen als gottgegeben hinnehmen. Ihren Freundinnen ginge es ja nicht anders. Egal, in welchem Alter sie beschnitten worden seien. Sie hielten die Frauenschmerzen für ein unabänderliches Frauenschicksal, ohne Zusammenhang mit der Beschneidung. »Erst jetzt habe ich davon erfahren.«

Elf lange Jahre haben die Mitarbeiter mit der Fahrenden Krankenstation die strapaziöse Arbeit durchgehalten. Oft war es ein Leben ohne Dach überm Kopf. Man schlief draußen unterm Sternenhimmel. Waren sie in größeren Dörfern, wurde dem Team vom Bürgermeister eine Unterkunft geboten. Sofern es eine gab. Das waren manchmal leere Schulen während der

Ferien oder einfache ungenutzte Steinhäuser. Nur selten verfügten sie über Strom, Toiletten oder Einzelzimmer. Man schlief mit mehreren Personen in einem Raum. Wenn wir die Wagen für ein paar Tage begleiteten, realisierten wir, was das Team leistete und welche Erleichterung es verspürt haben musste, als es eine Köchin erhielt und nicht jeder sich sein eigenes Süppchen kochen musste.

Jedes Mal wurde uns mehr bewusst, dass das Leben mit der Fahrenden Station für die Mitarbeiter auf Dauer nicht zumutbar war. Unsereins wäre längst verzweifelt und hätte aufgegeben. Hinzu kam, dass wir im Unimog oder Zelt nicht operieren konnten, obwohl das oft nötig gewesen wäre. Unserer Arbeit waren Grenzen gesetzt. Über die medizinische Grundversorgung hinaus konnten wir nur noch aufklären. So wuchs, im gleichen Maß wie unser Verein, der Wunsch, das mobile Hospital bestmöglich zu optimieren.

24. Beim Großsheikh Al-Azhar

*» Nichts in der Welt
ist stärker als eine Idee,
für die die Zeit gekommen ist. «* Manfred Köhnlechner

2002. Zwei Jahre TARGET. Wir wollen unser Anliegen weiter
vorantreiben und den Rat eines ranghohen Repräsentanten des
Islam einholen. Insider empfehlen uns den ägyptischen Religionsminister Prof. Dr. Mahmoud Hamdi Zakzouk. Er habe in
Deutschland Philosophie studiert und sei sogar mit einer Deutschen verheiratet. Intuitiv spüren wir, dass das optimale Voraussetzungen sind. Die deutsche Botschaft in Kairo beschafft uns
einen Termin. Unsere Idee, FGM mit der Kraft des Islam zu beenden, findet ihre Unterstützung.

Wir sind rechtzeitig in Kairo und nutzen die Wartezeit, um
Elena zu besuchen, eine Ägypterin, die in Deutschland bei
einem Kollegen das Laugenbrezelbacken gelernt hat. Sie hat
einen gebrauchten Ofen gekauft und versorgt nun Kairo mit
dem leckeren Gebäck. Ihr Schwager sei ein höhergestellter
Geistlicher, verrät sie nebenbei. Vielleicht habe er noch einen
guten Tipp, bevor wir zum Minister gingen. Sie glaube, dass er
gegen FGM sei.

Wir sind für jeden Rat dankbar und freuen uns über den
Hinweis. Doch als wir dem Gelehrten das PIA-Dokument zeigen, steht sein Urteil schon fest: »Das wird Ihnen kein einziger
Moslem der Welt unterschreiben! Kein einziger.« Verächtlich
schiebt er uns das Dokument zurück.

Da sitzen wir nun und nagen an einer leckeren Laugenbrezel unserer Gastgeberin Elena, die plötzlich gar nicht mehr schmecken will. Die brüske Ablehnung durch ihren Schwager ist Elena peinlich. Er will wissen, aus wessen Hirnes Geist diese Idee, FGM mit dem Islam zu ächten, denn stamme.

»Vom Vorsitzenden des Zentralrates der Muslime Deutschland. Er ist ein saudischer Arzt.«

Der Schwager hört gar nicht zu. »Und was geht Sie als Fremde diese uralte Tradition überhaupt an? Unsere Frauen sind stolz darauf, beschnitten zu sein. Nicht wahr, Elena?«

Die verschluckt sich vor Schreck an der Brezel. Sie ist eine der 98 Prozent betroffenen Ägypterinnen. Sonst hätte sie das Gespräch nicht vermittelt. Sie übergeht die Taktlosigkeit, indem sie eine Serviette holt und sich den Mund abwischt, während ich ganz langsam meine Faust entballe und seine an uns gestellte Frage beantworte. »Das geht uns sehr wohl etwas an. Erstens glaube auch ich an nur eine einzige gewaltige Schöpfungskraft, die das Weltall und uns geschaffen hat. Zweitens geht mich das etwas an, weil der Brauch durch Migranten auch in Deutschland angekommen ist. Und drittens sind Annette und ich Augenzeugen geworden. Wir werden nicht ruhen, bevor das Übel beendet ist.«

Bewusst wähle ich Begriffe wie Übel, Verbrechen, Schande. Und nicht Tradition, Sitte, Brauch. Ich will ihn provozieren, nachdem er damit begonnen hat.

Kurzes Schweigen. Lautes Brezelkauen. Er misstraut uns weiterhin. Ich höre, was er denkt: »Westler sind niemals gute Muslime.« Aber er sagt: »Das muss man ganz anders formulieren.« Und er weiß auch gleich wie. »Hol mal die Hadithe, Elena. Da steht etwas geschrieben, das viel besser ist.«

»Welchen Hadith meinst du genau? Dann kann ich gleich den richtigen Band holen.«

»Bring sie alle her. Ich weiß es nicht ganz genau.« Elena verlässt den Raum und kehrt zurück mit einem vierrädrigen Teewagen. Er ist voll beladen mit dicken Büchern.

Der Schwager sucht und sucht. Er zieht diesen Band hervor und jenen. Er blättert, notiert, verwirft, ist ratlos. Er ruft einen Freund an. Der weiß auch nicht weiter. Da mischt sich Annette ein.

»An welcher Stelle steht eigentlich, dass der Prophet zur Verstümmelung gesagt haben soll, man dürfe beschneiden, aber nur vorsichtig, um nichts zu zerstören?«

Überrascht schaut er auf. »Das ist die erste vernünftige Frage heute Abend!« Eine Antwort weiß er jedoch nicht.

Annette notiert sich eine Eins in Theologie und schiebt die nächste Frage hinterher.

»Wenn Sie unseren Text schlecht finden – mögen Sie ihn dann nicht mit eigenen Worten formulieren?«

Der Schwager überschlägt sich fast vor Eifer. »Bei Allah! Das ist die zweite gute Frage heute Abend!«

Mit sich und der Welt wieder im Reinen, streicht er unsere PIA-Formulierung dick durch und ersetzt sie durch eine seiner Wahl.

Zurück im Hotel erwartet uns bereits die Nachricht aus der deutschen Botschaft. Morgen um elf Uhr wird Religionsminister Mahmoud Hamdi Zakzouk uns empfangen. Mensch, denken wir, gut, dass wir noch Schwagers optimierte Formulierung bekommen haben!

Wir planen den unplanbaren Autoverkehr ein und stehen superpünktlich in der Shaar'a (Straße) Nabataat. Wir sind eine Dreiviertelstunde zu früh. Das Messingschild verrät: »The Supreme Council for Islamic Affairs«. Draußen zu warten erscheint uns unerträglich. Es ist heiß, 35 Grad, der Schweiß tropft zu Boden – denkbar schlechte Voraussetzungen, sich bei einem Gespräch wohlzufühlen. Wir läuten die Glocke. Der Rezeptionist geleitet uns ins Vorzimmer. »Der Minister ist noch in einer Konferenz. Trinken Sie erst mal einen Tee.« Wir genießen den Tee und die Klimaanlage.

Da öffnet sich schon die Tür zum Konferenzraum. Der Minister persönlich kommt heraus, schnurstracks auf uns zu.

Ein sympathischer Mann, leger gekleidet mit hellbraunem Anzug und Krawatte, und bittet uns in sein Zimmer. Wir entschuldigen uns, weil wir zu früh sind. »Das macht nichts. Die da drinnen können auch ohne mich diskutieren.« Wir überreichen ihm als Gastgeschenk mein Danakil-Buch.

Sein Büro wird dominiert von einem schweren Schreibtisch und dem großen Foto an der Wand. Es zeigt den Minister, gemeinsam mit Staatspräsident Mubarak und dem Großsheikh Al-Azhar Tantawi. Also allerhöchste Liga. Daneben die ägyptische Fahne.

Der Minister spricht ein exzellentes Deutsch, viel gewählter als ich. Ich folgere: Wer so tief mit der deutschen Sprache vertraut ist, *muss* deutschfreundlich sein. Das würde unserem Anliegen sehr entgegenkommen. Die übliche Hemmschwelle der Besuchten, einem unbekannten Ausländer Vertrauen zu schenken, ist dadurch schon grundsätzlich niedriger. Vor allem entfällt der Übersetzer. Unser Begehren können wir ohne Dolmetscher eins zu eins übermitteln und sind nicht der Gefahr von Missverständnissen ausgeliefert. Schnell ist ein Wort verdreht, verwechselt, zugefügt, verschwiegen oder missverstanden. Oft genug schon haben wir damit leidvolle Erfahrungen gemacht. Eine einzige falsch gesetzte Vokabel kann über Gelingen oder Misserfolg entscheiden. Wir erinnern uns an Gespräche, wo wir sofort spürten, dass dem Übersetzer das Thema peinlich war. Dass er aus unseren kurzen Sätzen epische Romane fabulierte, um den heißen Brei herumredete. Oder dass er alles auf Telegrammstil reduzierte. Das verriet deutlich die Mimik unseres Ansprechpartners. Sie stand im Widerspruch zu unserer Frage. Er schmunzelte, wo er eigentlich hätte weinen müssen.

Wir tragen Zakzouk unsere Vision vor. Warum wir uns gegen FGM engagieren und warum mit dem Islam, obwohl doch auch Christen verstümmeln.

»Wir sehen in der Religion die stärkste Kraft. Und ganz besonders bei Muslimen, weil sie religionstreuer sind als viele andere. Eine Kraft, die stärker ist als die Macht des Militärs, der UNO oder der Staatsgesetze.«

Wir erzählen von unserer Pro-Islamischen Allianz und ihrer Kernaussage, dass es nach unserem Verständnis quasi Gottesanmaßung ist, Seine Schöpfung zu korrigieren und zu zerstören. Wir möchten von ihm wissen, ob man die These noch optimieren und ob er dabei behilflich sein könnte, damit die islamische Jurisprudenz uns Gehör schenkt.

Wir zeigen ihm unser PIA-Dokument mit der Ergänzung des Schwagers. Blitzschnell hat er alles erfasst.

»Wer hat denn das noch druntergeschrieben und das andere durchgestrichen?«

»Ein ägyptischer Gelehrter, den wir gestern getroffen haben. Er meinte, diese Formulierung des Zentralrates der Muslime Deutschlands sei schlecht und inakzeptabel.«

Er reicht uns das Dokument zurück. »Das können Sie gern wieder vergessen. Die Urform ist völlig in Ordnung. Sie trifft genau den Punkt.«

Ich muss meine Schadenfreude mühsam unterdrücken. Gleich nachher werde ich die schwagersche Oberbrezel anrufen.

Dann gesteht der Minister, er sei eigentlich nicht der entscheidende Mann für unsere Vision. »Sie müssen zum Großsheikh! Er erreicht alle Sunniten, weltweit. Und die sind es ja, die in vielen Ländern, wenn auch nicht in allen, verstümmeln.«

»Das wäre natürlich großartig. Aber wie kommen wir an den Großsheikh, ich, der Ex-Vorstadtbäcker, und Annette, die Arzthelferin?«, frage ich verunsichert, kaschiert hinter einem Lächeln. Ich habe Angst, dass der mühsam errungene Termin damit beendet ist und ein zeitraubender neuer Anlauf erforderlich wird. Das kann bis zu einem Jahr dauern.

Da hat der Minister schon sein Telefon in der Hand, spricht ein paar Worte und legt wieder auf. Hat er noch einen Tee geordert?

»Der Großsheikh erwartet Sie in 30 Minuten.«

Arabien 2002. Oder schreiben wir 1001? Annette und ich sind völlig durch den Wind.

Beim Abschied drückt er uns zwei seiner Bücher in die Hand – »Einführung in den Islam« und »Fragen zum Islam«. Und schon sitzen wir in der gepanzerten Limousine. Abgedunkeltes Glas, Plumpssitze, garantiert schusssicher. Wir glauben zu träumen. Ich kneife Annette in den Arm, sie kneift zurück. Es ist kein Traum.

Zwei Bodyguards begleiten uns zum Hintereingang der ehrwürdigen Al-Azhar-Universität. Seit vielen Jahrhunderten wird hier der Islam erforscht, gepflegt und verbreitet. Ein Fahrstuhl bringt uns in die zweite Etage. Wir nehmen Platz in einem bibliothekartigen, größeren Raum. Ein Dolmetscher kommt. Englisch-Arabisch. Wir sollen ihm unser Anliegen erklären. Er wird es dem Großsheikh dann in geraffter Form vortragen. Er schwitzt trotz Klimaanlage. Das Thema scheint ihm unaussprechbar.

Da kommt der Großsheikh auch schon wehenden Gewandes herein im Sauseschritt. Auf dem Haupt die weiße, rotgerandete Kopfbedeckung der Azhar-Gelehrten.

»*Salaam alaykum*, Eminenz!«, sagen Annette und ich synchron und verbeugen uns. Und er antwortet *»Wa alaykum salaam!«* Er reicht uns nicht die Hand, aber er legt sie aufs Herz.

Der Dolmetscher schwitzt sich jedes Wort einzeln und mühsam aus den Stimmbändern. So, als verstünde er plötzlich kein Arabisch mehr. Ich merke, er vereinfacht alles. Es widerstrebt ihm, die Wahrheit zu formulieren. Vokabeln wie Klitoris und Vagina spart er aus. Sonst würde der Großsheikh ganz anders reagieren. Irgendwann hebe ich zaghaft die Hand, um selbst und direkt etwas zu sagen. Ich darf. Der Dolmetscher kann entspannen. Ich formuliere meine Fragen in einfachem Volkshochschul-Arabisch, notfalls gemischt mit Englisch.

Wir möchten vor allem wissen, wie er den fragwürdigen Hadith einschätzt, demzufolge der Prophet gesagt haben soll, man solle beschneiden, aber keinen Schaden anrichten. Was wir bisher gehört haben, war widersprüchlich. Die einen sagten, damit habe der Prophet gesagt, die zerstörerische, die pharaonische Form sei verboten. Die »milde Form«, das Ausschaben der Klitoris, sei jedoch erlaubt.

Andere wussten, das könne der Prophet gar nicht gesagt haben. Denn erstens habe er seine eigenen Töchter nicht verstümmelt, und zweitens würde der Brauch in Saudi-Arabien nicht praktiziert. Also sei es ein »schwacher« Hadith, den man nicht als Rechtfertigung für FGM heranziehen dürfe.

Annette hat derweil ganz andere Sorgen. Sie muss die Begegnung in Film und Foto dokumentieren. Nie bekommen wir eine zweite Chance. »Würden Sie Seine Eminenz bitte fragen, ob ich das Gespräch filmen darf?« Der Dolmetscher kriegt einen erneuten Schweißschub. »Das soll ich den Grand Sheikh fragen?«

Also erspare ich ihm auch diese Frage und stelle sie selbst. Der Sheikh nickt. Annette filmt. Der Dolmetscher kann entschwitzen – so einfach kann das sein. Für Großsheikh Tantawi ist dieser Hadith eindeutig ein schwacher.

Das Gespräch ist zu Ende. »Könnten wir diese Aussage bitte auch schriftlich haben, Eminenz?«, wage ich eine letzte Frage. Ich fürchte, dass uns das hier sonst kein Mensch glauben wird. Ohne weiteren Kommentar nimmt er ein Blatt Papier und schreibt. Auf Arabisch. Später wird uns die deutsche Botschaft die exakte Übersetzung überreichen:

Im Namen Allahs, des Gnädigen und Allerbarmers! Die Beschneidung der Frauen ist ein Brauch, keine religiöse Pflicht. Sämtliche überlieferten Hadithe sind schwach.

Grand Sheikh von Al-Azhar
Muhammad Sayed Tantawi, 13.07.2002.

2002 – da bestand TARGET also gerade mal zwei Jahre! Wir schauen auf das Blatt Papier, und beide denken wir, dass uns das auch jetzt noch immer niemand glauben wird. Das könnte jeder geschrieben haben. Ich wage einen weiteren Satz. »Dürften wir Sie noch um einen Stempel bitten?«

Er nickt dem Dolmetscher zu und erteilt ihm eine Anweisung. Wir denken in diesem Moment beide dasselbe. Wie ist es möglich, so schnell einen Termin mit einer solch ranghohen Persönlichkeit zu bekommen? Als hätte der Großsheikh nichts anderes zu tun und nur auf uns gewartet.

Hat er natürlich nicht. Das wird uns klar, als wir den Raum verlassen, aber nicht wieder durch die Hintertür, sondern durch den Vorderausgang. Da sitzen im Vorzimmer etwa 25 Männer und warten geduldig auf ein Gespräch mit dem Großsheikh. Viele von ihnen werden heute gar nicht mehr drankommen. Sie werden ins Hotel oder nach Hause zurückgehen und es morgen erneut versuchen. Vielleicht warten sie schon mehrere Tage. Trotzdem scheint niemand über unsere Bevorzugung verärgert. Sie grüßen freundlich. Die Entscheidungen des Großsheikhs sind unantastbar.

Da ahnen wir noch nicht, dass wir den Großsheikh noch einmal wiedersehen würden. Aus einem Anlass, der alles übertreffen sollte.

»Wohin soll ich den Stempel setzen?«, will der Bürovorsteher hilfsbereit wissen.

»Rechts neben die Unterschrift, nicht *auf* die Unterschrift. Man muss sie lesen können.«

Der Mann legt seine Aktentasche auf den Schreibtisch, entnimmt ihr Stempel und Stempelkissen. Er überzeugt sich, ob es der richtige ist. Vielleicht hat er zwei verschiedene. Ja, es ist der richtige. Rund und amtlich. Er drückt ihn auf ein staubtrockenes Stempelkissen, haucht ihn an. Unser Dokument legt er behutsam auf die Ledertasche. Dann setzt er den Stempel genau links neben die Unterschrift. Stolz überreicht er uns sein Werk. Aber das Resultat seiner Anstrengungen ist kläglich. Der Stempel wirkt blass und desinteressiert. Er ist sich seiner großen Bedeutung nicht bewusst. Der ägyptische Staatsadler ist nur schemenhaft zu erkennen.

Wir verlassen das hohe Haus durch den Haupteingang. Hier summt es wie im Bienenstock. Ganz anders als am Hintereingang. Ein Taxi bringt uns zurück ins Hotel Flamenco. Dort schauen wir uns beide noch einmal das Stempelprodukt an und sind uns einig: Der Abdruck trägt kaum zur erhöhten Glaubwürdigkeit der Unterschrift bei. Das alte Problem: Man wird die Echtheit anzweifeln. Wir brauchen klare Belege. Wie gut, dass wir zumindest Annettes Film haben.

»Dann lass uns morgen doch noch einmal zurückgehen und den Stempler um einen zweiten bitten. Diesmal aber nicht auf der Ledertasche, sondern auf der harten Tischplatte.«

»Aber nur mit einem neuen Stempelkissen«, brainstormt Annette.

So tauchen wir am nächsten Tag erneut im geweihten Gebäude auf. Man kennt uns offenbar. Von allen Seiten werden wir gegrüßt.

»Der Bürovorsteher ist gerade in einer größeren Sitzung«, heißt es am Empfang. »Aber kommen Sie mal mit. Ich will kurz fragen, wie lange die Konferenz noch dauert.«

Behutsam klopft der Mann an die Tür, steckt den Kopf durch den Spalt, flüstert. Sofort öffnet sich die Tür ganz. Der Stempler kommt nicht raus, wir müssen rein. Lautstark stellt er uns den etwa 20 Personen vor. »Das sind die Deutschen, die gestern beim Großsheikh waren!« Zwanzig offene Staunmünder.

Er kramt das Insigne seiner Autorität aus der Tasche. »Wo möchten Sie ihn denn hinhaben?«

»Am besten symmetrisch zum ersten neben die Unterschrift. Und auf der festen Tischplatte. Man muss den Stempel lesen können.«

Wir geben ihm das neue Stempelkissen. »*Hadiya,* ein Geschenk!«

Der gute Mann kommt seiner Aufgabe nach. Das Resultat ist kaum besser. »Noch einen dritten?«

Ja, noch einen dritten. Alle drei zusammen machen ein wenig mehr her. Amtlicher geht's kaum. Die Ursache ist nicht das Stempelkissen. Der Stempel selbst hat kaum noch Profil. Gegen ihn ist ein abgefahrener Autoreifen wie neu.

Mit strahlenden Gesichtern melden wir uns bei der deutschen Botschaft, um das arabische Dokument übersetzen zu lassen. Wir wollten ja ganz genau wissen, was wir in Händen halten. Mein Arabisch reicht nur wenig über das Bestellen von Wasser hinaus. In der Botschaft nimmt das Staunen kein Ende. »Sie waren wirklich beim Großsheikh? Und er hat Ihnen diese Fatwa geschrieben? Einen solchen Termin zu erhalten dauert auf dem Dienstweg normalerweise Monate.«

Eine Fatwa ist ein richtungsweisendes islamisch-theologisches Rechtsgutachten, das der Klärung eines religiösen oder rechtlichen Problems dient. Je höher die ausstellende Institution oder der Gelehrte, desto mehr wird die Fatwa für Entscheidungen herangezogen. Den höchsten Stellenwert im sunnitischen Islam haben Fatwas aus der Azhar.

Wir fragen uns bei so viel Wohlwollen und weit geöffneten Türen, wie das nur möglich ist. Ist das Glück? Machen wir etwas anders als andere? Eine Erklärung haben wir dafür vorerst nicht.

»Weißt du was?«, kommt es mir auf dem Rückweg ins Hotel Flamenco in den Sinn. »Was hältst du davon, wenn wir morgen zu den Pyramiden nach Gizeh rausfahren und dort ein Transparent mit der Botschaft des Großsheikhs spannen?«

Noch am selben Tag lassen wir das Transparent machen. Das geht blitzschnell. Wir können darauf warten – nur drei Tassen Tee lang. Anderntags bringt uns ein Taxi zu den geschichtsträchtigen Stätten vor den Toren Kairos. Irgendwo in grauer Vorzeit muss sich hier ein geistesgestörter sadistischer Wahnsinniger die Schändung der Mädchen ausgedacht haben – die sogenannte pharaonische Verstümmelung. Deshalb müsste man sie genau hier, so unser Gedanke, eines Tages symbolisch wieder zu Grabe tragen. Vielleicht in Form einer großen Urne voller Tränen. Verscharrt neben den Gräbern der Pharaonen. Gemeinsam mit Repräsentanten aller Religionen, den Regierungschefs aller islamischen Länder, den in Kairo akkreditierten Botschaftern und den Generalsekretären der OIC, der

Organisation für Islamische Zusammenarbeit, und der UNO. Dazu eine Musikband internationalen Formats und als Blickfang unser Transparent mit der Al-Azhar-Unvereinbarkeits-Fatwa. In 100 Meter Länge, genau zwischen den Pyramiden. Unser jetziges Transparent ist vier Meter lang.

In Gizeh mieten wir Pferde und reiten zu dritt hinaus in die Wüste, weg von den Touristen, dorthin, wo wir ganz allein sind. Wir finden einen idealen Platz, wo das Abendlicht und die Perspektive harmonieren. Das Transparent bläht sich im leichten Abendwind. Der Pferdevermieter macht die Bilder.

Genau in dem Moment schrecken wir auf. Zwei Kamelreiter der Polizei kommen im Galopp direkt in unsere Richtung. Wir sind sicher, jetzt gibt's Ärger. Bestimmt bedarf unsere Demonstration behördlicher Genehmigungen.

»Heute Morgen beim Großsheikh, heute Nacht im Knast«, prophezeit Annette. Ich pflichte ihr bei. Schnell, aber ohne sichtbare Hektik rollen wir das Tuch wieder ein. Dann sind sie heran. Auf ihrer Brust ein Fernglas. Sie haben alles gesehen.

Unseren Pferdevermieter begrüßen sie mit Handschlag. »Hallo, Ibrahim!«

»Kollegen von mir«, erklärt uns Ibrahim. »Ich arbeite auch bei der Polizei. Mit der Touristenführung verdiene ich mir etwas nebenbei.« Verdammt, denke ich, dann kann er lesen und weiß, was auf dem Transparent steht. Nebenbei hatte ich ihm gesagt, welchen Ursprungs der Text ist, nämlich eine Fatwa vom Großscheikh. Das sollte Eindruck schinden.

Die Polizisten springen von den Kamelen. Jetzt wollen sie sicher das Transparent sehen und den Text erfahren und uns mitnehmen. Weit gefehlt! Der eine nimmt mich beiseite. Er druckst herum, lobt Deutschland. Dann spricht er es aus.

»Habt ihr nicht ein Trinkgeld für uns?«

Erleichtert lasse ich mich nicht zweimal bitten.

25. Die Karawane der Hoffnung

*»Der Schakal heult,
die Karawane zieht weiter.«* Unbekannt

Nouakchott, Mauretanien im Juli 2004. Das Riesenland liegt genau am anderen Ende Nordafrikas, im Westen der Atlantik. Natürlich hat hier niemand etwas gehört von unserem Wirken und den Erfolgen durch die vorherigen Konferenzen. Wahrscheinlich werden wir noch jedes einzelne der 35 Verstümmlungsländer besuchen und aufklären müssen. Alle Länder sind grundverschieden. Hier in Mauretanien gelingt es uns, die zweite Wüstenkonferenz zu organisieren.

Ehrenkonsul Hubertus Spieker hörte von unserem Einsatz für die Mädchen und Frauen und wusste, er könnte uns zum Großmufti von Mauretanien bringen. Es ist die beste Möglichkeit, in einem Land mit der Arbeit zu starten, wenn uns solche Türen geöffnet werden. Ab dem Betreten der Türschwelle liegt es dann an uns, was daraus wird.

Nun sind wir also unterm großen Zelt mitten in der Hauptstadt Mauretaniens und sind wieder gespannt und angespannt, wohin uns diese Konferenz führen wird. Eingeladen sind seine Eminenz Hamden Ould Tah, der Großmufti des Landes, sowie seine engsten Berater, ein Arzt, eine Frauenrechtlerin, der Justizminister Dr. Haimoud Ould Ramdan, Rüdiger Schulz als Repräsentant der deutschen Botschaft und zwölf Journalisten. Im Gegensatz zur ersten Wüstenkonferenz bei den Afar in

Äthiopien ist dies eine vergleichsweise kleine, aber starke Truppe.

Die Männer hören sich staunend unsere Vision an, sie schauen Annettes Film und sind geschockt. Aufgeregt diskutieren sie die Neuigkeiten. Auch hier hat wieder keiner geahnt, was den Mädchen mit der Tradition angetan wird. Für uns ist es kaum zu glauben, dass die Männer meist vorgeben, nichts davon zu wissen. Immer wieder haben wir vertrauenswürdige Freunde befragt: Sie haben es nicht gewusst. Das hat zwei Gründe: Zum einen sind sie bei der Verstümmelung nicht dabei. Das ist Frauensache. Zum anderen ist das Thema streng tabuisiert. Unfassbar, dieses große Schweigen, selbst zwischen Mann und Frau, Eltern und Tochter, Bruder und Schwester.

Der Arzt erklärt die physischen und psychischen Schäden. Danach sind alle Anwesenden überraschend einstimmig auf unserer Seite. Hamden Ould Tah fasst das Resultat der Versammlung so zusammen: »Diese Konferenz war ein historischer Tag für mein Land!« Mit Tinte schreibt er seine Fatwa für uns auf ein poliertes Holzbrett. Tenor: »Die Beschneidung der Frau ist eine Tradition vorislamischer Völker. Sie ist kein religiöses Gebot und inakzeptabel auf der ganzen Welt.«

Justizminister Haimoud Ould Ramdan sichert zu, hohe Strafen festzusetzen und das entsprechende Gesetz beschleunigt zu verabschieden. Die Tageszeitung *L'Eveil* titelt am 3. August 2004: »Eine Islamische Verpflichtung«. Es ist das zweite Land, in dem wir die hohen Geistlichen als Verbündete und den Mufti als Bündnispartner für unsere Pro-Islamische Allianz gewinnen können. Verbleiben also »nur« noch 33 weitere Länder.

Wir feiern das Ereignis mit reichlich Tee und Datteln in Hamden Ould Tahs Bibliothek. Während man nebenan schon das Abendbrot zubereitet, nutzen wir die Gelegenheit und tragen dem Mufti die nächste Bitte vor. »Könnten wir nicht Ihre gesamte Fatwa auf ein großes Transparent schreiben und es in Chinguetti am siebtgrößten Heiligtum des Islam hissen?«

Der Mufti muss gar nicht überlegen und willigt gleich ein. Und wie das Leben so spielt, hatten wir zu Beginn unseres Aufenthalts in Mauretanien einen jungen Mann kennengelernt. Sein Name: Lemine. Sein Beruf: Hansdampf in allen Gassen. »Ich kenne die Stadt besser als jeder Bürgermeister. Wenn ihr etwas braucht, ich kann es beschaffen.«

Natürlich kennt Lemine auch einen Transparentebeschrifter.

»Wann können wir es abholen?«

Lemine versteht die Frage nicht. »Ihr könnt drauf warten! Es lohnt nicht, den Weg zweimal zu machen.«

Und so erleben wir staunend, wie geschickte Hände ein fünf Meter langes Stück Packpapier von einer Papierrolle abtrennen. Mit langer Holzlatte werden parallele Linien gezeichnet. Aus dem Handgelenk und ohne vorgefertigte Vorlagen zeichnet ein schriftgewandter Akrobat den Text der Fatwa in Arabisch schwungvoll und perfekt auf das große Papier. Das geht tschong, tschong, tschong – zack. Picobello – wie mit Schablonen oder Hochleistungsmaschinen gefertigt. Annette und ich stehen sprachlos, aber mit vier ausgefahrenen Stielaugen daneben.

Die Buchstaben werden ausgeschnitten – und fertig ist die Schablone! Sie wird auf das weiße Baumwolltuch gelegt. Drei Männer haben Schwämme in der Hand, tippen sie behutsam auf große Stempelkissen und tupfen sie auf die freien Felder der Schablone. Damit wir unser Staunen wieder runterfahren können, drückt uns der Ladenbesitzer den obligatorischen Tee in die Hand und nennt den wirklich bescheidenen Preis. Auch Lemine drückt er die Hand und ein Bakschisch dazu.

Mit diesem wertvollen Stück Tuch stehen wir vor der unscheinbaren, aber traditionsreichen Moschee in Chinguetti. Noch vor wenigen Jahrzehnten haben sich hier Hunderte Pilger mit ihren Kamelen versammelt, um gemeinsam ihre Hadsch nach Mekka durchzuführen. Gemeinsam, weil sie nur so Chancen hatten, unbehelligt kriegerische Regionen in Algerien, Mali, Tschad, Libyen und Sudan zu durchqueren. Ein Jahr dauerte eine solche Wanderung. Strapazen, die sich die heutigen

Flugzeugpilger gar nicht mehr vorstellen können, wenn sie die gleiche Strecke in zwei Tagen abhaken, sich über Verspätungen mokieren und sich dennoch *Hadschi,* Pilger, nennen dürfen.

Früher war Chinguetti ein großer Handelsknotenpunkt. Heute ist es eine verfallene Wüstenstadt mit 5000 Einwohnern. Gemeinsam mit Bürgermeister Mohammed Amara dürfen wir das Transparent spannen und filmen. »Das hat es noch nie gegeben«, staunt er zum wiederholten Male, »nicht einmal einen Zettel durfte man hier bisher anbringen.«

Hamden Ould Tah freut sich mit uns. Er hat sich auch eigene Zukunftsgedanken gemacht. »Wie sollen unsere Nomaden da draußen in der Wüste von der neuen Botschaft erfahren? Dort, wo es kein Radio und keine Zeitung gibt?«

Nun, das wissen wir in dem Moment auch nicht.

Hamden grübelt weiter. »Das muss man auf traditionellen Wegen lösen. Mit Mundpropaganda, mit Kamelen von einer Oase zur nächsten. Natürlich wird das dauern, vielleicht könnt ihr das ja organi...«

Plötzlich bin ich hellwach! Der gute Mann hat noch gar nicht zu Ende gesprochen, da ist der alte Karawanenführer in mir erwacht. Ich springe auf, verschütte meinen Tee.

»Dazu hätte ich selbst große Lust!!!«, pruste ich aufgeregt los.

Annette habe ich überstimmt, aber ihr Lächeln signalisiert Einverständnis. Vielleicht aber auch nur, weil sie nicht weiß, wie mühsam das Marschieren in der Wüste sein kann.

Dafür habe ich den Mufti begeistert. Er sprudelt nur so von Ideen und Ratschlägen. »Nennt die Aktion ›Karawane der Hoffnung‹!« Damit ist die Karawane beschlossen.

2005 führen wir sie durch. Lemine erfährt davon. Augenblicklich hat er zwölf Kamele beisammen. Wortgewandt rät er zu deren Kauf.

»Großartige Tiere! Bis auf die Stute mit dem Fohlen sind alle Kamele männlich. Dann gibt es unterwegs keinen Streit unter den Tieren.«

Per Kopfrechnen wird uns klar, dass man für den Preis auch einen Geländewagen kaufen könnte. Wir wollten doch nur Kamele. Sein Bruder Sidi Ahmed bestätigt, dass wir richtig gefolgert haben. »Lemine ist als Zwischenhändler bei allen seinen Geschäften mit sehr gesunden Gewinnspannen beteiligt.« So überlassen wir den Deal Sidi Ahmed. Er ersteht die Tiere zum halben Preis und dazu leihweise noch einen Lkw, der die Kamele, das Equipment und uns zum Startort bringt. Bei der Gelegenheit erfahren wir auch, dass Lemine für den Geheimdienst arbeitet.

»Aber nicht nur deshalb hat er überall so gute Beziehungen. Er ist der Ururenkel eines mauretanischen Nationalhelden«, weiß Sidi Ahmed. Dass er als Lemines Bruder ebenfalls zum Urenkel jenes heldenhaften Urgroßvaters avanciert ist, verschweigt er. Sidi Ahmed ist bescheiden.

Wir nehmen Lemines Multitalent eher schmunzelnd zur Kenntnis. Später werden wir uns noch wundern, welchen Wert solche Ururenkelgeburt hat. Wir müssen den Geschäftssinn dieses Wüstenfuchses dennoch dringend drosseln. Hauptanlass sind nicht seine Gewinnspannen, sondern seine Auftritte. Beispielsweise hat er unser TARGET-Logo von der Visitenkarte auf DIN A4 vergrößert, laminiert und auf seine Aktentasche geklebt. Mit dieser übergroßen Insignie hat er sich bei der deutschen Botschaft als unser Mitarbeiter vorgestellt. Ja geht's noch!

Es sind zwölf gesunde, wunderschöne Kamele, deren Eigentümer wir nun sind. Damit wir nicht, wie vor fast 30 Jahren bei der Danakil-Durchquerung, stundenlang mit dem morgendlichen Einfangen der Tiere, dem Beladen und Nachspannen der Seile wertvolle Zeit und Kilometer verlieren, stellen wir auch die sechs Mauretanier ein, denen die Tiere gehört haben. Sie erklärten sich sofort bereit, den Trip mit uns gemeinsam zu machen. Jeder ist ausschließlich für zwei Tiere verantwortlich. Das klappt optimal und entspannt.

Wir haben uns kurzfristig 100 Fahnen mit der Kernaussage der Fatwa des mauretanischen Mufti anfertigen lassen. Jeweils

eine flattert unserer Karawane voran. Daneben die National-
fahne.

Die Hauptlast macht das Wasser aus. Dazu gesellen sich Nahrung für mehrere Wochen, ein großes Mannschaftszelt sowie
die vielen persönlichen Dinge. Am 3. März 2005 geht es los.
Ein Lkw bringt unsere Karawane auf der N3-Nationalstraße in
Richtung Osten. Dann wandern wir los in einem großen nörd-
lichen Halbkreis. Sidi Ahmed ist der Karawanenführer. Er ist
genau der richtige Mann in dieser Position. Nur die Strecke
geben wir ihm vor. Alles andere läuft, als wäre er Gedanken-
leser.

Neben den Einheimischen, Annette und mir ist noch Dokumentarfilmer Thomas Reinecke mit von der Partie, der sich
sehr bald als leistungsstärkster Mann unserer Gruppe entpuppt.
Keine Düne ist ihm zu hoch, keine Sonne zu heiß, keine Kame-
ralast zu schwer. Mühelos hastet er schwer beladen voraus
und hintendrein und erklimmt die höchsten Erhebungen, um
jeweils die besten Perspektiven wahrzunehmen. Dazu spricht
er ein fließendes Französisch. Es ist Zweitsprache in Mauretanien.

Den Einheimischen gegenüber geben wir vor, eine offizielle
Erlaubnis für die Reise zu haben. Ould Baaba, einer der Männer, argwöhnt nach einigen Tagen, dass das nicht stimmt. Er
droht, uns bei nächster Gelegenheit anzuzeigen. Sidi ahnt sofort
den wahren Grund. Der Mann will ein Extrageld haben.

»Wenn wir das machen, kommen sofort auch die anderen«,
warnt er uns. »Darauf dürfen wir uns nicht einlassen.« Und
ganz beiläufig erwähnt er seinen Bruder, den Geheimdienstler
Lemine. »Glaubst du, dass Lemine uns aus Nouakchott wegge-
lassen hätte, wenn wir keine Erlaubnis hätten? Wir sind sogar
Ehrengäste der Geheimpolizei!«

Das wirkt. Davor haben alle Bammel. Dass wir außer des
Muftis Erlaubnis noch eine weitere benötigt hätten, hatte uns
niemand gesagt. Für uns Ausländer, Fremde dieser Kultur und
Einmischer in Jahrtausende gewachsene Traditionen, geschieht

das Wunder: Wohin wir kommen, werden wir bereits erwartet. Das Buschtelefon funktioniert auf rätselhafte und geheime Weise. Vielleicht, weil es ebenfalls unter der Kontrolle der Geheimpolizei steht.

In manchen Oasen stehen die Dorfältesten bereits aufgereiht wie eine Ehrendelegation. Woanders fällt die Schule aus. Die Kinder stellen sich in Reih und Glied, singen Lieder und sagen Koranverse auf. Überall die große Willkommenskultur, die Bereitschaft, zuzuhören, und der Mut, eine lebenslang vertretene Meinung zu überdenken. Nie fühlen wir uns auch nur einen Moment bedroht.

Nur einmal wird es gefährlich. Doch das hat einen zoologischen Grund. Zur Verrichtung unserer Notdurft verdrücken wir uns hinter einen großen Felsen im glatten Wüstensand. Als ich mich morgens als Erster dahinterhocke, sehe ich die typische Spur einer Hornviper. Ihren Namen verdankt sie ihren beiden auffälligen Hörnern über den Augen, die einer Gartenhecke gleichen, die dringend gestutzt werden müsste.

Das nur 60 Zentimeter lange Tier ist ein sogenannter Seitenwinder. Wegen der starken Bodenhitze bewegt es sich nicht in schlängelnder, ununterbrochener Linie und dauernder Berührung des Sandes, sondern es hebt seinen Körper vom Boden ab und stemmt sich Stück für Stück weiter vorwärts. Seine Spur ist keine durchgehende Linie, es sind parallele, unzusammenhängende Abdrücke. Wie bei einem Skiläufer, der mit parallel gestellten Brettern einen Berg hochsteigt. Bei der Viper geht das unglaublich schnell.

Eine solche Spur endet abrupt einen halben Meter vor mir im Sand. Dort hat sie sich eingegraben. Das schafft sie in wenigen Augenblicken. Sie kringelt sich zu einer Schnecke zusammen, schubbelt sich mit ihren Bauchschuppen hin und her – und weg ist sie. Von oben ist nichts zu sehen. Wie eine Tellermine ruht sie unterm Sand. Woher sie ihre Atemluft nimmt – frag die Schlange und nicht mich. Wer diese typischen Abdrücke nicht erkennt und drauftritt, wird gebissen.

Thomas Reinecke in Aktion

Ich vergesse vor freudiger Erregung, weshalb ich hier sitze, und weise die anderen auf die Beobachtung hin. Dann angele ich mir das Reptil mit einem Stock und lasse es Thomas filmen. Ihre Bisse erfolgen blitzschnell mehrfach hintereinander in die Kameralinse. Ein vollgültiger Biss von ihr ist tödlich. Das Blut gerinnt, bleibt irgendwo in den Gefäßen stecken, der Kreislauf versagt. Wie alle Vipernbisse ist auch der dieser Sand- oder Hornviper sofort sehr schmerzhaft. Ähnlich dem unmittelbar spürbaren Wespenstich, nur erheblich stärker. Nach dem Dreh setzen wir die Viper weit entfernt unter einem anderen Felsen wieder aus.

In jeder Oase, in jedem Dorf, hinterlassen wir eine Fahne und ein Dokument des Muftis. Oft gibt es niemanden, der lesen kann. Dann übernimmt Sidi die Aufgabe des Vorlesers.

Annette nutzt die Gelegenheit, um die Fragen der Frauen zu beantworten. Dazu ziehen sie sich in einen Raum zurück, um ungestört zu sein.

»Du bist wirklich nicht beschnitten?«

Ihre Zuhörerinnen kommen aus dem Staunen nicht heraus. Ob das denn bei uns nicht üblich sei, wollen sie wissen. Ob denn ihre Eltern nicht sündigen würden, wenn sie die Beschneidung verweigerten. Annette kann sie beruhigen. Nein, das sei in den *meisten* Ländern der Welt nicht üblich. Nur hier in einigen wenigen Afrikas. Außerdem stünde es *nicht* in den Heiligen Schriften.

Nach acht Wochen sind die Fahnen und die Dokumente des Muftis verteilt. Klar ist aber auch, dass wir nur einen Bruchteil des Landes besucht haben. Jetzt ist die Mundpropaganda der Einwohner gefordert. Sie soll ja nicht zum Fremdwort verkommen.

Annette fliegt vorab nach Hause. Bei der Gepäckdurchsuchung nimmt man ihr sämtliches Filmmaterial ab. Unsere Fotos und Thomas' Filme. Acht Wochen Dokumentation ohne optische Belege. Alles für die Katz!?

Sidi soll die Kamele wieder verkaufen. Mit Vorrang an die ehemaligen Eigentümer. Die fleißigen Tiere haben ihren Job getan. Ganz verzweifelt steht er kurze Zeit später wieder bei uns auf der Hotelmatte. »Die Männer wollen erheblich weniger bezahlen, als wir damals bezahlt haben. Kamele sind doch keine Autos, die sich abnutzen. Kamele sind nach so wenigen Wochen genauso gut wie vorher«, lamentiert er.

Dass wir nicht unseren Kaufpreis zurückerhalten, war uns von vornherein klar. Aber Sidi jammert weiter. »Sie schimpfen mich einen üblen Vaterlandsverräter, den man anzeigen müsste. Ich sei ein stinkender, dreckiger Hurensohn, der seiner Mutter nacheifert und nun selbst zur männlichen Hure geworden ist. Das alles, weil ihr mich dafür bezahlt und ich in eurem Sinne arbeite.«

Wir setzen dem bedauernswerten Sidi neuen Verhandlungsspielraum.

»Wenn sie dir ein Drittel des Kaufpreises erstatten, kannst du einwilligen. Sonst verkaufst du sie woanders. Und unseren Ex-Begleitern kannst du ausrichten, dass wir ihnen den Kopf voller Läuse wünschen und so kurze Arme, dass sie sich nicht kratzen können.«

Das ist doch eine klare Ansage. Sidi lächelt und trollt sich zum Kamelmarkt. Stolz steht er abends wieder auf der Hotelmatte und überreicht uns einen Packen Geldscheine. Es ist doch bedeutend mehr, als wir zu hoffen gewagt hatten.

»Ich musste nicht einmal bis ans Limit runter. Ab einem gewissen Gebot habe ich gesagt: ›Mehr geht nicht. Ich bin verheiratet!‹ Das ist die Zauberformel für ganz Mauretanien. Dann weiß jeder, dass die Verhandlungsgrenze erreicht ist. Entweder verzichtet der Kunde auf den Kauf, oder er schlägt zu.«

Gelehrig, wie ich bin, merke ich mir den Spruch. Man weiß nie, wann man ihn gebrauchen kann. Sidi hätte sich das Geld auch unter den Nagel reißen können. Kaum haben wir abgerechnet, steht sein Bruder Lemine, der Nationalhelden-Urenkel und Geheimdienstler schon wieder auf der Matte.

»Thomas, ich habe gehört, dass man deinen Film bei Annettes Ausreise beschlagnahmt hat. Man sagt, ihr hättet Sklaverei gefilmt.«

Sklaverei – das Reizwort, die wunde Stelle Mauretaniens. 1981 wurde sie verboten, aber nicht unter Strafe gestellt. Das geschah erst 2007. Die Armut ist so groß, dass man sich lieber völlig rechtlos dem Arbeitgeber ausliefert und dafür sicher sein kann, etwas Brot zum Beißen zu haben.

Lemine organisiert einen Termin mit seinem Geheimdienstchef. Man schaut sich den Film kritisch an und kommt zu dem Schluss, dass von Sklavendokumenten keine Rede sein kann. Nur eine Szene irritiert sie. »Warum streichelt Annette das Baby so lange? Will sie es kaufen?« Lemine kann die Bedenkenträger beruhigen. »Sie fand es einfach nur süß. Hat etwa noch niemand *eure* Kinder gestreichelt?« Na also. Wir erhalten das Filmmaterial zurück.

Und dann passiert es, dass es über Nacht einen unblutigen Putsch gegeben hat. Der Geheimdienstchef, gestern noch besorgt um Sklaverei, ist heute unerwartet der Staatspräsident. Er hat die Abwesenheit des eigentlichen Präsidenten genutzt und sich an die Macht gebracht. Er will Mauretanien auf ein Staatsniveau bringen, das international respektiert wird. Um seinem Vorsatz Glaubwürdigkeit zu verleihen, legt er sich von vornherein auf Neuwahlen fest. Zurück in Deutschland lesen wir, dass er sein Versprechen gehalten hat.

Was wir über Mufti Hamden später hören, ist, dass er im Gegensatz zu seinem entmachteten Vorgänger das neue religiöse Gebot gleich auch gesetzlich abgesichert hat. Wer nun noch verstümmelt, muss mit drastischen Strafen rechnen. Am liebsten würden wir dem Präsidenten persönlich gratulieren und ein langes Leben wünschen.

Als wir das Hamden gegenüber äußern, kommt sein prompter Vorschlag, es ihm doch einfach selbst zu sagen. Und zack – hat er einen Gesprächstermin vereinbart. Orient, Tausendundeine Nacht.

Unsere Stunde des Abschieds ist gekommen. Hamden will uns persönlich die Hände drücken. Wir treffen ihn in einer gemütlichen Ecke im Mercure Hotel in Nouakchott. Sein Fahrer wartet draußen. Er muss gleich weiter. An unserer Seite Filmer Thomas Reinecke. Er dokumentiert das Gespräch. Es sollte eine Unterhaltung werden, die TARGET zu einem absoluten Höhepunkt katapultiert.

26. Wechselbäder der Gefühle in Dschibuti

»Das größte Risiko geht der ein,
der kein Risiko eingeht.« George F. Kennan

Es ist heiß in Dschibuti. Backofenmäßig heiß. Dazu schwül.
Gärschrankmäßig schwül. Auch Nichtbäcker sollten wissen,
was das bedeutet. Die ganze Lebensenergie verflüssigt sich.
Sie tropft einfach aus der Hose in den Sand. Als wir uns abends
bei einem Fischbrater in der Altstadt einen Fisch gönnen wollen, ist das Klima immer noch zum Poleabschmelzen. Man
konnte meinen, der Mond wolle mit der Sonne um die Erderwärmung konkurrieren. Die Wärme lässt nicht nach. August
2004.

Aus der großen Gefriertruhe des Braters wählen wir einen
der vor beneidenswerter Kälte steif gefrorenen Meeresbewoh-
ner aus. Am liebsten wäre ich selbst kurz in die Truhe gehüpft.
Aber ich bin mir unschlüssig, ob der Wirt nicht einfach den
Deckel über mir zuschlagen und sich draufsetzen würde. Ich
will seine gute Laune nicht auf die Probe stellen.

Wir haben den Fischen so gut es geht hinter die Kiemen geschaut. Wenn sie noch rot sind, ist der Fisch okay und kommt
auf den Grill. Gleich neben dem Grill bullert ein Feuer in einer
uralten Dieselöltonne. Die dicken Eisenwände glühen so rot
wie die Fischkiemen. Neben der Tonne ein Kollege von mir, der
Brotbäcker. Er schlägt kleine Teigstücke geschickt und schnell
zwischen den Händen hin und her. Bis sie tellergroß und fast

durchsichtig sind, und schon klatscht er sie von innen an die Eisenwand. Nach wenigen Augenblicken ist das Produkt gebacken. Es hat genug Hitze vom Eisen und vom Innenfeuer abbekommen, lässt sich leicht lösen und besticht nicht nur mit leckerer Bräunung, sondern auch mit einem süchtig machenden Geschmack.

Trotz der Hitze muss ich bewundernd feststellen, dass der Kollege mit dem Brot durchaus auch in Deutschland eine Überlebenschance hätte.

Mich hat das Abendmahl auf jeden Fall erfrischt. Morgen soll nach Äthiopien und Mauretanien TARGETs dritte sogenannte Wüstenkonferenz geplant werden. Hier im äußersten Osten Afrikas. Wir haben einen Termin beim Gesundheitsminister von Dschibuti, Dr. Mohammed Ali Kamil.

Statt mit einem freundlichen *Salaam alayk*um begrüßt er uns mit den Worten »Sie meinen tatsächlich, wir hätten auf Sie gewartet, um in Dschibuti die Weibliche Genitalverstümmelung zu beenden?«

Ja, hatten wir. Sonst wären wir ja nicht hier. Aber seine Fragen, die unverhohlene Feindschaft und mit ansehen zu müssen, wie meine Visitenkarte zwischen seinen Fingern ihr Leben aushaucht – das alles ist nicht gerade ermutigend. Ich schiebe ihm gleich mehrere neue zu, damit die Finger sich nicht langweilen müssen. Sein Knautschstück entsorge ich in meine Hosentasche. Erstmals muss er lächeln.

Hier einige Kostproben des Gesprächsverlaufs. Nach jedem Kurzsatz nicke ich beflissen mit meinem kahlen Haupt. Jedes Mal eine Prise langsamer.

»Sie sind also nach Dschibuti gekommen, um diese Konferenz durchzuführen?«

»Sie möchten möglichst keine Politiker, sondern nur islamische Autoritäten dabeihaben?«

»Und Sie halten die Idee für gut?«

»Ich sage Ihnen nun etwas: Ich *bin* Politiker. Sie wollen mich also gar nicht dabeihaben?«

Pause. Er hat einem Gesprächskollegen zugeblinzelt. Will er die Spannung erhöhen? Irgendetwas führt er im Schilde! Dann spuckt er's aus.

»Die Idee ist *nicht* gut!«

Peng – die erste richtige Pleite in vier Vereinsjahren! Klipp und klar, ohne orientalische Schnörkel.

Der Minister erhebt sich. Er will uns verabschieden. Wir erheben uns ebenfalls. Wir lassen uns die Enttäuschung nicht anmerken. Schade um die Visitenkarten. Aber auch aus Trümmern lässt sich manchmal ein neues Haus bauen. Nur wer *nichts* wagt, der nichts gewinnt. Der Minister unterbricht unseren Aufbruch.

»Bitte nehmen Sie wieder Platz! Ich bin noch nicht fertig. Ich habe gesagt, Ihre Idee ist *nicht* gut. Das kann ich nur wiederholen: Sie ist nämlich tatsächlich *nicht* gut. Und schon gar nicht ist sie *sehr* gut, wie *Sie* wohl denken. Sie ist sogar *unglaublich* gut!!! Sie ist genial! Sie ist grandios! Sie ist so gut, dass es ein Jammer wäre, nur Dschibuti einzuladen. Wir müssen Nachbarn mit hinzuziehen: Eritrea, Äthiopien, Somalia, Somaliland, sogar aus dem Jemen und Sudan. Ich kenne alle Gesundheitsminister persönlich. Ganz wichtig ist es, auch jemanden von der Azhar dabeizuhaben. Das hat einen Grund. Wenn die Leute mich im Fernsehen gegen FGM reden hören, sagen sie, das ist der Minister, der kriegt ja Geld dafür, so was zu sagen. Aber einem Gesandten der Azhar unterstellt man das nicht. Er ist ja eigens dafür aus Kairo angereist, um zaudernden Abgeordneten die aktuelle Rechtsauffassung der Azhar zu vermitteln. Was halten Sie davon?«

Der Mann haut mich um. Er hätte auch als Comedian im europäischen Fernsehen eine echte Chance. Am liebsten möchte ich antworten mit seinen Worten. »Ihre Idee ist *nicht* gut, sie ist schon gar nicht *sehr gut*, sie ist *phä-no-me-nal!*« Aber ich sage, dass ich jetzt dringend ein Glas Wasser bräuchte. Und während das kredenzt wird, fährt er bereits fort. Er ist kaum noch zu bremsen.

»Und die Frau des Staatspräsidenten, First Lady Kadra Mahamoud Haid, wird die Schirmherrschaft übernehmen. Sie ist schon lange gegen den Brauch. Ich werde sie gleich anrufen. Das wird ein gigantischer Kongress.«

Wir können es nicht fassen. Noch viel schlimmer hatte es zwei Tage zuvor begonnen. Mit Müh und Not hatte Ali für uns einen Termin beim persönlichen Referenten des Informationsministers erhalten. Einem gewissen Ali Silay. Wir wollten die Erlaubnis erbitten, mit Zustimmung des französischen Arztes Dr. Pierre Colinet im Hôpital Général Peltier die sichtbaren Folgen der Verstümmelung zu filmen – Narben, Entzündungen. Solche Aufnahmen fehlten uns noch.

Stolz präsentierte sich der Referent hinter seinem Mahagonitisch. Hinter ihm das obligatorische Bild des Staatspräsidenten und gleich daneben, dem hochbrisanten Thema entsprechend, ein Plakat: »Artikel 333 Strafgesetzbuch: Weibliche Genitalverstümmelung wird mit fünf Jahren Gefängnis und 1 Million Dschibuti-Francs bestraft.« Das sind 3300 Euro. Das wäre hier das Ende einer Existenz. Wir spürten: Hier waren wir richtig.

Doch weit gefehlt! Anspruch und Wirklichkeit – auch hier klaffende Kontraste. Das Gespräch verlief kurz, aber unmissverständlich.

»Wissen Sie nicht, dass das Heiligste im Islam der Unterleib der Frau ist!«, begehrte er auf.

Wir stutzten, sicher, uns verhört zu haben. Annette brachte es auf den Punkt. »Der Unterleib der Frau war ja auch nicht heilig, als er verstümmelt wurde.«

Jetzt reichte es dem Referenten. Wir wurden grußlos hinauskomplimentiert.

Verständlich also, wenn die Reaktion des Gesundheitsministers uns jetzt überwältigt. Sie ist das glatte Gegenteil. Doch auch hier soll alles anders kommen.

Ein Termin wird festgelegt. Alles Weitere sollen die beiden Sekretärinnen des Ministers mit uns abklären. Die entpuppen sich als große Geschäftsfrauen. Es geht um die Tagesgelder der Gäste. Es geht um die Kosten der Flüge. Und es geht darum, dass Redner das Doppelte kriegen von dem der einfachen Konferenzteilnehmer. Und dass der Richter besonders honoriert wird. Sonst wäre er dagegen und könnte alles blockieren. Und dass sie selbst, die beiden Sekretärinnen, ebenfalls doppelte Tagesgelder bekämen. Auf ihnen laste die meiste Arbeit. Zudem müsse man Repräsentanten anderer Organisationen einladen. Auch denen stünden Tagesgelder und Reisekosten zu. Ihre Teilnahme erhöhe die Bedeutung der Konferenz.

Das lehnen wir strikt ab. Es ist *unsere* Konferenz und nicht die irgendwelcher Trittbrettfahrer, denen es ausschließlich um die Tagesgelder geht.

Nun aber brauchen sie 9000 Euro Anzahlung. Wofür? Es seien ja schon viele Kosten angefallen. Drucksachen und Faxe zum Beispiel. Der Hotelier wolle eine Vorauszahlung. Der Drucker ebenfalls. Für die Einladungskarten. Und sie selbst, weil sie nur noch Überstunden machen müssten. Es sei dringend. Sie hätten Familie. Wir wollen das Betriebsklima nicht verderben und schlagen 5000 vor.

Wir sind zurück in Deutschland. Die Flüge sind gebucht. In drei Tagen geht es los. Da kommt ein Fax. Absender S. E. Dr. Mohammed Ali Kamil, Gesundheitsminister von Dschibuti. Es täte ihm aufrichtig leid, aber die Schirmherrin müsse zu einer wichtigen Mission ins Ausland. Ohne sie könne der Kongress nicht stattfinden. Die Schirmherrin sei eine einflussreiche Frau. Nichts in Dschibuti liefe ohne sie. Offenbar auch nicht der Shoppingbummel in Paris. Dort ist sie im Fernsehen zu sehen.

Wir können die Flüge erst einmal stornieren auf unbestimmte Zeit. Kulanz der Lufthansa. Immerhin schlägt der Minister einen neuen Termin vor, einige Wochen später, und bittet bei der Gelegenheit dringend um die vereinbarte Anzahlung.

Annette ist gerade auf dem Weg zur Deutschen Bank, als das nächste Fax eintrifft. Der Termin müsse abermals verschoben werden. Es sei ja Ramadan. Das habe der Minister damals ganz übersehen. Ich kann Annette per Handy erreichen. Sie will gerade das Bankgebäude betreten. Wir stoppen die Zahlung. Wir stoppen die Flugbuchungen. Wir stoppen auch komplett die Konferenz und danken dem Schutzengel, dass wir ohne Vorauszahlungen davongekommen sind. Sie wären für immer futsch gewesen. Dem Minister antworten wir nicht mehr.

Ali Mekla rettet uns aus der verfahrenen Situation. Er trifft sich mit Sultan Abdoulkader Mohammad Humad, dem religiösen Oberhaupt der Afar in Dschibuti. Er wohnt in einem kleinen Ort namens Tadjourah an der Grenze zu Eritrea. Er ist sofort angetan von der Konferenzidee und vereinbart den 7. und 8. August 2004.

»Von eurer geplanten Konferenz in der Hauptstadt haben wir gar nichts gewusst«, erfahren wir bei der Gelegenheit. »Weder ich noch meine Kollegen haben eine Anfrage erhalten. Aber das kennen wir längst. Wir erfahren die Beschlüsse der hohen Herren nur aus dem Radio. Dabei ist unser Wort bei unserem Volk mehr wert als das eines jeden Politikers. Deshalb freue ich mich, dass ihr genau den richtigen Weg beschritten habt.«

So kommt es zur Wüstenkonferenz in Tadjourah am Roten Meer. Eingeladen sind nicht nur sämtliche Clanchiefs, sondern zur Verkündung des Beschlusses am zweiten Tag auch die Bevölkerung.

Wer am Eröffnungstag nicht zugegen ist, sind Annette und Thomas. Ich war einen Tag zuvor angereist. Sie wollten nachkommen und waren bei der Einreise von Addis Abeba am Flughafen gleich wieder zurückgeschickt worden. Sie seien unerwünschte Personen, eine Anweisung des Gesundheitsministeriums. Die beiden mussten sich fügen, ließen sich aber nicht irritieren. Gleich am Morgen des zweiten Konferenztags hatten sie sich die nächstbeste Maschine in Addis Abeba geschnappt und waren erneut in Dschibuti gelandet. Im Gegensatz zum Vortag hatten sie nur Handgepäck dabei. Sturmgepäck, nannte es Annette. Damit wollten sie ratzfatz und inkognito durch die Kontrolle stürmen. Aber ausgerechnet der Beamte vom Vortag hatte sie doch erspäht. Gut gelaunt begrüßte er sie wie alte Freunde mit Handschlag und ließ sie ohne Lamento einreisen. »Das Verbot galt nur gestern. Heute sind Sie frei.« Und so können meine beiden Einzelkämpfer dann doch noch diese Dschibuti-Konferenz bei den Afar dokumentieren.

Den Beschluss verkündete der Sultan. Der »schändliche Brauch der Weiblichen Genitalverstümmelung« wird verurteilt, und die Teilnehmer haben einstimmig beschlossen, ihn abzuschaffen. »Ich fordere alle Menschen von Dschibuti auf, dem Beispiel zu folgen.«

Die Konferenz endet mit einem Theater- und Musikabend. Das staatliche Fernsehen berichtet gleich fünfmal über das Ereignis in den verschiedenen Landessprachen.

Es folgten viele weitere Tagungen, so in den Städten Arta und Ali Sabieh bei den verfeindeten Issa und Afar. In der Moschee übernahm Sheikh Mahamoud Bileh Ali die Predigt, und zur Überraschung aller erlebten sie großes Interesse, Offenheit und uneingeschränkte Zustimmung. Die Präsidentin der Frauenorganisation Association des Femmes Djiboutiennes hatte beim Zustandekommen dieser Veranstaltungen maßgeblich mitgeholfen und das staatliche Fernsehen eingeladen. Der Bericht wurde sage und schreibe 16-mal gesendet.

So ging es voran. Tippelschritt für Tippelschritt.

27. Unsere historische Azhar-Konferenz

»Alle sagten, das geht nicht.
Dann kam einer, der wusste das nicht.
Und hat es einfach gemacht. « Unbekannt

»Alle sagten, das geht nicht.« Dieser Einleitungssatz zum obigen Aphorismus bestimmte plötzlich unser Tagesgeschehen. Wen auch immer wir für unsere neue Idee um Einschätzung baten, er kam uns prompt mit diesem Zweifel. Journalisten, Islamkenner, Freunde. Wir wurden als Fantasten belächelt. Zum Trost erhielten wir allenfalls einen anerkennenden Schulterschlag. »Da müsst ihr selber durch!« Es bestand die Gefahr, der allgemeinen Skepsis zu unterliegen und sie als unveränderlich zu akzeptieren. Zum Glück bin ich mit einer Portion westfälischer Dickköpfigkeit und Fatalismus gesegnet, Annette und das TARGET-Team mit Durchhaltevermögen und Optimismus. Das verlieh Hoffnung.

Den Zündfunken dazu hatte der mauretanische Großmufti Hamden Ould Tah geliefert. Mal wieder. Deutlich hatten sich seine Worte uns ins Gedächtnis gebrannt. Sie waren in ebendem Gespräch nach unserer Karawane der Hoffnung gefallen, 2005.

»Ich habe noch nie zwei Menschen aus einer anderen Kultur getroffen wie Annette und dich, die sich so respektvoll, umsichtig und mutig gegen ein Unrecht einsetzen, mit dem ihre eigene Kultur eigentlich nichts zu tun hat. Auch das, was ich von meinen Leuten über eure Karawane gehört habe, bestätigt mir meinen Eindruck.«

Dann wendet er sich an mich. »Du bist jetzt 70 Jahre alt. Willst du wirklich noch alle anderen über 30 Länder abwandern, um eure Botschaft zu verbreiten? So viel Lebenszeit wird Allah dir nicht mehr geben.« Und dann folgt seine fast schon himmlische Eingebung: »Wenn es euch beiden gelingt, die zehn höchsten Repräsentanten des Islam an einen Tisch zu bringen und die sich mit einer Fatwa gegen die Frauenverstümmelung aussprechen, dann verbreitet sich das schneller als ein Buschbrand in der Steppe.«

Hamden ist überzeugt, dass wir als Vermittler fungieren könnten. Von selbst kämen die Gelehrten niemals auf die Idee, dieses streng tabuisierte Thema anzusprechen. Aber wenn wir dazu einlüden, würde bestimmt jeder kommen. Und Hamden, der große Philosoph, hatte noch weitergedacht. Wir sollten es in Berlin machen. Das müsste für uns doch ein Leichtes sein. Deutschland genieße in Arabien ein besonderes Vertrauen. Dort sei der erste Koran gedruckt worden. Und gut wäre natürlich, wenn wir einen prominenten Schirmherrn finden würden.

Aufgeregt kehren wir zurück nach Hamburg. Auf einmal brauchen wir keinen Schlaf mehr. Die Idee ist so gut, dass ich mich fast neidschäme, nicht selbst darauf gekommen zu sein. Aber ich bin einfach geistig zu begrenzt für solche Quantensprünge. Wir grübeln. Ob unser Bundespräsident Horst Köhler womöglich die Schirmherrschaft übernehmen würde? Er ist Afrika- und Islamkenner. Annette favorisiert den ägyptischen Religionsminister Zakzouk. Er kennt uns, ist uns wohlgesonnen, spricht perfekt Deutsch und ist bereits mit dem Anliegen vertraut. Längst ist er unser Verbündeter. Also erst einmal Zakzouk.

Erneut vermittelt die deutsche Botschaft in Kairo. Erneut stehen wir auf den Orientteppichen im Hause des Obersten Rates für Islamische Angelegenheiten in der Shaar'a Nabataat. Ob sich der Minister noch an uns erinnert?

Ein gewisser Prof. Dr. Muhammad Shama klärt im Vorgespräch, worum es genau gehe. Shama lehrt Deutsch an der Al-

Azhar-Universität. Er war ein Studienkollege des Ministers in Deutschland und ist sein enger Berater und Vertrauter und wird dies auch für uns werden. Davon ahnen wir in diesem Moment noch nichts. Wir erzählen von der Gelehrtenkonferenz, die wir in Berlin planen und für die wir den Religionsminister gern als Schirmherrn hätten.

»*Salaam alaykum!*«, schallt es da schon hinter uns, und mit offenen Armen begrüßt uns der Minister. »Nehmen Sie bitte Platz! Erinnern Sie sich übrigens, dass Sie 2002 schon einmal auf diesem Sofa gesessen haben? Damals hatte ich Ihnen geraten, wegen einer Fatwa zum Großsheikh Al-Azhar zu gehen.«

Wir können die Unterhaltung in Deutsch führen und tragen unseren Wunsch vor. Zakzouk hört sich alles an. »Das ist ein sehr interessantes Anliegen, das Sie da haben. Aber ich muss Ihnen ehrlich sagen, dass ich der falsche Mann dafür bin. Mein Einfluss endet an den Grenzen Ägyptens. Sie brauchen jemanden, der international gehört wird.« Und das sei allein der Großmufti von Ägypten, Prof. Dr. Ali Gom'a.

Während ich noch überlege, ob das eine indirekte Absage sein könnte oder wie man zum Großmufti kommen könnte, bedient er sein Handy, und genauso schnell ist der Mufti am Apparat.

Das Gespräch ist kurz. Eigentlich nur ein Satz. Also Absage? Unsere Blicke verraten die Frage auch ohne Worte. Er sei gerade auf dem Weg zum Gebet, beruhigt der Minister uns. Um 14 Uhr solle er den Mufti noch einmal anrufen, und er würde uns dann sofort im Hotel benachrichtigen. Wir müssten ihn unbedingt kennenlernen, er sei ein ganz anderer Typ als er, der Minister. Er habe einen Bart und trüge ein islamisches Gewand und die typische weiß-rote Azhar-Kopfbedeckung. Und nicht wie er, Zakzouk, mit Hemd und Anzug und ohne Bart. Gestenreich und lachend unterstreicht er seine Worte, deutet den Bart an und die Kopfbedeckung. Er macht uns neugierig auf den Mufti. Nicht im Entferntesten kommt uns der Gedanke, dass der Mufti geradezu ein Meilenstein in unserem Leben werden sollte.

Schließlich stehen wir zwei Leutchen, Bäcker und Arzthelferin, tatsächlich und leibhaftig vor ihm: Seiner Eminenz, Professor Doktor Ali Gom'a, Großmufti von Ägypten! Ein beeindruckender Mann, nicht seiner Größe wegen. Jahrgang 1952, Autor vieler Schriften und Bücher. Er begrüßt mich mit kräftigem Händedruck und direktem Blick in die Augen. Vor Annette verbeugt er sich und legt seine rechte Hand aufs Herz. Vertrauen auf Anhieb. Wir sind dankbar, dass Professor Shama uns mit seinem Islamwissen und der Beherrschung beider Sprachen zur Seite steht.

Unser Wunsch sei also, so der Großmufti, wie ihm der Minister schon am Telefon gesagt habe, eine Konferenz höchstrangiger islamischer Gelehrter einzuberufen mit dem Ziel, jegliche Form Weiblicher Genitalverstümmelung zur Sünde zu erklären? Das bestätigen wir mit synchronem Kopfnicken und fragen gleich, ob nicht er als höchste sunnitische Autorität den Brauch einfach kraft seines Amtes zur Sünde erklären könne. Wir seien uns sicher, dass das weltweit eine Signalwirkung auch auf Menschen anderer Religionen haben würde und sie zwänge nachzuziehen. Zum Beispiel die Christen, die in Ägypten und Äthiopien ebenfalls verstümmeln.

Ali Gom'a bremst uns ab. Beschwichtigend hebt er die Hand. Da müsse er uns enttäuschen. Er könne auch kraft Amtes nicht einfach irgendetwas zur Sünde erklären. Es müsse sichergestellt sein, dass selbst die Beschädigung der Klitoris für die Frau einen körperlichen oder seelischen Schaden darstelle. Das würde von vielen ägyptischen Medizinern bestritten. Aber wenn wir anerkannte Fachleute fänden, die versicherten, dass jede Form der Verletzung weiblicher Genitalien einen Schaden darstelle, dann könne er es per Fatwa zur Sünde erklären. Denn kein Moslem dürfe einen anderen ohne Grund verletzen. »Sure 16, Vers 43 gebietet, sich bei Wissenschaftlern zu informieren, wenn man keine Ahnung hat.« Wir bräuchten also einen angesehenen Mediziner, der klipp und klar sage, dass das so ist. Am besten gleich mehrere aus verschiedenen Ländern.

Wir zittern. Heißt das, der Mufti ist einverstanden mit der Konferenz? Dann wird er auch einen Schirmherrn finden! Ich flüstere Annette meinen Rückschluss zu.

»Ich glaube schon. Das merkte man von Anfang an. Er wusste ja, weshalb wir kommen, und hätte uns niemals empfangen, wenn er dagegen wäre.« Annette und ihre Logik.

Wir bitten den Mufti, ihm die Fotos der Verstümmelung zeigen zu dürfen. Ja, wir dürfen. Darum ginge es ja. Er schaut sehr lange und genau hin. Wir spüren seine Erschütterung. »Die Bilder sind sehr wichtig! Sie sind ein Zeugnis dessen, was den Mädchen angetan wird!«

Dann fährt er fort. Auch zur Würde des Menschen bezöge der Koran klar Stellung. In Sure 17, Vers 70, hieße es: »*WIR haben allen Kindern Adams bereits Würde gewährt. WIR haben sie vor vielen von denen, die wir geschaffen haben, eindeutig bevorzugt.*« Und da bei den Verstümmelungen sehr viele Mädchen umkämen, sei auch Sure 5/32 zu berücksichtigen: »*Wenn jemand einen Menschen tötet, ohne dass dieser einen Mord begangen hätte oder ohne dass ein Unheil im Lande geschehen wäre, soll es so sein, als hätte er die ganze Menschheit getötet; und wenn jemand einem Menschen das Leben erhält, soll es so sein, als hätte er der ganzen Menschheit das Leben erhalten.*« Ich notiere mir schnell die Surennummern, um später in einem deutschen Koran wegen der genauen Formulierung nachzulesen.

Ich komme zurück auf das Thema mit den Wissenschaftlern und frage, ob er vertrauenswürdige Mediziner habe, die Klartext in unserem Sinne sprächen. Am besten Ägypter, weil man deren Wort mehr vertrauen würde als dem der Europäer.

Klar, das wäre sicher, und deshalb schlüge er vor, zwei sollten von unserer Seite kommen, zwei würde er einladen.

Und dann bleibt mir die Luft weg. Ich muss erst einmal meinen Kragenknopf öffnen, denn gerade schlägt der Mufti vor, die

Konferenz nicht in Berlin, sondern hier in den geschichtsträch-tigen, renommierten Hallen der Azhar durchzuführen. Das hätte eine größere Wirkung, und auch die Sicherheit der hohen Gäste könne man hier problemlos garantieren. Es bliebe nur noch eine sehr wichtige Frage: »Wie stellen Sie sich die Finan-zierung vor?«

Wir garantierten, dass wir mit TARGET die Kosten über-nehmen können. Wegen der Planung in Berlin hatten wir die schon grob durchgerechnet. In erster Linie würden das die Hotelkosten sein, die Flüge, die Bewirtung, die Sicherheits-leute. Vielleicht noch ein paar Ehrengäste und Unvorhergese-henes.

Damit es nun keinesfalls am Geld scheitert, biete ich an, gern auch eine Anzahlung zu leisten. Das weist der Mufti weit von sich. Er vertraue uns. Um die Hotelpreise würde er sich persönlich kümmern, damit wir nicht übervorteilt würden, man habe bei vielen Hotels Sonderkonditionen.

Nach 40 Minuten scheint das Gespräch beendet. Der Ver-such einer Ächtung von FGM aus der Azhar! Etwas Besseres kann uns nicht widerfahren! Welch ein Tag! Welch ein Erfolg!

Aber der Mufti legt noch mal nach. »Wir stellen dafür selbst-verständlich den Festsaal in der Azhar kostenlos zur Verfügung und sorgen auch für die Sicherheit der Gäste. Das gilt ebenso für die Beköstigung. Wir werden eine Gästeliste aufstellen und die Einladungen verschicken. Falls Sie selbst Wert legen auf bestimmte Gäste, dann sagen Sie es gern.«

Bei Allah! Welch ein Vertrauen bringt uns dieser Mann ent-gegen! Es ist nicht zu fassen. Das wird der Höhepunkt unseres Strebens und Lebens sein. Das ist nicht mehr zu überbieten.

Doch, es ist!

»Damit die Konferenz wirklich die erforderliche Bedeutung erhält, werde ich die Schirmherrschaft übernehmen. Sofern es Ihnen recht ist.«

Da sagt der Mann: »Sofern es Ihnen recht ist!!!« Himmel, was denkt er sich? Rechter kann uns gar nichts mehr sein.

Jetzt geht es um die Gästeliste. Wir sollen unsere Vorschläge benennen. Darüber hatten wir ja selbst schon nachgedacht. Da wäre zum Beispiel Sultan Ali Mirah, weil er der Erste war, der mithilfe unserer ersten Wüstenkonferenz den Brauch bei den Afar verboten hat.

Viel problematischer aber würde unser Wunschgast Sheikh Yussuf Al-Qaradawi werden. Er ist gebürtiger Ägypter, gehört der verbotenen Moslembruderschaft an, wurde des Landes verwiesen und lebt in Katar im Exil. Er ist der Mann, der in der gesamten westlichen Welt Einreiseverbot hat. Qaradawi ist jener Sheikh, der 2006 den Streit um die Karikaturen über den Propheten in der dänischen Zeitung *Jyllands-Posten* ausgelöst hat. Viele dänische und eine norwegische Botschaft wurden daraufhin von Fanatikern in Brand gesetzt. Dennoch hatten Insider in Äthiopien uns geraten, ihn unbedingt einzuladen. Auf seiner Homepage bekenne er sich ausdrücklich *zur* Verstümmelung: »Wer seine Töchter mit der Beschneidung schützen will, dem ist es erlaubt. Er macht sich nicht strafbar.« Wenn jedoch qualifizierte Mediziner und Annette mit ihrem Filmbeitrag Sheikh Qaradawi davon überzeugen könnten, dass diese Tradition gesundheitsschädlich ist, dann würde er seine Meinung garantiert revidieren. Und sein Wort gälte vielen Muslimen als Gesetz. Ganz besonders in Ostafrika, den »Pharaonen-Ländern« wie Somalia, Eritrea, Sudan und Ägypten.

Ali Gom'a schaut sich unsere Vorschlagsliste an. »Sheikh Qaradawi lese ich hier. Der Mann hat in Ägypten Einreiseverbot. Er ist der Vordenker der islamistischen Moslembruderschaft. Er würde sofort verhaftet.« Womöglich droht ihm sogar die Todesstrafe.

Das wissen wir. Aber Annette gibt nicht auf. »Meinen Sie nicht, dass Sie kraft Ihrer Persönlichkeit eine Ausnahmegenehmigung von Staatspräsident Mubarak bewirken könnten? Qaradawi hat gerade in unserer Angelegenheit einen großen Einfluss in den ›Pharaonen-Ländern‹.«

Der Mufti schmunzelt über Annettes Hartnäckigkeit und die Einschätzung seiner Person.

»Ja, das wird sich machen lassen«, entscheidet er dann. »Für die Zeit der Konferenz erhält er eine Ausnahmegenehmigung.«

Und wieder denken wir, das sei nicht mehr zu übertreffen. Und wieder müssen wir später sagen: Es ist! Warten wir's ab.

Im letzten Moment habe ich doch noch eine Frage. Ich möchte wissen, was man solch hochgestellten Gästen als kleines Gastgeschenk überreichen könne. Ali Gom'a beruhigt uns. Das sei nicht üblich, das mache die UNO auch nicht. Es gäbe ja ständig Imbisse und Getränke.

Ich lege Veto ein und wage ein Scherzchen. Wir seien doch nicht die UNO. Auf uns könne er sich verlassen.

»Na gut«, lenkt er ein. »Wenn Sie unbedingt wollen, geben Sie den Männern eine kleine Packung Pralinen. Das mag sicher jeder. Bedenken Sie aber unbedingt: Auf keinen Fall mit Alkohol!«

Der große Tag rückt näher. Unser beider Herzinfarkt auch. Annette hatte es befürchtet. Nur *zwei* Organisatoren, nämlich sie und ich, das ist zu wenig. Wir bräuchten einen ganzen Planungsstab, wo jeder sich um ein Detail kümmert. Den haben wir nicht.

Also verlängern wir unsere Arbeitszeit von 24 auf 35 Stunden. Selbstverständlich pro Tag. Doch auch das reicht nicht. Dazu kommt, dass ich mit verbindlich zugesagten Vorträgen unterwegs bin. Ständig klingelt das Handy. Annette mit neuen Nachrichten.

»Sheikh Nourhan aus Somalia ist von islamistischen Rebellen in Mogadischu eingeschlossen. Er kommt nicht raus.«

Das ist schlimm. Denn auch Nourhan ist einer unserer Traumdelegierten. Er ist blind und angewiesen auf einen Begleiter. Nun ist er auch noch gefangen.

»Sheikh Qaradawi hat noch immer kein Ticket!«

Das ist *nicht* so schlimm. Er ist wohlhabend und kann den Betrag auslegen. Wir werden ihm das Geld später erstatten. Desgleichen beim Sheikh aus dem Tschad.

»Unserem Gelehrten aus Eritrea wird die Ausreise verweigert.« Da können wir leider nichts machen.

»In Dschibuti ist ein ranghoher Politiker gestorben. Sheikh Bashier kann unmöglich kommen. Er muss die Trauerfeierlichkeiten leiten. Er schickt einen Stellvertreter.«

Na klar, das hat Vorrang, so bedauerlich die Absage auch ist.

Während ich Annette jeweils antworte, nutzt sie die Zeit und schüttet sich einen dreifachen Espresso mit zwei Thomapyrin in den Kopf und gönnt sich einen Lidschlag Schlaf. Doch letztlich stehen alle Vorzeichen auf positiv. Das Muftiamt funktioniert perfekt. Es ist per Mail ständig erreichbar.

So wissen wir, dass der Mufti schon Transparente für Kairo hat anfertigen lassen. In Arabisch, Englisch und in Deutsch. Das Deutsche schulde man uns für die Initiative und weil wir die Gastgeber seien. Dazu unübersehbar unser TARGET-Logo, das Pro-Islamische-Allianz-Emblem und das Signum der Azhar.

Diese Kooperation beglückt. Oder kann es doch noch hektischer werden? Roman ist Optimist: »Diese Sorge müsst ihr euch zum Glück nicht machen. Denn es kann. Es kann.« Inzwischen ist diese Frohnatur von Sohn auch schon involviert. Er ist 21 und als Fotograf dabei. Dazu Filmer Thomas Reinecke und Klaus Denart, der Mitbegründer von TARGET und Chef von Globetrotter Ausrüstung.

Am 22. November 2006 stehen wir um sieben Uhr auf der Matte im Azhar Congress Center. Draußen an der Hauptverkehrsstraße erstrahlt an prädestinierter Stelle vor dem Gebäude eins der Transparente in der Morgensonne.

Wir kontrollieren, ob im Saal alles an seinem Platz ist: die Getränke, Kugelschreiber, Notizblock. Die Packung Pralinen als Geschenk werde ich jedem persönlich in die Hand drücken. Die TV-Kameras stehen an ihrem Platz, der Saal füllt sich mit

Azhar-Gelehrten und mehreren Frauen. Annette hat ihr Haar dezent mit einem Tuch bedeckt. Ich trage ein Schiffchen aus dunklem Filzstoff. Annette äußert den Verdacht, das sei ein gefärbtes Bäckerkäppi. Also geht's noch!

Um Punkt zehn Uhr öffnet sich die Tür zum VIP-Raum. Die hohen Gäste kommen gemachen Schrittes auf uns zu. Ein Pulk Journalisten kämpft um gute Aufnahmen. An den Wänden Sicherheitsbeamte. Männer und Frauen. Allen voran schreitet der Mufti. Er begrüßt mich mit Handschlag. Die anderen Delegierten folgen der Geste.

Der Zweite in der Reihe ist Seine Eminenz, der Großsheikh Al-Azhar, Prof. Dr. Sayed Tantawi. Also die zwei höchsten Geistlichen des sunnitischen Islam! Über ihnen in der islamischen Hierarchie kann ich mir nur noch Allah persönlich vorstellen. Ich schrumpfe zu unwahrnehmbaren Staubpartikelchen im großen Weltgefüge. Hinter diesen eigentlichen Gastgebern folgen der Religionsminister Zakzouk, Professor Shama, der frühere Mufti Prof. Dr. Nasr Farid Wasil und er, Sheikh Qaradawi. Dann die vielen Delegierten aus mehreren afrikanischen Ländern in ihren Landestrachten. Ehrfurcht übermannt uns. Alles strahlt Würde, Hochachtung und Respekt aus. Und gleich soll ich die Eröffnungsrede halten!

Allah stehe uns bei! Wir sind unglaublich aufgeregt. Heute ist der Tag, an dem etwas entschieden werden soll, das es noch nie gegeben hat. Unser ganzes Streben der letzten sechs Jahre galt dieser höchsten Vision, der Ächtung der FGM von höchster theologischer Instanz. Wir wagen nicht daran zu denken, wie es weitergehen soll, wenn das nicht zustande kommt.

Neben dem *Marhaba,* willkommen, und einem herzlichen *Salaam alaykum* erhält jeder seine Pralinen (Mandelsplitter ohne Alkohol) und eine rote Rose. Die hat Annette noch spontan einem Blumenladen entrissen. Jeder Gast reagiert mit einem Lächeln. Gute Vorzeichen!

Mir wird überraschend die Ehre zuteil, am Vorstandstisch Platz nehmen zu dürfen. Neben mir sitzen Professor Shama als

AmVorstandstisch in der Azhar, von links: Großmufti Ali Gom'a, Großsheikh Tantawi, Religionsminister Zakzouk, Moushira Khattab, Großbäcker Rüdiger Nehberg

Moderator, der Mufti, der Großsheikh, der Religionsminister und Madam Moushira Khattab, als Sonderbotschafterin der First Lady Mubarak. Schließlich, neben mir stehend, Dolmetscherin Heba.

Hinter uns an der Wand das übergroße Transparent in den drei Sprachen. Der Saal ist festlich mit Blumenarrangements geschmückt. Annette sitzt unmittelbar vor mir in der ersten Reihe. Auch sie wirkt angespannt. Sie wird die letzte Referentin sein. Sie soll den Delegierten ihren Film zeigen. Der Mufti hat darauf ausdrücklich Wert gelegt.

Die Begrüßung erfolgt durch Professor Shama. Er erklärt unser langjähriges Wirken für die betroffenen Mädchen und Frauen und die Finanzierung dieser Konferenz. Damit nimmt er möglichen Wind vonseiten der Gäste schon einmal aus deren Segeln. Als Professor der Azhar lenkt er den Blick auf die im

Koran geforderte Verehrung der Frau und die Gewährleistung ihres psychischen und physischen Schutzes. Frauen hätten schon lange in der islamischen Geschichte hochrangige Posten in der Gesellschaft eingenommen, auf Gelehrtenpodien gesessen und Lehrveranstaltungen abgehalten, als die westliche Welt noch von Finsternis überzogen war.

Dann bittet er mich aufs Podium. Ich zittere. Umso mehr, als ich mir vorgenommen habe, Arabisch zu sprechen. Ich werde es ablesen. Der erste Satz, auch der zweite ist okay. Ich schaue in die ernsten Gesichter der Delegierten vor mir im Saal, ich denke an die perfekten Deutschkenntnisse meines Vorredners, eines Minister Zakzouk, einer Dolmetscherin Heba – und komme ins Stottern. Shama ist sogleich an meiner Seite.

»Du willst doch, dass dich das Publikum versteht, dann lass mich deinen Text weiterlesen.« Ich zittere mich beiseite, Shama fährt fort, der Saal schmunzelt. Pluspunkt der besonderen Art. *Salaam alaykum.*

Er liest ab, was ich sagen wollte: dass wir, Rüdiger und Annette, Dank sagen möchten für die Möglichkeit, diese Konferenz veranstalten und hier sprechen zu dürfen. Dank auch für das unendliche Vertrauen, das wir überall erfahren hätten. Shama erzählt meine Geschichte von den Überfällen in der Danakil-Wüste und wie sich die Karawanenführer damals mit ihren Körpern als lebende Schilde schützend vor uns stellten. Eine nicht zu überbietende Gastfreundschaft, die ich so in keiner anderen Kultur der Welt erlebt hätte. Er erzählt von meinen Vorträgen und Büchern, worin ich thematisiere, dass man die Deutung religiöser Werte nicht Terroristen überlassen dürfe. Auch meinen Vergleich mit der christlichen Religion, die nicht auf ihre Kreuzzüge oder Hexenverbrennung reduziert werden könne, nimmt er auf.

Dieser Rückgriff auf die eigene Geschichte soll den Gästen verdeutlichen, dass wir keine Besserwisser sind, blind für Unrecht in der eigenen Welt.

»Rüdiger steht hier, weil er dem Islam Dank schuldet.« Applaus kommt auf. Mein arabisches Sprachversagen ist verziehen.

Ich sehe Annette zwischen dem Ex-Mufti und Sheikh Qaradawi. Und in mir kommt Stolz auf darüber, eine solche Frau und Mitkämpferin zu haben. Wieder stelle ich fest, dass sie für mich der perfekte Ausgleich zu meinen Unzulänglichkeiten ist.

Später erzählt sie mir, was in dem Moment in ihr vorging. »Mir kam ein ganz verrückter Gedanke: Wir haben es geschafft! Wir haben es wirklich geschafft! Wir haben es bis in die höchste islamische Ebene geschafft. Eine Welle der Dankbarkeit durchflutete mich, und mir kam der Gedanke, ob es Vergleichbares auch in der christlichen Kirche geben könnte: Eine islamische Menschenrechtsgruppe kommt in den Vatikan zum Papst und will mit ihm über einen Missstand in der christlichen Welt sprechen, um zu erreichen, dass die Kirche irgendein Übel zum Wohle der Gläubigen verändert. Und der Papst lädt diese Gruppe ein, mit ihm und den Kardinälen im Vatikan eine Konferenz einzuberufen. Unter seiner Schirmherrschaft. Unvorstellbar!« Ja: Un. Vor. Stell. Bar!

Was hier thematisiert und diskutiert wird, entscheidet über das Schicksal von Millionen Mädchen, heute und in Zukunft. Werden sie kraft Religion geschützt, oder müssen sie sich weiter diesem brutalen Brauch unterwerfen. Die Koryphäen, die Eminenzen, sollen vor allem klären, ob es irgendwo in den Heiligen Schriften doch einen Hinweis darauf gibt, Mädchen zu »beschneiden«. Ob sich ein Hinweis im Koran oder in den Hadithen findet, den man vielleicht zweideutig interpretieren könnte. Uns der Tragweite des Ergebnisses dieser hochrangigen und einmaligen Konferenz bewusst, sind wir mächtig angespannt, zittern.

Nach »mir« spricht der Mufti. Er verkörpert den Hausherrn im religiösen Ägypten. Er erklärt die Kooperation mit TARGET und unserer Pro-Islamischen-Allianz – das ist unser Ritterschlag hier in der Azhar. Kraft Amtes sei es seine Aufgabe, Antworten zu finden auf aktuelle Lebensweisen, für die der Koran und die Hadithe keine klaren Anweisungen hätten. Der Koran fordere, dann die Wissenschaft zu befragen. Deshalb habe man diese Konferenz einberufen. Er betont, wie wichtig es sei, dass die Diskussion auf einer wissenschaftlichen Grundlage verliefe – in der Hoffnung, dass sie zu einer richtigen Entscheidung führe.

Großsheikh Al-Azhar, Sayeed Tantawi, macht deutlich, dass der oft zitierte Hadith zur weiblichen Genitalbeschneidung über mehrere Wege überliefert worden sei, zur Kategorie der schwachen Hadithe zähle und diese nicht zu wichtigen Entscheidungen herangezogen werden dürften. Rechtsgelehrte wären sich einig, dass die Beschneidung nur für Männer gelte. Allen diesen Schlussfolgerungen schließe er sich uneingeschränkt an. Im Falle verbleibenden Zweifels gebiete der Koran (Sure 16, Vers 43), Fachleute zu befragen. Und das würde hier heute geschehen.

Religionsminister Mahmoud Hamdi Zakzouk tritt ans Pult. Er führt aus, dass der Koran in allem, was die Persönlichkeit des Menschen sowie dessen Würde, Rechte und Pflichten beträfe, die Gleichberechtigung zwischen Mann und Frau fordere sowie den Schutz der menschlichen Seele. Der Mensch stelle als Mann und Frau ein Geschöpf Allahs dar. Er verweist auf einen Hadith, der aussagt, dass, wer die Schöpfung Allahs zerstöre, verflucht werde. Er dokumentiert, wie sehr er unsere Arbeitsweise schätze. »Wir schenken Ihnen kein Vertrauen, wir schulden es Ihnen.« Wir meinten, unseren Ohren nicht trauen zu können ob so massiven Zuspruchs. Dann doziert er weiter, dass es keinen einzigen wissenschaftlichen Beleg dafür gäbe, dass FGM der Frau Vorteile verschaffe. Sie brächte nur Nachteile und Schäden. Sie sei eine Sitte, die auf die Zeit vor dem Islam in den Ländern an den Ufern des Nils zurückginge.

Es folgt Moushira Khattab, die Sonderbotschafterin der ägyptischen First Lady: Man wisse, dass die Menschen in der islamischen Welt dem Rat der Gelehrten und Ärzte folgen. Doch jeder schlecht verdienende Arzt würde zu seiner Bereicherung bedenkenlos attestieren, dass eine Beschneidung erforderlich sei. Deshalb sei die Befragung hochrangiger Mediziner, die über solchen Verdacht erhaben seien und deren Urteil international anerkannt sei, so wichtig. Das erhoffe sie sich von den anwesenden Ärzten.

Als sie wieder neben mir Platz nimmt, raunt sie mir zu: »Ich muss Sie dringend nachher sprechen. Ihr Ansatz, über die Religion das Ende zu bewirken, ist großartig und ganz neu.« Moushira hält Wort. Doch dazu später mehr.

Nach Mittagsgebet und Imbiss ist Sheikh Qaradawi an der Reihe, der für diese Konferenz eine Einreiseerlaubnis durch den Mufti bekommen hat und als Revolutionär gilt. In die Journalisten kommt Bewegung. Er scheint für die Medienleute der wichtigste Mann zu sein. Der im Exil lebende ägyptische Gelehrte erhebt sich. Es fällt ihm schwer, er ist 80. Er steht am Rednerpult, gönnt dem Saal einige Sekunden des Schweigens. Dann wird er den Erwartungen der Reporter gerecht. »Ich möchte mit zwei Kritikpunkten beginnen. Punkt eins: Ich lese auf dem Transparent über diesem Tisch, hier fände eine Konferenz statt, über das Verbot der Verstümmelung. Das ist falsch! Ein solches Verbot gibt es noch gar nicht. Wir wollen es möglicherweise erarbeiten. Punkt zwei! Warum muss erst eine deutsche Organisation kommen, um eine solche Konferenz zu veranstalten? Professor Zakzouk hat die Beweggründe zwar überzeugend erklärt, aber das zu initiieren wäre vor allem Sache der Azhar gewesen.« Qaradawi in Bestform, wie immer.

Sheikh Muhammad Mousa Darassa, höchster Gelehrter bei den Afar, langjähriger Gegner der bei seinem Volk auf die schlimmste Weise praktizierten Verstümmelung, bezeugt die Grausamkeit, der er bislang auf einsamem Posten Einhalt zu gebieten versuchte. Bis TARGET 2002 die Wüstenkonferenz einberief, bei der Sultan Ali Mirah Hanfary das Schweigegebot aufgehoben hatte, der Brauch einstimmig verboten und in der Stammesscharia festgeschrieben worden sei. Er erhoffe sich eindeutige Worte von dieser Konferenz und der Azhar, um damit die Mädchen seines Volkes auf religiös gesichertem Boden schützen zu können.

Dann sind die Ärzte an der Reihe. Sie nehmen kein Blatt vor den Mund, sprechen Klartext und wählen Vokabeln, die man hier in der Azhar laut ausgesprochen wohl nie gehört hat. Die Qualen der Mädchen und Frauen werden spürbar, lebenslanges Leid, grausame Folter. Professor Kentenich aus Berlin verdeutlicht die körperlichen und psychischen Schäden, Probleme während der Schwangerschaft und Geburt. Es ist eine lange Liste des Schreckens.

Es folgt Professor Yusuf Lukman aus Addis Abeba, Gynäkologe. Er beginnt ganz ruhig. »Alles, was ich hier sage, entspricht der Wahrheit. Das schulde ich meiner Berufsehre, meiner persönlichen Ehre als Moslem, und ich berufe mich auf den von mir geleisteten hippokratischen Eid. Ich bin in keiner Weise westlich indoktriniert. Ich stehe hier als Augenzeuge eines gigantischen Verbrechens der Menschheit an den Frauen.« Er hat zwar ein Manuskript vor sich ausgebreitet, aber das braucht er nicht. Er läuft förmlich über vor Zorn. »Manche Männer vergleichen Frauenverstümmelung mit ihrer Männerbeschneidung. Das kann man nicht vergleichen. Das kann man nur dann vergleichen, wenn man dem Mann ohne Betäubung die Eichel abschneidet. Die pharaonische Verstümmelung gleicht der Amputation des gesamten Penis. Die Frau hat von Natur nicht nur ein normales Sexualverlangen wie der Mann, sondern vom Islam her ein Recht auf eine sexuelle Befriedigung zur beiderseitigen Freude. Die Frau noch umso mehr, weil sie die Folgen des Aktes von der Schwangerschaft bis zur Geburt auszutragen hat. Weibliche Genitalverstümmelung raubt ihr diesen von Gott gegebenen Genuss. Sie wird ihn nie erleben.« Wir trauen unseren Ohren nicht – solch offene und deutliche Worte zur Sexualität, auch noch religiös begründet, sind selbst für uns neu.

Lukman berichtet von Dramen, belegt sie mit Fotos. Niemand vermag sich der Wirkung zu entziehen. Dann kommt er zum Schluss: »Wenn mein Beitrag helfen konnte, den Brauch zu beenden, hat mein Leben eine nicht mehr zu überbietende Erfüllung gefunden. Danke!«

Schließlich spricht noch ein ägyptischer Arzt, Dr. Ahmed. Er lässt keinen Zweifel daran, dass jede gesprochene Silbe, die man bisher gehört habe, uneingeschränkt wahr wäre. »Der Schutz von Mutter und Kind steht im Islam an allererster Stelle. Keine Beschneidung hat irgendeinen Nutzen. Sie richtet ausschließlich Schäden an. Es gibt kein Mädchen auf der Welt, das eine Beschneidung benötigt. Man will damit nur das sexuelle Verlangen der Frau verhindern. FGM ist eine kriminelle Handlung. Ärzte dürfen sich daran niemals beteiligen. Die Frau und ihr sexuelles Verlangen müssen bleiben, wie Allah dies geschaffen und gewollt hat.«

Den Rednern ist die Betroffenheit ins Gesicht geschrieben. Das Schweigegebot hat dazu geführt, dass sich viele des Verbrechens nicht bewusst waren. Sheikh Hissein Hassan Abakar aus dem Tschad beteuert bewegt, absolut nichts von all dem hier Gehörten gewusst zu haben. »Es ist wirklich dieses fatale Schweigegebot. Bei uns ist jede Frau verstümmelt. Ich werde in mein Land zurückkehren und gegen diesen Brauch Front machen. Für mich und für die Frauen in meinem Land ist schon jetzt die Konferenz ein Erfolg.«

Sheikh Qaradawi meldet sich erneut zu Wort. Nach Anhören aller Argumente könne er nur sagen, er habe nicht gewusst, was da passiert. Er habe den Brauch einfach als eine überlieferte jahrtausendealte Tradition betrachtet. Doch nun sähe er es als seine Pflicht an, seinen Kollegen zuzustimmen und seine bisherige Meinung zu ändern. Das ist Balsam für unsere Nerven, denn noch spukt uns sein Kommentar auf seiner Webseite im Kopf, dass FGM den Eltern zu überlassen sei.

Mutig bekennt der frühere Mufti Ägyptens, Nasr Farid Wasil, dass er bisher Befürworter einfacher Beschneidungen war, seine Meinung nun aber strikt und aus Überzeugung revidiere.

Kurz und gut. Im Saal wurden Seelen entblößt, Geisteshaltung auf höchstem Niveau offenbart, Freundschaften fürs

Leben geschlossen. Es wurde beispielhafter Islam praktiziert, der auch Andersdenkenden Respekt und Bewunderung abnötigt. Hier saßen Menschen, vor die ich mich im Falle einer Bedrohung genauso als lebender Schutzschild stellen würde, wie ihre Glaubensbrüder es vor 30 Jahren für mich getan hatten.

23. November 2006. Zweiter Konferenztag. Heute wird es zur Entscheidung kommen.

Zu den Rednern an diesem Tag zählt Imam Tarafa Baghajati, in Syrien geboren und in Wien lebend. Er klagt bei den islamischen Geistlichen, nicht nur in Österreich, sondern in Europa und letztlich in der Welt, das stillschweigende Dulden, Tabuisieren und damit Unterstützen der FGM an. Diese Konferenz wäre von hervorragender Bedeutung, und er wünsche sich, dass sie einen Meilenstein setze. Was wir in diesem Moment noch nicht wissen: Tarafa Baghajati sollte noch ein wertvoller Berater an unserer Seite werden.

Inzwischen ist es Nachmittag geworden. Endlich ist auch Annette an der Reihe. Thomas Reinecke soll ihren Film ablaufen lassen. Nie zuvor habe es dergleichen in der Azhar gegeben, hatte der Mufti gesagt. Thomas drückt den Startknopf und schultert gleich wieder seine Kamera, um Reaktionen einzufangen.

Einige Männer stehen sofort auf und verlassen den Saal. Die für eine Entscheidung wichtigen Gelehrten bleiben. Ich sitze neben Annette und spüre ihre Anspannung. Der Film zeigt den Verrat der Gesellschaft an der achtjährigen Fatuma aus Äthiopien. Da sitzt sie und freut sich auf den angeblich größten Tag ihres Lebens. Dann die plötzliche Skepsis in ihren Augen, gefolgt von der Angst, weggepeitscht von höchster Panik. Die Gnadenlosigkeit der Verstümmelung. Ihr Schrei. Er gellt in die Schwärze des ausklingenden Films.

Es ist totenstill im Saal der Azhar. Für Annette ist es genau der Moment, für den sie damals mit der Kamera durchgehalten hat. Es ist die Einlösung ihres stillen Versprechens an das Opfer Fatuma, mit der Wirkung dieses Dokuments vor den höchsten

Entscheidungsberechtigten des Islam den zukünftigen Mädchengenerationen das Grauen zu ersparen. Nun ist der Augenblick da. Obwohl wir den Film kennen, kommen uns erneut die Tränen. Auch unter den Männern sehen wir feuchte Augen.

Nur ganz langsam erheben sich die Menschen im Saal. Frauen halten sich gegenseitig an den Händen. Andere umarmen sich. Die Delegierten ziehen sich zurück zur Beratung hinter verschlossenen Türen. Es ist sehr still geworden. Eigentlich sollten wir zur Abstimmung mitkommen. Doch Annette wollte die Delegierten unbeeinflusst von unserer und der Anwesenheit von Reportern entscheiden lassen. Die Anwesenheit von uns oder gar der Presse birgt die Gefahr, dass das Ergebnis womöglich verfälscht und damit nicht relevant für die Praxis ist. Deshalb bleiben wir sitzen und lassen das Geschehnis noch einmal Revue passieren.

Da springt ein Mann auf. Zum Glück nur ein Zuhörer am Rand, ein ehemaliger Angestellter der Azhar-Universität, wie ich später erfahre. Er mag 60 Jahre alt sein. In der Hand eine Gehhilfe. Wie wild fuchtelt er damit in der Luft herum. Ich verstehe seine Worte auf die Entfernung nicht, aber ich höre sie. Tonfall und Gestik verraten einen gewaltigen Zornesausbruch, geradezu Hysterie. Alle TV-Kameras schwenken augenblicklich zu ihm. Ein Eklat!

Dolmetscherin Heba ist flink wie ein Wiesel neben mich getreten. »Er sagt, es sei eine Schande, den Film hier zu zeigen. Er sei eine Beleidigung der Azhar und der Zuschauer. Es sei ganz offenkundig ein westliches Machwerk, gedreht mit Schauspielern, finanziert von Israel. Man wolle die Azhar und den Islam in Verruf bringen, denn den Brauch gäbe es überhaupt nicht. Das wisse er aus eigener Familie. Er sei Ägypter. Man wäre mit uns auf zwei Scharlatane reingefallen.«

Ich spüre nur, wie mein Pulsschlag übergangslos explodiert, wie er mein Gehirn mit Adrenalin zuschüttet, und springe auf, dränge mich durch zu dem Mann. Solchen Schwachsinn darf er nicht unwidersprochen in der Azhar in die Kameras schreien.

Ich möchte ihn am Jackett packen. Ich fauche ihn an. Bodyguards verhindern die tätliche Konfrontation. Uns bleibt das Verbale. Heba fehlen fast die Vokabeln, so schreien wir uns an. Ich weiß gar nicht, woher ich solche Formulierungen so schnell nehme. Mein Adrenalin ist wahrscheinlich voll mit Vitaminen. »Wenn *wir* eine Schande für die Azhar sind, bist *du* eine Schande für den Islam!«

Das hat gesessen! Fast hätten wir heute eine zweite Premiere gefeiert: Die erste Prügelei in der Azhar. Ich wende mich ab. Der Mann steigert sich weiter in seinen Jähzorn. Er ist nicht mehr zu beruhigen. Ich gehe zum Kuchenbüfett. Ich brauche dringend einen starken Kaffee. Aber immer noch höre ich sein Krakeelen.

Da drückt mir Thomas sein Objektiv ins Gesicht. »Was war hier gerade los, Rüdiger?« Er liebt gesichtsnahe Reportagen.

»Ich habe ihm gezeigt, was ›TARGET‹ bedeutet. Nämlich, ein ›Ziel‹ nicht nur diplomatisch, sondern notfalls auch kämpferisch anzusteuern.« Dabei vergesse ich schnell, dass ich damals selbst schon auf die 71 zugehe. Da sollte man eigentlich etwas ruhiger werden. Okay, vielleicht wenn ich mal Rentner werde oder in die letzte Kiste hüpfe.

Ich gehe zurück zu Annette in die leer gewordene erste Reihe. Eine unglaubliche Spannung lastet auf uns beiden. Wie werden die Gelehrten entscheiden? Uns ist klar, dass wir bei einem Misserfolg eine solche Konferenz an solch geschichtsträchtigem Ort niemals wiederholen können. »Wenn sie sich nicht für die Unversehrtheit der Mädchen entscheiden, weiß ich die nächsten Schritte nicht mehr«, lässt mich Annette an ihrem Gedankensturm teilhaben. Die Angst, dann nichts mehr für die Betroffenen tun zu können, treibt ihr die Tränen in die Augen. Wir halten uns an den Händen. Wir spüren die Ohnmacht des Abwartens und brauchen Halt, um nicht verrückt zu werden.

Nach nur einer Stunde ist die Klausursitzung beendet. Die Delegierten kommen zurück. Konferenzleiter Shama tritt ans Pult und verliest den Beschluss, die Fatwa:

Im Namen Allahs des Allbarmherzigen!

Die Internationale Konferenz der Gelehrten bezüglich des Verbots von Missbrauch des weiblichen Körpers wurde am 1. und 2. der Zu El Kea 1427 der Hijdra, entsprechend dem 22. und 23. 11. 2006, in den Konferenzräumen der Al-Azhar-Universität abgehalten. Eine Anzahl von Forschungsarbeiten wurde vorgetragen. Nachdem Wissenschaftler und islamische Gelehrte sowie Fachleute und Aktivisten von Zivilorganisationen aus Ägypten, Europa und Afrika angehört wurden, werden folgende Empfehlungen bekannt gegeben:

1. Allah hat den Menschen mit Würde ausgestattet. Im Koran sagt Allah: »Wir haben die Söhne Adams gewürdigt.« Daher wird von Allah jeglicher Schaden verboten, der Menschen zugefügt wird, unabhängig von gesellschaftlichem Status und Geschlecht.

2. Genital-Beschneidung ist eine ererbte Unsitte, die in einigen Gesellschaften praktiziert wird und von einigen Moslems in mehreren Ländern in Nachahmung übernommen wurde. Dies ohne textliche Grundlage im Koran respektive einer authentischen Überlieferung des Propheten.

3. Die heutzutage praktizierte Weibliche Genitalbeschneidung fügt der Frau psychologische und physische Schäden zu. Daher müssen diese Praktiken unterbunden werden in Anlehnung an einen der höchsten Werte des Islam, nämlich dem Menschen keinen Schaden zuzufügen – gemäß dem Ausspruch des Propheten Mohammed: »Keinen Schaden nehmen und keinem anderen zufügen.« Vielmehr wird dies als strafbare Aggression gegenüber dem Menschengeschlecht erachtet.

4. Die Konferenz appelliert an die Muslime, diese Unsitte in Übereinstimmung mit den Lehren des Islam zu unterbinden, welche verbieten, dem Menschen in irgendeiner Form Schaden zuzufügen.

5. Ebenso fordern die Teilnehmer der Konferenz die internationalen und regionalen Institutionen und Einrichtungen auf, ihre Anstrengungen auf die Aufklärung und Unterrichtung der Bevölkerung zu konzentrieren. Dies betrifft insbesondere die hygienischen und medizinischen Grundregeln, die gegenüber der Frau eingehalten werden müssen, sodass diese Unsitte nicht weiter praktiziert wird.

6. Die Konferenz erinnert die Bildungseinrichtungen und die Medien daran, dass sie die unbedingte Pflicht haben, über die Schäden dieser Unsitte aufzuklären und deren verheerende Konsequenzen für die Gesellschaft aufzuzeigen. Dies würde nachhaltig zur Unterbindung der Unsitte Verstümmelung des weiblichen Körpers beitragen.

7. Die Konferenz fordert die Legislativ-Organe auf, ein Gesetz zu verabschieden, welches den Praktizierenden diese grausame Unsitte untersagt und sie als Verbrechen deklariert, unabhängig davon, ob es sich bei den Praktizierenden um Täter oder Initiator handelt.

8. Des Weiteren fordert die Konferenz die internationalen Institutionen und Organisationen auf, in allen Regionen Hilfe zu leisten, in denen diese grausame Unsitte praktiziert wird, um somit zu ihrer Beseitigung beizutragen.

Prof. Dr. Ali Gom'a, Großmufti Al-Azhar, 25. 11. 2006

Es ist die große Azhar-Fatwa zu FGM. Sie kommt einer Sensation gleich. Ali Gom'a und andere bezeichnen sie später als historisch. Sie ist der Schutzschild für Millionen Mädchen. Sie wird die wichtigste Grundlage für unsere weitere Arbeit.

»Höchste Werte des Islam« – welch edle Formulierung. Annette fällt eine Tonnenlast von den Schultern. Mit diesem Rechtsspruch von oberster Stelle des Islam hat ihr Einsatz am Ort der Verbrechen die wichtigste Voraussetzung für das Ende bewirkt. Sie hat ihr Versprechen, das sie den verstümmelten Mädchen gegeben hat, erfüllt.

Meine Planungen schlagen Purzelbäume. »Mit dieser Botschaft werde ich jetzt die gesamte Sahara umgraben und sie mit den seit Jahrtausenden vergossenen Tränen begrünen, damit man auch in der letzten Oase davon erfährt«, plane ich los.

Am nächsten Tag schon wieder großer Bahnhof, dieses Mal im Muftiamt. Viele Journalisten, Redner der Konferenz und geladene Gäste sind zugegen. Der große Augenblick ist gekommen, in dem der Mufti die große Azhar-Fatwa unterzeichnet.

Letztlich ein Federstrich nur, ein weitreichender, denn hier wurde die Basis geschaffen für das Ende des größten Bürgerkrieges der Menschheitsgeschichte: die Gesellschaft gegen die Frauen, seit 5000 Jahren, mit täglich 8000 Opfern, ungezählten Toten und lebenslangen Leiden für die Überlebenden.

Bei uns Gänsehaut und Glück pur! Wieder einmal erleben wir, dass niemand zu gering ist, die Welt ein wenig zu verändern.

Wir bedanken uns beim Mufti, besonders im Namen der Mädchen und Frauen. Aus unserer Sicht hätte er den Friedensnobelpreis verdient, weil er mit seinem Mut zur Konferenz die Basis für das Ende des genannten Bürgerkrieges bewirkt hat.

In unserem »Erinnerungsbuch«, das wir bei solchen Anlässen immer dabeihaben, bedankt er sich ausdrücklich »für die aufrichtigen Bemühungen zur Lösung gesellschaftlicher Probleme und TARGETs Beitrag bei dieser Internationalen Sharia-Konferenz«. Er wünscht uns allen Erfolg. Wir sind uns einig: Das war ein außergewöhnliches Ereignis für eine kleine Organisation wie TARGET.

Für den Abend hat er in kleinem Rahmen zu einem Sinfoniekonzert geladen. Für uns hat er zwei Plätze in Reihe eins reservieren lassen. Wir nehmen Platz und schätzen uns ob der besonderen Ehrung glücklich. Diese stille Wertschätzung wird jäh unterbrochen, als Annette sich zu mir beugt, dezent hinter mich deutet und mir zuraunt: »Hinter dir sitzt dein Krakeeler-Freund von gestern!«

Ich denke in diesem Moment nur eins: Das kann kein Zufall sein! Dahinter steckt ein Plan. Den hat jemand gezielt hierhergesetzt. Der wird mir bei erstbester Gelegenheit einen über die Rübe ziehen. Betont ahnungslos wende ich den Kopf, bin aber auf alles gefasst. Und tatsächlich! Hinter mir sitzt er, einsatzbereit auf seine Krücke gestützt. Er schaut durch mich hindurch, als nähme er mich gar nicht wahr. Bestimmt sein Trick. Er wartet auf die Dunkelheit, auf seinen Moment. Ich schaue ihm nun direkt ins Gesicht. »Guten Abend, Ägypter!«

Erst jetzt scheint er mich tatsächlich zu erkennen, strahlt übers ganze Gesicht und erwidert: »*Salaam alaykum*, mein Bruder!« Sogar mit Handschlag! Brückenschlag statt Krückenschlag. Vor Wiedersehensfreude wäre ihm fast der Stock aus der Hand gefallen. Nach kurzer Verzögerung ergänzt er noch, dass uns das Konzert gefallen möge. Jetzt habe ich in Kairo einen Freund mehr.

Anderntags stürzen wir uns neugierig auf die Zeitungskioske und kaufen sämtliche Tageszeitungen auf. Wir suchen Berichte über die Konferenz. Das Ergebnis entsetzt: NULL! Wir hatten Seite-eins-Berichte erwartet, Reportagen über den historischen Wendepunkt. NULL! Nachmittags werden wir immerhin zu einem TV-Interview eingeladen.

In unserer Enttäuschung übersehen wir, dass in den Blättern doch etwas stand. Aber es war kaum größer als die Kleinanzeigen der Wohnungssuchenden. Der größte Bericht beanspruchte immerhin ein Postkartenformat. Den Journalisten, die sich mit größtem Interesse um beste Filmeinstellungen gedrängelt hatten, fehlte nun doch der Mut oder die redaktionelle Erlaubnis, darüber zu schreiben, das Ereignis zum Wohle ihrer Frauen zu würdigen und zu feiern. Ihre Familien, ihr Freundeskreis, niemand hätte das verstanden. Und uns bleibt nur die Frage, wofür solche Schreiberlinge überhaupt bei der Konferenz waren.

Wir verlassen Kairo. Dolmetscherin Heba begleitet uns zum Flughafen. Der zweitägige Dolmetscherauftrag war ein Ausnahme-Nebenverdienst. Sie lebt von Touristenführungen. Sie muss mit jedem Piaster rechnen.

»Ich möchte euch noch sagen, dass Annettes Film mein Leben verändert hat. Ich selbst bin nicht beschnitten, und bei uns wird das Thema totgeschwiegen. Ich habe von diesem Schrecken nichts gewusst. Ich werde jetzt jedem davon erzählen und meinen Beitrag leisten, euer Ziel zu erreichen.« Sie drückt uns ihr gesamtes Honorar von 150 Euro in die Hand. »Nehmt es für TARGET. Ich schlage mich schon irgendwie durch.«

Weg ist sie. Danke, danke, Heba!

Der erste *größere* Bericht steht im *Spiegel*. Die Ägypten-Korrespondentin Amira Al-Ahl hatte das Transparent an der Azhar zufällig entdeckt und war spontan dazugekommen. Unaufdringlich hatte sie alles verfolgt und einen guten Bericht gezaubert. Überschrift: »In schönstem Ebenmaß«, so hat Gott die Frau, den Menschen erschaffen – ein Koranzitat. Die zweite Freude bereitete uns Sheikh Qaradawi. Er hat sofort auf seiner Homepage sachlich und positiv Bericht erstattet.

Der größte Zeitungsbericht stammt von Thomas Frankenfeld, Chefreporter und Islamkenner beim *Hamburger Abendblatt*. Seite eins: »Islamgelehrte verdammen Beschneidung von Mädchen«. Es folgen eine ganze Seite drei und ein Kommentar, Berichte, die wir in unseren Ordnern verewigen.

Im TV-Talk »Johannes B. Kerner« kommt die Konferenz erstmals auch als Film mit bewegenden Bildern rüber. Die Folge: Bei Annette purzeln beglückende E-Mails in Hülle und Fülle rein. Aus der ganzen Welt. So viele, dass wir sie nicht mehr beantworten können, was normalerweise nicht unsere Art ist. Aber wir befinden uns im Ausnahmezustand. Es sind Mails aus Ägypten, Saudi-Arabien, Frankreich, den USA. Als Bürgermeister, katholische wie evangelische, als Amnesty, (I)ntact, Menschen für Menschen, World Vision, als auch ausländische Organisationen wie die Organisation internationale de la francophonie, das UN-Hochkommissariat für Menschenrechte in Genf und die Bundesministerin Heidemarie Wieczorek-Zeul gratulieren und für die Fortsetzung der Arbeit Hilfe anbieten, wissen wir, dass wir den richtigen Weg beschritten haben.

Die UNO stellt einen Hinweis zum Azharbeschluss auf die Homepage des Hohen Kommissars der Vereinten Nationen für Menschenrechte (OHCHR: http://ohchr.org/english/issues/religion/III1.htm). Die Islamexpertin Prof. Ursula Spuler-Stegemann bewertet den Kairobeschluss in ihrem Buch »Die 101 wichtigsten Fragen – Islam« als »längst überfälligen und dennoch sensationellen Durchbruch«. Und Hans Küng, Präsident der Stiftung Weltethos, schreibt in seinem Buch »Der Islam«: »Sehr wirkungsvoll ist auch die Initiative TARGET von Rüdiger Nehberg und seine mit Muslimen geschaffene ›Pro-Islamische Allianz gegen Genitalverstümmelung‹.«

Umso mehr verwundert uns dann der Bericht eines Heiko Flottau, Kairokorrespondent der *Süddeutschen Zeitung*! Da ist doch tatsächlich das genaue Gegenteil über die Konferenz zu lesen! Tenor: Der Mufti habe sich, wie üblich, wieder einmal in Schlupflöcher zurückgezogen, die ganze Konferenz sei ein Flop gewesen. Das Erstaunliche ist seine journalistische Recherche. Er war bei der Konferenz nicht einmal anwesend.

Wir reagieren mit einem empörten Leserbrief an die *Süddeutsche*, widersprechen drastisch und fügen Beweise vom Gegenteil bei: die Fatwa und das Statement des Mufti, als er die Konferenz einen »historischen Erfolg« genannt hat. Fairerweise drucken die Chefredakteure unseren gesamten Leserbrief ab. Und über Weihnachten »schenkt« uns Charlotte Frank, Politikredakteurin der *Süddeutschen Zeitung*, sogar ein halbseitiges Porträt: »An das Unmögliche glauben«. Letzten Endes also journalistische Fairness.

Wir bekommen auch Gegenwind. Von Endlosdebatten über die Wortwahl Beschneidung oder Verstümmelung bis zur Ansicht, unser Wirken sei eine arrogante Einmischung in fremdes Kulturgut, Kulturimperialismus quasi oder die Empörung über die Zusammenarbeit mit Sheik Qaradawi, die uns gar in die Reihe der Islamisten manövriert. Auch eine Aufrechnung, dass wir mit der Abschaffung von FGM zur Bevölkerungsexplosion beitragen würden, müssen wir hören. Ansichten, die mir das Vokabular rauben, nicht jedoch die Energie, mit unserer Karawane der Hoffnung weiterzugehen. Punkt.

28. Die »andere« Kairo-Konferenz

»Eine Ent-Täuschung ist nichts anderes
als die Aufhebung einer Täuschung.«

Marc Buchmüller

Schon bald steht ein weiteres Ereignis an! Moushira Chatab hält
Wort und lädt uns zu der von ihr nach der Azhar-Konferenz
angekündigten afrikanischen Frauen-Konferenz nach Kairo
ein. Themenschwerpunkt: Weibliche Genitalverstümmelung.
Annette und ich seien geradezu prädestiniert, dort als Keynote-Speaker mitzuwirken. Wir erfahren, dass die geladenen
Frauen ausschließlich Führungspositionen in ihren jeweiligen
afrikanischen Ländern innehätten. Vierhundert dieser Bot-
schafterinnen würden es sein. Über diese Vorbild- und Kämp-
fer-Frauen erreiche die Azhar-Fatwa ganz Afrika.

Keine Frage! Wir sagen auf der Stelle zu, übernehmen ohne
Diskussion die Reise- und Hotelkosten, als Moushira ihr arg
begrenztes Budget anspricht. Unser Vortrag würde die Frauen
überwältigen, weil es noch niemals etwas Vergleichbares gegeben hätte. Man könne vorbehaltlos sagen, wir beide seien es,
die den Anfang vom Ende geschaffen haben, wir hätten jetzt
schon Geschichte geschrieben. Der Weg über die Religion sei
einfach umwerfend und überzeugend. Und wie sie ihre Frauen
einschätze, würden sie das genauso sehen.

Wir einigen uns auf 35 Minuten Redezeit. Vortragssprache
Englisch. Wir freuen uns auf den Tag. Er ist ein Keim großer
Hoffnung nach den enttäuschenden Zeitungsschnipseln zur

Azhar-Konferenz. Hier würden wir zu den von FGM direkt Betroffenen reden, sie überzeugen und als engagierte Mitkämpferinnen gewinnen können.

So sitzen wir in Rausdorf in unserem Heimatdomizil, stellen Fotos zusammen, feilen an Texten. Dann vervielfältigen wir die Reden 500-mal fein säuberlich auf unserem Briefpapier, damit die Frauen bei Rückfragen gleich unsere Kontaktdaten haben.

Zwei Wochen vor der Tagung schickt Moushira schon mal die Agenda. Von uns als Keynote-Speakern ist nicht mehr die Rede. Das übernähme die First Lady Madame Mubarak. Eigentlich klar. Sie ist ja die Schirmherrin. Aber auf Platz zwei stehen wir auch nicht. Um es kurz zu machen: Wir stehen *gar* nicht auf der Agenda. Die telefonische Nachfrage schafft Klarheit. Keine Sorge, das sei doch nur die *vorläufige* Agenda. Die endgültige käme einen Tag vor Konferenzbeginn, weil sich täglich etwas ändere.

Okay, wir sind einen Tag vorher in Kairo, checken im Tagungshotel ein und bitten im Organisationsbüro um die finale Agenda. Man händigt sie uns aus. Davon gibt es einen großen Stapel. Der erste Blick verrät, dass es immer noch die alte Agenda ist. Wir reklamieren das und bitten, Moushira selbst sprechen zu dürfen. Nein, das ginge im Moment nicht. Sie sei zu letzten Besprechungen bei der First Lady. Aber sie sei sicher bald zurück.

Als sie auftaucht, sprechen wir sie gleich an. Sie ist sehr betroffen, aber das sei kein Problem, man drucke die Programme sowieso noch einmal neu aus. Doch wo sie uns gerade zu fassen bekomme, möchte sie uns herzlich bitten, unseren Beitrag von 35 auf 20 Minuten zu kürzen. Sicher sei das kein Problem für uns. Sie hat recht, für uns gibt es keine Probleme, sondern nur Lösungen.

Wir machen gute Miene zur mangelhaften Planung und eilen in die Schreibstube des Hotels, um den Vortrag zu kürzen. Annette tippt den Text neu. Sie schreibt automatisch zehnfingerblind. Wupps – 100 Fehler. Die Maschine hat nicht die deutsche Buchstabenanordnung auf der Tastatur, sondern eine komplett andere. Also muss sie jeden Buchstaben einzeln suchen. Und sie muss ihn nicht nur suchen, sie muss ihm auch noch gut zureden, damit er sich runterdrücken lässt. Das Schreiben wird zur Qual. Dann eilen wir ins Office zum Kopieren. Puh – geschafft!

Jetzt gönnen wir uns redlich verdiente zehn Minuten Schlaf und das Abendbrot. Morgen müssen wir fit sein. Es wird ein wichtiger Tag werden. Besser als über diese Versammlung werden wir die Fatwa niemals in den betroffenen 26 afrikanischen Verstümmelungsländern verbreiten können. Wir bekommen gerade die Suppe, da entdecken wir auf dem Schild eines Pagen unsere Namen. Also ab ins Organisationsbüro. Die Suppe wird auch kalt noch schmecken. Wir sind gespannt.

Die Bürosprecherin ist ganz aufgeregt. Sie habe eine große Bitte an uns. Frau Mubarak und Frau Moushira seien so sehr mit ihren eigenen Redebeiträgen beschäftigt, dass Moushira uns bäte, unseren Beitrag auf fünf bis sieben Minuten zu reduzieren. Unsere Rede sei ihnen aber ganz besonders wichtig. Und wenn die First Lady Zeit habe, möchte sie hinterher unbedingt noch persönlich mit uns sprechen. Denn was wir erreicht hätten, habe noch niemand zuvor auch nur angedacht.

Also erneut: Enttäuschung, Bilder und Text vierteln, der uralten Schreibmaschine gut zureden, 500-mal kopieren. Verkrampfte Finger massieren. Todmüde die mit dem Feuerzeug angewärmte kalte Suppe löffeln und enttäuscht ins Bett fallen. Morgen früh um zehn soll alles beginnen.

Wir sind lieber schon um neun Uhr im Saal. Deutsche Pünktlichkeit. Meterlange Tische biegen sich bereits ächzend unter den vielen Drucksachen der anderen 400 Teilnehmerinnen. Jedes Land hat offenbar sein komplettes touristisches Werbematerial mitgeschickt. Von Genitalverstümmelung ist nirgends die Rede, sondern von schönen Landschaften ist zu lesen und von gerechten Regierungen. Wir wollen unsere Blätter auf die

Sitze legen. Da ist gar kein Platz mehr. Andere waren schneller. Die müssen offenbar die ganze Nacht durchgearbeitet haben, während wir im Schlaf die Suppe verdauten.

Auf der Agenda hingegen hat sich schon wieder nichts geändert. Auch mit den »fünf bis sieben Minuten« stehen wir nicht drauf. Was uns morgens vorgelegt wird, ist genau die Agenda, die wir bereits in Hamburg hatten. Die Nehbergs? Keynote-Speaker? Null! Wir überlegen, ob wir zurückfliegen oder uns die Konferenz wenigstens ohne Redebeitrag anschauen. Wir bleiben. Immerhin haben wir Reisekosten für die Show investiert.

Um halb zehn trudeln die ersten Zuschauerinnen ein. Eine ist bunter und prächtiger gekleidet als die andere. Jede der Besucherinnen schnappt sich eine der riesigen Plastikeinkaufstaschen am Empfangstresen. Dann wird eingepackt, was die Tische hergeben. Als die Tagung um Viertel nach zehn langsam in die Puschen kommt – genau unsere Redezeit –, atmen die Packtische auf, sie sind entlastet. Dafür stapeln sich die gefüllten Plastiktaschen in den Gängen. In den Reihen ist dafür kein Platz mehr. Den beanspruchen die aufwendigen Kleider.

Madame Mubarak begrüßt ihre Gäste, besonders den Großsheikh Al-Azhar, und dankt allen für das spürbare Interesse an den wichtigen Anliegen dieser Frauentagung. So erwähnt, entdecken nun auch wir den Großsheikh gleich in der ersten Reihe. Er nickt kurz. Offenbar Alltag für ihn. Moushira Khattab hat die Moderation. Sie dankt der First Lady, dass sie sich immer wieder starkmacht für die Frauenrechte, und bittet nun die Gäste zu Wort, die einen Redebeitrag angemeldet haben.

Die erste Rednerin wird aufgerufen. Sie erhebt sich, übernimmt das gereichte Mikrofon und stellt sich vor mit vollem Familien- und den Vorfahrennamen, nennt ihre beeindruckenden Ämter. Es sei ihr eine hohe Ehre, zu diesem Kongress eingeladen worden zu sein, dafür bedanke sie sich bei ihrer Exzellenz, der First Lady Suzanne Mubarak, aus tiefem Herzen. Sie bedanke sich auch dafür, dass ihre Exzellenz, die First Lady

Suzanne Mubarak, sich immer wieder für die Rechte der Frauen starkmache. Danke. Setzen.

Applaus. Das Mikrofon wird an die Nächstaufgerufene weitergereicht. Deren Texte unterscheiden sich nur in den zweizeiligen Namen, dem Herkunftsland und den überbordenden Titeln und Ehrenmitgliedschaften. Die Wortbeiträge, die Superlative zum Lobe der Präsidentenfrau, sie bleiben gleich. Der Applaus ebenfalls.

Das Mikro setzt seine Wanderung fort. Wir sitzen wie pattexverklebt und fragen uns, mit welchem Anliegen die Frauen überhaupt hergekommen, welches ihre Pläne sind, FGM in ihren Ländern zu ächten, mit welchen Schwierigkeiten sie konfrontiert werden, welche Hoffnungen sie haben. Nichts dergleichen ist zu vernehmen. Nur Namen, Titel und Danksagungen für die First Lady.

Irgendwann ist Pause. Das Büfett appelliert an die Mägen. Die setzen die Hirne in Alarmzustand und die wiederum die Hände — und more-than-ratzfatz sind auch *diese* Tische ihrer ehrbaren lukullischen Lasten enthoben. Man begibt sich zurück in den Saal. Konferenzteil Nummer zwei beginnt. Madame Mubarak ist heimgegangen. Was da gesagt wird, wird sie wohl kennen. Die Dankesrednerinnen im Saal verbleiben. Sie setzen ihre Vorstellungen fort.

Als wir zum Ende der Veranstaltung schließlich aufs Zimmer gehen, sind wir uns einig: Das war seit Langem der größte Flop. Doch da entdecken wir einen Zettel von Madame Moushiras Sekretärin. Frau Moushira bäte uns erneut um Nachsicht. Wir möchten unseren Beitrag doch bitte morgen früh und gleich als Erste um 10:15 Uhr präsentieren. Eine Viertelstunde vor der Pressekonferenz. Das sei sogar der beste Zeitpunkt der gesamten Tagung, weil dann sämtliche Medien anwesend seien. Um 10:30 Uhr würde dann der Beschluss der Konferenz verkündet.

Na, denken wir, die gute Sekretärin versteht es, bedauernswerten Ausländern Mut zuzusprechen. Doch ihre Argumente überzeugen uns. Also sind wir gehorsam und überpünktlich zur

Stelle. Der Projektor ist aufgebaut, Bilder und Text auf die »fünf bis sieben Minuten« minimiert. Die Saalbestuhlung ist drucksachenbefreit, der Saal gereinigt. Platz für unsere Handouts. Überraschend sind es die einzigen Drucksachen heute. Werbeprofi Annette: »Umso besser. Dann fallen sie auf.«

Um zehn soll alles beginnen. Jetzt ist es zehn vor. Noch lässt sich kein Mensch blicken. Das ändert sich auch nicht um zehn und nicht um 10:15 Uhr. Wir bleiben die Einzigen hier. In diesem Falle sei das superlative Superwort *Allereinzigsten* sicher erlaubt. Aber meinen Vortrag nur für Annette? Sie kennt ihn schließlich in- und auswendig. Ein Kellner verspürt Mitleid mit uns und bringt zwei Mokka.

Dann erscheint eine Hektikerin. Sie verteilt ein paar Papierblätter und Kugelschreiber auf dem Vorstandstisch. »Was soll dieser Projektor da mitten im Weg?«, blafft sie in unsere Richtung.

»Wir haben gleich den ersten Vortrag.«

»Wer sagt *das* denn?«

»Moushira Khattab.«

»Moushira? Das kann nicht sein. Die ist ja gar nicht da. *Ich* habe hier heute die Leitung. Der Projektor muss da weg. Die Reporter stehen bereits vor der Tür.«

Tatsächlich! Da bemühen sich einige Herren und Damen mit Schreibkladden und Kameras in den leeren Saal. Von den Frauen aus den afrikanischen Ländern ist nichts mehr zu sehen.

Der Espresso-Kellner entpuppt sich als Insider. Er weiß, wo sie sind. Die stünden vorm Hotel Schlange bei den Taxen zum Flughafen. Die hätten ja alle eine lange Nacht gehabt, weil sie noch ihr Tagesgeld in Empfang nehmen mussten. Das sei immer der wichtigste Tagespunkt. Wir befördern den Mann auf der Stelle zum *Ober*kellner und räumen den Projektor beiseite.

Die Hektikerin räuspert sich, begrüßt die Gäste und spricht ein paar Formelworte. Dann verteilt sie die Presseerklärungen. Alles in Arabisch. Der Kellner klärt uns auf. »Den Text kenne ich. Den verteilen sie jedes Jahr.«

Wir wollen wissen, was der Text denn besagt. Das hat er schnell erklärt: Dass die Rechte der Frauen unbedingt gestärkt werden müssen. Dass die First Lady nicht müde wird, sich dafür starkzumachen. Dass die Gäste ihr mit starkem Applaus gedankt haben ... »Wirklich! Wörtlich dasselbe.«

Wir trollen uns. Als wir das Hilton verlassen, stoßen wir auf Habiba, die Sekretärin.

»Wallahi! Wie gut, dass ich Sie noch sehe! Da ist ja wohl doch was schiefgelaufen. Seien Sie bitte nicht enttäuscht. Aber wir haben eine Idee, die Ihnen sicher gefallen wird. Dürften wir Sie nächstes Jahr zur Folgekonferenz einladen? Da hätten Sie als Hauptredner 40 Minuten Sprechzeit, und wir können alles viel besser planen. Das würde uns sehr ehren und freuen.«

Manchmal fehlen einem einfach die Worte. Zum Glück, denn es würden bestimmt die falschen sein. Hätten wir nicht unsere Konferenz in der Azhar zu vermelden, könnte man glatt vom Glauben abfallen.

Zurück in Hamburg, kommt eine Nachricht aus dem Muftiamt in Kairo. Unserem Schirmherrn wird im ägyptischen Parlament vorgeworfen, auf Scharlatane wie Annette und Rüdiger reingefallen zu sein. Wir seien Juden, die den Islam unterwandern wollten.

Wir müssen tatsächlich zu einem deutschen Notar und uns bescheinigen lassen, dass wir keine Juden sind oder waren und wir für keine jüdische Organisation tätig sind. Diese Bescheinigung präsentiert Mufti Ali Gom'a zu seiner Entlastung den Verleumdern im Parlament. Intrige und Falschheit überall.

Im Jahre 2008 wird FGM vom ägyptischen Parlament verboten.

Ali Gom'as Warmherzigkeit, sein Mut zu unkonventionellem Denken und Handeln haben uns mit tiefer Demut und großer Dankbarkeit erfüllt. Und als wäre das nicht längst genug, toppt er diese seine Wertschätzung für uns dann noch in beispielloser Weise. Sein Brief trifft uns mitten ins Herz. Er erreicht uns im Jahre 2014 und verschlägt uns die Sprache. Deshalb würdige ich seine Initiative hier in diesem Buch: Ali Gom'a schlägt TARGET für den Friedensnobelpreis vor! Zwar gab es nie eine Rückmeldung aus Norwegen, dafür weltweit alljährlich zu viele Vorschläge. Doch vom Großmufti für diese Ehrung vorgeschlagen zu werden ist uns Ehre genug. Er zeigt uns, dass wir auf einem guten Wege sind.

Zuvor hatten wir bereits einige andere Ehrungen erhalten. Auch sie hatten uns ermutigt, unsere Vision unbeirrt weiterzuverfolgen. Genannt seien die drei Bundesverdienstkreuze: zwei am Bande, eins 1. Klasse. Und der Hamburger Bürgerpreis. Der Tenor bei allen Laudationes ist ähnlich. Es ist die Würdigung unseres Wirkens, den Kampf gegen FGM in Partnerschaft mit dem Islam zu gehen. Er sei beispiellos und erfolgreich.

Aber eine Auszeichnung möchte ich dann doch noch nennen, weil sie auf andere Weise einmalig ist. Annette und ich waren im Jahr 2015 vorgeschlagen worden für die Urania-Medaille. Sie wird jedes Jahr von der Urania in Berlin verliehen an »Persönlichkeiten, die sich über ihre international herausragende fachliche Leistung hinaus um die Vermittlung von Bildung und Aufklärung an eine breite Öffentlichkeit besonders verdient gemacht haben«. Uraniachef Ulrich Bleyer will wissen, wen wir als Laudator oder Laudatorin vorschlagen möchten. Noch bevor wir antworten können, hat er selbst zwei Vorschläge.

»Wir hätten da Frau Prof. Dr. ...« (Name leider gleich vergessen, als ich den nächsten Vorschlag höre) und unseren Bundespräsidenten a. D. Horst Köhler.«

Annette und ich meinen, uns verhört zu haben. Wie aus einem Munde unsere zwei spontanen, deckungsgleichen Antworten: »Horst Köhler!«

»Hoffentlich hat er Zeit! Sie wissen ja, bei solchen Persönlichkeiten ...«

Bleyer entschuldigt sich für einen Moment. »Ich will mal kurz versuchen, in seinem Büro anzurufen, ob er Zeit und Lust hat.«

Uns bleibt Zeit zum Flüstern. Sofort fällt uns eine frühere Begegnung mit dem Bundespräsidenten ein. Es war im Schloss Bellevue gewesen. Aber wir waren damals nicht die Einzigen, und der Anlass galt nicht uns direkt. So lauschten wir seinen Worten, und irgendwann verabschiedete er sich von jedem mit Händedruck. Alle fühlten sich geehrt und hätten bestimmt gern noch schnell etwas Persönliches gesagt. Aber bei den meisten blieb es beim »Danke gleichfalls!«.

Nur Annette konnte sich wieder nicht benehmen. Sie hielt seine Hand kaum merkbar fest und gewann wertvolle Sekunden. Vielleicht fünf. Die nutzte sie. »Wir engagieren uns mit unserem Verein TARGET für ein Ende der Weiblichen Genitalverstümmelung in enger Partnerschaft mit dem Islam.«

Mensch, denke ich, da hat sie wieder mal alles in Steno auf den Punkt gebracht. Und wie reagierte Horst Köhler? Er hält jetzt *ihre* Hand fest und sagt wörtlich: »Das weiß ich. Ich kenne Sie und Ihr Projekt. Wie geht es Amina?«

Amina, jenes Mädchen, das infolge der Verstümmelung die Sprache verloren und deren Schicksal uns so stark berührt hatte, dass wir seine Patenschaft übernahmen. Eine Afarfamilie in Addis Abeba hatte sie in ihrer Obhut. TARGET bezahlte die Unterkunft, Kost und Schulbildung.

Dass Horst Köhler davon weiß, verschlägt jetzt *uns* die Sprache. Hatte er unser Buch oder die Jahresbriefe gelesen? Hatte er die Filme im Fernsehen geschaut? Für mehr blieb keine Zeit.

Bleyer kommt zurück aus seinem Büro. »Er hat nicht nur sofort zugesagt«, strahlt er. »Er hat sogar einen anderen Termin verschoben.«

Der Tag der Verleihung rückt näher. Noch immer hat sich niemand aus Köhlers Büro gemeldet, um Informationen für die Rede abzurufen. Wir wagen nicht, unsrerseits in Berlin anzurufen, und lassen es einfach darauf ankommen.

Dann ist der Tag da. Ich habe mein weißes elegantes Pilotenhemd angezogen. Es ist vorn rechts bestickt mit dem TARGET-

Logo, hinten mit dem der Pro-Islamischen Allianz. Annette ebensolches im Damenformat. Dazu unsere Bundesverdienstkreuze als Pflicht. Insgesamt betrachtet: unsere Uniform. Auch Annette hat ihr Bundesverdienstkreuz angelegt. Wir sind aufgeregt. Ich deute auf meine Brust und flaxe leise: »Mehr Orden als Brust«, um Nervosität abzubauen. Mit von der Partie ist Thomas Reinecke, der Filmer.

Dann kommt er. Im Gefolge ein, zwei Bodyguards und seine Ehefrau Luise. Zu viert nehmen wir nebeneinander in der ersten Reihe Platz. Zum Unterhalten bleibt nicht viel Zeit. Die Vorredner sprechen bereits. Jetzt ist Horst Köhler an der Reihe. Da steht er nun. Luftlinie drei Meter vor uns. Okay, ich will nicht lügen: vier Meter. Wir sind gespannt, was er sagen wird. Dann legt er los. Was da auf uns und den großen vollen Saal niedergeht, ist bis heute das Beste, das Humorvollste, das Geistreichste und Authentischste, das wir je gehört haben! Ohne von einem Spickzettel abzulesen, sprudelt er sein Wissen über unser Wirken und die Erfolge aus vollem Herzen und seinem inneren Speicher. Die Zuschauer applaudieren zwischendurch. Ich verkralle meine in Annettes Hand. »Ich gehe gleich rauf und küsse ihn!«, flüstere ich ihr zu.

Gerade will ich meine Ankündigung wahr machen, da werden wir hinaufgerufen, um die Urkunde entgegenzunehmen. Horst Köhler vereitelt meinen Umarmungsplan. Er kommt mir zuvor, schnappt sich meine Annette, drückt sie wie eine Freundin und lässt sie gar nicht mehr los. Annette tut es ihm gleich. Wie zwei Kletten. Wie lange wollen die beiden denn das Programm unterbrechen, denke ich in meiner legendär geduldigen Art.

»Er hat angefangen!«, rufe ich Luise Köhler zu. Sie lächelt. Sie kennt ihren Mann.

Doch irgendwann reicht's mir. Gefühlte zehn Minuten. Dann entklette ich ihn unauffällig, aber bestimmt und umarme ihn meinerseits, drücke ihm einen Kuss auf die Wange. Hoffentlich hat Thomas die Szene im Kasten, denke ich. Sonst glaubt einem das wieder keiner. Denn wer hat schon je einen Bundes-

Bundespräsident a. D. Horst Köhler überreicht die Urania-Medaille

präsidenten geküsst? Ein Erlebnis in der Art viertes Bundesverdienstkreuz.

Im Gespräch hinterher bei einem Kaffee erfahren wir auch, warum er unseren Einsatz so genau kannte. Als Afrikakenner habe er unsere Strategie von Anfang an verfolgt. Mit dem Islam als Partner? Da habe er gedacht, das sei eine gute Idee, und umso mehr habe er sich gefreut über die Erfolge.

Als er immer wieder auf mein TARGET-Hemd schaut, werde ich unsicher. Bin ich mal wieder falsch gekleidet?

»Für mich ist das Hemd wie eine Uniform«, entschuldige ich mich. Er kann mich beruhigen. »Eine Uniform ist höher einzustufen als ein Anzug.«

Vergessen sind in solchen Momenten die kleinen Heckenschützen, zumal sie nicht einmal ein Promille derer ausmachen, mit denen wir zu tun haben. Im Gegenteil: Gegner beleben unsere Arbeit und halten uns frisch und munter. Und sie sorgen dafür, dass wir nicht nachlassen. Immer nur Erfolge – das hielte man ja im Kopf nicht aus.

29. Das Goldene Buch

*» Wer sich der Verzweiflung hingibt,
wird von ihr entwürdigt. «* Gjergj Perluca

Der Widerhall auf das Resultat der Azhar-Konferenz in den ägyptischen Zeitungen hatte uns ganz klar vor Augen geführt, dass eine 5000 Jahre alte Tradition nicht von heute auf morgen zu beenden ist. Wenn schon den Journalisten der Mut fehlte, dieses historische Resultat entsprechend zu würdigen – trotz des ausdrücklichen Appells an Journalisten in der Fatwa –, wie sollten es dann der Clan, die Familie, die Einzelperson wagen, offen darüber zu diskutieren und den Brauch zu stoppen?

Auch in den Jahren danach hatten wir immer wieder erlebt, dass es vielen unserer Gesprächspartner schwerfiel, das heikle Thema FGM anzusprechen. Selbst Imame schwitzten sich, ganz anders als bei der Azhar-Konferenz, jede Silbe einzeln aus dem Mund oder unterschlugen sie, wenn die Rede auf Vagina, Schamlippen, Klitoris und Koitus kam. Obwohl auch sie durch die Fatwa, wie jeder gläubige Moslem übrigens, angehalten waren, die neue Botschaft zu verkünden. Manche befürchteten, dass es in den Moscheen zu Unruhen, wenn nicht gar zu Aufständen kommen könnte, wenn das Thema zur Sprache käme. Der Grund: So etwas hatte es noch nie gegeben, das Thema war und blieb tabu, man sprach einfach nicht darüber. Für diese Situationen mussten wir eine Hilfe finden. Neue Ideen mussten her. Also los! Ausruhen konnten wir uns später.

Auf der Azhar-Konferenz war solch unmissverständlicher Klartext gesprochen worden, dass man genau diese Formulierungen aufzeichnen und weitergeben müsste, dachten wir. Sie dürften nicht dem großen Schweigen zum Opfer fallen und verloren gehen. Und weil es immer unvergleichlich leichter ist, tabuisierte Worte großer Vorbilder zu zitieren, sie abzulesen, als sie mit eigenem Vokabular darzustellen, war plötzlich die Idee geboren, die Quintessenz der Reden in einem Buch zu dokumentieren – als Predigtvorlage für die Imame in den Moscheen.

Uns ist sofort klar, dass solch ein Buch mit der historischen Botschaft zum Wohle der Mädchen schon äußerlich Aufmerksamkeit erringen muss. Es muss bestehen können neben dem Koran. Es muss Besitzerstolz auslösen. Es muss ein Schmuckstück sein.

Zusammen mit der Gestalterin Stephanie Silber nimmt allmählich ein wahres Kleinod Form an. Alle möglichen Details werden Stück für Stück besprochen, verglichen, optimiert. Stephanie hat das Buch fast zur persönlichen Studie erklärt: Alle Gestaltungselemente darin sind der Azhar entlehnt. Bei ihr und Annette rauchen die Köpfe. Wie gestaltet man das Cover? Nimmt man Kunstleder? Wenn ja, welche Farbe, welche Struktur? In welcher Reihenfolge und welchem Lesefluss werden die vier Sprachen gesetzt, wie lösen wir die arabische Herausforderung mit umgekehrter Lesart von rechts nach links? Setzen wir zu jedem Gelehrten ein Farbfoto? Auch Fotos der Azhar und der Konferenz? Sollen wir FGM lieber in Zeichnungen darstellen? Zum Herzstück muss natürlich die historische Fatwa werden.

Wir entscheiden uns für einen islamisch-dunkelgrünen Kunstledereinband mit Magnet-Klappverschluss. Ihn schmücken die Minarette der Azhar in Goldrelief. Mit wüstentauglichem und dennoch feinem Papier, Goldschnitt und Lesebändchen wurde es tatsächlich besonders und einmalig. Die Erstausgabe machen wir viersprachig: Arabisch, Französisch (weil es die Landessprache der halben Sahara ist und damit der Länder, in denen FGM praktiziert wird), Englisch und Deutsch. Bei späteren Auflagen lassen wir das Deutsche raus. Zeichnungen, die uns Sebastian Jenal schenkt, visualisieren Verbrechen und Botschaft für alle, die des Lesens nicht mächtig sind. In manchen Gebieten legen wir dem Buch Begleitbücher in der jeweiligen Stammessprache bei, so zum Beispiel in Somali, Afaraf, Amharisch und für Guinea-Bissau in Portugiesisch.

Bei dieser Aufzählung erinnere ich mich mit besonderer Bewunderung an Bernd Meissner. Er hatte sich bereit erklärt, die schwierige Umsetzung in arabische und amharische Schriftzeichen zu übernehmen. Bei Korrekturen zum Amharisch-Begleitbuch entdeckte er einen gravierenden Fehler, obwohl er von der Sprache nicht die geringste Ahnung hatte! Dazu muss man wissen, dass Amharisch eine äthiopische Silbenschrift ist. Sie hat Zeichen, die überhaupt nicht vergleichbar sind mit unserem Alphabet. Bernd Meissner hat den Fehler nur anhand des bildlichen Vergleichs der Zeichen gesehen. Ein echter Spezialisten-Wahnsinn! So entstand Das Goldene Buch. Wertvoll und unvergänglich wie Gold. Ein Stück zum In-die-Hand-Nehmen, die Basis für eine groß angelegte, internationale Aufklärungskampagne, ein Höhepunkt islamischer Geschichte, TARGETs Herzstück.

Natürlich wollen wir das Buch keinesfalls herausbringen ohne die Zustimmung des Großmuftis. Wir bitten ihn um das Lektorat. Das Buch muss unanfechtbar werden, denn uns ist klar, dass es manchen Widersacher auf den Plan rufen wird. Wir wissen auch, dass es keinesfalls wie eine TARGET-Belehrung wirken darf. Wir wollen als Berichterstatter im Hintergrund bleiben. Alles andere überlassen wir bestmöglich regionalen Geistlichen.

Die Überraschung lässt nicht lange auf sich warten. Mufti Ali Gom'a findet das Manuskript so gut, dass er es nicht nur zum Druck freigibt. Er segnet es sogar mit einem ganzseitigen Prolog, würdigt unsere Idee und ist »... der festen Überzeugung, dass das vorliegende Büchlein über den Hergang der Konferenz unter den Muslimen in Afrika und weiteren Ländern der islamischen Welt auf Akzeptanz stößt und dem Konferenzbeschluss Folge geleistet wird, sodass man von dieser üblen Sitte ablässt«.

Als wäre das nicht schon eine hohe Würdigung, wird dem Buch später in Deutschland für seine Gesamtgestaltung der begehrte Red Dot Design Award verliehen. Man schaue gern im Internet nach, welch hohe Auszeichnung er in der Branche der Berufsdesigner darstellt.

Mit GGP Media in Pößneck (Thüringen) finden wir den führenden Druckdienstleister Europas. Udo Sengstock, Leiter des Kundendienstes, hat das Projekt zu seiner persönlichen Mission gemacht. Aus Überzeugung. »Ich habe nach einem Vortrag von Rüdiger gesagt: Wir können das nicht, aber wir machen es trotzdem!« Er macht den Auftrag zur Chefsache. Auch die Herstellungskosten sind unschlagbar: lediglich projektunterstützende 5 Euro das Stück! Wir lassen 100 000 drucken.

Als das erste Buch vom Band läuft und wir es in den Händen halten, erfüllen uns Staunen, Freude und Hoffnung bei dem Gedanken, dass jedes einzelne Exemplar in den Händen eines Imam in der Moschee die Mädchen schützen kann. Beim Anblick der Paletten voller Bücher ist es, als würden wir vor gewaltigen Goldbarren stehen. Uns wird klar, dass man solche Schätze nicht einfach per DHL in die Länder schicken und sich der Hoffnung hingeben kann, alles liefe nun von selbst. Wir müssen hinreisen, die führenden Gelehrten der jeweiligen Länder zu Konferenzen einladen, für einen repräsentativen Veranstaltungsrahmen sorgen und das Buch vorstellen.

In Mauretanien, dem riesigen Land am Atlantik, ist 2008 die erste »Konferenz zum Goldenen Buch«. Mit unserem alten Freund Hamden Ould Tah an unserer Seite gehen wir das große Vorhaben an. Es ist unser Dank an ihn, denn er hatte ja die Uridee, aus der dann die große Azhar-Konferenz wurde. Er war sehr zufrieden mit der Konferenz und dem Buch und übernahm überzeugt die Schirmherrschaft. Gemeinsam wurde die Konferenz vorbereitet, und schließlich machten sich die Goldenen

Bücher auf ihre Reise zum Nationalmuseum, dem Veranstaltungsort, in die Hauptstadt Nouakchott.

Vor dem Museumsgebäude lassen wir vier Lkw-Ladungen Sand auskippen und mit Schaufeln und Harken verteilen. Mitten hindurch führt ein roter Kokos-Teppichläufer. Dieses Detail haben wir abgekupfert bei den Filmfestspielen in Cannes. Links und rechts entlang des roten Läufers bauen wir zwei große Nomadenzelte und mehrere Palmen in Blumentöpfen auf. Die Zelte dienen während der Pausen als Tee- und Kaffeestuben. Sechs Frauen und ihre Töchter haben sich bereit erklärt, den Getränkeservice zu übernehmen. In Eisenschalen glimmen kleine Holzkohlefeuer.

Zuletzt lassen wir drei Kamele Platz nehmen, und entstanden ist ein einladendes Karawanen-Nachtlager. Die Szenerie soll Bezug zu ihrer Lebenswelt herstellen, sie soll neugierig machen, und unsere Gäste sollen sich wertgeschätzt und wohlfühlen. Über dem Eingangsportal grüßt groß und deutlich das Konferenztransparent, an den Säulen zu beiden Seiten hängt eine TARGET-Fahne.

Wir sind glücklich. Anders der Hausmeister. Er ist fassungslos. Der Anblick des Sandes hat ihm einen Nervenzusammenbruch verursacht. »Keine Angst, Hausmeister, hier bleibt kein einziges Sandkorn liegen.« Er glaubt uns notgedrungen, der Sand ist ja schon da.

Die Konferenz wird quasi der Prototyp für die folgenden, die wir angehen wollen. Der Mufti übernahm die Schirmherrschaft, lud seine höchsten Theologen und viele Ehrengäste ein. Auch das mauretanische Fernsehen war dabei. Ich war in die mauretanische Nationaltracht, den Boubou, gekleidet inklusive Turban, Annette entsprechend mit langem Rock und einem Schal als Kopfbedeckung, wie sie das immer trägt, um den Gastgebern Respekt zu zollen und nicht schon durch europäische Kleidung Mauern aufzubauen. Das wäre fatal für unser Ziel.

Hamden eröffnet die Konferenz und spricht zur Azhar-Konferenz und zum Goldenen Buch und dass diese Konferenz dieses studieren solle und eine Entscheidung zu treffen sei, dieses zu befürworten oder abzulehnen. Er spricht über unsere Arbeit und die Karawane der Hoffnung. Das dann der Startpunkt für meine kurze Begrüßung und meinen Wunsch, dass die Imame auch in Mauretanien ihre Mädchen kraft der Religion und mithilfe des Buches vor FGM schützen.

Dann wird die Azhar-Fatwa von Mädchen in den Konferenzraum getragen. Sie alle mussten noch die Verstümmelung erleiden. Nun tragen sie das Transparent mit der Aufschrift der Azhar-Fatwa unter den Klängen einer gregorianisch anmutenden Vertonung des islamischen Glaubensbekenntnisses Allahu Akbar von Abdallah Ibrahim in den Raum. Voran ein Mädchen, das Goldene Buch in die Höhe haltend. Alles ist still, und es ist ein feierlicher Moment, der die Wichtigkeit dieser Zusammenkunft unterstreichen soll. Das Transparent wird neben dem Vorstandstisch platziert – und dann übergeben die Mädchen die Goldenen Bücher an die Gäste. Der Inhalt des Buches und der jeweilige Imam entscheiden über das künftige Schicksal der Überbringerinnen, deren Töchter und Enkelinnen.

Immer wieder beeindruckend für uns ist es, mit welcher Ehrfurcht das Buch von den Gelehrten in Empfang genommen wird. Häufig streicheln sie den Einband, manche fahren mit den Fingern über den Goldschnitt, drehen und wenden es. Zweimal beobachten wir, wie sie das Buch sogar küssen. Das ist für Annette ein ganz besonderer Moment, weil er ihr zeigt, dass die sorgfältige Gestaltung und die Azhar-Botschaft ein würdiges, gelungenes Ganzes bilden. Wir sind sicher, dass es für viele ein wertvolles Buch in ihrer Bibliothek wird.

Behutsam, fast ehrfürchtig öffnen sie die Bücher. Der Magnetverschluss irritiert sie zunächst. Dann aber spricht sich der Trick schnell rum und erhöht den Wert des damit geschützten Inhalts. Sie studieren die Texte, begutachten die Fotos und diskutieren mit gedämpften Stimmen in kleinen Gruppen die Zeichnungen.

Der Mufti liest die Fatwa von Kairo vor und appelliert an alle Delegierten, den Inhalt des Buches genau zu studieren. Es sei dringend an der Zeit, die überholte und schädliche Tradition FGM zu beenden.

Am Ende von zwei Verhandlungstagen mit vielen Reden und Diskussionen, auseinandergehenden Meinungen, Aufs und Abs, Zustimmung und Zittern steht die Abstimmung. Wieder dieser Moment wie in der Azhar. Zerreißprobe für unsere Nerven. Wird das Goldene Buch angenommen oder verdammt? Dann die Erlösung. Die Entscheidung ist einstimmig. Hamden fasst sie zusammen.

»Die Versammlung steht uneingeschränkt hinter der Fatwa des ägyptischen Großmufti Ali Gom'a. Wir werden den Geist des ›Goldenen Buches‹ in unsere Moscheen tragen und ihn verkünden, bis der Brauch sein Ende gefunden hat.« Gott sei Dank! Pardon, Allah sei Dank!

Für Annette und mich ein Moment des unbeschreiblichen Glücks. Wir sind auf dem rechten Weg. Das Goldene Buch wurde in einem Land anerkannt. Die Mädchen Mauretaniens stehen künftig unter dem Schutz ihrer Religion. Uns überkommt eine unglaubliche Dankbarkeit gegenüber den verantwortungsbewussten Männern, die uns Fremden vorurteilslos ihre Türen weit aufgemacht und unser Anliegen erkannt haben, Männer, die über den Tellerrand schauen, die aus Treue zu ihrem Glauben Traditionen verändern.

Manche Imame möchten für die Kollegen in den Provinzen Exemplare mitnehmen. Eine perfekte erste Multiplikationsidee. Sie sind die überzeugendsten Botschafter.

Die so positiven Erfahrungen mit dem Konzept der Konferenz in Mauretanien übertragen wir dann auf die Buchpräsentationen in Dschibuti, Äthiopien, Guinea-Bissau und probeweise in kleinem Kreis Somaliland. Für Ägypten hat der Religionsminister 90 000 eigene Broschüren mit dem Azhar-Beschluss gedruckt und sie an alle Moscheen im Lande verteilt.

Es folgten viele weitere Konferenzen (ausführlich nachzu-
lesen in den Jahresbriefen auf unserer Homepage) und unsere
Präsentation »Das Goldene Buch für das Horn von Afrika« in
Addis Abeba, zu der auch Delegierte aus den Nachbarländern
Dschibuti, Somaliland und dem Sudan kamen. Tarafa Baghajati
war zwischenzeitlich zu unserem Berater geworden und an
unserer Seite. Gastgeber waren TARGET und der Äthiopische
Rat für Islamische Angelegenheiten. Unter den Rednern dessen
Vorsitzender Haji Ahmedin sowie der deutsche Botschafter
Claas Dieter Knoop.

Bei den Reden der Gelehrten wird deutlich, wie schwierig
das Thema immer noch ist und wie viel Zündstoff es in ihren
Kreisen bietet. Hardliner treten auf und verteidigen den
Brauch. Tarafa hat alle Hände voll zu tun, selbst in den Pausen,
um der Azhar-Botschaft Gehör zu verschaffen. Er kämpft wie
ein Löwe. Die Fatwa von Sheikh Qaradawi ist wichtige Argu-
mentationsgrundlage gegenüber den FGM-Verfechtern. Ihn
kennt man, ihm glaubt man. Wir lassen sein Statement als Film
ablaufen. Sofort schnellen alle Handys hoch. In Foto oder Film
will man diesen Beitrag persönlich verewigen.

Besonders hartnäckig gibt sich der Mufti von Addis. Deutlich sieht man ihm seine Wut und Verbissenheit an. Als ihm das
Goldene Buch überreicht wurde, warf er nur ganz kurz einen
Blick hinein. Dann schob er es verächtlich beiseite und unter-
hielt sich rücksichtslos mit seinen Tischnachbarn. In der Kaf-
feepause versucht Tarafa Baghajati, den Mann nach dem Grund
seiner Ablehnung zu fragen. »Von Fremden brauche ich keine
Belehrung«, ist sein Argument. Dass wir Ehrengäste des ägyptischen Mufti waren, interessiert ihn nicht. Hier sei Äthiopien
und nicht Ägypten. Und wenn er sage, die Verstümmelung sei
von Allah gefordert und es stehe im Koran, dann sei das auch so.
Punkt. Demonstrativ landet das Buch im Papierkorb. Wir haben
einen Feind. Er ist nicht umzustimmen, seine Kollegen jedoch
kann er nicht auf seine Seite ziehen. Er ist als verbissen bekannt,
man lässt ihn einfach gewähren und geht seiner eigenen Wege.

Dennoch, auch dieser Widersacher ist für uns Warnung, nicht auszuruhen.

Für besonders schwierige Hardliner haben wir uns einen besonderen Programmpunkt überlegt. Jetzt ist dieser Moment gekommen. Eri, ein zwölfjähriges Mädchen, tritt auf und erzählt ohne Scheu, wie sie ihre Verstümmelung in Erinnerung hat. Sie spricht so leise, dass der Techniker das Mikrofon lauter stellen muss. Ihre Stimme zittert. Im Saal ist es ganz still. Bis zum Schluss wussten wir nicht, ob sie diese Rede schafft. Wir sind stolz auf dich, Eri.

Als es nach weiteren Rednern zur Abstimmung kommt, gibt es eine einheitliche Schlusserklärung: »FGM ist Sünde – wider die Frauen, wider die Religion.« Dann stehen vier Männer vor uns. Sie kämen aus dem Sudan, dort würde der Brauch ja auch praktiziert. Was wir geleistet hätten, sei bewundernswert. Einer umarmt mich: »Du bist ein Herz auf zwei Beinen.« Beim Abschlussfoto halten die Mädchen von Äthiopien ein Transparent hoch: »Allah sei Dank!«

Der Konferenzablauf wird begleitet von ProSieben. Er wird Teil des Films »Karawane der Hoffnung« von Karsten Scheuren und Bernhard Albrecht. Sie schaffen es mit dem Film, dass ein nicht staatlicher TV-Sender zum ersten Mal einen Grimme-Preis erhält. Auf dem Filmfestival in Luzern wird er zudem mit der Goldenen Rose ausgezeichnet.

Nach den Konferenzen beginnt für uns die eigentliche Arbeit: die Verteilung der Bücher bis in die letzte Moschee der jeweiligen Länder. In Mauretanien wollte das die Gesundheitsministerin übernehmen. Das war semioptimal. In Äthiopien starten wir mit zwei eigenen Teams und eigenen Autos. Wenn das Gelände für die Autos unpassierbar ist, geht es zu Fuß weiter. Ein anerkannter Imam aus der jeweiligen Volksgruppe, ein Helfer und ein Fahrer. Alles Äthiopier. Denn die Botschaft muss von den Einheimischen kommen. Ein Jahr lang war das unser Freund Sheikh Darassa Moussa, Zweiter Vorsitzender des Zentralrates der Muslime Äthiopiens. Ihn kennt jeder Imam bis in die hinterste Provinz persönlich. Manche nennen ihn »Klitoris-Sheikh«. Das kann abfällig gemeint sein oder auch bewundernd. Sheikh Darassa nimmt es locker. Unser gemeinsames Anliegen war ihm immer so wichtig, dass er die Entbehrungen und Improvisationen der Fahrten ins Outback gern in Kauf genommen hat. Er lädt die Imame des näheren Umfeldes zu Besprechungen ein und wiederholt auf kleiner Ebene, was wir auf Bundesebene bereits getan haben. Ich habe das Verteilerteam einmal zwei Wochen begleitet. Erst dann weiß man um die Leistungen der Mitstreiter.

Eine Besonderheit ergab sich in Guinea-Bissau. Wir lernten Bernadette Albrecht kennen, damals Mitarbeiterin beim Weltfriedensdienst und schon zwei Jahre im Land. Sie fragte nach dem Goldenen Buch für die Imame – und öffnete uns damit die Tür zu diesem kleinen Land an der Küste Westafrikas. So konnten wir 2012 die Konferenz zum Goldenen Buch mit örtlichen Organisationen und wieder mit dem Islamischen Rat veranstalten. Bernadette wurde zur Projektkoordinatorin für TARGETs Aufklärungskampagne, mit der wir bis heute in Guinea-Bissau aktiv sind.

In der Folgezeit kristallisierte sich sehr bald eine kleine Gruppe von Imamen heraus, die zu unseren Verbündeten wurden. Sie reisen mit den Büchern und der guten Nachricht in die entferntesten Provinzen. Manche sind in der Regenzeit nur mit Booten zu erreichen: ausgehöhlte, windschiefe, gerissene Baumstämme. Mir geht durch den Kopf: Das sind unsere Männer. Afrikanische Kampfschwimmer. Stark!

Aber es gibt eine andere Gruppe von Imamen, werden wir gewarnt, die massiv Front gegen uns macht. Nicht selten arte die Meinungsverschiedenheit sogar in Bedrohungen aus.

Als unsere Imame gestehen, dass sie sich unsicher fühlen, über das delikate Thema in der Moschee unbefangen zu reden, entsteht die Idee einer spezifischen Fortbildung, zeitkonform Workshop genannt. Das Grußwort von Professor Shama zum portugiesischen Begleitbuch wollte man vertiefen. Darin ermutigt er, das Verbot der FGM durch den Islam mutig zu bekennen und damit dem Beispiel des Propheten zu folgen, der vor den Ungläubigen ohne Hemmungen seine Botschaft verkündet hat. Auf dieser Grundlage starteten also die Fortbildungstage. Die übernimmt Tarafa Baghajati, den alle von der Konferenz in guter Erinnerung haben. Der Unterricht findet in Arabisch statt. Die Imame werden noch einmal detailliert mit dem Thema vertraut gemacht. Die Rechtfertigungen der verbissenen gegnerischen Befürworter von FGM werden gemeinsam theologisch zerpflückt. Als Abschluss, gewissermaßen als Prüfung, werden Probepredigten gehalten. Zunächst in kleinstem Kreis. Am Beispiel von Tarafa, der als Gastprediger in den Moscheen der Imame geladen ist, können sie Gestik und Argumentation vertiefen und erleben, dass dieses Thema durchaus zu vermitteln ist. Das Resümee ist mehr, als wir erwarteten. Imam Embaló zum Beispiel ist zufrieden, wie ihm alle Fragen beantwortet wurden, und er habe gelernt, wie die Menschen in den Moscheen für das Thema angesprochen werden könnten. Imam Baldés wagte vorher nicht, darüber zu sprechen, und fühlt sich jetzt dazu in der Lage. Imam Folé Baldé meldet zurück, dass sich seine Fähigkeiten der Argumentation enorm verbessert hätten, und er fühlt sich gut vorbereitet, um in der Moschee zu sprechen.

Ende 2018 ergab eine Befragung in drei exemplarischen Regionen Guinea-Bissaus, die wir kurzfristig aufgrund von Bernadettes Netzwerk durchführen konnten, dass unsere Aufklärungskampagnen das Wissen über FGM bei der Mehrheit der Befragten erhöhte und die Haltung veränderte. Mehr als die Hälfte der Befragten hatte demnach jemandem geraten, die Praktik aufzugeben. Geschätzt wurde, dass wir zu den Menschen in ihr Dorf kommen. Mancherorts waren wir die erste Organisation, die den mühsamen Weg auf sich genommen hatte. Das sind gute Rückmeldungen zur Nachhaltigkeit des Workshops und dem Einsatz unseres Guinea-Bissau-Teams, auf die wir stolz sind.

30. Hilfe zur Selbsthilfe

> *»Schwerter zu Pflugscharen,*
> *Spieße zu Sicheln,*
> *Verstümmelungsbestecke zum Müll.«*
>
> Altes Testament
> und Rüdiger Nehberg

Die Karawane der Hoffnung war erfolgreich, der neue Staatspräsident von Mauretanien hatte mich eingeladen, darüber zu berichten. Als erste Amtshandlung hatte er die Weibliche Genitalverstümmelung in seinem Land kurzerhand verboten.

Sieben Frauen wollen uns – das sind Thomas Reinecke für Film und als Französisch-Dolmetscher und ich – im Hotel Mercure in Nouakchott sprechen. Lemine haben sie als Dolmetscher mitgebracht, denn sie sprechen nur die Umgangssprache Hassania. »Wir sind jetzt arbeitslos, weil das Beschneiden verboten ist. Das ist eure Schuld. Ihr müsst uns helfen.«

Zunächst sind wir baff. »Wie stellt ihr euch das vor? Wir können doch nicht plötzlich allen arbeitslosen Beschneiderinnen des Landes und irgendwann der ganzen Welt einen Ersatzjob vermitteln!«

Aber sie sind beharrlich. Vor allem eine. Sie stellt sich als Maura vor und sagt, sie habe Schulbildung. Sie könne schreiben, lesen und rechnen. Sie macht tatsächlich einen gebildeten und cleveren Eindruck.

»Lemine, sag ihnen, dass irgendwann in Europa die Todesstrafe abgeschafft wurde. Da waren plötzlich viele Henker arbeitslos. Glaubt ihr, da hätte es jemanden interessiert, wie die in Zukunft ihr Geld verdienten? Solange es Menschen gibt, sterben immer wieder Berufe aus, und andere entstehen neu. Man muss eben flexibel sein.«

Ich frage, was sie denn sonst noch können.

»Wir können alles: putzen, kochen, nähen, Geburtshilfe …« Maura wieder. Selbstbewusst reckt sie zum Beweis nacheinander vier Finger in die Höhe. »Allah ist mein Zeuge«, bekräftig sie obendrein.

Damit lässt sich etwas anfangen, denke ich. Spontan kommt mir eine Idee. »Lasst mich darüber nachdenken. Kommt morgen um dieselbe Zeit wieder. Vielleicht gibt es eine Lösung.«

Die Frauen beraten sich kurz und ziehen von dannen. Immer wieder drehen sie sich um. So als könnten sie das Gehörte nicht so recht glauben.

Wir überlegen, wie wir diesen arbeitslosen Verstümmlerinnen helfen können. Wir könnten eine stromunabhängige Nähmaschine kaufen. Dazu als einmalige Investition einen Ballen Stoff, 100 Reservenadeln und Garn ohne Ende. Sie könnten sich beim Nähen abwechseln, damit die Maschine nie stillsteht.

Wüstenfuchs Lemine, unser Privatagent, hat alles mitgekriegt. »Ich kenne einen superguten Schneider. Der müsste ihnen eine Woche lang Unterricht geben, wie man die Maschine handhabt, wie man sie wartet und vor allem, wie man besondere Kleidung näht, die nicht schon tausendfach aus China für 50 Ougiya das Stück auf den Märkten haufenweise zu haben ist.« Fünfzig Ougiya, das wären zwölf Eurocent.

Manchmal hat dieser Wüstenfuchs, wie wir ihn freundschaftlich nennen, wirklich gute Ideen. »Die hat er aber nur, weil er wieder einen Nebenverdienst wittert«, prophezeit Thomas.

Okay, aber warum auch nicht? Beziehungen, Insiderwissen und Mitdenken sind schließlich auch wertvolle Ware, berechenbare Werte. Wissen ist Macht. Und auf die Idee mit dem Schneider wäre ich von mir aus niemals gekommen.

Am nächsten Tag haben wir alles organisiert. In einem stillen kleinen Innenhof haben wir die Geschenke auf den Boden gelegt und mit einer Plane zugedeckt. Pünktlich sind die Frauen zur Stelle. Superpünktlich. Sie haben sich in bestes Tuch geworfen. Kaum erkennen wir sie wieder. Auch der Schneider ist pünktlich da. Ich kläre den Stoffartisten vor den Frauen über unsere Erwartungen an ihn auf.

»Wir werden dir für fünf Tage Geld geben. Jeweils abends zahlen wir dich aus, wenn die Frauen sagen, dass sie zufrieden waren.« Er ist einverstanden. Neben der Haute-Couture-Schneiderkunst soll er die Frauen auch die Wartung der Maschine lehren. Über Lemine lassen wir die Frauen wissen, dass wir diese Schenkung niemals wiederholen werden. Niemals!

Und dann lüfte ich das Tuch, das Geheimnis. Die Frauen schreien auf vor Überraschung, ersticken den Schrei sofort wieder mit den Händen. Fassungsloses Staunen. Sie fallen sich gegenseitig um den Hals. Die Freude ist verständlich. Was sie da sehen, ist nicht nur *eine* Maschine, sondern zwei. Sie werden mit einem handbetriebenen Schwungrad betätigt, denn Strom ist teuer und nicht immer verfügbar. So können jeweils zwei Frauen gleichzeitig nähen. Das ist kurzweiliger und ökonomischer. Hinter den Maschinen liegen vier Ballen verschiedenfarbiger Stoffe, große bunte Garnrollen, Öl für die Gelenke der Maschinen und eine Dose voller Reservenadeln.

Für mich ist es ein Versuch. Ich will wissen, ob man arbeitslosen Beschneiderinnen eine Perspektive bieten kann. Ich will die Gefahr minimieren, dass sie heimlich weiter verstümmeln. Viele werden es dennoch tun. Parallel.

Zum Abschied mache ich ihnen noch mal klar, dass sie die Hälfte der Einnahmen beiseitelegen müssen. Sie sei für neuen Stoff und Reparaturen. Die andere Hälfte mögen sie untereinander aufteilen.

»Ist jemand von euch gut im Rechnen?«

Sofort meldet sich Maura, die Anführerin. »Ich übernehme die Kasse!« Die anderen sechs Frauen sind einverstanden.

Wir verabschieden uns. »In einem Jahr kommen wir wieder. Wir sind gespannt, ob ihr dann immer noch Näherinnen seid.«

Ein Jahr später sind wir erneut vor Ort zur Vorbereitung der Konferenz zum Goldenen Buch. Wüstenfuchs Lemine holt uns am Flughafen ab. Er ist schon ganz aufgeregt.

»Lasst uns gleich zu den Frauen fahren. Die warten schon auf euch!« Wir machen ihm die Freude. Das Hotel läuft uns nicht davon. Es ist reserviert und erst ab 13 Uhr bezugsfertig.

Nach einer Stunde Fahrt sollen wir aussteigen. Wir gehorchen. Wir befinden uns an der Kreuzung zweier breiter, nicht asphaltierter Straßen. Rundherum gemauerte, ebenerdige Häuser. Die Gegend macht einen guten Eindruck. Weil es warm ist, gehen wir auf die andere Straßenseite. Dort ist vor einem Eckladen ein Zeltdach gespannt. Im Schatten hocken mehrere Personen auf langen Bänken, schlürfen Tee und essen Brot. Manche trinken Wasser, das ihnen von einem jungen Mädchen in kleinen Plastiktüten gereicht wird. Es kommt direkt aus dem Kühlschrank. Auch wir bekommen Tee. Dann setzt sich das Mädchen wieder an das kleine Feuer vor dem Zeltdach und rührt in einem großen Topf. Darin blubbern zehn Liter Suppe. Das Abendessen. Neben ihr hockt eine andere und hackt Zwiebeln. Es ist ausgesprochen gemütlich hier.

Durch zwei schmale offene Türen sehen wir in den Laden. Vor der Rückwand eine Theke. Dahinter über die ganze Wand ein Regal. Es biegt sich unter der Last der Lebensmittel: Reis, Nudeln, Salz, Zucker, Öl, Sardinen in Dosen – Ware, die nicht verdirbt. Vor der Ladentheke sitzen Frauen auf Plastikteppichen und nähen. Das nehmen wir alles wahr, während Lemine den Aushilfskellner spielt. Er kennt die Leute ganz offensichtlich. Aber wen kennt er nicht?

»Ich denke, du wolltest uns zu den Schneiderinnen bringen, nun sehen wir, du willst dich nur sattessen«, knurre ich. Er ist verwirrt, als hätte er meine Frage nicht verstanden.

»Erkennst du denn die Maschinen und die beiden Näherinnen nicht wieder? Das sind unsere Frauen!« Der Wüstenfuchs kann sich vor Freude gar nicht mehr einkriegen. Ich muss blind gewesen sein.

Florierender Laden der Ex-Verstümmlerinnen

Maura hat sich wirklich als Strategin bewährt. Sie hat die Schneiderarbeit so gut im Griff, dass die Frauen schon nach einem halben Jahr diesen Laden mieten und ein Restaurant daraus machen konnten. Und nebenbei läuft die Schneiderei. Der Laden brummt.

Und plötzlich stehen sie vor mir. Alle sieben. Sie wollen sich nicht einkriegen vor Freude, dass wir das nicht für möglich gehalten haben, dass sie uns dermaßen überrascht haben. Sofort beginnt die Betriebsführung.

»Seit einer Woche haben wir einen gebrauchten Kühlschrank. Darin kühlen wir die Wassertüten.« Eine andere Näherin verweist auf einen längeren Draht. Er führt nach draußen. »Das ist das Elektrokabel. Damit kriegen wir den Strom.« Techniker Thomas schaut hinaus. »Sie haben den nackten Draht einfach an einen anderen angeknotet. Bei Regen gibt es garantiert Kurzschluss.«

Bezahlen dürfen wir nicht. »Wallahi! Ihr seid unsere Gäste.« Den Stolz der Frauen nehmen wir als Geschenk mit nach Hause. Trotz des Erfolges können wir solche Kleinprojekte nicht vervielfachen. Wir würden uns verzetteln.

31. Verstümmlerin wird Mitkämpferin

»Schwerter zu Pflugscharen,
Spieße zu Sicheln,
Verstümmelungsmesser zu Löffeln.«
Frei nach dem Alten Testament

Barachle ist ein kleines Wüstendorf im Afarland. Hier enden viele der Salzkarawanen. Hier werden die Kamellasten umgepackt auf Lastkraftwagen. Unser Sheikh Darassa Moussa hatte in der großen Moschee im Zentrum des Ortes aus dem Goldenen Buch gepredigt. Über Lautsprecher war die Botschaft nicht nur in der Frauenabteilung der Moschee zu hören gewesen, sondern im ganzen Ort. Anschließend waren wir der Einladung einer Familie gefolgt. Der Mann arbeitete im Salzhandel und hatte sein Haus mit dem Schriftzug *»Bayt Rudi«,* »Villa Rudi«, versehen, nachdem wir am Ortsrand eine feste Anlaufstelle für unsere Fahrende Krankenstation bezogen und sich zwischen uns eine Freundschaft entwickelt hatte.

Wir genießen den Schatten und den frischen *bunna,* den Kaffee. Da kommt am Eisentor zur Straße Unruhe auf. »Da ist eine Frau. Die will unbedingt Annette sprechen. Sie lässt sich nicht abwimmeln.« Herein kommt Mariam. »Das ist die bekannteste Verstümmlerin von Barachle!«, wundert sich unser Gastgeber. »Was will die denn von euch?«

Kaum lässt sie sich Zeit, alle zu begrüßen. »Ich komme gerade aus der Moschee. Und da habe ich gehört, was die Gelehrten der Azhar entschieden haben. Sie haben entschieden, dass es Sünde wider Allah ist, Mädchen zu beschneiden. Mein

Gott! Dann habe ich ja immer das Falsche getan, ein Leben lang! Komme ich jetzt in die Hölle?« Sie ist total verzweifelt.

Sheikh Darassa weiß sie zu trösten. »Was du bisher getan hast, hast du getan, weil du es für richtig gehalten hast. Du hast gedacht, dass es im Koran steht. Das kann dann keine Sünde sein. Es ist erst Sünde, wenn du es jetzt noch weiterhin tust.«

Das erleichtert die Frau spürbar. Aber sie hat noch ein ganz anderes Problem. »Meine Tochter hat vor wenigen Tagen ein Mädchen bekommen. Und jetzt will sie es bald beschneiden lassen. Ich habe ihr erzählt, was ich in der Moschee gehört habe. Aber sie will nicht auf mich hören. Bevor ihr wieder abreist, müsst ihr dringend zu ihr gehen und mit ihr reden.«

Wir beschließen, erst einmal gemeinsam zu Bürgermeister Ali Osman Bori zu gehen. Er genießt großes Ansehen hier. Sheikh Darassa weiß, dass das unter anderem an seiner Unbestechlichkeit liegt. Er hatte Darassas Predigt gehört und gleich danach die Frauen seines Dorfes ins Gemeindehaus eingeladen, um die neue Botschaft zu vertiefen. Endlich hatte er in der Moschee die Bestätigung erhalten für das, was er schon immer propagiert hatte und weswegen er oft spöttisch belächelt worden war.

Dann begeben wir uns zu Mariams Tochter. Wir – das sind Sheikh Darassa, Ali Mekla, Ali Osman, Mariam, der Imam, Annette und ich. Auch das Team von ProSieben ist dabei, das für den Film »Karawane der Hoffnung« dreht. Ich bleibe draußen vor der Hütte. Sonst platzt sie aus den Nähten.

Mariams Tochter hat ihr Baby auf dem Arm, gibt ihm Milch. Sie sagt, sie könne ihre Mutter nicht verstehen. Sie hätte Hunderte von Mädchen beschnitten, und ausgerechnet bei ihrer Tochter, ihrer Enkelin, wolle sie es nicht mehr tun.

Darassa erklärt ihr die veränderte Situation. Der Imam würdigt die Bedeutung der Azhar. »Über dem Großsheikh und dem Großmufti Al-Azhar steht nur noch Allah!«

Ali Osman setzt noch einen drauf. Der Azhar-Beschluss sei auch für ihn eine Neuigkeit. Und ihr wie ihrer Mutter käme in diesem Moment eine ganz besondere Aufgabe zu. Sie müsse ihr Mädchen gesund lassen, weil Allah es perfekt geschaffen habe, und damit eine Führungsrolle für Barachle und die Nachbardörfer übernehmen.

Widerstrebend gibt die Tochter nach. Der Imam will sich absichern. »Dass wir hier alle zu solch wichtiger Entscheidung zusammengekommen sind, hat Allah so gefügt. Versprich, dass du das Gebot der Azhar einhalten wirst.«

Sie verspricht es.

Drei Monate später sind wir erneut in Barachle. Annettes erster Besuch gilt Mariams Tochter. Hat sie ihr Versprechen gehalten?

Strahlend kommt die junge Frau aus ihrer Hütte. Auf dem Arm das kleine Mädchen.

»Komm mit, ich zeige es dir«, ruft sie Annette schon entgegen. »Sie ist unverändert!« Und tatsächlich entblößt sie die Kleine, Annette wird Augenzeugin – das Mädchen ist unbeschnitten! Großmutter Mariam ist stolz. Letztlich hat *sie* es bewirkt.

Vor der Hütte haben sich währenddessen sechs Frauen versammelt.

»Dies sind meine Kolleginnen«, stellt Mariam sie uns vor. »Sie arbeiten alle nicht mehr als Beschneiderinnen. Nur noch als Beraterinnen und Hebammen.«

Dann zeigt sie Annette eine Liste mit 60 Namen. Das seien Mütter, bei denen sie und ihre Kolleginnen bewirkt hätten, dass deren Töchter nicht mehr beschnitten würden.

Wir können die gute Nachricht kaum glauben. Ali schlägt vor, alle Frauen mit unseren Wagen zusammenzuholen. Eine Stunde später stehen wir staunend vor ihnen. Mütter und ihre Töchter im Alter von wenigen Wochen bis hin zu etwa sieben Jahren. Alle Mütter haben geschworen, ihre Mädchen unbeschnitten zu lassen. Sheikh Darassa nennt sie »Töchter der neuen Generation«. Und Annette sagt zum wiederholten Mal: »Und das alles hat ein einziges Goldenes Buch bewirkt!«

Bürgermeister Ali Osman gesellt sich noch hinzu und hat eine weitere Überraschung. »Ich habe inzwischen auch meine Kollegen in einigen Dörfern davon überzeugen können, mitzumachen. Sie sind nicht ganz so spontan wie wir hier. Aber das wächst. Ich möchte die Gelegenheit eures Besuches nutzen und euch im Namen meiner Dorfmädchen danken. Denn letztlich habe ich für alle Kinder die Verantwortung.«

Dann zeigt er mit seinem rechten Arm auf einen fernen Berg. Rotgolden blinkt er im Licht des Spätnachmittags zu uns herüber. Fast erhaben. Er überragt seine umliegenden Bergbrüder um einiges. Wahrscheinlich ist er nicht Bürgermeister, sondern der *Berger*meister seiner umliegenden Bergkollegen. Pflanzen können wir nicht erblicken. Nicht mal einen Grashalm. Alles nacktes Gestein.

»Den Berg dort hinten möchte ich euch als kleine Geste unseres großen Dankes schenken.«

Wow, ein Berg-Geschenk. Bekommt man ja nicht alle Tage. Noch rätseln wir, ob es ihm ernst ist oder nur ein Scherz. Erst als Ali Mekla versichert, dass wir tatsächlich soeben Großgrundbesitzer des rotgoldenen Felsens geworden sind, glauben wir, was wir gerade erleben.

Schon ergreift der Bürgermeister unsere Hände und bekräftigt damit den Bergbesitzerwechsel. Nein, einen Namen hätte der Berg nicht, sagt er auf unsere Frage. »Nennt ihn einfach *Neh*-Berg«, geistesblitzt Ali.

Wir sind sicher, dass wir nichts damit machen werden. Aber zum Aberwitzeln muss der Name schon herhalten.

»Als Erstes machen wir einen Zaun drum herum und stellen ein Schild auf ›Eintritt strengstens verboten!‹.« Das ist von mir.

»Und ganz oben errichten wir ein Gipfelkreuz.« Das ist von Annette, Baden-Württemberg.

Es geht weiter über die Errichtung eines eigenen Staates mit zoll- und steuerfreier Zone, Bergsteigerparadies, Alm mit Kunstrasen, Annette als Staatspräsidentin, Mitgliedschaft in der UNO und OIC. Bis uns die Augen zufallen.

32. Unsere Geburtshilfeklinik in Äthiopien

*» Wir brauchen eine langfristige Vision, die
Vision der Seele. «* Rabindranath Tagore

Die Fahrende Krankenstation war nun seit sieben Jahren im
Dienst. Die Steinwüste hatte am Unimog schwerwiegende Spuren hinterlassen, deren Reparaturen immer teurer wurden, und
in naher Zukunft würde er nicht mehr fahrtauglich sein. Wir
mussten überlegen, wie es weitergehen sollte. Da fragten uns die
Afar-Chefs, ob wir nicht an einem Ort permanente Hilfe leisten
könnten. Es waren in Afar 40 kleine Klinikareale von ausländi-
schen Geldgebern gebaut worden. Wir könnten uns eines aussuchen. Wir überlegten. Sollten wir mit erfahrungsgemäß großem
Aufwand einen neuen Aufbau für den strapazierten Unimog kaufen? Oder sollten wir es wagen, an seiner Stelle ein gynäkologi-
sches Versorgungszentrum zu bauen, das eine ganz andere Qualität von Hilfe bieten könnte? Eine Klinik, die rund um die Uhr für
die Frauen da ist und ihnen in ihrer Not aufgrund der erlittenen
Verstümmelung zuverlässige Hilfe bringt? Einen festen Zufluchtsort, den bald jede Frau kennen würde, eine Anlaufstelle, zu der
Verwandte ihre Patientinnen bringen oder zu der wir sie mit
einem Ambulanzfahrzeug transportieren könnten? Ein Zentrum,
in dem Aufklärung und Prävention der Mittelpunkt der täglichen
Arbeit sein soll und weit über die Grenzen der Klinik wirken
kann. Mit jeder Unimogreparatur nahm der Plan von einer Klinik an Dringlichkeit zu. Der Entschluss reifte vor sich hin.

Da sollte es sein, dass ich in Hamburg einen Vortrag vor Gynäkologen hielt, organisiert vom Berufsverband der Frauenärzte (BVF). Annette packte die Chance beim Schopf und stellte zum Abschluss die Klinikidee vor. »Wir brauchen für dieses Projekt fachkundige Hilfe. Und darum möchten wir Sie hier und heute anfragen. Wenn Sie uns tatkräftig zur Seite stehen, wird es die Geburtshilfeklinik in der Danakil geben, wenn nicht, wird es sie nicht geben.« Klare Worte, ich war wieder einmal ziemlich stolz auf sie. Sensibilisiert durch meinen knallharten, nichts beschönigenden Vortrag – immerhin sind es Gynäkologenspezialisten – über unseren Einsatz für ein Ende der Genitalverstümmelung, aber vor allem die berichteten Leiden der Mädchen und Frauen kamen Dr. Wolfgang Cremer und Dr. Werner Harlfinger auf uns zu. »Kommt in acht Wochen mit dem Vortrag und eurer Projektidee zum Gynäkologenkongress nach Düsseldorf. Wir besprechen alles mit unserem Dr. Christian Albring, dem Vorstand. Dann sehen wir, was machbar ist.« Gefragt, gekommen, entschieden. Wir gingen aus Düsseldorf in unsere Minizentrale Rausdorf zurück mit der Zusage, dass der Verband mit Beratung und Einsatz vor Ort im Boot ist. Allen voran Werner Harlfinger, der dazu noch Sanitätsrat ist. Was immer auch hinter diesem Rat steckt, er ist ein Macher und kein langer Überleger. Er passt zu uns.

Wir machen uns erneut auf den Weg in die Danakil. Hier, in dieser atemberaubenden und zugleich extrem kargen Steinwüste, soll unsere Klink entstehen. Sie soll etwas werden, was es im Afarland noch nie gegeben hat, solange man zurückdenken kann. Und das ist lang, sehr lang: genau 2,2 Millionen Jahre! Es kann durchaus auch ein Jahr mehr oder weniger sein. Drei Jahre bevor ich die Danakil-Wüste mit Kamelen durchquerte, hatten amerikanische Knochensucher im südlichen Afarland (wo kein Krieg herrschte) die Gebeine der Urmutter aller Afar namens Lucy entdeckt, die schon als junges Mädchen gestorben war. Lucy hatte noch mehr auf Bäumen als auf dem Boden gelebt. Wie der gesamte Clan. Von den Verwandten, den

Pavianen, hatte sich ihr Clan aber längst deutlich abgesetzt. Lucys Leute gingen sogar schon aufrecht und nicht mehr auf allen vieren. Sie hatten eine Sprache entwickelt und kamen sich deshalb sehr fortschrittlich vor.

Kurz nach ihrem zweiundzwanzigsten Geburtstag, so die Recherche der Wissenschaftler, beging die junge Lucy eine Unvorsichtigkeit. Sie hatte mal wieder in den Bäumen herumgetobt. Dabei war sie aus »13 Meter Höhe« vom Baum in die Tiefe gestürzt und »auf hartem Boden aufgeschlagen«. Das alles haben ihre Knochen in einer Computeranalyse den amerikanischen Wissenschaftlern und nun meinen Leserinnen und Lesern verraten. Ob Lucy betrunken war, berauscht von gärenden Fruchtsäften, oder ob die dümmlichen Paviane vom Nachbarclan sie geärgert und geschubst haben, ist noch nicht endgültig ermittelt. Wohl aber kann man sagen, dass Lucy nicht unmittelbar zu Tode kam. Sie hatte ihre letzte Kraft nämlich noch nutzen und die Gebeine der Konservierungskraft des heißen Sandes anvertrauen können, um sie heute im Museum zu Addis Abeba von späteren Generationen bewundern zu lassen. Wem eine Reise in die äthiopische Hauptstadt zu weit ist, der kann die Nachbildung des Skeletts »in bipeder Fortbewegung« in Frankfurt im Senckenberg-Museum bestaunen. Zu Deutsch: zweifüßig, aufrecht gehend. Vielleicht hätte TARGET Lucy retten können, wenn unsere Klinik damals schon existiert hätte. Denn das war die weitere Besonderheit unseres Projekts: Es sollte eine reine Frauenklinik werden.

Übrigens: Lucys rückständige Verwandten, die Paviane, ziehen auch heute noch unverändert in großen Familienverbänden und auf allen vieren – auf Senckenbergdeutsch »in quadropeder Fortbewegung« – durch die Wälder, die eine Stunde von der Klinik entfernt die hohen Gebirgskämme bedecken.

Zeitsprung ins Heute. Wir haben mit der Suche nach einem geeigneten Klinikplatz begonnen und kommen nach Farras Dagge, einen unscheinbaren Ort mit 150 einfachen Häusern

aus Natursteinen mit Wellblechdächern. Ein etwas besser ge-
bautes Haus fällt mir gleich auf. »Was ist denn das?«, fragen wir
Ali Mekla.

»Das soll eine der 40 Kliniken werden. Gebaut auch mit
Geldern aus dem Ausland. Ihr könnt sie übernehmen, es wäre
für die Bevölkerung hier ein absoluter Segen.« Sie war noch im
Bau, Arbeiter waren keine zu sehen.

Wir schauen uns das Gebäude näher an. Die Wände sind
schief. Das sieht man auch ohne Wasserwaage. Den Zement
zwischen den Steinen kann man mit dem Finger wie Sand her-
ausspulen. Die Fenster sind verrostet, ohne Scheiben und aus
den Angeln, keine Türen. Das Fundament ist abgesackt und ge-
rissen wie nach einem Erdbeben. Eine Karikatur von Krankenstation.

»Es ist nicht nur eine Schande. Es ist eine Missachtung unserer Bedürfnisse, eine Geringschätzung ärztlicher Tätigkeit und
typisch für viele vom Ausland finanzierten Hilfsprojekte, die
Afrika voranbringen sollen, aber wo es niemanden wirklich
interessiert, ob die Gelder ihr geplantes Ziel oder nur die
Hosentaschen entscheidender Leute erreicht haben«, schimpft
Ali.

Aber die Lage dieser Neu-Ruine hier am Dorfrand gefällt
uns. Sie ist umgeben von Schirmakazien, großen Kakteen und
einem Meer orangefarben blühender Aloe Vera. Daraus könnte
man ein Paradies machen, damit sich auch europäische Ärzte
hier wohlfühlen. Das geht mir beim ersten Blick darauf gleich
durch den Kopf, denn hier im Outback gibt es für Europäer
keine Unterhaltung, keine Ablenkung. Nur die Natur und mitt-
wochs den Markt. Alles andere findet sich erst in Mekele, der
Landeshauptstadt in vier Autostunden Entfernung.

»Dies ist sogar mein Geburtsort«, verrät Ali Mekla. »Hier
wohnt meine ganze Familie, mein Clan. Hier hättet ihr immer
zuverlässige Verbündete.« Ein interessantes Argument.

»Der Berg da drüben, dort habe ich unsere Ziegen gehütet!
Wenn da mal eine fehlte, kriegte ich von meinem Vater eine

Tracht Prügel und musste noch in derselben Nacht los und die Ziege suchen. Ich hatte immer eine Mordsangst, denn hier gibt es sehr viele Giftschlangen und vereinzelt in den höher gelegenen Waldgebieten noch Hyänen und Leoparden.«

»Wo ist die Wasserversorgung?«, fragt Annette.

»Ja, die wurde nicht geplant.«

»Und Strom?« Ali verdreht die Augen. Irgendwann soll der hier gelegt werden. Na bravo, denken wir. Von *wir übernehmen eine kleine Klinik* kann keine Rede sein. Wir müssen sie erst bauen.

Ali bespricht unsere Idee mit dem regionalen Sultan Darassa Abdallah. Der muss nicht lange überlegen. Er kennt unsere Fahrende Krankenstation. »Ihr seid die ersten Ausländer, die hier langfristig und zuverlässig gearbeitet haben. Ihr habt sogar mehr geleistet, als ihr versprochen habt. Ihr könnt von uns jede Unterstützung erwarten.« Wenn das kein Grund zur Hoffnung ist.

Der Sultan ruft den Ältestenrat zusammen. Bei gegrillter Ziege und *indschera* ist man sich schnell einig. »Das wird unseren Ort völlig neu beleben. Er wird uns aus der Vergessenheit in die Gegenwart bringen.«

Den ermutigenden Worten folgen auch Taten. »Ihr könnt das ganze Grundstück um die Ruine haben. Es gehört euch, solange ihr es beansprucht.« Ali Mekla kennt deutsche Maße und ergänzt: »Das sind drei Hektar Land.« Wow, denke ich. Jetzt bin ich Clanchief im Afarland! Mit eigenem Stammesgebiet! Hätte ich das je gedacht, als ich vor 40 Jahren unweit dieses Dorfes durch die Wüste zog und 30 Kilometer weiter am Vulkan einmal sogar ausgeraubt wurde? Nie und nimmer. Verträge brauchen wir nicht. Nach uralter Tradition genügen der Handschlag, das Wort, der Zeuge.

Die Arbeit kann beginnen.

Werner Harlfinger kommt mit und plant. »Wichtig ist, dass wir Kaiserschnitte machen können. Denn aufgrund der Verstümmelung ist das oft die einzige Chance für Mutter und Kind.« Uns wird klar, dass alles aufwendiger wird, als ursprünglich gedacht. Wir brauchen zwei Operationsräume, einen Vorbereitungsraum, Entbindungszimmer, Räume für Untersuchungen. Dazu Empfang, Labor, Apotheke, Lagerplatz. Und der notwendige Vollzeitbetrieb erfordert viele Mitarbeiter, denn die Babys kommen ja nicht nach Terminplan, zumindest nicht hier in Afar. Und diese Mitarbeiter müssen hier wohnen und dreimal täglich mit Essen versorgt werden. Denn die Fachkräfte, die eine Klink braucht, werden wir von weither holen müssen. Die können nach Feierabend nicht eben nach Hause. Da wir die Patientenversorgung mit den deutschen Gynäkologinnen und Gynäkologen planen, müssen wir zwei Küchen bedenken. Nicht jeder europäische Arzt kann die Landeskost vertragen, und bei einem vierwöchigen Einsatz können wir einen Ausfall aufgrund des fremden Essens einfach nicht riskieren. Die Äthiopier möchten ihr traditionelles Essen, ebenso die Patientinnen. Wir brauchen eine Kantine für die Mitarbeiter, eine Speiseecke im Ärztehaus. Es bedarf einer Wäscherei, Werkstatt, eigenen Wasser- und Stromversorgung, Müll- und Abwasserentsorgung, Ambulanzfahrzeuge und, und, und. Uns wird klar: Die Klinik muss ein eigenständiges Dorf werden, wie eine Insel, groß, autark.

Angesichts dieser gewaltigen Aufgabe schwirrt mir der Kopf – die Rache meiner Minimalfantasie. Vor uns türmt sich ein gewaltiger Berg von Arbeit: Der *Monte Maloche*.

Ali holt Angebote von Baufirmen ein. Die schauen sich das Gelände und die Anfahrtswege an. Viele passen. Es ist ihnen »zu heiß«, das Gelände »zu felsig«, es gibt »keine Maschinen«, »wenig Wasser«, »keinen Strom«. Mehr Ausreden als Steine. Nur wenige geben den wirklichen Grund zu. »Die Afar sind zu kriegerisch. Wir haben Angst.« Die anderen, die genauso denken, es aber nicht zugeben wollen, entsorgen sich selbst mit Fantasiepreisen.

Übrig bleibt eine einzige Firma. Sie kriegt notgedrungen den Zuschlag. Immerhin besitzt sie einen abgewirtschafteten

Lastwagen, prall gefüllt mit Arbeitern, eine Zementmischmaschine und ein paar schwere Vorschlaghammer mit krumm gewachsenen Holzstielen. Werkzeuge, die vor allem eins können: Schwielen produzieren. So kehren wir zurück in die Nachsteinzeit. Dann legen wir los.

Die sandigen Bauten müssen letztendlich komplett abgerissen werden. Nur die Steine können wir nutzen für den Neuanfang. Es werden Unmengen neuer Bausteine aus Kies, Sand und Zement gegossen und zum Härten ausgebreitet. Platz ist genug. Immerhin ja drei Hektar.

Ich höre zufällig von einem Gartenbauunternehmen in einer fernen Stadt, das gerade pleitegegangen ist. Ali Mekla hat das irgendwo aufgeschnappt. Er weiß um meinen Plan, alles in einen bunten Park zu verwandeln, eine Oase der bunten Farben. Wir nutzen die Gelegenheit, fahren sofort hin und kaufen alles auf: zwei Lastkraftwagen voller Bougainvilleen, Palmen und Zedern. Echte Schnäppchen. Die Pflanzen werden das Gelände in eine Wirklichkeit gewordene Fata Morgana, in ein Paradies verzaubern, in einen Farbtupfer inmitten all des fahlen Gelbes der umliegenden Landschaft, sofern die Aloe Vera nicht gerade blühen.

Wenn die Bauarbeiten abgeschlossen sind, sollen die Bäume schon möglichst groß sein. Dass sie bis zur Eröffnung sogar *noch viel* größer sein würden, als optimistisch veranschlagt, ahne ich nicht.

Als die ersten Rohbauten stehen, machen wir eine Zwischeninspektion. Annette, Roman und ich. Roman wollte sich endlich einmal unsere Afrikaprojekte ansehen. Er ist gelernter Immobilienkaufmann, jetzt Unternehmer in Hamburg. Zu dieser Zeit hat er eine aufstrebende Firma, die Versicherungsnehmern, die von den privaten Krankenversicherungen geschröpft werden, hilft, in wieder bezahlbare Verträge zu gelangen. Irgendwie auch ein Sozialprojekt, das wie David gegen Goliath kämpft.

Nun stehen wir vor unserem Großprojekt. Ich sehe die Gebäude, die blühenden Bougainvilleen und bin glücklich. Roman sieht die Maurer- und die Installationsarbeiten. Das Entsetzen steht ihm ins Gesicht geschrieben. Annette, die Arzthelferin, betrachtet die schief verlegten gebrochenen Bodenfliesen und die hingerotzten Fugen unter Fenstern und Türen, und ihr kommen die Tränen. Tränen der Enttäuschung und Wut.

Anstatt Gefälle haben die Abwasserrohre eher Steigungen. Sie haben kein System. Die Stromkabel sind für Glühbirnen geeignet, aber nicht für den Großverbrauch. Erdung Fehlanzeige, Lebensgefahr. Auch die Kacheln sind schief und wellig verlegt, fast so, wie sie aus dem Karton gefallen sind, teils gebrochen, trotzdem verlegt. Die Styropor-Wärmeisolierung ist zerrissen, zerbröselt, einfach unters Dach geschmissen. Dachkonstruktionen sind nicht termitensicher. Um nur einiges zu nennen.

Ich muss mir beschämt eingestehen, dass ich für eine solche Projektleitung völlig ungeeignet bin, und füge mich widerspruchslos in die neue Planung. »Aber«, jammere ich, »meine Konditorei in Hamburg war top!« Niemand glaubt mir.

Roman steht in der Wüste. »Das habt ihr nicht verdient. Das hat TARGET nicht verdient. Das haben die Spender nicht verdient. Ihr müsst hier sofort die Reißleine ziehen.«

An diesem Abend sitzen wir gemeinsam auf unserem Wasserturm fernab vom Dorf, oberhalb eines Trockenflussbettes. Hier sollte einmal das Wasser aus dem Brunnen für die Klinik lagern. 25 000 Liter. Von Wasser keine Spur. Unsere Blicke wandern in die Ferne über das Tal der Afar.

»Wisst ihr«, schmeißt Roman ein, »hier braucht es professionelle Unterstützung. Wenn ihr wollt, dass hier einmal deutsche Ärzte arbeiten, dann benötigt man Handwerker, die europäische Standards kennen. Ansonsten kommt nachher keiner dazu, seinen Job zu erledigen, weil er stets mit Reparaturen beschäftigt ist. Lasst mich mal einen Freund anrufen! Wenn der Ja sagt, übernehme ich hier mit ihm. Drei Monate kann ich mir das schon vorstellen.«

Er hat Jan an der Strippe, seinen langjährigen Freund, gelernter Elektriker, Allroundhandtalent. Seine trockene Antwort auf Romans Info, dass er jetzt hier in der Wüste aus einem Knäckebrotbau ein Krankenhaus machen soll: »Gib mir die Koordinaten, dann komme ich vorbei.« Gefühlte zwei Tage später steht er auf der Matte. Ein Mann, ein Wort.

Dass aus Romans geplanten drei Monaten drei Jahre werden würden, dass er alles andere, das bis dato sein Leben bestimmt hatte, dafür aufgeben würde, weiß er in diesem Moment noch nicht. Zurück in Deutschland trommelt Roman Freunde, Freundesfreunde und Freiwillige zusammen. Der äthiopischen Firma kündigen wir.

Jan ahnt nicht, dass er uns schon bald eine Sondervorstellung bieten wird. Auf der Toilette sitzend, gewahrt er plötzlich einen dunklen Schatten neben sich am Fußboden. Was er dann sieht, entsetzt ihn dermaßen, dass er reflexartig und blanken Hinterns nach draußen stürzt. Ihm folgt ruhigen »Fußes« eine Schlange!

Was wir nicht wissen: Jan ist heimlicher Schlangenfan. Also ein echter Kollege von mir. Nach dem verständlichen ersten Schock stellt er fest, dass es eine harmlose Eierschlange ist. Er fängt sie ein, baut ein Terrarium und ist damit Eigentümer des ersten Reptilienzoos in der Danakil. Sollte er von einem großen Besucherandrang geträumt haben, muss er den Traum jedoch schnell begraben. Kein einziger Einheimischer wagt sich ab sofort noch in den Raum mit dem Behältnis. Die Schlangenfurcht ist unüberbrückbar groß. Jan hat gleich eine andere Idee: »In dem Käfig werde ich meine Ersparnisse deponieren. Dort sind sie sicherer als in jedem Tresor.«

Romans nächster Freund und Mitarbeiter des Teams ist Dennis Risse, ein ehemaliger Bundeswehrsanitäter und gelernter Koch. Also ein Berufsverwandter von mir. Ich darf *Kollege* zu ihm sagen. Er soll für das leibliche und medizinische Wohl aller sorgen. Seine Reaktion auf Romans Anruf: Er kenne viele meiner Bücher und habe immer schon von solch einer Herausforderung geträumt. Es sei ihm eine Ehre, bei uns mitzumachen. Aber er könne nicht leugnen, dass er auch irgendwie Schiss habe, aus dem gewohnten Alltag in dieses Abenteuer aufzubrechen und die Komfortzone hinter sich zu lassen. Schließlich überwiegt die Abenteuerlust.

Vor Ort entpuppt er sich gleich als unermüdlicher Mitdenker und Stratege. Seine Leistung befördert ihn umgehend ins Management vor Ort. Sehr schnell spricht er auch ausreichend die Landessprache. Er führt mit viel Geduld äthiopische Köchinnen in die deutschen Küchenfinessen ein. Von ihnen lernt er, die äthiopischen Gerichte zuzubereiten. Parallel ist er ständig als Sanitäter gefragt. Ein Knochenjob, den er mit seinem schon legendären Lachen meistert.

Der Dritte im Bunde ist Flugzeugbauer und Schreiner in x-ter Generation Bernhard Eisner. Gerade hat er mal wieder einen Jumbojet für die Saudis mit allerlei Luxus ausgestattet. Erkennbar ist er an seinem Zollstock und bayerischen Dialekt. »Ich bin der einzige Schreiner, der immer noch mit *dem* Zollstock arbeitet, den er am ersten Tag in der Lehre geschenkt bekommen hat!« Ich schaue mir seine Hände an, weil er sie mir stolz entgegenstreckt. »Und der einzige, der noch alle zehn Finger besitzt!« Man sollte den Kerl unbedingt für einen Eintrag ins Guinnessbuch der Doppelrekorde vorschlagen.

Bernhard richtet eine tolle Werkstatt ein, wo alles seinen Platz hat und kein einziger Hobelspan es wagt, ohne festen Plan einfach nur herumzuliegen. Er ist verantwortlich für passgenaue Türen und Fenster, die Dachstühle und – viele Hobelspäne. Die Afar lieben den Duft seiner Späne und nehmen gern händeweise davon mit nach Hause in ihre Hütten. Nur die Schlangen mögen Berni nicht. Er hat ihnen alle Einstiegsmöglichkeiten in die Häuser verbaut. Sein Motto: »Willst es richtig fein und nobel, ruf den Eisner mit dem Hobel.«

Lars Brehm bewährt sich von der ersten Stunde an als Bauleiter und großer Techniker. Schnell wird er zu Romans rechter

Hand. Vom Ursprung her ist er Elektrotechniker und, wie sich bald herausstellt, ein bis dato verkanntes und vielseitiges Talent. Er schafft es, unsere Stromversorgung über drei Quellen zu sichern und das System von Deutschland aus zu steuern. Die Hauptquelle ist unsere Fotovoltaikanlage. Sie liefert so viel Strom, dass wir sogar die Sonne damit hätten versorgen können. Aber die hat abgelehnt. Fällt das System aus, springt automatisch das Notstromaggregat ein. Sollte auch das versagen, bleibt die staatliche Stromleitung. Aber die ist sehr launisch.

Und dann ist da unsere Katja Kässner. Von Berufung Powerfrau. Sie schickt uns der Zufall in die Hände. Dennis hatte sich eine Hepatitis A aufgehalst. »Der Salat im Restaurant von Mekele sah so lecker aus«, erinnert er sich. »Jetzt sind meine Augen gelb wie Eidotter.«

Am Empfang des Krankenhauses wollte er sein Leiden erklären. Aber weder kannte jemand das »Eidotter-Symptom«, noch sprach jemand Englisch. Die Frau am Tresen war ahnungs- und hilflos. Da hörte er deutsche Worte, und um die Ecke kam Katja! Nicht nur Deutsche, sondern sogar Berlinerin. »Oh, du hast ja Hepatitis A!«, stellte sie sofort fest. Sie hatte die Situation einfach durch die Begrüßung und den Augenkontakt erkannt und sorgte im Handumdrehen für Hilfe. Kompetenz, Reaktionsschnelle und Selbstbewusstsein in einem! Heute ist Katja Kässner unsere unentbehrliche Projektleiterin. Sie schafft es, sich unter den machohaften, widerstrebenden Männern des Afarvolkes zu behaupten. Courage, gepaart mit enormem Fachwissen, genau das Richtige für die anstrengende Leitung dieses Projektes.

Mithilfe von Ali Mekla, unserer personifizierten Kontaktagentur, rekrutiert Roman äthiopische Mitarbeiter. Bauarbeiter, die jeweils von einem der deutschen Mitarbeiter in ihre Aufgaben eingewiesen werden. Schnell kommt es zu Klagen. Jan, der Bauallrounder, hat die Fliesenleger unter sich. »Ich zeige ihnen, wie man Bodenfliesen verlegt. So richtig mit Abstandskreuzchen und Richtschnur, mit Fliesenschneider, Fugung und Wasserwaage. Solange ich zuschaue, machen sie es hundertprozentig. Aber drehe ich mich um, arbeiten sie nach Augenmaß. Und das ist krumm und hügelig. Wie die Wüste hier.«

Unser Deutsch-Äthiopier Mohammed Idris, der für die Lohnabwicklung zuständig ist, muss die vielen Leute schriftlich erfassen. Sonst verliert man schnell die Übersicht. »Es genügt nicht, dass ich bei Arbeitsantritt die Anwesenheitskontrolle durchführe. Sogar mitten am Tag muss ich schauen, ob ein jeder noch auf seinem Platz ist. Mache ich das nicht, kommen einige nur noch freitags zum Abkassieren.«

Für solche heiklen Fälle ist es gut, dass Mohammed Idris ein gebürtiger Afar ist. Er kann die vielen Leute, die für Europäer alle ziemlich gleich aussehen, mühelos voneinander unterscheiden. Ali Mekla hat ihn in Berlin aufgespürt. Er lebte dort schon lange mit seiner deutschen Frau Monika. Monika ist ein Dreifachtalent. Sie ist die perfekte Schneiderin, eine sagenhafte Köchin und ein Sprachgenie. Vorgebildet von ihrem Mann spricht sie Afaraf, vor allem perfekt Arabisch. So kann ihr keiner ein X für ein U vormachen. Sie beherrscht die äthiopische und die deutsche Küche und ist für diese, die Kantinen und die Vorratswirtschaft zuständig. Unter ihrer Obhut werden kulinarische Wunder in der Wüste gezaubert und ein Standard geschaffen, der manchen Hotelchefkoch blass werden lässt. Mit buchstabengetreuer Gründlichkeit hat sie das Putzteam der Klinik aufgebaut.

»Ich habe ein anderes Problem«, klagt auch sie. »Da hatten wir eine solch tolle Köchin. Sie bekam das beste Gehalt aller Küchenhilfen – und weg war sie. Ohne Kündigung. Sie soll nun eine Tätigkeit in einem großen Hotel in Mekele haben. ›Deutsche Küche‹, hat sie dort gesagt, und schon war sie engagiert.«

Ich tröste sie. »Das spricht für die Qualität deiner Ausbildung.«

Jan fällt uns ins Wort. »Davon kann *auch* ich ein Liedchen singen. Inzwischen sind mir zwei gute Fliesenleger abgehauen.

Ebenfalls ohne Kündigung. Sie waren seit einer Woche so weit, ohne Aufsicht fehlerlos zu arbeiten. Prompt haben sie sich selbstständig gemacht in Mekele. Auf ihrem Firmenschild werben sie mit *Deutsche Ausbildung*. Und ihr Laden brummt.« Na, das kann ja noch heiter werden, und um das zu prophezeien, bedarf es keines Hellsehers.

Dennis und Roman kümmern sich um den Brunnenbau. Die angesprochenen Firmen sehen nur Probleme, keine Lösungen. »Wie sollen wir zu euch hinkommen? Die steile Straße mit ihren Haarnadelkurven macht die Anfahrt mit großem Gerät unmöglich.«

Dieses Problem ließe sich lösen. Wir empfehlen ihnen den besseren, aber großen Umweg über Barachle. Doch der Riesenbohrer kommt auch jetzt nicht. Stattdessen taucht ein Nomade auf. »Ich soll euch sagen, dass der Lastkraftwagen nicht weiterkommt. Das Hochwasser hat die Straße mit schwerem Geröll verschüttet.«

Wir fahren dem Wagen entgegen. Schweres Gerät zur Räumung ist nicht vorhanden. Wir alarmieren Darassa Abdallah, den Sultan. Der tut sein Bestes, uns beizustehen. Im Handumdrehen hat er Dutzende Männer zusammengetrommelt, die mit Manpower, Eisenstangen, Rollen, Hebeln und Geschick jeden Felsen beiseitezwingen. Der Brunnenbau kann beginnen. Der Sultan: »Das haben wir von den Pharaonen gelernt. Die hatten auch nur Menschenkraft.« Er muss über seinen Witz herzlich lachen. Wir auch. Bis Ali Mekla meint: »Du verschweigst, dass ihr von den Pharaonen auch die pharaonische Verstümmelung gelernt habt.« Der Sultan lacht nicht mehr. Hinsichtlich des Themas Verstümmelung ist er einer der unseren.

Die Bohrung beginnt. In 120 Meter Tiefe wird man fündig. Wohlgemerkt, das ist kein Tippfehler: 120 Meter Tiefe durch hartes Felsgestein. Wir sichern die Baustelle ab und bauen daneben ein kleines Steinhaus für den Wächter. Die Wasserquelle entscheidet über Sein oder Nichtsein der Klinik. Bisher mussten wir das Wasser lastwagenweise von weither holen und bezahlen. Die Pharaonen-Straßenarbeiter behalten wir gleich da. Sie bekommen Handschuhe, Hacken und Schaufeln, um einen metertiefen Graben zur Klinik zu bauen. Distanz zwei Kilometer. Er führt über andere Grundstücke hinweg. Die Eigentümer geben ihr Einverständnis. »Das ist ihr kleiner Beitrag zum Gelingen des Bauvorhabens«, verrät der Sultan.

Aus Brasilien haben wir unseren Projektleiter Hosti kommen lassen, weil auch er ein bewundernswerter Allround-Handwerker ist. Bei den Arbeitern ist er wegen seiner ruhigen Art beliebt und respektiert. Wegen seiner hünenhaften Gestalt wollen manche Väter ihn am liebsten sofort mit ihren Töchtern verheiraten. Und das, obwohl Hosti nur Portugiesisch und Deutsch spricht. Diese familiären Verhandlungen unter Männern haben wir niemals kennengelernt. Wahrscheinlich, weil wir keine Hünen sind.

Die Freude mit den Wasserleitungen währt nicht lange. Kinder haben die elastische dickwandige Wasserleitung als Spielzeug entdeckt. Sie gedulden sich bis zum Feierabend der Arbeiter und treten zur Kinder-Sonderschicht an. Ihr einziges Werkzeug sind ein Nagel und ein Stein. Damit ist blitzschnell und unter großem Gejohle ein Loch in den Dickschlauch gehämmert. Wie ein Laserstrahl schießt die Wasserfontäne in den Himmel. Wann hat es das je gegeben in der Danakil, dass man mit Wasser spielen und duschen kann? Nie. Die Folge für unser Team: Es muss ausrücken und mit viel Aufwand die Schadstellen reparieren. Den Graben zuwerfen wollen wir erst nach zwei Tagen, wenn alles perfekt in der Klinik läuft. Das nutzen die Kinder erneut. Kaum können sie den Abend abwarten. Wir beklagen uns beim Qadi. Die Übeltäter sind schnell ermittelt, und der Spuk hat ein Ende.

Und so entsteht die Klinik, zwischen Felsen und Steinen und Dornen und Ziegen. Stück für Stück für uns ein Wunder, mit Schweiß errungen. Alles wie geplant. Wir müssen das Gelände sogar um einen Hektar vergrößern.

Besonderen Wert haben wir auf die Versorgung der Wöchnerinnen und stationären Patientinnen gelegt. Sie erhalten Vollverpflegung. Damit vermeiden wir, dass der ganze Clan bei der Frau einzieht und Feuer im Zimmer macht, um ihr das Essen zuzubereiten. Diese Gewohnheit kennen wir von Hilfsstationen und Krankenhäusern in anderen Teilen Afrikas, sogar in Addis. Überhaupt begrenzen wir die Besuchszeiten, weil wir sonst zum Ausflugsziel und Aufenthaltsort für ganze Clans werden würden.

Endlich die Einweihung! Es ist Juni 2015. Alle Stammesfürsten und einige Politiker aus Addis Abeba sind gekommen. Sogar der deutsche Botschafter Joachim Schmidt und seine Frau, Dr. Barbara Veh-Schmidt, nehmen den weiten Weg in Kauf, um das Projekt in besonderer Weise mit ihrer Anwesenheit zu würdigen. Eine Tanzgruppe sorgt für Musik und Akrobatik. Reden werden geschwungen.

Ich will etwas Besonderes bieten. Dieser unser materieller Lebenshöhepunkt soll sich für alle Gäste nachhaltig einprägen. Und er soll mir das Image des Zauberers sichern, der Gewalt hat über böse Geister. Für eine Klinik und deren Patientinnen ist die Beherrschung der bösen Geister überlebenswichtig.

»Bildet bitte alle einen weiten Halbkreis«, übersetzt Ali Mekla meine Aufforderung. Alle weichen zurück. Ich trete in den Mittelpunkt des Halbkreises. Ein laues Lüftchen weht in Richtung Zuschauer. In der Hand habe ich eine brennende Fackel und eine Wasserflasche.

Ali Mekla kennt den Text, denn ich kann gleich mit vollem Mund nicht mehr sprechen. Er redet für mich.

»Die Arbeiten haben viel Mühe gekostet. Oft hatten wir großen Durst.« Symbolisch nehme ich einen gewaltigen Schluck aus der Pulle.

»Und wie ihr wisst, gibt es in jedem Krankenhaus neben den guten auch böse Geister. Die einen machen die Patientinnen gesund, die anderen versuchen, ihre Heilung zu erschweren oder sie sogar zu töten.« Das lassen wir einen Moment sacken.

»Rüdiger weiß, wie man böse Geister vernichtet. Er weiß, wie man aus Wasser Feuer macht. Ein so großes Feuer, dass sich kein böser Geist mehr hierherwagen wird.« Jetzt macht er mich zum Zauberer, aber ich kann das ja nicht klarstellen, ich habe ja den Mund voll.

Ich hole megatief Luft durch die Nase. Bis in den letzten Lungenzipfel und darüber hinaus. Es soll das beeindruckendste Feuerspucken meines Lebens werden. Wie ein lebender Flammenwerfer will ich agieren, dass jeder Angst hat, ich wollte die Steppe abfackeln, den Ziegen das Futter stehlen und sie bei lebendigem Leib braten. Dann stoße ich die Luft mit einem Teil des brennbaren »Wassers« – gereinigtes Petroleum – aus, über die kleine Zündflamme der Fackel hinweg in Richtung der entsetzt zurückspringenden Menge.

Es gibt bekanntlich viele böse Geister. Also spucke ich erneut, fülle Petroleum nach und spucke wieder. Ein super Bild, denke ich noch, als ich in genau dem Moment stolpere. Ich atme das Petroleum, das ich für die weiteren Stichflammen noch im Mund hatte, ein und komme aus dem Husten nicht mehr raus. Es ist mir keine Flamme in die Lunge oder Speiseröhre geraten, dessen bin ich mir sicher. Aber Petroleum in den Magen, und der Husten ist aggressiv und hört nicht auf. Ali Mekla frotzelt: »Da haben dich wohl offensichtlich alle guten Geister verlassen.« Es ist immer wieder erstaunlich, wie gut der Bursche Deutsch beherrscht.

Ich versuche, die Situation zu überspielen. Das geht nur hustend und prustend. »Das war die Rache der *bösen* Geister. Doch nun sind sie getötet«, erkläre ich den Vorfall. Aber die Feier ist für mich damit vorzeitig beendet. Ich lege mich in den Schatten des Ärztehauses und japse. Nachts hört Lars meine Atemgeräusche. Er weckt Annette. »Mit Rüdiger stimmt was nicht.« Die weckt unseren ersten Arzt, Klaus Peter Sauer. Der diagnostiziert: »Lungenproblem! Sofort Heimreise! Und dann sofort zur Lungenklinik.« Der Flug geht erst am nächsten Tag. So werde ausgerechnet *ich* der erste Patient in einer Klinik, die ausdrücklich nur für Frauen gebaut wurde – die Rache der bösen Geister. Es gibt sie also tatsächlich. Sie ruhen nicht und versuchen auch auf andere Weise, uns zu schaden und zu vertreiben.

Schon am nächsten Tag geht es weiter. Da feiern wir die erste Geburt. Es ist ein Mädchen. »Das ist ein gutes Omen!«, freuen sich unser Mediziner Dr. Klaus Peter Sauer und Hebamme Julia Schultze nach diesem Ereignis. Verständlich, aber zu früh. Das zeigt sich in den nächsten Tagen. Erfolgreich blickt das Team auf inzwischen elf Geburten zurück. Alles Mädchen. Und wieder werten wir das als gutes Omen für die Zukunft. Woran soll man sich sonst auch klammern? Wir sind eine Frauenklinik.

Da macht Katja eine interessante Feststellung. Der Andrang der Frauen ist versiegt. Wir stehen allein auf weiter Flur. Keine Patientin lässt sich mehr blicken. Die mit uns befreundeten Männer im Dorf weichen den Fragen aus. Hängt die Zurückhaltung mit der deutschen Ärztin oder dem Arzt zusammen, weil sie keine Muslime sind? Habe ich beim Feuerspucken einen der bösen Geister vergessen? Bis Ali Mekla das Rätsel löst! Er hat sich unter den Leuten umgehört. Vor allem unter den Männern, deren Frauen hochschwanger sind.

Nein, so der Tenor, sie wollten vor allem *Söhne*, aber bei uns würden ja nur Töchter geboren. Deshalb ließen sie die Gebärenden nach alter Tradition wieder zu Hause ihre Kinder kriegen.

Für uns ein weiterer Einblick in die Denkweise der Menschen hier und die Erfahrung, wie viel Einfühlungsvermögen immer wieder gefragt ist. Dass nicht wir, sondern Allah das Geschlecht bestimmt, glaubt uns keiner. Aber schließlich kommt es zur zwölften Geburt: ein Junge! Der Andrang schwillt an. Die Anzahl der Jungen ebenfalls. Wie erhofft.

»Was wir hier erleben, ist ungeheuerlich«, sagt uns einer der ersten Ärzte, »davon macht sich kein Gynäkologe in Europa eine Vorstellung.«

Dr. Klaus Peter Sauer und Hebamme Julia Schultze mit dem ersten Baby

Ein anderer meint, es sei das Gegenteil der Geburten in Deutschland, wo manche Frauen sich einzig mit dem Problem plagen, mit welcher Musik sie ihr Kind gebären wollen. Was man hier sähe, wie erfüllend die Aufgabe sei, das könne keine Universität der Welt vermitteln. Wir sind glücklich. Solche Aussagen und was wir als Augenzeugen zur Kenntnis nehmen, bestätigen uns, dass das Projekt gelungen ist.

Wir haben das große Glück, dass sich Gynäkologinnen und Gynäkologen für einen Einsatz melden. Auch die Berichte von Werner Harlfinger in der Zeitschrift *Frauenarzt* und besonders die Vorstellung des Projektes auf dem jährlichen Gynäkologenkongress in Düsseldorf führt uns Ärzte zu. Wir erfahren, wie viele selbstlose es davon gibt. Sie wollen etwas Nichtalltägliches erleben, gepaart mit beruflicher Fortbildung und Wissenstransfer für einheimische Ärzte. Bei uns können sie ihr »Handwerk« so anwenden, wie sie es studiert und gelernt haben – *back to the roots*. Und bei manchem spielt vielleicht auch eine gewisse Abenteuerlust eine Rolle.

Unsere Zahlenbilanz im Sommer 2019:

Seit der Eröffnung der Klinik im Jahr 2015 haben wir 27 149 Patientinnen behandelt. In erster Linie ging es um Geburten und deren Vor- und Nachuntersuchungen. Es gab 2786 Notfälle sowie Öffnungen der verschlossenen Vaginae und 99 Kaiserschnitte.

Jede Familie wird zu FGM aufgeklärt und der Zusammenhang mit den Leiden und Problemen der Mädchen und Frauen aufgezeigt. Große Versammlungen werden dazu einberufen, zu denen auch die Frauenbeauftragten und Hebammen geladen sind und die Afar in die Pflicht genommen werden, selbst aktiv gegen den Brauch vorzugehen. Und da sie Halbnomaden sind, verbreiten sich unsere Arbeit und Hilfe weit über die Danakil-Wüste hinaus.

Aber die Bilanz dessen, wie die von FGM betroffenen Mädchen und Frauen durch großartiges Engagement Hilfe erfahren, und zwar die einzige zuverlässige im großen Umkreis, dafür reichen die genehmigten Seiten dieses Buches einfach nicht aus. Sei es das Mitarbeiterteam vor Ort und in Deutschland, die Medizinerinnen und Mediziner im ehrenamtlichen Einsatz, die projektbegleitenden Ärzte, die deutschen Ärzte und Krankenhäuser mit ihren Sachspenden und vor allem das starke Fundament der treuen Förderinnen und Förderer – gemeinsam wurde und wird jeden Tag Einmaliges und Großartiges geschaffen. Davor ziehe ich alle meine Hüte, die ich besitze. Auch meine markenzeichenmäßige Mütze.

33. Verrat

*» Sogenannte Kuckuckskinder verraten ihre
Herkunft wie von selbst,
wenn sie in einer fremden Sprache zu krähen
beginnen. «* Martin Gerhard Reisenberg

Waris Dirie, die » Wüstenblume«, besucht Hamburg! Es ist das
Jahr 2010. Das *Hamburger Abendblatt* würdigt die Urinitiatorin
des Widerstands gegen FGM mit einer ganzen Seite. Der
Redakteur erzählt ihr auch von uns, unserer Strategie und den
Erfolgen. Und dass wir in Hamburg wohnen. Waris' Reaktion:
»Die beiden muss ich unbedingt kennenlernen!« So kommt es
zum Treffen mit unserem Idol im Hamburger Hotel Atlantik.

»Ihr habt recht! Wenn der Islam den Brauch zur Sünde erklären würde, wäre der Spuk im Handumdrehen vorbei.« Sie ist
ganz begeistert. Das wollen wir nutzen. Die Somalierin ist
wegen ihres Engagements »UNO-Sonderbotschafterin gegen
FGM«. Wenn sie uns einen Auftritt vor der UNO-Vollversamm-
lung vermitteln könnte, würden wir die kurze Filmsequenz pha-
raonischer Verstümmelung zeigen können. Wie in der Azhar.
Drei Minuten, ungeschönt, drastisch, realistisch. Nicht zumutbar
bei meinen allgemeinen öffentlichen Vorträgen, aber für rang-
hohe Entscheidungsträger eine Pflichtvorführung. Jede Rück-
sichtnahme auf irgendwelche Empfindlichkeiten käme einer Ver-
niedlichung des Verbrechens gleich, wäre Feigheit, wäre Mittä-
terschaft. Die Bilder sollen lange nachhallen und etwas bewirken.

Waris Dirie ist hin und weg. Ja, das müssten wir vor der
UNO zeigen. Sie will den Film vorab sehen. »Damit ich weiß,

was ich den Verantwortlichen sagen muss.« Natürlich haben wir ihn dabei.

Wir schieben das Videoband ins Gerät. Ihr kleiner Sohn wird im Nebenzimmer mit Gameboy abgelenkt. Wir sitzen auf ihrem Bett. Waris zwischen uns. Der Film läuft an, und sofort spüren wir ihre Betroffenheit. Sie zittert am ganzen Leib, als erlebe sie das Drama zum zweiten Mal.

»Den Film *muss* ich haben! Das kann man nicht mit Worten erzählen. Das müssen meine Leute bei der UNO mit eigenen Augen sehen. Dann wird unserem gemeinsamen Auftritt bei der UNO nichts mehr im Wege stehen.«

Wir überlassen ihr die Kassette mit dem Film und bitten sie der Form halber, das Dokument gut aufzubewahren, damit es nie in falsche Hände gerät. Des Mädchens unvermeidbare Opferrolle soll den Abermillionen potenziellen Leidensgenossinnen das gleiche Schicksal ersparen. Die Verantwortlichen würden nach dem Film gezwungen sein, den Brauch zum Verbrechen zu erklären und unter hohe Strafe zu stellen. Ähnlich einem Mordversuch. Annette: »Waris, ich habe dem Mädchen im Stillen hoch und heilig geschworen, das Filmmaterial nur dafür zu verwenden!«

Waris beglückwünscht Annette zu diesem hehren Vorsatz. Sie fände die Einstellung vorbildlich. Selbstverständlich werde sie den Film hüten wie ihren Augapfel. Große Nomadenehre!

Ich vertraue ihr. Annette bleibt skeptisch und meint, wir hätten den Film lieber selbst, aber gemeinsam mit ihr, anlässlich des Vorstellungsgesprächs bei der UNO zeigen sollen. Ich vertraue der Nomadin, Annette ihrem Bauchgefühl. Gesiegt hat der Bauch. Ein Jahr hat es gedauert, bis uns das klar wird. Dreimal hatten wir zwischenzeitlich in Waris' Büro angerufen. Immer meldete sich ihre »Schwester«.

»Gibt es etwas Neues von der UNO?«

»Nein, leider noch nicht. Waris hat ja so schrecklich viel zu tun. Aber sie ist am Ball. Ein Termin für das Vorgespräch steht in Aussicht.«

Dann der Anruf einer Journalistin. »Ich möchte einen großen Bericht über FGM schreiben und finde TARGETs Herangehensweise an das Thema absolut einmalig.«

Aus ihren Worten klingt große Betroffenheit heraus. »Wie sind Sie denn auf das Thema gestoßen? Was war der Auslöser?«

»Ein grauenhafter Film auf der Webseite von Waris Dirie.«

Bei Annette schrillen die Alarmglocken. Sofort schaut sie ins Internet. Und was sieht sie? Erraten! Es ist genau ihr Film! Haargenau das Video, das wir Waris im Hotel Atlantik überlassen haben. Nur in kleinen Details unterscheidet es sich vom Original. Kleinen, aber heftigen. Es zeigt das andere Gesicht der Protagonistin und UNO-Sonderbotschafterin Waris Dirie.

»Achtung!«, heißt es im Vorspann. »Dieser Film ist für Jugendliche nicht geeignet!« Klar, dass jeder Jugendliche nun erst recht neugierig wird und ihn sich sogar problemlos runterladen kann. Und dort erfährt er dann, dass der Film unter »Lebensgefahr von Waris Dirie in Somalia gedreht« worden sei, »mit Geldern der UNO«. Nur eine einzige Fremdszene ist eingeschnitten worden: der Blick aus einem Flugzeug, der simulieren soll, dass sie an den Tatort nach Somalia geflogen ist. Die unverwechselbaren Texttafeln sind original belassen und nur vom »lästigen« TARGET-Logo gesäubert.

Dann der Höhepunkt! Gerade hat man das Blutbad der Verstümmelung gesehen, gerade noch wird jedem Zuschauer klar, dass das Opfer verbluten könnte – da tanzt sie provozierend leicht bekleidet durchs Bild und macht Werbung für ihre Parfums, Bücher, Gemälde und ruft zu Spenden auf. Produktion: Waris' Schwester.

Ich kotze geistig.

Wir rufen sofort Thomas Reinecke an, der inzwischen in Hamburg eine Firma für Filmdokumentationen betreibt. Er hat unseren Beitrag komponiert. Deutlich haben wir noch in Erinnerung, was er und seine Cutterin damals empfunden hatten. Alle 15 Minuten mussten sie pausieren, weil die Aufnahmen unerträglich waren.

Natürlich ist er genauso empört wie wir. »Das ist Hochverrat in Reinkultur. Sowohl am Opfer als auch am Thema generell. Und an Annette, die die Kamera still halten musste.« Als Internetexperte kommt er sofort zum Büro von Waris Dirie durch. Ein Mann mit österreichischem Dialekt bestreitet alles. »Joa mei, da kann joa hier jeder anrufen und behaupten, das sei *sein* Film! Das ist der *Waris* ihr Film!«

Thomas lässt sich auf keine Diskussion ein. »Wir haben jetzt 19 Uhr und fünf Minuten. In 30 Minuten ist der Film von Ihrer Homepage verschwunden, oder ich erstatte Anzeige. Was das für Ihre Ikone zur Folge hat, können Sie sich denken. Ende der Durchsage.« Er legt auf.

Tatsächlich ist der Film kurz darauf gelöscht. Nach einer Stunde dann jedoch der dreiste Rückruf des Mannes. Er möchte Waris' Schamlosigkeit unbedingt noch toppen. Sinngemäß: Er habe mal über diesen Nehberg nachgeschaut, er würde die *Kronenzeitung* anrufen, dort würde man sich die Finger danach lecken, wenn Waris ihnen von der Unterstellung dieses alten Herrn aus Hamburg berichten würde, und dass der es abgelehnt habe, mit ihr zusammenzuarbeiten, obwohl sie das angeboten habe. Ich sei ja nur neidisch auf die schöne Frau und darauf, dass sie so viel Erfolg hat. Nehbergs Strategie sei leicht zu durchschauen, ihn kenne niemand, und jetzt wolle er sich selbst wichtigtun, indem er behaupte, der Film sei von ihm. Das sei einfach lächerlich, eine böse Lüge und eine gemeine Andichterei. Deswegen würde er den Film gleich wieder auf die Home page setzen.

Aufgelegt.

Thomas Reinecke platzt der Kragen. Das kann man sogar hören. Er schäumt vor Wut. Er empfindet das Verhalten als derart bodenlos niederträchtig, dass er uns bittet, sie sofort anzuzeigen. Sonst stünden *wir* noch als Lügner und Diebe da.

Das geschieht. Es kommt zum Prozess in Hamburg. Waris' Anwalt: »Können wir uns nicht gütlich einigen? Sie wissen doch, die Richter streben immer einen Vergleich an. Unser Fall ist dafür prädestiniert. Zu guter Letzt sind es nur die Gerichte, die an solchen Streitfällen verdienen. Machen Sie doch lieber mit Frau Dirie gemeinsame Projekte! Das bietet sich doch geradezu an. Es geht Ihnen beiden doch um die *Sache* und nicht um persönliche Befindlichkeiten.«

Ja hallo! Offenbar ist der Mann schlecht informiert. Genau das hatten wir ja beabsichtigt, als wir ihr den Film aushändigten – gemeinsame Projekte.

Für den Richter liegt der Fall ganz klar. Der Prozess dauert gerade mal eine halbe Stunde. Waris muss einen hohen Geldbetrag an TARGET entrichten. Für den Fall der Wiederholung legt er eine abschreckend hohe Zahlung fest.

So viel und so wenig zu Waris Dirie.

34. Auge um Auge

*»Die Gerechtigkeit ist nicht identisch
mit der von Gerichtsurteilen.«* Paul Mommertz

Plötzlich fällt das Wasser in TARGETs Geburtshilfeklinik aus.
Drei der Mitarbeiter springen in den Toyota und fahren zum
Brunnen. Er liegt zwei Kilometer von der Klinik entfernt auf
einem Hügel gegenüber einem großen Berg. Zwischen Berg
und Hügel liegt ein breites, steiniges Flussbett. Zu der Zeit ist
es trocken. Aber einmal im Jahr toben dort die Wassermassen
des Regens in den entfernten Hochgebirgen. Sie füllen unterirdische Hohlräume mit Wasser, das Wasser für die Menschen
der Umgebung.

Das Wasser aus dem Brunnen, unser Klinikwasser, ist für
uns überlebenswichtig. Neben der Pumpstation auf besagtem
Hügel haben wir ein kleines Haus errichtet für Hamid, unseren
Wächter. Seine zwei einzigen Aufgaben sind die Ölkontrolle
des Dieselmotors, der die Pumpe betätigt, und die Bewachung
der eingezäunten Brunnenpumpe, damit niemand dort Schaden anrichtet oder heimlich Wasser entnimmt. Dafür erhält er
einen guten Monatslohn und das Haus.

Als unsere Leute am Brunnen eintreffen, betet Wächter
Habib gerade. Eigentlich betet er immer. Seinen Gebetsplatz
hat er unmittelbar vor dem Haus angelegt. Er reicht für vier
Leute. Das sind Freunde aus dem Dorf, die ihn immer wieder
besuchen. Diese seine Miniaturmoschee liegt unter einem

dichten, schattigen Strauch, der Moscheenkuppel, und sie bietet in Gebetsrichtung nicht nur den Blick bis (fast) nach Mekka, sondern auch auf die wunderschöne Landschaft. Rechts der hohe Berg, dessen Wasser wir trinken. Im steinigen Tal dann der breite Trockenflusslauf, und überall die orangefarbenen Aloe-Vera-Farbteppiche. Hier auf der Anhöhe dann unser Brunnenschacht.

»Wir haben kein Wasser! Was ist los? «

»Weiß ich nicht. «

Die Jungs schauen nach und sehen, Habib hat den Ölstand des Motors nicht kontrolliert. Der Kolben hat sich festgefressen.

»Du hast das Öl nicht nachgefüllt! «

»Ach, sind die drei Tage schon wieder um?«

»Ja, sie sind um. Aber der Ölstand bemisst sich nicht nach Tagen, sondern ist ablesbar an der Skala. « Die Jungs sind sauer, denn die Reparatur ist aufwendig.

Irgendwann, zwei Wochen später, macht es erneut blubb – und wieder gibt es kein Wasser. Wir packen das Werkzeug ein und fahren zu Habib. Er hat mal wieder Besuch, und es ist Gebetszeit – da kann das schon mal vorkommen.

Ich will's kurz machen. Beim vierten Mal können sich die Jungs kaum noch beherrschen und machen unmissverständlich klar: »Wenn das noch ein einziges Mal vorkommt, bist du auf der Stelle entlassen. Im Dorf gibt es genügend Männer, die diese Arbeit mit Kusshand machen würden. Wir haben da auch schon jemanden ins Auge gefasst. «

Habib muss keine Sekunde überlegen: »Den werde ich auf der Stelle erschießen! Mir nimmt keiner meine Arbeit und mein Haus weg! «

Was macht man in solchen Fällen? Man ruft den Qadi Darassa Abdallah. Er ist bei so etwas unser wichtigster Berater. Die Rechtsprechung bei den Afar ist erwähnenswert. Wo wir arbeiten, in Farras Dagge, gibt es kein Gefängnis. Ergo gibt es keine Untersuchungshaft, keine Wartezeit auf den Prozess. Es gibt auch keinen Rechtsanwalt. Rechtsanwälte sind die Familienmitglieder der Betroffenen. Hier wird gleich abgerechnet, eins zu eins. Berufung, Revision, Pflichtverteidiger – alles Fremdworte und enorme Geldersparnis.

»Gefängnisse gibt es in den großen Städten«, werden wir belehrt. »Hier haben wir das nicht nötig. Man kann der Gemeinde nicht zumuten, von ihrem kargen Lebensunterhalt auch noch einen straffällig gewordenen Häftling zu verköstigen.«

Habib wird also vor den Qadi zitiert. Und zwar augenblicklich. Keiner würde es wagen, der Aufforderung nicht Folge zu leisten. Er hätte echte Probleme in der Gemeinschaft. Also erscheint er. Desgleichen unsere drei Mitarbeiter.

»Hast du gedroht, deinen Nachfolger zu erschießen?«

Habib ist geständig. Ja, er hat das gesagt und zum Glück *nicht* vergessen. Im Gegensatz zum Ölstand. Zur Verteidigung führt er den Erhalt seines Arbeitsplatzes an.

Der Qadi spricht das Urteil. »Morgen ist Markttag. Da werden sämtliche Menschen aus den Nachbardörfern hier eintreffen. Sie sollen Zeugen werden, wenn wir den Schandpfahl eingraben und dich anbinden. Den ganzen Tag.« So geschieht es.

Irgendwann, Monate später, erinnere ich mich dieses Urteils und frage unsere Mitarbeiter: »Hat Habib eigentlich die Ölkontrolle noch mal vergessen?«

Sie müssen lachen. »Nie wieder!« Habib sei seither unser bester Mann. Selbst wenn ein unnötiger Draht roste, mache er Meldung. Und wenn sie bei ihm zu Besuch seien, gäbe es sofort Tee. Gerade gestern hätten sie ihm einen Topf und eine Teekanne geschenkt. Als endgültiges Signal der Vergebung.

Apropos Vergebung. Ein dringender Fall wird eingeliefert. Ein Junge wurde von einer Giftschlange gebissen. Es geht ihm nicht gut. Auf Schlangenbisse sind wir nicht eingestellt. Die Bisse erfolgen irgendwo im Dickicht, aus einer Felsspalte heraus oder bei Nacht. Dann heißt es einfach: Hilfe, ich bin von einer Kobra gebissen worden. Und weil all die verschiedenen Giftschlangenarten eines anderen Serums bedürfen und es ein polyvalentes, ein allgemein wirkendes Serum nicht gibt, können wir dem Jungen nicht helfen.

Unser Afar-Arbeitseinsatzleiter Mohammed Idris reagiert sofort. Er ruft dem Fahrer des Toyota zu, den Jungen direkt nach Mekele zu fahren. Das große Krankenhaus dort hat ganz andere Möglichkeiten der Hilfe. Bis hin zum Blutaustausch. Es drängt. Der Junge hat große Schmerzen und zeigt keine Reaktion mehr. Sein Körper spricht für ihn, und das sehr deutlich. Es eilt.

Der Fahrer lässt sich nicht aus der Ruhe bringen. Er weigert sich. In einer halben Stunde gäbe es Mittagessen. Er habe Hunger. Der Einsatzleiter ist empört und befiehlt, sofort loszufahren. Der Fahrer beharrt auf dem »Recht« des Verhungernden. Der Einsatzleiter zieht ihm den Schlüssel aus dem Hemd, entschlossen, selbst zu fahren. Er droht ihm Konsequenzen an. Der Fahrer nimmt blitzschnell seinen stammestypischen Handstock und zieht seinem Vorgesetzten einen heftigen Schlag quer über den Handrücken. »Mir nimmt keiner den Schlüssel weg. Ich bin für das Auto verantwortlich.«

Aber schließlich fährt er doch. Der Junge stirbt unterwegs. Sein Tod hängt aber nicht zusammen mit der Verzögerung durch den Fahrer. Dessen spontane Reaktion: Er habe das ja gleich gewusst, da hätte er auch noch in Ruhe sein Essen abwarten können.

Körperliche Gewalt gegen den Vorgesetzten und Arbeitsverweigerung – ein Doppelfall für den Qadi. Es gibt viele Zeugen. Deren Aussagen stimmen überein. Sein Urteil: »Der Tod ist nicht die Schuld des Fahrers, sondern die Schuld der Schlange.« Das sehen alle ein. Kein Widerspruch. Aber ganz klar habe der Fahrer seine Dienstpflicht verletzt und den Vorgesetzten geschlagen. Er arbeite für das Krankenhaus, und wenn dort in solch dringendem Fall Hilfe versagt würde, schade das der Dorfgemeinschaft und dem guten Ruf der Deutschen, die ihnen dieses Hospital geschenkt hätten. Kein Widerspruch.

Das Urteil lautet, öffentlich Abbitte zu tun. Er muss am Markttag durch alle Straßen und Wege gehen, mit gebeugtem Kopf und einem schweren Stein im Nacken. Der Richter zeigt auf einen der umherliegenden Steine. Er ist so groß wie ein Zehn-Liter-Eimer. Wenn er alle Straßen abgegangen sei, habe er mit dem Stein auf die Knie zu gehen und so die letzten 100 Meter vom Hospitaltor zum Haus des Vorgesetzten zu bewältigen.

Das Urteil des Qadi spricht sich schnell rum. Jeder Einwohner, der den Steineschlepper anderntags sieht, weiß, wessen er sich schuldig gemacht hat. Sein Image als Mann des Vertrauens ist dahin. Knierutschend vorm Haus des Vorgesetzten angekommen, nimmt der ihm den Stein ab. Mit dieser Geste verzeiht er ihm den Schlag auf den Handrücken. Aber gleichzeitig überreicht er ihm die Kündigung. Schriftlich und mündlich. »Den Schlag mit dem Knüppel verzeihe ich dir. Deine Arbeitsverweigerung ist unverzeihlich. Du bist entlassen. Fristlos. Gib mir den Autoschlüssel.«

Der Qadi ist von dieser Urteilsinterpretation überrascht. Erneute Verhandlung. Das Argument des Vorgesetzten: »Wenn wir solche Verantwortungslosigkeit auch nur ein Mal dulden, untergraben wir unsere Autorität. Dann fährt jeder nur noch, wenn er Lust hat, und wir können den Laden dichtmachen.« Die Kündigung bleibt rechtens.

Laden dichtmachen – das ist auch für den wohlmeinenden Qadi eine Horrorvorstellung. Denn die Klinik lässt das Dorf aufblühen. Die Arbeitslosigkeit ist gesunken. Es gibt inzwischen zwei Minimalhotels ohne Wasser und Toilette. Sie werden frequentiert von den Angehörigen unserer Patienten. Um den Marktplatz herum und gegenüber unserer Klinik entstehen Restaurants und Teestuben.

Aber bleiben wir noch kurz bei der Rechtsprechung. Im Nachbarort Konaba geraten zwei Männer in Streit. Das ist für ihre Familien nichts Neues. Die beiden zanken, prügeln, verletzen und beleidigen sich ohne Unterlass, seit man sie kennt. Sie stehen einander in Jähzorn und Gewaltbereitbereitschaft in nichts nach. Bis der eine den anderen ersticht.

Normalerweise ist die Familie des Opfers nun blutracheberechtigt. Sie kann den Täter töten oder von dessen Familie eine Abfindung beanspruchen. In diesem konkreten Fall verzichtet die Opferfamilie auf Tötung und Geld. Beide Familien wollen endlich ihren Frieden. Sie einigen sich, dass der Totschläger das Dorf verlassen muss und die Dorfgrenze nie mehr überschreiten darf. Heimatverbot für immer. Sonst gilt *doch* das Gesetz der Blutrache. Für viele Landbewohner mit ihren engen Familienbindungen ist das ein hartes Urteil. Unser Dorf-Qadi kennt solche Kompromisse. »Um nicht in ständiger Blutrache gefangen zu sein, wird das oft so gelöst. Für den Täter ist die Zwangstrennung vom Clan viel schlimmer als der sofortige Tod.«

Um nicht allzu weit von seiner Heimat leben zu müssen, zieht er in unser Dorf Farras Dagge, 13 Kilometer von seinem Ort entfernt. Doch wie das Leben manchmal so spielt, gerät er auch hier bald in bitteren Streit. Der jetzige Streitfreund ist ihm körperlich auf jeden Fall unterlegen. Als die Spannungen eskalieren, wird dem Schwächeren himmelangst. Er weiß um seine Unterlegenheit und sticht lieber selbst zu, bevor es der andere tut. Jetzt ist *er* es, der das Dorf verlassen muss. Zu seinem Glück findet er Asyl in Konaba, dem Dorf, wo der erste Mord geschah.

Und auch das gehört zu unserem Alltag: Ein Reiseunternehmen hat die Klinik als touristisches Ziel auserkoren. Mit Kleinbussen und jeweils ungefähr 20 Globetrottern wollen sie unser Krankenhaus besichtigen. Einmal monatlich. Das wäre doch eine tolle Werbung für uns. Und ob sich seine Kunden in unserer Kantine erfrischen und auf dem Gelände zelten dürften.

Der Unternehmer kann es kaum fassen, dass so was unter überhaupt gar keinen Umständen infrage kommt. Abgesehen davon, dass man dann kompetente Mitarbeiter dafür abstellen müsste, würden wir unsere oft traumatisierten Patientinnen niemals zum Besichtigungs- und Fotomotiv herabwürdigen lassen. Denn allen solchen Touristen würde es in erster Linie um Fotos gehen. Der Unternehmer bleibt unbelehrbar. Ob es eine Frage des Geldes wäre. Er könnte pro Tourist 20 Euro bezahlen. Und 30, wenn sein Unternehmen das Besichtigungs*monopol* erhielte.

Oder dieses: Ein Mann aus der Hamburger Erosszene erbietet sich, dauerhaft eine höhere Summe zu spenden, wenn er damit für seine Lebensart freier Liebe werben dürfe. »Von Menschen, die ein erfülltes Sexleben haben, für Frauen, denen das nicht vergönnt ist infolge ihrer Verstümmelung. Ich möchte TARGETs *Sozialpartner* werden, wenn ich das mal so sagen darf.«

Darf er. Gut gemeint. Aber Annette und ich lehnen dennoch ab. Diese Verquickung wird uns Probleme einbringen. Eros und Euros gehören zwar zusammen, aber im Zusammenhang mit *unserer* Tätigkeit und dem Islam würden wir uns damit nur Schwierigkeiten einhandeln.

Zum Abschluss noch eine kleine beglückende Geschichte: Ein Afar-Vater erscheint mit seinen beiden jungen Töchtern an der Hand in der Klinik. Sie gehen sehr langsam und sichtbar schmerzgekrümmt. Er will sie dringend untersuchen lassen. Sie seien in seiner Abwesenheit und gegen seinen Willen auf Veranlassung der Großmutter verstümmelt worden.

Unser Arzt Dr. Majid schaut sich den Fall an. Ja, sie sind zwischen den Beinen grauenhaft entzündet. Nicht nur Labien und Klitoris sind den Mädchen gestohlen worden, auch ihr Lächeln. Majid öffnet die verschlossene Scheide unter lokaler Narkose. Die mehrtägige Nachbehandlung kann zwar die entfernten Teile nicht neu entstehen lassen, aber die Wunden verheilen, der Schmerz ist behoben. Jeden Tag sitzt der Vater am Bett seiner Mädchen, bis er sie geheilt nach Hause mitnehmen kann.

Seither ist der Vater eine Art Dauerbesucher in der Klinik geworden. Sein Anliegen ist jedes Mal dasselbe. Er umarmt den Arzt und lässt es jeden anderen Umstehenden wissen: »Ich danke euch! Ich danke euch! Ich danke euch! Ihr habt meinen Töchtern das verlorene Lächeln wiedergeschenkt.«

35. Das mutige Bekenntnis

»Demut birgt Mut.« Dietrich von Wilke

Von Ali Mekla erfahren wir, dass Sheikh Yussuf Al-Qaradawi aus Katar inzwischen auch *öffentlich* überzeugend gegen FGM Front macht. Annette ermutigt mich, den Gelehrten zu einem ausführlichen Statement vor der Kamera zu bewegen. Doch sein Büro in Doha antwortet nicht. Ali Mekla lässt nicht locker, schließlich sei der Sheikh in Sachen Religion der größte Meinungsmacher im Vorderen Orient und Ostafrika. »Fliegt einfach hin, und steht vor seiner Tür!«

Ganz so dreist wollen wir dann doch nicht sein. Ich mag bei mir zu Hause auch keine unangemeldeten Gäste. Wir erinnern uns an Lemine, unseren »Wüstenfuchs« und Geheimdienstmann in Mauretanien.

Thomas Reinecke ruft ihn an. Die beiden sprechen Französisch. »Kannst du Rüdiger, Tarafa und mir ein Gespräch mit Qaradawi organisieren?«

Lemines Blitzantwort: »Kein Problem. Aber dann brauche ich einen Vorschuss. Qaradawis Leitung ist ständig besetzt. Bis ich durchkomme, hänge ich ewig in den Warteschleifen. Aber *wenn* ich durchkomme, wird er zustimmen. Da bin ich sicher.«

Er bekommt etwas Telefongeld. Wenn er den Kontakt zustande bringt, erhält er einen Festpreis. Der ist fällig beim Überschreiten der Haustürschwelle in der Residenz des Sheikhs.

Nach zwei Tagen meldet sich Lemine. Er ist schwer zu verstehen. Ja, der Termin käme zustande, filtert Thomas heraus. »Warum ist das so laut bei dir? Wo bist du?«

»Ich trinke gerade einen Kaffee in der Autowerkstatt. Mein Wagen muss mal wieder repariert werden. Das ist immer eine Gelegenheit zu Gesprächen mit guten Freunden. Hier trifft man sich.«

»Warum kaufst du dir nicht endlich einmal einen besseren Gebrauchtwagen, einen, der noch nicht so viele Reparaturen benötigt? Dein Wagen ist Schrott«, sagt Thomas scherzhaft. Wahrscheinlich ist er undercover auch Werbechef eines Autoherstellers.

»Einen Fast-Neuwagen meinst du? Quasi reparaturlos? Um Himmels willen! Dann denkt ja jeder, ich hätte nicht mal Geld für Reparaturen.«

Diese Logik verstehe, wer wolle. Sie entzieht sich meinen Kombinationsfähigkeiten. Auch denen von Thomas. Aber zumindest möchte ich hiermit Lemines Genialität verewigen. Er hat irre Verbindungen, die für uns wertvoll sind. Aber es macht uns auch vorsichtig, als er gleich die erneute Frage hinterherschiebt, wann er denn sein Geld bekäme. Er bräuchte es gerade jetzt wegen sehr dringender Familienangelegenheiten. Leider hat er die immer. Wir kennen ihn nicht anders.

»Erinnerst du dich, was wir vereinbart hatten? Deinen Lohn erhältst du in dem Moment, wenn wir die Türschwelle von Qaradawis Haus überschreiten; und zwar unabhängig davon, ob das Gespräch erfolgreich verläuft oder nicht.«

Nur zwei Wochen später hat unser Wüstenfuchs einen Termin für uns bei Qaradawi!

»In 14 Tagen. Er freut sich sogar auf die Begegnung. Er hat euch in bester Erinnerung. Wann kann ich das Geld haben?«

»Was haben wir vereinbart?«

»Wenn ihr zu Qaradawi dürft und ihr einen Termin bei ihm habt.«

»Nein, wenn wir seine Türschwelle überschreiten.«

Der Wüstenfuchs muss kurz vorm Verhungern sein. Täglich ruft er an. Vierzehn Tage lang. Er bräuchte das Geld. Schon jetzt. Seine Frau hätte einen Sohn bekommen. Immer das gleiche Prozedere. Nur das Datum ändert sich.

Dann endlich sind wir in Doha, Katar. Sheikh Professor Yusuf Al-Qaradawi wohnt am Stadtrand. Baugebiet. Die Villa ist nicht unbedingt auffällig. Sie ist von einer hohen Mauer umgeben. Wir werden eingelassen. Besondere Sicherheitsvorkehrungen können wir nicht erkennen.

Lemine kennt den Zeitpunkt, und prompt ruft er an. Endlich ist sein Moment gekommen! Wir halten Wort, informieren Annette in Deutschland telefonisch, noch bevor wir das Gebäude betreten. Sie überweist augenblicklich das Geld, und Lemine kann endlich wieder zum Mercedes-Reparaturdienst und den dicken Larry raushängen lassen. Oder daheim einen zweiten Sohn zeugen.

Unser Gastgeber residiert in der ersten Etage. Beeindruckende Bücher füllen die Wände und Räume. Es ist behaglich und betriebsam. Sein Büroleiter bringt uns in das Arbeitszimmer.

Qaradawi sitzt hinterm Schreibtisch. Wir verneigen uns und begrüßen ihn.

»*Salaam alaykum*, Eminenz! Wir danken Ihnen sehr herzlich für die kostbare Zeit, die Sie uns schenken.«

Der Sheikh erwidert den Gruß, erhebt sich und begrüßt uns mit Handdruck und Hand-aufs-Herz-Legen.

»Nehmen Sie Platz!« Er schaut zur Tür und stutzt. »Sind Sie allein? Wo ist Ihre Frau Annette?«

Während prompt der obligatorische Tee serviert wird, packe ich die vier Geschenke aus. Lange haben wir überlegt, was man solchem Mann noch bieten könnte. Er wird alles haben.

Geschenk Nummer eins ist ein alter sogenannter »Löwenkopfsäbel« in einer vermessingten Scheide. Ich habe ihn extra gut schärfen lassen, weil ich die Reflexreaktion der mit einem Säbel Beschenkten kenne: Sie fühlen mit dem Daumen, ob er

scharf ist. Wenn man ihn im Handel erwirbt, ist er vorschrifts-
mäßig stumpf.

Das erfuhr ich bei früherer Gelegenheit beim Zoll im Hamburger Flughafen. »Was haben wir denn da?«, wollte der Rönt-
genmeister wissen.

Wieso »wir«, dachte ich.

»Säbel!«, sagte ich.

»Wollen Sie damit in den Krieg?«

Der Mann schaute sich das gute Stück mit Kennermiene an
und zog ihn aus der Scheide. Und was tat er prompt? Er fühlte
die Schärfe!

»Der ist ja scharf!«, verriet sein blutender Daumen. Im
Geiste dankte ich dem Scharfmacher. Gute Arbeit.

»Ja, denn jeder, der solch ein Geschenk erhält, fühlt automatisch, ob es scharf ist. Wie Sie gerade. Wenn er stumpf ist, sind
alle enttäuscht.«

»Sie dürfen aber nur *stumpfe* Klingen ausführen. Geschärfte
Säbel sind Kriegswaffen! Sie verstoßen gegen das Kriegswaffen-
gesetz.«

»Im Ernst? Ich kenne niemanden, der damit in den Krieg
zöge. Da sind die brasilianischen Macheten gefährlicher. Wohin
ich reisen muss, in Arabien, hat jeder eine Maschinenpistole.«
Also erzählte ich ihm das Warum und Wofür.

»Ach so. Sie kämpfen gegen Weibliche Genitalverstümmelung? Dann nehmen Sie die Waffe mit. Ich wünsche Ihnen allen
Erfolg.«

Geschenk Nummer zwei ist eine uralte, fantastisch handge-
schriebene Seite aus dem Koran mit roten Korrekturen. Also
etwas aus der Zeit, als die Druckkunst noch nicht erfunden war
und jedes Koranexemplar einzeln mit spitzer Feder geschrieben wurde. Davon hat Annette zehn Seiten im Internet er-
standen.

Geschenk Nummer drei ist unser Goldenes Buch.

Und Geschenk Nummer vier – was könnte es anderes sein?
Es sind Pralinen! Wie damals in der Azhar.

Mit Tarafa Baghajati bei Sheikh Qaradawi

Der Sheikh ist sichtbar überrascht ob so vieler Aufmerksamkeiten. Als Erstes gebe ich ihm den Säbel. Er streichelt ihn anerkennend und meint: »Oh, ein schönes Stück. Symbolisch für den Lebenskampf.«

Gekonnt und mit zischendem Geräusch reißt er ihn aus der Scheide. Musik für seine Ohren. Auch für meine. Und prompt erfolgt das obligatorische Fühlen. Er schneidet sich nicht, ist aber sehr zufrieden. »Sehr gut!«

Es folgt die Koranseite. »Oh! Das ist für mein Herz! Sie haben sich ja richtig Gedanken gemacht!« Behutsam legt er sie auf einem Tischchen ab.

Dann bekommt er das Goldene Buch. Die Reihenfolge der Geschenkübergabe haben wir zu Hause geübt. Tarafa macht ihm klar, welche Bewandtnis es damit hat. Schließlich kommt auch Qaradawi darin vor. Mich freut, dass unser kleines Goldenes Buch sich neben den vielen Hundert gewaltigen, goldschweren Wälzern in seinen Bücherregalen durchaus behaupten kann. Ich erinnere mich an Annettes Worte: »Es soll bestehen können neben dem Koran.« Heute erlebe ich den Beweis.

Längst blättert der Sheikh darin herum. Als Schnellleser hat er das Vorwort des ägyptischen Muftis mit seinen Augen radar-geblitzt. Auch die ihn betreffenden Konferenzzitate. Er nickt sie ab. »Gut gemacht!«, lobt er. Ich mache auf bescheiden und kor-rigiere. »Das ist alles Annettes Werk!«

»Ja, schade, dass sie nicht mitgekommen ist.«

Zuletzt darf er den Karton mit Mandelsplittern öffnen. Ein sattes Kilo Mandeln in Milch- und in Bitterschokolade.

»Oh!« Er schaut auf seinen Bauch, streichelt ihn und meint: »Das darf ich ja eigentlich gar nicht annehmen. Aber wo Sie es nun einmal von so weit her nach Katar geschleppt haben, kön-nen Sie es gern hierlassen.« Das tun wir, obwohl wir sie genauso gern selbst gegessen hätten.

Dann kommt er zur Sache. »Seit der Konferenz in Kairo habe ich über das Thema Verstümmelung intensiv nachgedacht. Dieser Brauch muss schnellstmöglich beendet werden. Deshalb gebe ich Ihnen sehr gern ein ausführlicheres Statement.«

Und was er uns dann in die Kamera spricht, ist verewigens-wert. Weil Qaradawi für viele Muslime von hoher Bedeutung ist, seien einzelne Passagen hier abgedruckt. Tarafa hat sie in Qaradawis Büro gleich zu Papier gebracht, der Sheikh hat noch drei, vier Worte ausgetauscht und seine Fatwa dann unter-schrieben. »Das mache ich normalerweise nicht. Aber heute tue ich es. Für Sie. Diese Fatwa hier werden Sie demnächst in meinem ›Fatwa-Band 4‹ nachlesen können. «

Die Fatwa ist sicher auch für Laien wegen der Formulie-rungskunst interessant. Hier einige Auszüge:

Doha, den 02. März 2009 (5. Rabi al-awwal 1430)

Allah sei gelobt, Friede und Segen sei mit seinem Propheten!

Alle religiösen Gutachten im Islam unterliegen den vier sogenannten Rechtsquellen (Koran, Sunna, Konsens und Analogie). Über die Anwendung dieser Rechtsquellen hat sich die islamische Weltgemeinschaft geeinigt.

Bei der Betrachtung dieser Quellen bezüglich Weiblicher Genitalbeschneidung findet man keinen einzigen Beweis, der die Weibliche Genitalbeschneidung erfordert oder empfiehlt. (...) In vielen islamischen Ländern wird die Beschneidung durch ungebildete Frauen ausgeübt, die nicht über die nötigen medizinischen Voraussetzungen verfügen. Sie achten überhaupt nicht auf die erforderlichen Anweisungen, und dies hat erhebliche Schäden verursacht.

Es besteht kein Zweifel, dass die Rechtsquellen die Weibliche Genitalbeschneidung nicht erfordern oder empfehlen. (...)

Allah hat den Menschen Vieles zugelassen, um ihr Leben zu erleichtern und ihre Umstände zu lockern, wie Allah sagte: »Allah will euch Erleichterung gewähren. Der Mensch ist (ja) von Natur schwach.« (Sure 4, Vers 28) (...)

Wir (Qaradawi) haben hier einen Grund, von den Stellungnahmen der Gelehrten abzuweichen, weil es in ihrer Zeit keine genauen Informationen und Statistiken gab, die uns heute zur Verfügung stehen. Aus diesem Grund sagten sie, dass die Fatwa sich gemäß Zeit, Ort und Situation verändern kann. Wenn die Gelehrten früher diese Tatsachen hätten feststellen können, wie wir es heute tun, hätten sie ihre Meinungen geändert, denn sie wollten immer das Recht zeigen.

Da die sachliche Untersuchung durch neutrale Experten und Spezialisten, die weder ihren eigenen Interessen noch Begehrlichkeiten anderer folgen, bewiesen hat (TARGETs Gelehrtenkonferenz), dass die Weibliche Genitalbeschneidung in ihren vorhandenen Formen dem weiblichen Geschlecht körperliche und psychische Schäden zufügt und das eheliche Leben der Frauen stark beeinträchtigt, muss dieser Brauch gestoppt werden, um diesen Schaden zu vermeiden. Die Begründung, warum wir in diesem Punkt den alten Gelehrten widersprechen, liegt darin, dass zu ihrer Zeit nicht unser jetziger Informationsstand und detailliertes Wissen vorlagen. Es gilt: (... der Grundsatz): Eine Fatwa ändert sich mit der Änderung von Ort, Zeit und Umständen.

Basierend auf der obigen Erklärung halten wir fest, dass die jetzt praktizierte Weibliche Genitalbeschneidung ohne jegliche gerechtfertigte Begründung eine unerlaubte und islamisch verbotene Sache ist. Diese ist als »Änderung der Schöpfung Allahs« zu betrachten, die ein von Allah verbotenes Werk des Teufels darstellt. Es gibt diesbezüglich keine Erlaubnis Allahs.

Wer sich in dieses Thema vertiefen möchte, kann unsere detaillierten Gutachten im Buch (Zeitgemäße Fatwas, Band 4) nachlesen.

Der bescheidene Diener Allahs,
Yusuf Al-Qaradawi

Es ist Zeit zum Mittagsgebet. Natürlich nehme auch ich daran teil. Qaradawi betet vom Stuhl aus. Sein Alter hat seine Bewegungsfreiheit eingeschränkt. Ich mit meinen wunden Knien schaffe es gerade noch. Doch mir ist klar, dass auch ich bald einen Stuhl benötigen werde. Nach dem Gebet notiere ich in meinem Tagebuch: »Leichten Klappstuhl bei Globetrotter kaufen.«

Schließlich verabschieden wir uns. Qaradawi begleitet uns bis unten vor die Haustür, sein Bürovorsteher bis zum Grundstückstor. Vor der Haustür steht ein großer Tontopf. Qaradawi holt einen Löffel aus dem Gewand, gräbt eine Pfefferminzpflanze aus und packt sie in eine Plastiktüte. »Das ist für Annette. Für die Pralinen. Sie trinkt doch so gerne Tee mit frischem Pfefferminz.«

Danke, »bescheidener Diener Allahs«!

36. Helmut Schmidt vermittelt

»Amateurs hope.
Professionals work. « Garson Kanin

Wir haben mehrere Stammes- und Landeskonferenzen mit Erfolg beendet. Es ist uns von höchster islamischer Instanz erlaubt worden, in der Azhar eine internationale Gelehrtenkonferenz durchzuführen. Ägyptens Großmufti Ali Gom'a hatte dafür die Schirmherrschaft übernommen. Sie endete mit historischem Erfolg. Wir haben das Goldene Buch geschaffen und in vielen Regionen zehntausendfach verteilt. Es folgten die Fahrende Krankenstation und die große Geburtshilfeklinik. Wir haben oft erlebt, dass der Azhar-Fatwa Folge geleistet wurde. Eigentlich sollten wir zufrieden sein. Doch ist der Brauch nicht beendet. Wenn ich das Ende der Tradition noch erleben will, müssen wir neue Wege beschreiten: schnellere, wirksamere, globale.

Seit Jahren keimt der Gedanke, die Ächtung vom allerheiligsten Ort des Islam verkünden zu lassen, in Mekka. Ich propagiere sie auf meinen Vorträgen. Ich habe ein Transparent entworfen, mit dem ich jeden Vortrag beende. Stehende Ovationen stärken mir den Rücken. Wenn ein Gläubiger am Geburtsort des Propheten und des Islam von der theologisch qualifiziert fundierten Ächtung erfahren würde, erzielte man damit eine ganz andere Wirkung. Über die Azhar haben wir zwar den Intellekt des Islam erreicht. Aber das war zu wenig, wie sich herausgestellt hat. In Mekka würden wir jeden Gläubigen in seinem tiefsten Herzen erreichen – davon sind wir überzeugt.

Für die Realisierung der Vision gibt es nur einen einzigen Menschen auf der Welt, der die dafür erforderliche Macht besitzt. Das ist der König von Saudi-Arabien. Er ist der Alleinerbe und Herr über alles, was der Prophet geschaffen und hinterlassen hat. Mit einem Königsdekret könnte er die Ächtung von heute auf morgen veranlassen. Es wäre nicht nur für die Frauen von unaussprechlichem Segen, sondern auch für den Islam und Saudi-Arabien. Und es wäre ein Signal gegen den islamistischen Terror, der die Religion über seine Verbrechen interpretiert. Das Königsdekret würde der Welt von ganz anderen Werten der Religion Zeugnis ablegen. Es wäre sogar »eine islamische Verpflichtung«, wie es die Zeitung *L'Eveil* in Mauretanien einmal treffend formuliert hatte.

Aber wie kommt ein Abenteurer und Menschenrechtsaktivist an den saudischen König heran? Kein Tag vergeht ohne einen Gedanken an dieses Ziel. Die Außenminister stehen hinter uns, ich spreche und schreibe Menschen an, die im Königshaus ein und aus gehen. In erster Linie sind das Firmenmanager, zwei Bundespräsidenten, ein Nobelpreisträger. Ich habe aus Anlass dieses Buches versucht, sie zu zählen. Ich komme auf fast 100. Eins wurde mir dabei klar: Niemand wagt, das Thema FGM beim König oder seinen Vertrauten anzusprechen. Es würde seine Kompetenzen überschreiten. Das Thema ist zu heikel.

Eines Tages kam mir Helmut Schmidt in den Sinn. Ich hatte flüchtige Kontakte zu ihm seit den Zeiten meiner Konditorei. Immer wenn wieder einmal ein neues Buch von ihm erschien, stand der Verlag auf der Matte und bat um eine kleine Marzipankarikatur, meine Spezialität. Helmut Schmidt war zum Glück leicht zu modellieren. Er hatte markante Gesichtszüge, und zuletzt drückte ich ihm die obligatorische Zigarette in den Mund, zauberte etwas Rauch aus Zuckerwatte – und fertig war der Bundeskanzler.

Er genoss noch immer ein besonders hohes Ansehen in der Welt und war nun noch dazu Herausgeber der *Zeit*. Während ich bei im Amt befindlichen Politikern immer auf deren begrenzte Möglichkeiten durch diplomatische Etikette gestoßen war, dürfte Helmut Schmidt davon entbunden sein. Er war frei.

Also schrieb ich ihn an mit der Frage, ob er mir zum König verhelfen könne. Der Bundeskanzler a. D. antwortete prompt. Nur zwei Tage später flatterte mir die Kopie seines Briefes an den saudischen Botschafter Prof. Dr. Ossama bin Abdul Majed Shobokshiin in Berlin auf den Tisch. Der musste das Original mit gleicher Post erhalten haben. Das Schreiben wirkte so, als hätte Helmut Schmidt es mit einer alten mechanischen Schreibmaschine getippt, wo die umschlossenen Felder der Buchstaben e, g und a verklebt sind vom Stoff-Farbband. Dessen ungeachtet war der Inhalt schmidtmäßig kurz und zackig. Ich konnte nachfühlen, wie er den Brief zu Papier gebracht hatte. Persönlicher geht es nicht.

Das Staunen hat sich noch gar nicht richtig gelegt, als auch schon die Antwort des Botschafters da ist! Sinngemäß: »Sehr geehrter Herr Bundeskanzler ... welche Ehre, von Ihnen Post zu erhalten ... ich bin ein alter Bewunderer von Ihnen ... Ihr Großbild hängt in meinem Büro ... selbstverständlich werde ich mein Bestes tun, Herrn und Frau Nehberg zu helfen ... Sie können sofort einen Termin mit meinem Büro vereinbaren ...«

So geschieht es. Annette und ich sind bewusst zwanzig Minuten vorher dort, falls die Leibesvisitation wertvolle Minuten raubt. Tut sie aber nicht. Schließlich seien wir Ehrengäste des Botschafters. Die taste man nicht ab. »Sie werden schon am Fahrstuhl erwartet«, weist uns jemand den Weg. Oben angekommen wollen wir Platz nehmen im Wartebereich. »Nein, bitte, Sie können gleich durchgehen, der Herr Botschafter erwartet Sie schon.« Keine Komplikationen, keine Demonstration der Überlastung in Form großer Aktenmappen-Stapel. Vielmehr ist alles picobello aufgeräumt und sauber, und schon wird der obligatorische Tee angeboten.

Der Botschafter ist promovierter Mediziner. Er wird das Verstümmelungsproblem gut kennen. Und er spricht ausgezeichnet Deutsch. Somit sind wir zu viert im Raum. Der Botschafter, Annette, ich und – Helmut Schmidt! Sein Bild hängt tatsächlich groß an der Wand, und er hat alles im Blick. Das Gespräch mit dem Botschafter ist wohlwollend und hilfreich. »Formulieren Sie Ihre Idee bitte schriftlich. Ich werde den Antrag dann mit einem Begleitbrief ans Königshaus weiterleiten.«

Unterm Tisch drücke ich kräftig Annettes Hand. So nah waren wir noch nie vorm Ziel.

»Sie müssen sich aber auf mindestens vier Monate Wartezeit einstellen«, verrät er noch. Nach sechs Monaten fragen wir nach. Telefonisch und zaghaft. »Gibt es noch keine Nachricht aus dem Königshaus?« – »Nein, leider noch nicht. Und Nachfragen sind in Diplomatenkreisen nicht üblich. Wir hoffen trotzdem sehr, dass die Antwort noch kommt.« Leider kommt sie nicht.

Wir müssen am Ball bleiben. Vielleicht haben die Vorentscheider auf dem verschlungenen Weg zum König den Brief vernichtet, weil sie sich unserer Meinung nicht anschließen konnten.

37. Bei der OIC, der »islamischen UNO«

*»Zukunftsversprechen sind Gegenwarts-
versprecher.«* John Schiermann

Ja, wir müssen alle Wege gehen. Aber wir können nicht sämtliche FGM-Länder der Welt bereisen. Dafür sind wir eine zu
kleine Organisation, die sich einer riesigen Aufgabe verschrieben hat. Dazu bedarf es engagierter und qualifizierter Mitarbeiter, die unser Team ergänzen. Wir benötigen Geld, um die
Visionen zu finanzieren. Dazu kommt, dass meine Lebenszeit
schwindet. Immer öfter denke ich darüber nach, wie es wohl
weitergehen wird, wenn mein Dasein beendet ist. Natürlich ist
da Annette. Da sind auch ihr Sohn Roman und ihre Tochter
Sophie. Und da ist die »Firma«. TARGET wird nicht untergehen. Inzwischen ist Annette mir weit über den Kopf gewachsen.
Ihre Zielstrebigkeit, das Verantwortungsgefühl, das diplomatische Geschick, ihr Fleiß – das alles freut mich und gibt mir die
Zuversicht, dass es weitergehen wird. Längst ist sie die eigentliche Chefin des Ladens.

Der einzige Wermutstropfen bei diesen Gedankenspielen
ist, dass sie nicht diese Kontakte zu den islamischen Gelehrten
aufbauen kann wie ich. Ganz einfach deshalb, weil sie eine Frau
ist. Dazu kommt meine lange Vorgeschichte mit dem Islam und
seiner Gastfreundschaft. Außerdem mein Alter. Auch wenn das
nicht unbedingt ein Verdienst darstellt. Was das Alter betrifft,
bin ich zwar sicher, dass sie dahin auch noch kommen wird,

aber es bleibt fraglich, ob es ihr als Frau nutzt. Dafür ist es ihr Privileg, die Gespräche mit den Frauen zu führen, was mir versagt bleibt. Zu mir, einem fremden Mann, hätten sie nicht diese Offenheit, die Annette erfährt. Wir funktionieren vor allem als Duo.

Aber meine Kräfte lassen nach. Andere haben in meinem Alter längst den Löffel abgegeben. Ich muss ranklotzen, um das Finale des Verbrechens an den Frauen noch mitzuerleben. Das hat mich dazu veranlasst, die Verantwortung für TARGET Annette zu übergeben. Sie ist nun das administrative und kreative Hirn des Vereins. Ich klebe nicht an meinem »Ersten Vorsitzenden«. Für mich ist die Bezeichnung lediglich eine Formsache. Der Verein ist gewachsen. Da muss man delegieren können. Die Zeit ist längst reif für die nachfolgende, die digitale Generation. Annette ist mir da einwandfrei überlegen. Sohn Roman und Tochter Sophie stehen schon einen großen Schritt weiter als in den Startlöchern und sind TARGET-infiziert. Die Zukunft kann also kommen. Meine Stärke sind die Vorträge und die vielen parallelen Wege hin zur Realisation der finalen Vision: der Ächtung der Verstümmelung in Mekka.

Mein Hirn steht nie still. Ständig denke ich, Lebenszeit ist auch Mädchenzeit. Laut WHO werden immer noch geschätzte 8000 Mädchen pro Tag verstümmelt. Ich muss die Restzeit optimal nutzen. Ich denke zurück an den mauretanischen Mufti Hamden Ould Tah. »Willst du jetzt alle Verstümmelungsländer der Welt durchwandern? So viel Lebenszeit wird Allah dir nicht mehr geben.« Ja, ich weiß, er hat recht, der alte Philosoph.

Auf meiner Liste, neudeutsch Agenda, steht die OIC, die Organisation of Islamic Cooperation. Sie ist die islamische UNO. Tarafa Baghajati, unser Islamberater, nutzt eine Begegnung mit dem Gelehrten Ekmeleddin Ihsanoglu, um ihn um Unterstützung zu bitten. Ihsanoglu ist Türke und damals noch OIC-Generalsekretär. Die Organisation hat ihren Sitz im saudi-arabischen Dschidda am Roten Meer. Ihr gehören 56 islamisch geprägte

Staaten an. Von diesen 56 sind es 35, die traditionell FGM praktizieren. Ich recherchiere: Alle bekennen sich offiziell zur Ächtung der Weiblichen Verstümmelung. Doch *inoffiziell* existiert das Verbot nur als Druckerschwärze auf missbrauchtem Papier. Ich ahne, was das Papier denkt: »Lieber Federhalter, Hauptsache, du kratzt mich.« Wenn sie es ernst meinten, müsste FGM längst der Vergangenheit angehören. Das tut sie aber nicht.

Tarafa kann den Generalsekretär schnell überzeugen. »Die OIC nimmt das Thema auf ihre Agenda!«, berichtet er stolz. »Es werden drei Frauen ernannt, die sich dieses Problems annehmen.« Sofort kommt mir die Idee, vor den Delegierten einen kurzen illustrierten Vortrag zu halten. Einen Vortrag jenseits der Zumutungsgrenzen, damit jeder Abgeordnete knallhart weiß, worum es geht und dass wir in ihrer Religion den Schlüssel für das Ende von FGM sehen. Da soll einer einmal gegen uns sein.

Leider ist Ihsanoglus Amtszeit gerade abgelaufen. Ihm folgt 2014 der Saudi Iyad bin Amin Madani. Mithilfe und in Begleitung des deutschen Botschafters Boris Ruge erhalten wir einen Termin bei ihm in Dschidda. Zusammen mit Roman und Tarafa. Die drei Frauen der OIC, die für uns zuständig sind, finden die Vortragsidee großartig. Leider sei der Generalsekretär zurzeit im Ausland. Ich bekäme bald eine Antwort.

Wir haben das Gefühl, dass die Frauen wirklich auf unserer Seite stehen. Unsere Ausführungen haben sie überzeugt. Wann zuvor haben sie so viel Kreativität und Power erlebt? Ihre Augen glühen vor Begeisterung. Ich taste mich weiter vor. »Nach dem erhofften Vortrag möchte ich gern ein Transparent vor den Delegierten entrollen mit der Azhar-Fatwa. Darf ich es Ihnen mal zeigen?« – »Na klar!«, ertönt es aus allen Mündern gleichzeitig. Fast wie bei den Fischerchören, muss ich denken. Doch der Besprechungsraum ist kleiner als mein Transparent. Aber mit Hin- und Herrollen und diagonalem Hochhalten erahnen sie mosaikweise das Wesentliche. Ihre Begeisterung steigt. Denn wann gibt es hier schon mal *action*? Das nutze ich. »Am liebsten

Transparent vor der OIC

würde ich das Transparent vor dem Gebäude aufspannen! Als symbolisches Bekenntnis der OIC gegen FGM!« Überraschend sagen sie ohne zu zögern Ja. Ich bin sicher, dass Botschafter Ruges Gegenwart dafür ausschlaggebend ist. So sausen wir mit dem Fahrstuhl ins Erdgeschoss. Roman ist besonders aufgeregt. Er soll Fotos machen und möglichst noch ein paar Sekunden Film. Hastig bringt er sich am Außengitter in Stellung.

»Rüdiger«, brüllt er von dort. »Das wird das Titelbild für den nächsten Jahresbrief!«

Wir lassen uns möglichst etwas Zeit. Wann hat es so was denn schon mal gegeben? Zumal im Königreich von Saudi-Arabien! Botschafter Ruge hält das gute Stück an einem Ende fest, ich am anderen. Wir halten das Tuch so, dass die übrigen Mitstreiter mit ihren Köpfen oben drüber hinwegschauen können.

Das war 2016. Die Antwort des Generalsekretärs steht — trotz Nachfrage 2019 — noch aus.

38. Beim saudischen Großmufti

»Ansichtssachen ersparen Verantwortung.«
Klaus Huber

Riad überrascht mich. Es ist eine moderne Stadt mit futuristischen Gebäuden. Kaum haben wir im Hotel eingecheckt, da steht schon Ingo Schendel auf der Matte. Schendel ist Arabist und Leiter des Sprachdienstes der deutschen Botschaft — ein wahres Sprachgenie. Er ist profunder Kenner des Landes und seiner Menschen. Seit vielen Jahren lebt er mit seiner Familie in Riad. Heute ist er unser Dolmetscher und Vertrauter und begleitet uns zum Großmufti. Dieser ist zwar erzkonservativ. Aber er ist der Mufti. Und wir brauchen von ihm eine wasserdichte Fatwa.

»Um zehn müssen wir da sein. Die Saudis lieben Pünktlichkeit.« Das ist gut. Wir Deutschen auch. Dann hätten wir ja schon mal eine Gemeinsamkeit. Wir — das sind diesmal nur Roman und ich. Auch Botschafter Ruge kann uns nicht begleiten. Dann hätte das Gespräch über das Auswärtige Amt laufen müssen. Und das braucht mehrere Monate Zeit. Diplomatische Etikette.

Mit dem Wagen der deutschen Botschaft geht es durch den dichten Verkehr zum Fatwaamt. Es ist ein modernes dreigeschossiges Gebäude. Die Schranke mit den bewaffneten Polizisten öffnet sich ohne Kontrolle. Das ist dem Diplomatenkennzeichen des Autos geschuldet. Wir betreten die Eingangshalle.

Die Polizisten sind spürbar unsicher, ob sie die Gäste des Groß-
muftis abtasten sollen. Wir bemerken das und ermutigen sie mit
Handzeichen, ihrer Pflicht getrost nachzukommen. »Schauen
Sie gern in meinen Koffer!« In dem Rolli befindet sich das
Azhar-Transparent, das ich auch vor *diesem* Gebäude aufspan-
nen möchte. Wie am Tag zuvor vor der OIC.

Die Wachen sind spürbar erleichtert. Mehr höflich als gründ-
lich walten sie ihres Amtes. Plötzlich stutzt einer. Bei Roman
hat er eine Papierserviette mit Inhalt entdeckt. Sie ist an den
Zipfeln zugebunden. Die Männer zeigen sich untereinander
den Fund und beraten sich. Bestimmt vermuten sie Rauschgift.

»Machen Sie es gerne auf!«, ermuntert Roman sie. Sie tun
wie geheißen. Rauschgift zu besitzen ist in Saudi-Arabien ein
schweres Verbrechen. Zum Vorschein kommt tatsächlich ein
Rauschmittel. Aber kein illegales, sondern ungerösteter, gemah-
lener Kaffee mit Kardamom, das saudische Nationalgetränk.
»Das gibt es in Deutschland nicht«, bedauert Roman. »Mir
schmeckt er besonders gut. Deshalb habe ich mir im Hotel
diese Probe mitgeben lassen. Ich will damit nachher auf den
suuq und mir ein Kilo mitnehmen nach Deutschland.«

Man kann die Gedanken der Polizisten erraten. »Ein Deutscher liebt unseren Kaffee! Unseren weißen Kaffee! Den gibt es
in Deutschland nicht! Armes Deutschland.« Ja, da hüpft doch
jedes nationalstolze Beduinenherz vor Freude! Lachend binden
sie die Serviette wieder zu.

Ein Sicherheitsbeauftragter fährt uns mit dem codierten Lift
in die zweite Etage zum Vorzimmer des Muftis. Hier residiert
sein Generalsekretär Fahd Saad Al-Magid. Mit ihm haben wir
den Termin. Er ist ein auffallend junger und modern gekleide-
ter Mann, nur wenige Jahre älter als Roman. Er fällt besonders
auf, weil er der einzige Mann im Hause zu sein scheint, der keinen Bart trägt. Geduldig und aufmerksam hört er sich unsere
Wünsche an. Nach unserer Konferenz in Kairo hatte auch der
saudische Großmufti die pharaonische Form der Verstümmelung verboten. Wir möchten nun, dass er alle anderen Formen

ebenfalls verbietet und dass er die Ächtung verkündet in Mekka, weil alle Formen der Weiblichen Genitalverstümmelung gesundheitsschädlich und oft tödlich sind. »Anders als bei Männerbeschneidungen«, fügen wir hinzu. »Wir würden uns freuen, wenn sich der Mufti und der Ältestenrat der Kairo-Fatwa anschließen würden. Es wäre nicht nur für die Frauen ein Segen, sondern auch für den Islam. Es wäre nach unserer Einschätzung ein unvorstellbar wertvolles Signal an die Welt und eine Gegendemonstration zu den Islamisten à la ISIS. Es würde die Wertschätzung des Islam und der Muslime weltweit spürbar positiv verändern.«

Roman unterbricht mich. »Hier haben wir Ihnen eine Mappe mit Fotos mitgebracht, die das Vergehen an den Mädchen überzeugend verdeutlichen.« Er reicht die Mappe mit den Schockfotos rüber. Der Generalsekretär studiert sie sehr lange und genau. »Die Bilder müssen Sie unbedingt zu Ihrem Antrag hinzufügen«, murmelt er.

Es klopft. »Herein!« Ein junger Mann betritt den Raum. Auf dem Arm jongliert er ein Tablett mit mehreren Tassen, Gläsern, Kännchen und einem großen Schraubglas. »Was möchten Sie trinken: weißen Kaffee, schwarzen Kaffee oder Tee?« Jeder trifft seine Wahl. Roman, na klar, nimmt den weißen Kaffee. Zuletzt reicht der junge Mann Roman das große Glas. »Das, Herr Roman, ist ein Glas voll mit gemahlenem weißen Kaffee. Ein Geschenk des Hauses für Sie. Dann müssen Sie ihn nicht mehr auf dem *suuq* suchen.« Roman erlebt die islamische Gastfreundschaft, wie ich sie bereits seit dem siebzehnten Lebensjahr auf meinen Reisen in den Orient immer wieder erfahren habe.

Schließlich fasst der Generalsekretär das Gespräch zusammen. »Bringen Sie alles das, was Sie mir eben erzählt haben, zu Papier. Legen Sie den Schwerpunkt auf theologisch und medizinisch abgesicherte Aspekte. Schreiben Sie alles in Arabisch, und denken Sie an die Fotos!« Wir notieren in unserer Kladde: »... und ›psychologisch‹, denn einen *zweiten* Antrag wird es niemals geben. Der Antrag muss ein Meisterstück werden.«

Das Gespräch neigt sich zum unmittelbaren Ende. Höchste Zeit für ein Foto. Aber da es sich um ein inoffizielles Treffen handelt, wie wir erfahren – der Botschafter hatte es vermittelt –, ist das leider nicht erlaubt. Doch der Generalsekretär weiß unsere spürbare Enttäuschung zu beheben. »Wenn der Mufti Ihrem Antrag entspricht, dann wird er das sogar in die Filmkamera sprechen.« Er verabschiedet uns mit einem ungewöhnlich langen, kräftigen und sehr herzlichen Händedruck. »Sie waren übrigens die erste Nichtregierungsorganisation der Welt, die hier je Zutritt erhalten hat. Und ich bin sicher, dass wir uns wiedersehen werden.«

Wenn das kein Grund zur Hoffnung ist! Mit viel Enthusiasmus verlassen wir das Fatwaamt.

Wieder daheim im Land ohne weißen Kaffee, in Almanya, tüfteln wir lange an den Formulierungen für den Antrag. Es darf uns kein Fehler unterlaufen. Annettes und mein Part ist die Erfahrung der Augenzeugen. Tarafa Baghajati sichert den theologischen Teil ab. Drei Mediziner bürgen für den medizinischen Aspekt. Den psychologischen Part steuert Annettes Bauchgefühl bei. Übersetzer Moustapha Oulbouche überträgt es ins vorgegebene Arabisch. Tarafa kontrolliert jede Silbe, und nachdem er keinen noch so kleinen Einwand hat, schicken wir alles ab. Inklusive der Großfotos.

Die Antwort lässt überraschenderweise nicht lange auf sich warten. Nur eine Woche, ein Novum. Sie kommt mündlich, und sie ist enttäuschend. Der Mufti sähe keine Veranlassung, das schon ausgesprochene Verbot der pharaonischen Verstümmelung zu erweitern. Ein Faustschlag in die Magengrube. Die typische Entscheidung von Menschen, die nie Augenzeuge der Mädchenschändung waren. Roman tröstet mich. »Ich wette, dass das sogar gut war. Jetzt ist der Weg frei für Entscheidungen durch die höchstzuständige Persönlichkeit in Fragen Mekka und Islam: Seine Majestät, den König.«

39. Der Golden Islam Award

» Neues ist des Alten Feind. « Unbekannt

» Warum sollte der König oder der Kronprinz dich überhaupt anhören? Durch deinen Brief an den Kronprinzen wissen sie nun von deiner Idee und könnten sie locker selbst realisieren. Dazu müssen sie dich nicht noch persönlich kennenlernen. Vielleicht hast du einmal in den Nachrichten gesehen, wie groß die Empfänge im Königshaus sind. Da stehen Hunderte von Leuten Schlange, um dem König einmal die Hand zu drücken und ihm ihr Anliegen vorzutragen. «

Diese Bedenken kommen von Jonathan Stock. Er ist Journalist beim *Spiegel* und hat früher einmal bei meinen Survival-Trainings mitgemacht. Er verfolgt TARGETs Weg seit Langem und ist vertraut mit unserer Arbeit. Er hatte diese Frage spontan gestellt, als ich unseren Plan vertraulich vorgestellt hatte.

Ja, warum sollten sie mich überhaupt empfangen, mich Nobody im großen Weltgefüge? Das frage ich mich jetzt auch. Wie kann ich mich von all den Bittstellern unterscheiden? Ich muss mir eingestehen, dass die Mekka-Idee allein kein Grund sein wird. Sie wird sicher eher als Zumutung empfunden werden. Zu verbreitet ist die Ansicht, Mädchenverstümmelung sei wie Männerbeschneidung. Und die Dimension des Verbrechens ist hier kaum bekannt, weil FGM in Saudi-Arabien nicht praktiziert wird. Man hat höchstens davon gehört. Die Entscheider müssen die Filmaufnahmen und Fotos sehen, wie Annette sie 2006 den Gelehrten in der Azhar zeigen durfte. Das wäre ein Grund, uns zu einem persönlichen Gespräch zu empfangen.

Es gibt aber noch einen zweiten Grund: ein Islamischer Menschenrechtspreis. Wir taufen ihn Golden Islam Award, das junge Geschwister von unserem Golden Book. Zwar könnte der König ihn auch selbst ins Leben rufen. Aber wir sind uns sicher, dass der Award noch einmal eine andere Bedeutung erhält, wenn er nicht von regierungsabhängiger Seite, sondern von TARGET kommt. Auf jeden Fall ist er ein Angebot, das eines Königshauses würdig ist. Ich bin sogar sicher und so vermessen zu sagen, dass er Einmaligkeitswert hat. Er soll dem Alternativen Nobelpreis ähneln und jährlich verliehen werden an diejenige Persönlichkeit oder Organisation, deren Engagement für das Ende der Weiblichen Genitalverstümmelung in dem Jahr die größte Wirkung gehabt hatte. Als Verleihungsort denke ich an Riad, die Hauptstadt im Lande des Propheten und Ursprungs des Islam, aber nur dann, wenn Saudi-Arabien auch wirklich sämtliche Formen der Verstümmelung zur Sünde erklärt und das von Mekka aus verkündet hat.

Die Auszeichnung soll auf zwei Fundamenten stehen: dem finanziellen und dem gesellschaftlichen Ansehen, mit dem König als Schirmherrn. Zur feierlichen Verleihung sollten dann alle im Land akkreditierten Botschafter eingeladen werden sowie die Muftis der 56 OIC-Länder, damit auch die Hardliner unter ihnen irgendwann gezwungen sein würden, ihre Meinung zu ändern. Unter solchen Voraussetzungen ist es so gut wie sicher, dass die Nachricht weltweit vernommen wird und jeder Mensch erfährt, dass es noch einen anderen Islam gibt als den der Islamisten, nämlich den des Friedens und friedlichen Nebeneinanders unterschiedlicher Glaubensrichtungen, den des Respekts vor unversehrten Frauen. Die Kosten könnten gedeckt werden per Crowdfunding, durch Großsponsoren oder das Königshaus. TARGET würde als Initiator die Auswahl der

Vorschläge, die Schirmherrschaft und die Verantwortung dafür übernehmen.

Wir glauben, die größte Schwierigkeit ist nicht, den Award zustande zu bringen, sondern Sorge und Verantwortung zu tragen, dass die Verleihungen seriös und nicht zum »Markenartikel der Geltungssucht« werden, wie es der Aphoristiker Michael Marie Jung formuliert hat. Aus der Praxis wussten wir jedoch um die Gefahr, wenn mehrere Mitentscheider darüber befinden, wer den Award erhalten soll. Dann spielen schnell persönliche, nationale, religiöse und andere Kriterien eine Rolle, und wenn man diesen Erwartungen nicht entspricht, gibt es Neid und Streit.

»Wie kann man einen solch bedeutenden Preis in Saudi-Arabien ausloben? Einem Land, das Kriege anzettelt und den Terror unterstützt?« Diese Frage kenne ich, ich höre sie nicht zum ersten Mal. Die Antwort: »Ich sehe keine Alternative.« Es ist immerhin einen Versuch wert, um das Ende der Tradition zu beschleunigen und die Argumente der Berufs-Bedenkenträger zu entkräften. Vielleicht erübrigt sich der Award auch, wenn nach der Sündenverkündung aus Mekka das Anliegen zum Selbstläufer werden würde.

Dass ich nun wieder als bedauernswerter Illusionist belächelt, bemitleidet und angefeindet werde, nehme ich gern in Kauf und gratuliere mir dazu, mich nie dem Opportunismus hingegeben und angepasst zu haben, getreu meiner persönlichen Devise: »Lieber Freigeist als geistfrei.«

40. Hoffen und Warten

»Lieber ein Optimist, der sich mal irrt,
als ein Pessimist, der dauernd recht hat.«

Peter Hohl

Irgendwann lese ich in der saudischen Zeitung *Arab News* von einer öffentlichen Rede des Kronprinzen Mohammed ibn Naif: *»Crown prince calls for public awareness of child abuse.«* Kronprinz Mohammed ibn Naif, stellvertretender Ministerpräsident und Innenminister, forderte eine umfassende Sensibilisierungskampagne zur Unterstützung internationaler Abkommen und Verträge, die Menschenhandel und »Ausbeutung der Unschuld von Kindern« unter Strafe stellen, um die zukünftige Generation zu schützen.

Wenn es dem Kronprinzen ein Bedürfnis ist, sich durchzusetzen gegen den Missbrauch von Kindern, ist er vielleicht unser Mann, denke ich. Gewiss ist er einfacher erreichbar als der König. Erneut und unverdrossen schreibe ich einen Brief. Er bleibt ohne Erfolg.

Dann plötzlich dies: »St.-Georgs-Orden des Semperopernballs für saudischen Prinzen«. Die Überschrift in einer Dresdner Zeitung fällt mir sofort ins Auge. Wir schreiben den 2. Februar 2017. Ein saudischer Prinz und mehrfacher Milliardär wird mit einer renommierten Auszeichnung bedacht?! Das schürt Neugier. Wie ein wiederbelebter Ertrunkener nach Luft giere ich nach der Begründung. Ist es der beeindruckende Zweizeilenname oder der Titel des Prinzen, Seiner Königlichen Hoheit?

Beides ist auf jeden Fall imposant: Seine Königliche Hoheit Prinz Salman bin Abdulaziz bin Salman bin Mohammed bin Saud bin Abdulaziz bin Abdul Rahman bin Faisal bin Turki al-Saud.

Ich fresse die Laudatio des Opernballvorsitzenden Hans-Joachim Frey geradezu. Der Ausgezeichnete entstammt also dem Königshaus, Jurastudium in England und Frankreich, Abschluss an der Sorbonne mit Doktorpromotion. »Salman Al-Saud ist ein Botschafter des Miteinanders, des gegenseitigen Respekts und Verstehens und dadurch ein Hoffnungsträger in Zeiten, in denen sich das Morgen- und das Abendland widersprüchlicher denn je gegenüberzustehen scheinen. Seine Königliche Hoheit ist in einem Chor von Rückwärtsgewandten und Polarisierern eine Stimme des Mutes und der Zuversicht. Als Netzwerker zwischen den Welten setzt er seine Stellung und seine Möglichkeiten im besten Sinne dafür ein, Menschen, Denk- und Arbeitsweisen in Politik, Wirtschaft, Kultur und Sport zusammenzubringen, und sorgt in einem schwierigen Umfeld dafür, dass unsere Welt ein bisschen besser wird.«

Welch eine Laudatio! Wenn dieser Prinz nicht prädestiniert ist, unsere Vision zu realisieren! Auf jeden Fall werde ich diesmal nicht über den voraussehbar beschwerlichen Weg via saudischen Botschafter in Berlin gehen. Ich nehme den »Orientexpress« und schreibe einen Brief an unseren damaligen Außenminister und Vizekanzler Sigmar Gabriel. Ich bitte ihn, mir den Kontakt zum Prinzen, wenn irgend möglich, *direkt* herzustellen.

Seine Antwort kommt prompt, autorisiert mit seiner erwähnenswerten markenzeichenverdächtigen Originalunterschrift: »*Sig*...« (drei Punkte!) *Gabriel*, Bundesminister des Auswärtigen. Und die Antwort ist positiv! Auszug: »Unsere Botschaft in Riad ist gerne bereit, ein Schreiben von Ihnen an Prinz Salman weiterzuleiten und entsprechend zu flankieren. Im für die Beziehungen zu Saudi-Arabien zuständigen Referat des Auswärtigen Amtes steht Ihnen dazu als Ansprechpartner Herr Carsten Wilms zur Verfügung.«

Bei meinem Ansprechpartner fällt mir sofort dessen Berufsbezeichnung auf. Er ist »Vortragender Legationsrat«, die gibt es laut Wikipedia nur im Auswärtigen Dienst. Auf jeden Fall ist sie mir auf Anhieb weitaus sympathischer als ein *Nach*tragender Legationsrat.

Noch am gleichen Tag setze ich den Brief an den Prinzen auf. Ich bitte Carsten Wilms, ihn gegebenenfalls zu diplomatisieren, zu arabisieren oder komplett zu ändern. Meine Vision darf nun nicht an einer laientypischen Formulierung scheitern. Zum Beispiel der falschen Anrede. Wie *Exzellenz* statt *Eminenz*. Solche Flops sind mir schon passiert. So avancierte unser Berater Werner Harlfinger schnell vom Sanitätsrat zum Senatsrat. Oder: »Wir kämpfen gegen das Ende der Weiblichen Genitalverstümmelung.« *Gegen* statt *für*. Und dieser Klopfer: »*Genial*verstümmelung«. Auch als Buchleser muss man bestimmt zweimal hinschauen, um den Fehler zu entdecken. Und zuletzt noch jener französische Übersetzer, der unsere Pro-Islamische Allianz kurzerhand zu einer Pro-*Islamistischen* erklärte.

Wilms erklärt sich dazu bereit und gibt schon anderntags sein Okay. »Ich habe keine Einwände. Der Brief kann so bleiben. Am besten, Sie schicken mir Ihr Schreiben nach Berlin. Dann leite ich es per Diplomatenpost weiter, damit es nicht verloren geht.«

Und während die abgesegneten Zeilen von unserem bewährten Übersetzer Mustapha Oulbouche gewissenhaft ins Arabische gegossen werden, schreibe ich einen zweiten an den neuen deutschen Botschafter in Riad, Dieter W. Haller, mit der Bitte, das Schreiben dem Prinzen weiterzuleiten und ihn um ein halbstündiges Gespräch für mich zu bitten, weil mir des Prinzen Rat und Mitwirkung wichtig wären.

Ich lasse die Briefe geöffnet, damit Carsten Wilms sicher sein kann, dass ich keine Bomben verschicke. Ich lege drei TARGET-Jahresbriefe bei. Prinz Salman soll auf einen Blick schon an den Fotos erkennen, dass wir keine Schwätzer sind. Er soll sehen, wie wir arbeiten und was wir schon bewirkt haben. Sie zeigen die Azhar-Konferenz und unsere Geburtshilfeklinik, das Goldene Buch, die Stammeskonferenzen. Auch der Betreff meines Briefes soll mit einem Blick neugierig machen und Interesse wecken:

— Weibliche Genitalverstümmelung. Bitte um Hilfe und ein kurzes Gespräch
— Gründung eines Menschenrechtspreises für islamische Ethik gegen FGM

Unterschrift: *Rüdiger Nehberg,* Gründer, Vorsitzender, Pragmatiker (Arabisch: *al-dhrayiei*)

Auf die letzte Berufsbezeichnung, Pragmatiker, muss man erst einmal kommen! Ich finde, sie macht neugieriger als Diplomkaufmann oder Erster Vorsitzender. Trotz der Dimension meines Anliegens habe ich alles auf gut eine Seite bekommen.

Dann erreicht uns dieses Schreiben:

25. September 2017, 12:12:55 MEZ

Lieber Herr Nehberg,
ich habe heute eine gute Nachricht für Sie: Der Termin des Prinzen bei Botschafter Haller hat am gestrigen Sonntag stattgefunden. Eine Stunde saßen Botschafter Haller und der Prinz zusammen. Er hat Ihr Schreiben entgegengenommen und wollte es sich natürlich erst einmal zu Hause in Ruhe durchlesen. Jetzt hoffen wir auf eine baldige Rückmeldung von seiner Seite.
Mit besten Grüßen,
Ihr Carsten Wilms

Ich möchte meine Leserschaft nicht auf die lange Folter spannen. Die Erwartungen und Gefühle fuhren Achterbahn. Von hochjauchzend hinab bis zu Tode betrübt. Der Prinz antwortet nicht. Also Absage. Nachfrage nicht üblich. Gefühlter Versuch Nummer 70. Für eine genaue Strichliste fehlt mir die Zeit.

41. In den Mühlen der Politik

» Wissen verlangt nach Verantwortung,
dem Gewissen. « Ernst Ferstl

Da geschieht etwas Ungewöhnliches! Kronprinz ibn Naif wird von König Salman von heute auf morgen entlassen und sein favorisierter Sohn Prinz Mohammed bin Salman, gern MbS abgekürzt, zum neuen Kronprinzen ernannt. Wegen dieses ungewöhnlichen Wandels wird in Mekka sogar ein großes öffentliches Loyalitätsbekenntnis veranstaltet. Im Fernsehen sieht man, wie der viel ältere, entlassene Kronprinz seinem Nachfolger die Hand küsst und vor ihm niederkniet.

Arabienkenner sind sich sofort sicher, dass der Amtswechsel große Auswirkungen auf das Königreich haben wird. Der neue Kronprinz ist erst 32 Jahre jung und bereits Verteidigungsminister Saudi-Arabiens. Er führt den Krieg gegen die schiitischen, irangestützten Huthi-Rebellen im Jemen, und er ist der Initiator des Boykotts gegen das reiche Nachbar-Zwergenland Katar. Das sei seine eine Seite.

Die andere ist geradezu revolutionär und visionär. Pressemeldungen zufolge lässt Mohammed bin Salman keine Zeit in seinem neuen Amt verstreichen. Er will Saudi-Arabien radikal auf einen neuen, einen moderaten Kurs einschwören. Bis zum Jahr 2030 will er sein Land dem internationalen Standard angeschlossen haben, weil dann das Öl knapp wird. Ein anderes Motto von MbS lautet »Freie Marktwirtschaft, ein Nebeneinander der Religionen und mehr Spaß«. Dabei muss ich gleich an einen Spruch von Alfred Selacher denken: »Spaß sabotiert Fanatismus.«

Alles hehre Vorsätze, die bisher in seinem Land nicht nur undenkbar, sondern strafbar waren. Wer sich ihm bei der Realisierung der Pläne in den Weg stelle, den werde er »wie ein Bulldozer beiseiteräumen«. Mit einem »Manifest für Wandel« fordert er die umfassende wirtschaftliche Modernisierung seiner Heimat und mehr Rechte für Frauen. Nicht nur dürfen Mädchen jetzt am Sportunterricht teilnehmen. Er hat über seinen Vater, den König, bewirkt, dass der per Königsdekret (!) Frauen endlich den Führerschein zugestanden hat! Sie dürfen jetzt Auto fahren. Sie dürfen mit ihren Familien zu Sportveranstaltungen gehen. Dazu musste er die einflussreichen und konservativen Religionsgelehrten des Landes entmachten.

Das hat ihm viele Freunde beschert, aber auch ebenso viele Feinde. Internationale Medien werteten die Aussagen als den »bislang direktesten Angriff eines Spitzenpolitikers auf die Religionsführung«. Auf einem Wirtschaftsforum in Riad sprach Mohammed bin Salman von »destruktiven Ideen« religiöser Fanatiker, die er »zerstören« wolle. »Wir werden den Extremismus sehr bald beenden.« Sein Vortrag wurde immer wieder von Applaus unterbrochen.

Von der saudischen Jugend wird der Thronfolger in spe als Hoffnungsträger gepriesen, denn er will ihr eine Zukunft schaffen, eine Perspektive, die sie bisher nie hatte. Er habe Schwung, Mut zu Reformen, sei ehrgeizig, intelligent, hart arbeitend und gut informiert.

Nach der Entmachtung der Religionspolizei etablierte er eine »Nationale Behörde für Unterhaltung«, die öffentliche Konzerte organisiert. Er will 100 Kinos bauen. Die Chefs der drei großen saudischen Fernsehsender ließ er verhaften. Noch nie in seiner Geschichte erlebte Saudi-Arabien eine solch spektakuläre Verhaftungs- und Entlassungswelle. Um Fluchten zu verhindern, erhielten Privatflugzeuge im ganzen Land Startverbot. Mitglieder der Königsfamilie, vier gegenwärtige und Dutzende ehemaliger Minister wurden verhaftet. Darunter auch Al-Waleed bin Talal, der reichste Saudi.

Dieser Mix aus Machtfülle, modernem Denken und jugendlicher Kraft macht mir für das Erreichen *unserer* Vision große Hoffnung. Mir ist auch klar, dass ein Mann, der so viele Aufgaben gleichzeitig zu meistern hat, weder Ohr noch Auge für unsere Idee haben wird. Aber dieser politische Wandel ist einfach der helle Waaahnsinn!

Als wären das nicht schon genug Indizien für die Realisierung auch unseres Plans, wird das alles noch getoppt von des Kronprinzen Jahrtausendvision! Mitten in der Wüste, am Nordwestzipfel des Landes, will er die Megastadt NEOM, *Neue Zukunft*, aus dem Sand stampfen! Dabei geht es um eine Fläche, die fast so groß ist wie Belgien. Ein Riesenteil der Fläche wird nur den Strom liefern. Strom für die Megastadt mit ihren Hightechfabriken, die die internationale künstliche Intelligenz und Zukunftstechnologien voranbringen sollen. Der Strom wird Wasser des Roten Meeres trinkbar machen. In temperaturgesteuerten Gewächshäusern sollen Obst und Gemüse wachsen, und es soll eine Brücke übers Rote Meer gebaut werden, die Saudi-Arabien direkt mit Ägypten, mit Afrika, verbindet, um unabhängig zu sein von Schiffen und Flugzeugen und Umwegen um Israel herum. Und – unvorstellbar! – der Bundesstaat erhält eigene Gesetze und eine eigene Justiz. Frauen sollen gleichberechtigt sein und können überall unverschleiert auftreten!!!

Ich lese das und bin baff hoch drei. Ich bin mir sicher, dass solch ein Visionär in wenigen Minuten seinen Vater, den König, überzeugen kann, Frauenverstümmelung per Königsdekret zur Sünde zu erklären. Wie bei der Aufhebung des Autofahrverbots für Frauen. Es kostet den König nur einen Federstrich, den besagten historischen Federstrich.

Dann passiert dies: Sigmar Gabriel legt sich mit ebendiesem Kronprinzen massiv an. Er bezichtigt ihn, im Libanon einen »Stellvertreterkrieg« gegen die verhassten Schiiten anzetteln zu wollen, er praktiziere ein »Abenteurertum«. Die diplomatischen Kontakte werden abgebrochen.

Und wieder stehe ich einmal mehr allein in der weiten Wüste und weiß nicht, welcher Weg mich nun noch nach Mekka führen könnte. Ich komme mir vor wie der Pilger in meinem liebsten Wüstenrätsel. Vielleicht haben meine Leserinnen und Leser die richtige Antwort auf diese komplizierte Frage. Dann wissen sie, vor welchen Problemen wir oft stehen.

Ein Pilger will nach Mekka. Allein und zu Fuß stapft er durch die gnadenlose Nefud-Wüste. Irgendwo im Endlossand gabelt sich sein kaum erkennbarer Weg. Er weiß, dass nur einer von beiden ihn ans Ziel nach Mekka und der andere ins sichere Verderben führen wird. Aber er weiß nicht, welches der richtige Weg ist.

Zum Glück sitzen an der Gabelung zwei Beduinen im Schatten ihrer Zelte. Dem Pilger ist bekannt, dass der eine von ihnen grundsätzlich lügt, der andere zum Glück grundsätzlich die Wahrheit sagt. Aber er weiß nicht, welcher der Lügner ist. Und er hat nur eine einzige Frage, um herauszufinden, welcher Weg der richtige ist. Wie muss diese Frage lauten?[1]

Was den Unmut der Saudis gegen Sigmar Gabriel beschwichtigen könnte, ist eine hochoffizielle öffentliche Entschuldigung. Laut *Süddeutscher Zeitung* hat Frau Merkel zweimal mit dem Kronprinzen »ohne nennenswerten Erfolg« telefoniert. Inzwischen hat Deutschland einen anderen Außenminister, Heiko Maas. Ich schreibe auch ihn sofort an. Seine Antwort kommt prompt. 3. Januar 2019. Er verweist auf die bestehenden Kontakte zum Auswärtigen Amt und sagt zu, uns auch weiterhin zu unterstützen »... und für Ihr Vorhaben zu werben ... Ich hoffe in jedem Fall, dass es Ihnen gelingt, auch in Saudi-Arabien aktive Mitstreiter für Ihr wichtiges Anliegen zu finden ... Für Ihr Engagement wünsche ich Ihnen und Ihrer Familie weiterhin viel Kraft und Tatendrang.«

---

[1] Antwort: »Welchen Weg nach Mekka zeigt mir der andere?«

Weil wir – im Gegensatz zur postwendenden Antwort unseres Außenministers – mit ausbleibenden Reaktionen auf Briefe an saudische Adressen schmerzlich vertraut sind, beschreiten wir einen parallelen Weg. Ich schreibe Faisal Abbas an. Er ist Chefredakteur von *Arab News*. Wenn einer »nah« am Kronprinzen dran ist, dann er. Und wenn er mitmacht, könnten wir uns revanchieren und ihm eine Vorreiterrolle für alle diesbezüglichen Veröffentlichungen anbieten. Mein Langzeit-Freund und Berater Thomas Frankenfeld, der nicht nur Chefredakteur beim *Hamburger Abendblatt,* sondern auch Islamexperte ist, legt einen Begleitbrief »von Kollege zu Kollege« dazu. Ein Hoffnungsschimmer, vielleicht das Zünglein an der Waage. Das Auswärtige Amt schickt den Brief per Kurier an Holger Ziegeler, den deutschen Generalkonsul in Dschidda, Erscheinungsort der *Arab News*. Zumindest trauen wir einem Chefredakteur zu, dass er absagt, wenn ihm das Thema zu heiß ist. Oder sein Kontakt nicht ausreicht.

Genau zu diesem Zeitpunkt fliegt der Kronprinz überraschend in die USA. Waffengeschäfte. Und in wessen Begleitung tut er das? Richtig: in Begleitung von Faisal Abbas! Unsere Hoffnung fliegt mit. Wenn das keine gute Eingebung war, genau diesen Mann als Vermittler einzuspannen! Sein Office meldet sich umgehend beim deutschen Generalkonsul mit einer Zwischennachricht: »In vier Wochen ist unser Chefredakteur zurück. Dann können Sie gern ein persönliches Gespräch mit Faisal Abbas erhalten.«

Ziegeler reagiert schnell und schickt ihm meinen Brief schon mal vorab als Mail. »Vielleicht ergibt sich während der langen Reise die Gelegenheit, das Thema anzuschneiden.« Klar. Man muss jeden Krumen Brot aufpicken, der auf dem Teppich liegt.

Die Zeitungsmeldungen über diese Reise des Kronprinzen lassen mich bald befürchten, dass meine Chancen auf einen Empfang schrumpfen. Da ist die Rede von Waffenkäufen in mehrfacher Milliardenhöhe und dass Donald Trump seinen Gast und den Deal mit aller politischen und persönlichen

Hochachtung sowie einem Galaessen im Weißen Haus würdigt. Nach den USA schaut der Kronprinz auch in Paris bei Präsident Macron vorbei. Da muss ich mich angesichts des hochpolitischen Parketts ehrlicherweise fragen, warum der Kronprinz bei all dem Gedrängel auch noch mich empfangen sollte.

Meine Hoffnung fußt stark auf der Idee des Golden Islam Award. Zwar könnte der Kronprinz auch den locker selbst initiieren. Aber wie schon gesagt bilde ich mir ein, dass er eine andere Wertung erhält, wenn er *nicht* aus arabischen Reihen kommt, sondern von uns. Understatement ist in diesem Falle nicht mein Ding. Man darf ja Visionen haben. Wie der Kronprinz.

Ich warte also auf des Kronprinzen Rückkehr nach Saudi-Arabien. Carsten Wilms vom Auswärtigen Amt rät mir, mich jetzt erneut mit dem deutschen Generalkonsul Holger Ziegeler wegen eines Gesprächs mit Chefredakteur Faisal Abbas in Verbindung zu setzen. Das tue ich. Seine Antwort: Leider müsse er meine Erwartungen erneut dämpfen. »Der Chefredakteur hat im Moment viel um die Ohren.«

Und dann passiert dies: Im saudischen Generalkonsulat in Istanbul wird der saudische Journalist Jamil Khashoggi ermordet. Oktober 2018. Früher ging er im Königshaus ein und aus, bis er sich mit kritischen Berichten unbeliebt gemacht hat. Er fühlte sich bedroht und setzte sich in die USA ab. Dort schrieb er vor allem für die *Washington Post*. Weil er seine türkische Verlobte heiraten will, benötigt er aus seiner Heimat eine Urkunde, die besagt, dass er ledig ist. Dieses Dokument will er abholen. Der Termin ist fest vereinbart. Überwachungskameras dokumentieren, wie er das Konsulat betritt. Doch er taucht nie wieder auf. Diese und andere Kameras zeigen auch, dass an jenem Tag 15 Saudis das Konsulat betreten haben. Die Medien werden sie später als »Killerkommando« bezeichnen. Tonaufnahmen sollen belegen, dass es mit Khashoggi zu einem heftigen Wortwechsel gekommen ist. Sie enden mit seinem Tod. Wohl verlässt ein Doppelgänger das Konsulat·durch einen Hintereingang. Er trägt die Kleidung des Opfers. Die 15 Saudis kehren umgehend zurück nach Saudi-Arabien. Kashoggi bleibt verschwunden.

Diese Nachrichten dominieren wochenlang die Medien in der ganzen Welt. Die Politik schließt sich den Journalisten an. Diplomatische Beziehungen zum Königreich werden gekappt. Das Land ist isoliert. Schließlich gibt Saudi-Arabien den Mord zu. Prompt prasseln bei uns die E-Mails rein. Tenor: »Was macht ihr nun mit eurem Plan, den Kronprinzen um Hilfe zu bitten?« Zunächst bin auch ich rat- und hilflos. Dann sage ich Nobody in diesem politischen Geschäft mir, dass es Sache der Politik und Justiz ist, den Fall zu klären. TARGETs »Sache« bewegt sich in ganz anderen Dimensionen. Bei uns geht es um 8000 MÄDCHEN PRO TAG, von denen ungezählte Opfer sterben und die übrigen ein Leben lang leiden müssen, manche unter Höllenqualen. Annette formuliert es noch treffender: »FGM ist für mich sogar vorsätzlich in Kauf genommene Tötung. Zunächst die des verstümmelten Mädchens oder später die ihres Babys, wenn es infolge der Verstümmelung und der damit verbundenen Komplikationen tot zur Welt kommt.« Unrecht im Namen des Islam.

Ich bin verzweifelt. Die diplomatischen Beziehungen zwischen Deutschland und Saudi-Arabien werden abgebrochen, die Botschafter beider Staaten in ihre Heimatländer zurückbeordert. Keiner der scheinbar potenziellen Vermittler sieht sich noch imstande, uns zu helfen.

In all der Aussichtslosigkeit versuchen wir es ohne sie. Wir verzichten auf Umwege und schreiben dem Kronprinzen direkt. Auf dem Umschlag prangt unübersehbar der Hinweis »Vertraulich«. Wer den Brief öffnet, muss das rote TARGET-Siegel brechen. Wir gehen davon aus, dass nur enge Vertraute des Kronprinzen dazu befugt sind. Den Messingstempel für solche Korrespondenz haben wir eigens anfertigen lassen. Mit rotem Schellack und Goldkordel signalisiert er etwas Besonderes, das respektiert werden muss.

»Bloß nicht per Einschreiben!«, warnt mich Mitarbeiterin Anja Pape noch rechtzeitig. Sie kennt ihre Pappenheimer, ihr Vorschlag ist nicht von Pappe. Ihr Name verräts ja schon, *nomen est omen*. Sie ist unsere langjährige Mitarbeiterin, Export-Expertin. »Sonst geht die Sendung als ›Weltpost‹. Das kann mehrere Wochen dauern. Schick sie per Kurier. Das dauert nur drei Tage und kommt garantiert an.« Das leuchtet ein. Zumindest bin ich mir sicher, dass er auf diese Weise im Vorzimmer des Kronprinzen an verantwortlicher Stelle landen wird.

Mit aller Hoffnung geht der Brief am 31. Januar 2019 auf seine Reise. Unter dem Track der DHL Express Shipments bin ich ihm stündlich auf der Spur. Seine Fährtennummer lautet 7804963622. Nie zuvor habe ich mir Gedanken darüber gemacht, *wie* vertrackt, über wie viele Stationen und durch wie viele Hände solch eine Sendung läuft. In meinem Falle geht sie von Trittau über Hamburg nach Leipzig, dann weiter nach Bahrain und erst von dort nach Riad. Das sind zwar nur fünf Orte, aber insgesamt passiert die Sendung 16 Zwischenstationen, bevor ein gewisser Al-Asfoor Abdullah, ein Verantwortlicher im Königshaus, den Empfang bestätigt. Auf eine Antwort warten wir geduldig wie immer. Ich hoffe aber, dass, wenn ihr das lest, der Kronprinz geantwortet hat. Vielleicht kommt seine Antwort dann, wenn er selbst König geworden ist.

42. Der Bäcker und der König

» Überwinden und nicht fliehen —
das ist königlich. « Wladislaus II.

Dies könnte, zumindest stelle ich mir das so vor, eine weitere arabische Geschichte zu 1001 Nacht werden, nämlich meine. Also die 1002.

Ich habe die Vision, dass ich, Bäcker Rüdi, zum König von Saudi-Arabien vorgelassen werde. Und nie standen die Chancen besser als heute.

Saudi-Arabien will sich dem Tourismus öffnen, lese ich. In absehbarer Zeit könne man sein Visum problemlos beantragen, ohne eine Einladung aus dem Königreich vorweisen zu müssen. Staatsbürger mancher Nationen sollen es sogar an der Grenze erhalten.

Fast EU-mäßig.

Ich überlege, ob es dann nicht zweckmäßiger für mich wäre, diese Möglichkeit wahrzunehmen und mir ein einfaches Hotelzimmer in Riad zu buchen, damit meine Briefe und anderen Versuche sich die komplizierten Umwege ersparen können, die bisher erforderlich waren.

Wenn es meine Zeit erlaubt, werde ich dann auch über die Flohmärkte bummeln. Ich bin neugierig und sicher, dass ich dort manche meiner Schreiben ans Königshaus wiederfinden werde. Sie werden mir in dem bunten Angebot der Händler gleich auffallen wegen ihrer kostbaren Gestaltung: DIN-A4-Kartonpapier, das normalerweise niemand knicken wird, rotes TARGET-Siegel, Goldfäden. Ich bin davon überzeugt, dass alle diese Schreiben nicht einmal die Nasenspitze des Königs gesehen haben.

Ein Zimmer in Riad mieten auch deshalb, weil man vor Ort möglicherweise genau die richtige Person im richtigen Moment trifft, die den entscheidenden Kontakt vermitteln kann. Ich erinnere mich an viele solcher einflussreichen Menschen, die ich bereits kontaktiert habe. Immer mit TARGET als Flaggschiff. Die Korrespondenz füllt zwei dicke Ordner. Nach jedem Schreiben bin ich mir vorgekommen wie in einem Labyrinth. Wir meinen, ganz nah am Ziel zu sein – um mit dem nächsten Schritt festzustellen, dass wir wieder ganz von vorn anfangen müssen.

In den genannten Ordnern finden sich meine Briefe an die ehemaligen Bundespräsidenten Christian Wulff und Horst Köhler, die Bundeskanzler a. D. Helmut Schmidt und Gerhard Schröder. Weitere an die vergangenen und aktuellen Außenminister Joschka Fischer, Sigmar Gabriel und Heiko Maas sowie die ungezählten Mails an unsere Botschafter in Riad, das Generalkonsulat in Dschidda, das Auswärtige Amt und die saudische Botschaft in Berlin.

Ich entdecke die Korrespondenz mit dem Großmufti von Saudi-Arabien, jene mit der OIC, mehrere an hochrangige saudische Prinzen, die Chefs deutscher Firmen, die in Saudi-Arabien tätig sind. Es folgt mit besonderer Hoffnung unser Vorschlag einer Zusammenarbeit mit dem Berliner Werbekonzern WMP Eurocom, der die PR-Arbeit für ein optimales Ansehen des Königreichs managt. Die Liste setzt sich fort mit den Chefredakteuren saudischer Tageszeitungen oder TARGETs persönliches Gespräch mit Aisha Mohammed, frühere Außenministerin Äthiopiens. Des Weiteren gingen Briefe an die früheren Vorsitzenden des Zentralrates der Muslime in Äthiopien und Guinea-Bissau sowie an unsere einflussreichen Partner in Ägypten und Katar und an den früheren und an den jetzigen saudischen Kronprinzen.

Zwei dicke Ordner voller Hoffnungen, ein umfangreicher Arbeitsnachweis.

Im Frühjahr 2019 hat das über ein Jahr währende Schweigen zwischen dem saudischen Königreich und der Bundesrepublik endlich ein Ende gefunden. Es hatte uns mächtig ausgebremst. Die richtigen Worte unseres Außenministers Heiko Maas gegenüber den Saudis legten den Streit, den Sigmar Gabriel begonnen hatte, bei. Saudi-Arabien entsandte einen neuen Botschafter nach Berlin. Es ist Prinz Faysal bin Farhan al-Saud, geboren in Frankfurt (!), deutsche Mutter (!), spricht exzellent Deutsch (!), 39 Jahre jung (!) und ein enger Vertrauter des Kronprinzen (!). Fünf Indizien, die Hoffnung signalisieren.

Ich wage meinen vorerst letzten Versuch. Carsten Wilms vom Auswärtigen Amt arrangiert mir einen Termin beim Prinzen und begleitet mich sogar. Seine Präsenz erhöht die Bedeutung und Glaubwürdigkeit unseres Anliegens. Das Auswärtige Amt steht schon seit der Gründung TARGETs hinter uns und unserer Idee.

Ich stelle dem Botschafter kurz TARGETs Einsatz vor, umreiße die Vision Mekka und übergebe ihm den Brief an den König mit der Bitte, das Schreiben weiterzuleiten. Der Brief ist offen, damit er den Inhalt kontrollieren kann. Darin auch die Idee mit unserem Golden Islam Award.

Wir verabschieden uns, und ich begebe mich auf die Heimfahrt nach Rausdorf. Wieder um eine Hoffnung reicher, wartend auf Antwort.

Über alle diese Versuche, alle diese Hoffnungen und Wartezeiten hinaus bleibt es Tatsache, auch wenn ich mich nun wiederhole: Der König von Saudi-Arabien ist der oberste Hüter der Heiligtümer Mekka und Medina. Als einzigem Menschen ist ihm die Macht gegeben, das Drama Weibliche Genitalverstümmelung mit einem beispiellosen Federstrich unter ein Königsdekret maßgeblich zu beenden zu helfen. Es genügen vier Worte: »Weibliche Genitalverstümmelung ist Sünde!«, verkündet auf großem Transparent in Mekka, dem Geburtsort des Propheten

Das Transparent für Mekka im Miniformat ist bei jedem Vortrag dabei

und des Islam. Ich kann mir keinen Gläubigen vorstellen, den dieses Fanal nicht mitten ins Herz träfe. Mein Herz läuft schon über, wenn ich nur daran denke.

Wir sind uns sicher, dass die 5000 Jahre alte Tragödie dann schnell beendet wäre.

In Windeseile würde sich die Botschaft von dort um die ganze Erde verbreiten. Bis in die letzte Hütte. Es wäre nicht nur ein Segen für die Mädchen und Frauen, es würde auch das Ansehen des Islam in der gesamten Welt verändern.

Gleichzeitig wäre es eine einzigartige Demonstration gegen den ausufernden Terrorismus, der sich für seine Untaten auf den Islam beruft und der Religion nur Schande bringt. Ein solches Königsdekret wäre ein Ereignis menschheitsgeschichtlichen Ausmaßes, unausrottbar für alle Zeiten und für die betroffenen Mädchen die größte Chance auf eine unbeschwerte Zukunft.

Deshalb muss ich, Bäcker Rüdi, unbedingt zum König. Ich erbitte nur eine Minute seines Lebens. Ich würde mich dieser zeitlichen Herausforderung stellen. Er muss die Bilder sehen, damit er weiß, was da mit den Töchtern der Gläubigen geschieht. Ich bin sicher, dass er die Chance wahrnimmt und handelt.

43. Wer rastet, der rostet: Meine Art Vermächtnis

»Keine Gefahr ist dem Mut gewachsen.«
Beduinenweisheit

Das Buch ist zu Ende. Ich habe es geschrieben als Bäcker, Abenteurer, Visionär und Menschenrechtler.

Mit diesem Streifzug durch mein Leben nahm ich Sie mit zu meinen ersten Reisen als Jugendlicher, randvoll gepackt mit Neugier auf die Welt, zu einigen meiner Adrenalinerlebnisse in meiner Berufung als Abenteuer hin zum absoluten Höhepunkt meines Lebens, der mit der Gründung meiner eigenen Menschenrechtsorganisation begann und noch lange nicht am Ende ist.

Ich sehe die Armada von Begleitern, Unterstützern und Idealisten auf diesem langen Weg. Es gehört sich einfach in so einem Buch, Danke zu sagen. Ihr habt an mich geglaubt, meine Ideen befeuert, meinen Wagemut bei mir belassen, euer Kopfschütteln meist freundlich unterlassen. Danke für jede helfende Hand, jeden kleinen und großen und riesigen Beistand auf dem Weg zur Verwirklichung meiner Ideen. Auch dem Verlag, der meine Geschichten dazu für euch zugänglich gemacht hat, wie mit diesem Buch.

Die Gründung meiner Menschenrechtsorganisation TARGET e. V. ist die Antwort auf das erlebte Unrecht und die Chancenlosigkeit Betroffener, denen ich auf meinen Reisen hautnah begegnete. Erst in Brasilien, dann in Afrika.

Mit TARGET konnte ich, gemeinsam mit Annette, den Gründungsmitgliedern und einem idealistischen Team, kleine und große Gegenbewegungen initiieren sowie das Feuer in anderen entzünden. Inzwischen ist eine starke Hinter- und Vorderfrau/-mannschaft mit einem verlässlichen Fördererkreis erwachsen. Ihr alle habt meinen größten Respekt und tiefsten Dank. Zusammen verändern wir die Welt zum Positiven für die Mädchen und Frauen, die von genitaler Verstümmelung bedroht und betroffen sind, für die Indigenen in Brasilien und für den Schutz des Amazonasregenwaldes. Ein gemeinsamer Beitrag für eine noch lebenswerte Umwelt kommender Generationen.

Im Oktober 2019 haben Sophie und Roman mit der Behörde für Indigene Gesundheit ein Fundament geschaffen. Durch das dort geschlossene Kooperationsabkommen ist es TARGET nun erlaubt, bei allen Indigenen Brasiliens zu arbeiten und diese bei ihrem Bestreben, in ihren Schutzgebieten zu leben und den Urwald zu erhalten, zu unterstützen.

In Guinea-Bissau sind die Imame mit einem kleinen Team jeden Tag im Namen von TARGET unterwegs, fest davon überzeugt, kraft der Religion und unseren Aufklärungskampagnen die Mädchen vor der genitalen Verstümmelung aktiv zu schützen.

Die Geburtshilfeklinik in der Danakil-Wüste Äthiopiens leistet täglich mit unendlich großem Engagement aller Mitarbeiter und den Medizinern im ehrenamtlichen Einsatz Hilfe für die Opfer der genitalen Verstümmelung, klärt auf und wirkt weit über die Landesgrenzen hinaus.

Das Goldene Buch haben wir in vielen Ländern und Moscheen verteilt. Wir können nicht abschätzen, wie viele viele Tausend Mädchen bis heute und in Zukunft dadurch endlich vor der Tradition der Genitalverstümmelung geschützt wurden und werden.

Es geht rasant weiter – aber das ist mir nicht genug. Meine Vision ist Mekka. Von dort muss die Botschaft verkündet werden, dass diese Tradition, dieses Verbrechen an den Mädchen und Frauen in solch gigantischem Ausmaß von aktuell geschätzten 150 Millionen Opfern eine Sünde ist und gegen höchste Werte des Islam verstößt. Sie muss beendet werden. Für immer. Dazu muss ich kleiner Bäcker zum König. Ich will ihn aufrütteln und dann Augenzeuge werden, wenn das Transparent über dem Heiligen Platz gespannt wird. Der Transparententwurf ist längst vorbereitet. Vor der OIC in Dschidda haben wir ihn ja bereits probegespannt. Auf jedem meiner Vorträge ist das Transparent der krönende Abschluss.

Dieser visionäre Moment wäre es dann auch, wo TARGET als königswürdiges Präsent den islamischen Menschenrechtspreis ins Leben rufen könnte. Verliehen in Riad im Beisein aller akkreditierten Botschafter, sämtlicher Großmuftis und Gelehrten der islamischen Länder, der Generalsekretäre von OIC, WHO, UNO, der Afrikanischen Union …

Es bleibt mir jetzt zum Schluss, euch einzuladen, Teil unserer Karawane der Hoffnung zu werden mit dem Beitritt in TARGETs Fördererkreis. Allen aktiven Unterstützerinnen und Unterstützern will ich versichern, welch wichtige und kraftgebende Triebfeder ihr für mich und für TARGET seid.

KEINER IST ZU GERING, DIE WELT ZU VERÄNDERN!

Euer
Rüdiger

Rausdorf, im Frühjahr 2020

MIT EINEM MONATSBEITRAG VON ◯ 15 € ◯ 25 € ◯ 50 €

EINEM ANDEREN **BEITRAG** VON ⬚ €

◯ **MONATLICH**   ◯ **JÄHRLICH**   ◯ **EINMALIG**

MEINE **BANKVERBINDUNG:**

Name der Bank

IBAN

BIC

SEPA-Lastschriftmandat: Ich ermächtige TARGET e. V. Ruediger Nehberg (Gläubiger-Iden-tifikationsnummer: DE77TAR00000370481), Zahlungen von meinem Konto mittels Last-schrift einzuziehen. Zugleich weise ich mein Kreditinstitut an, die von TARGET auf mein Konto gezogenen Lastschriften einzulösen.
Hinweis: Ich kann innerhalb von acht Wochen, beginnend mit dem Belastungsdatum, die Erstattung des belasteten Betrags verlangen. Es gelten dabei die mit meinem Kreditinsti-tut vereinbarten Bedingungen. Die Mandatsreferenznummer wird separat mitgeteilt. Mit der Verkürzung der Lastschrift-Vorabinformationsfrist auf drei Tage bin ich einverstanden.
*Diese Zustimmung kann ich jederzeit ohne Angabe von Gründen widerrufen.

MEINE **ANSCHRIFT:**

Name

Vorname

Telefonnummer   Geburtsdatum

Straße, Nr.

PLZ, Ort

E-Mail
Kontakt per Mail spart Geld, Zeit und Ressourcen

Mit meiner Unterschrift willige ich im Sinne von Art. 6 Abs. 1 S. 1 lit. a) DS-GVO darin ein, dass die von mir angegebenen, personenbezogenen Daten sowie angegebene Bankver-bindungsdaten zur Abwicklung meiner Spende (Spendenbescheinigung) gespeichert und verarbeitet werden dürfen. Soweit ich eine Telefonnummer angegeben habe, bin ich auch mit telefonischer Kontaktaufnahme einverstanden. Bei Angabe einer E-Mail-Adresse auch mit der Kontaktaufnahme über diese sowie der Zusendung eines Newsletters. Im Sinne von Art. 7 Abs. 3 DS-GVO kann ich meine Einwilligung jederzeit widerrufen. Die aufgrund der Einwilligung bis zum Widerruf erfolgte Datenverarbeitung wird hiervon nicht berührt.

Datum   **X** Unterschrift

Bitte hier abtrennen und in einem Umschlag versenden – zum Schutze Ihrer Daten

TARGET e. V.
Neuer Pferdemarkt 17
20359 HAMBURG
DEUTSCHLAND

TARGET
RUEDIGER NEHBERG

Spendenkonten

Deutschland / International
Geldinstitut: Sparkasse Holstein
BIC/SWIFT: NOLADE21HOL
IBAN: DE16 2135 2240 0000 0505 00

Schweiz
Geldinstitut: PostFinance
BIC/SWIFT: POFICHBEXXX
IBAN: CH29 0900 0000 4062 2117 1

www.target-nehberg.de
 www.facebook.com/TargetRuedigerNehberg
 www.instagram.com/target.ev

TARGET e.V. Ruediger Nehberg
Neuer Pferdemarkt 17
20359 Hamburg
Mail: info@target-nehberg.de
Tel.: +49 (0)40 228 633 20

Danke!

Nachwort – so geht es weiter

Rüdiger starb am 1. April 2020. Dieses Buch lässt erahnen, wie sehr er uns mit seiner nicht fassbaren, inspirierenden Wesensart fehlt. Die Hardcover-Ausgabe erschien am 6. April und wurde somit seine Art Vermächtnis. Es ist das erste seiner Bücher, das er mit einer Widmung versah. Mit dieser überraschte er uns, als der Verlag Ende März das Vorexemplar zusandte.

In ziemlich genau der Hälfte der 400 Seiten erzählt er, der Survival-Pionier, Abenteurer und Aktivist, was er als die Krönung seines Lebens bezeichnete: die Gründung von und der gemeinsame Einsatz für unsere Menschenrechtsorganisation TARGET e. V. Ruediger Nehberg. Von Anfang an als Familienprojekt gelebt, ist es uns dreien Verpflichtung und persönliche Vision, den Weg so weiterzugehen, wie wir es seit 20 Jahren leben: mit der Rüdiger-typischen Tatkraft und dank der Unterstützung der TARGET-Förderinnen und -Förderer für die Menschen in unseren Projekten. Es gibt viel zu tun!

Im Schutz der Indigenen und des Regenwaldes sind wir aktiver denn je. Wie stolz war Rüdiger, als das Abkommen mit der brasilianischen Behörde für Gesundheit unterzeichnet wurde und TARGET die Genehmigung erhielt, mit allen Indigenen Brasiliens langfristig Projekte umsetzen zu können. Trotz Corona starteten wir im September 2021 den Bau einer neuen Krankenstation beim Volk der Guarani-Kaiowá und renovierten zwei unserer Krankenstationen bei den Waiãpi.

TARGETs Gynäkologie- und Geburtshilfeklinik in der Danakilwüste Äthiopiens steuern wir zurzeit durch die Wogen der bewaffneten Auseinandersetzungen und alle damit verbundenen Herausforderungen. Für die von Genitalverstümmelung schwer betroffenen und bedrohten Mädchen und Frauen der Afar ist sie die einzige verlässliche Anlaufstelle, die ihnen zusätzlich zur Aufklärung die notwendige Hilfe für die schlimmen Folgen der erlittenen Verstümmelung garantiert. Zudem bietet sie rund um die Uhr die Chance auf eine sichere Geburt für Mutter und Kind.

Auch die Aufklärungskampagnen unserer »Karawane der Hoffnung« für den Schutz der Mädchen vor genitaler Verstümmelung werden fortgesetzt und erweitert. In Partnerschaft mit dem Islam. Und Rüdigers Vision, die Verkündung von Mekka aus, dass es Sünde ist, Mädchen zu verstümmeln, steht weiterhin im Fokus – entsprechend dem stilisierten Auge im TARGET-Logo.

Aktuelles findet Ihr auf unserer Homepage www.target-nehberg.de und in den sozialen Medien.

»Niemand ist zu gering, die Welt zu verändern« – dieses Lebensmotto von Rüdiger ist eine Einladung.

Rausdorf, im September 2021

Herzlich, Eure Familie Nehberg

Lunette, Sophie, Roman

mit dem ganzen TARGET-Team

Stationen meines Lebens

1935	Made in Germany, kein Sternzeichen, keine Religion
1951–1960	Jährliche Radtouren um die halbe Welt; Tätigkeit als Konditor
1959/60	Erfahrungen mit arabischen Gefängnissen
1965–1990	Selbstständiger Konditor
1968	Import des Themas SURVIVAL aus den USA
1970/72/75	Erstbefahrung Blauer Nil in Äthiopien
1976	Befahrung Omo-Fluss in Äthiopien
1977	Mit Kamelen durch die Danakil-Wüste in Äthiopien
1980	Beginn des Einsatzes für die Yanomami; bis Lebensende *Aktivist für Menschenrechte*
1981	Deutschlandmarsch – 1000 Kilometer ohne Nahrung von Hamburg nach Oberstdorf

1987	Per Tretboot über den Atlantik
1988	Sperrmüll-Floß die Elbe abwärts (mit sechs Jugendlichen – von der DDR-Grenze bis zur Nordsee) zur Dokumentation der Schönheit und Umweltprobleme der Elbe für einen ZDF-Film
1989	Als Goldsucher getarnt mitten im Indianergebiet
1992	Per Bambusfloß von Senegal über Brasilien und die Karibik zum Weißen Haus
1995	Bau einer Krankenstation im Yanomami-Land
1996	Australien-Wettmarsch gegen einen Aborigine und einen Ultramarathon-Läufer
2000	THE TREE: auf einer massiven Tanne von Mauretanien nach Brasilien; Im September Gründung der Menschenrechtsorganisation TARGET (ZIEL) – Ruediger Nehberg *Gezielte Aktionen für Menschenrechte* gemeinsam mit Annette Weber Die Ziele: Einsatz gegen Weibliche Genitalverstümmelung (Female Genital Mutilation = FGM) und Einsatz für die Waiãpí-Indianer im Amazonas-Regenwald
2002	1. TARGET-Wüstenkonferenz in Äthiopien; Bau einer Krankenstation bei den Waiãpí-Indianern in Brasilien; Verleihung des Bundesverdienstkreuzes am Bande für Rüdiger Nehbergs Menschenrechtsarbeit

2003	Urwaldmarsch – vom Hubschrauber ausgesetzt drei Wochen lang ohne Ausrüstung den Heimweg finden –, ein gelebtes Plädoyer für den brasilianischen Regenwald und seine Indianer (Buch »Abenteuer Urwald«); Mobiles Hospital für die Afar, Äthiopien; Erweiterung der Waiãpi-Krankenstation
2004	2. TARGET-Wüstenkonferenz in Mauretanien; 3. TARGET-Wüstenkonferenz in Dschibuti
2005	»Karawane der Hoffnung« durch die Wüste von Mauretanien
2006	TARGETs Durchbruch! Höchste islamische Gelehrte erklären FGM auf einer von TARGET organisierten Konferenz in der Azhar zu Kairo zum »Verbrechen wider höchste Werte des Islam«; Die Afar ernennen Annette Weber und Rüdiger Nehberg zu »Ehrenbürgern der Afar«
2007	TV-Film »Feldzug gegen ein Tabu« (ARTE), ausgezeichnet mit dem Gold Award und Special Award, und Buch »Karawane der Hoffnung« von A. Weber und R. Nehberg; Hamburger Bürgerpreis für Rüdiger Nehberg
2008	Bundesverdienstkreuz 1. Klasse für Rüdiger Nehberg für sein Engagement gegen Weibliche Genitalverstümmelung – mit dem Islam. Das Goldene Buch – der Beschluss von der Azhar-Gelehrten-Konferenz gegen Weibliche Genitalverstümmelung, Verteilung in Mauretanien und Äthiopien

2009	Konferenz mit Islam-Gelehrten in Addis Abeba. Resultat: Sie akzeptieren TARGETs Goldenes Buch und wollen den Inhalt in den Moscheen predigen; Sheikh Prof. Dr. Yusuf Al-Qaradawi gibt uns ein langes Interview. Er appelliert an alle Muslime, Weibliche Genitalverstümmelung zu ächten. »Sie ist Teufelswerk.« Seine Meinung findet in Afrika höchste Beachtung; Galileo-Film »Karawane der Hoffnung« erhält Grimme-Preis und Goldene Rose
2010	Beginn des Baus einer Geburtshilfestation in der Danakil-Wüste; Verteilung Goldenes Buch in Dschibuti
2011	TARGETs Botschaft zum ersten Mal in einer deutschen Moschee (Centrum-Moschee in Hamburg)
2012	Eröffnung einer kleinen Urwaldklinik bei den Waiãpi-Indianern (Nordost-Brasilien); Das Goldene Buch in Guinea-Bissau
2013	Die Organisation of Islamic Cooperation (OIC) sagt auf TARGETs Initiative Weiblicher Genitalverstümmelung den Kampf an; Aufnahme in die Hall of Fame der German Speakers Association für das Lebenswerk
2014	Großmufti Ali Gom'a schlägt TARGET für den Friedensnobelpreis vor

2015	Verleihung der Urania-Medaille für Rüdiger Nehberg und Annette Nehberg-Weber, überreicht durch Bundespräsident a. D. Horst Köhler; Eröffnung der Gynäkologie- und Geburtshilfeklinik für die an FGM leidenden Mädchen und Frauen in Afar / Äthiopien mit dem deutschen Botschafter
2016	Mit Botschafter Boris Ruge wird das Azhar-Transparent vor der OIC in Dschidda gespannt. Gespräch im Amt des saudischen Muftis
2017	Registrierung von »TARGET Brasil Ruediger Nehberg« als NGO in Brasilien
2019	Eröffnung der dritten Krankenstation im Regenwald der Waiãpi; Award Die Blaue Zunge für das Lebenswerk durch GEDANKENtanken vor 15 000 Gästen in der LANXESS Arena, Köln. Grandiose Laudatio von Gedächtnistrainer Markus Hofmann
2020	Rüdiger Nehberg verstirbt wenige Wochen vor Erreichen seines 85. Geburtstags.